日本のLBOファイナンス

日本バイアウト研究所 編

株式会社 きんざい

序　文

　近年、M&A（mergers & acquisitions）に加え、バイアウト（buy-outs）の手法が経営課題の解決や企業価値向上のための有力な選択肢として認識されてきており、日本の大企業の事業再編や中堅・中小のオーナー企業の事業承継に活用されるケースが増加している。そして、資金調達の観点から、シニア・ローンやメザニン・ファイナンスを含むLBOファイナンスの重要性が高まってきている。

　日本でLBOファイナンス（レバレッジド・ファイナンス）が活用される局面は、バイアウト・ファンドの出資を伴うLBO案件のみならず、純粋MBO（management buy-outs）案件、コーポレートM&A（戦略的M&A）案件、レバレッジド・リキャピタリゼーション案件などを含め多様化してきており、市場参加者も増えつつある。日本のLBOファイナンスの市場参加者としては、大手銀行、信託銀行、証券会社、保険会社、ノンバンクなどの主要プレーヤーのほか、近年は、金利低下の影響もあり地方銀行の参入も顕著になってきている。しかし、案件の増加や大型化に備え、日本のLBOファイナンスの投資家層の拡大が求められるようになってきた。

　これまで日本で「バイアウト」に関する図書が多数刊行されてきたが、その多くはバイアウト・ファンドの投資活動や企業価値向上施策に焦点が当てられており、ファイナンスの側面を主眼として論じられたものは少なかった。また、2013年1月に刊行した『機関投資家のためのプライベート・エクイティ』および2014年10月に刊行した『年金基金のためのプライベート・エクイティ』では、プライベート・エクイティ・ファンドに投資を行う機関投資家の視点での特徴や諸問題を明らかにしたが、次作では、LBOファイナンスを供与する金融機関の視点から、市場発展に向けて示唆を与えるような図書を刊行したらどうかという意見をいくつか頂戴した。また、メザニン・ファイナンスの領域で活動する実務家の方々からも、この領域の認知度の向上や案件の増加に向けた啓蒙を行う必要があるとの意見を頂戴していた。

これらの背景に基づき、日本の金融機関を主な読者層とし、日本のLBOファイナンス市場の現状と課題・将来展望を示すことを目的とする図書を刊行することとした。そして、本書を通じて、中長期的な視点で日本のLBOファイナンスの投資家層の拡大と実務の高度化に貢献することを目指したい。

　本書は、第Ⅰ部「LBOファイナンスの特徴と市場動向」、第Ⅱ部「メザニン・ファイナンスの特徴と市場動向」、第Ⅲ部「座談会」の3部構成となっている。

　第Ⅰ部では、LBOファイナンスの特徴と手法についての説明を行った。まず、金融機関と密接な関わり合いを持っているバイアウト・ファンドの仕組みと、LBO案件のファイナンス・ストラクチャーについてまとめられている。次に、LBOファイナンスを検討する際の一般的なプロセス、特有のリスク、条件設定、コベナンツの枠組みが整理されたうえで、シンジケーション、ドキュメンテーション、モニタリングという各プロセスの特徴と主要な論点整理が行われた。また、LBOファイナンスにおける重要指標について解説されるとともに、簡易な設例に基づくプロジェクション・モデリングの手法と、当該モデルを用いたスポンサーによる借入可能金額の推定・投資採算性の分析や、レンダーによるリスク分析の実務についての説明が行われた。さらに、日本でも事例が増加してきたレバレッジド・リキャピタリゼーションのストラクチャーの解説が行われ、最後に日本のLBOファイナンスの市場動向と課題がまとめられた。

　第Ⅱ部では、今後日本でも大きな発展が期待されるメザニン・ファイナンスの特徴と市場動向についてまとめた。まず、LBO案件における劣後ローン・優先株式の構造や、リスク・リターンの考え方についての説明が行われている。次に、エクイティ・スポンサーの出資を伴わない純粋MBOとメザニン・ファイナンスとの接点や、純粋MBO活用シーンの解説が行われた。また、バイアウト以外のコーポレート・メザニン分野における投融資の手法についての説明が行われた。そして、最後に、日本バイアウト研究所の統計データを活用し、日本のメザニン・ファイナンス市場の動向についてまとめ

た。

　第Ⅲ部では、「日本のLBOファイナンス市場の回顧と展望～投資家層の拡大と実務の高度化に向けて～」と題する座談会を企画し、LBOファイナンス業務に10年超の経験を有する実務家による討論を行った。具体的には、市場の成長とともに陣容を拡大してきた各社のLBOファイナンスの業務体制や人材育成面に触れつつ、シンジケーションにおける投資家層、プライシング、レバレッジ水準、セカンダリー市場などに関する現状と課題・将来展望についての討論を行った。

　そして、本書の最大の特徴は、各章末に、インタビュー記事を記載している点にある。具体的には、シニア・デット・プロバイダーに加え、メザニン・プロバイダー、エクイティ・プロバイダー、格付機関、M&Aアドバイザリー・ファーム、人材エージェントなどの方々にインタビューを行い、各章の論点に対する考え方、日本市場の見方、市場発展のための課題について述べていただくとともに、これまでの業務経験から感じたことや今後の業務推進に向けた意気込みなどのメッセージを発していただいた。また、いくつかの地方銀行の方々には、地域金融機関がLBOファイナンス業務を手がける意義についても語っていただいた。

　さらに、巻末には「LBOファイナンス用語集」を収録した。主にLBOファイナンス業務に従事している実務家の立場から知っておくべき専門用語を平易に解説した。日本の金融機関では、人事異動により若手の人材が着任することも多いことから、次世代のファイナンス人材が、LBOファイナンスおよびメザニン・ファイナンスに関する専門用語の理解を深めるために愛用いただければ幸いである。

　本書が、大手銀行、信託銀行、保険会社、ノンバンク、地方銀行などでローン実務に携わっている方々の役に立てれば幸いである。また、これからLBOファイナンス業務を開始することを検討している金融機関の皆さまをはじめ広く資産運用業界や金融業界の方々にも読んでいただいて、日本のLBOファイナンスの現状を知っていただければうれしく思う。

　なお、インタビューおよび座談会の本文中における意見に関する部分は、

各発言者の私見であり、所属会社・所属機関の見解を示すものではないことをお断りしておく。また、本書が特定の商品の推奨を目的としたものではないことを付記しておく。

2017年10月

株式会社日本バイアウト研究所
代表取締役　杉浦慶一

CONTENTS

第Ⅰ部　LBOファイナンスの特徴と市場動向

第1章　バイアウト・ファンドの仕組み　2
～価値創造プロセスと金融機関の関わり～

アント・キャピタル・パートナーズ株式会社
プライベート・エクイティ投資グループ パートナー **加藤拓**
アント・キャピタル・パートナーズ株式会社
プライベート・エクイティ投資グループ ディレクター **川野裕介**

≪Interview≫
地域金融機関とバイアウト・ファンドとの接点　13
～取引先の経営課題解決と自行の新たな収益源としての視点～
株式会社京都銀行 営業本部 投資金融室 室長代理 藤本久志氏

第2章　バイアウトのファイナンス・ストラクチャー　17
～レバレッジ効果による投資効率の向上～

インテグラル株式会社 代表取締役パートナー **佐山展生**
インテグラル株式会社 取締役パートナー **水谷謙作**

≪Interview≫
日本のバイアウト市場の成熟化に向けた課題　31
～大型案件での活用に期待～
株式会社 KPMG FAS 代表取締役パートナー 知野雅彦氏

第3章　LBOファイナンスの特徴　35
～プロセスと条件設定を中心として～

株式会社あおぞら銀行 事業ファイナンス部 担当部長 **中里弘樹**
株式会社あおぞら銀行 国際営業部 担当部長 **野上稔久**

≪Interview≫
LBOファイナンスのアセットとしての魅力　53
～地域金融機関の視点から～
株式会社静岡銀行 ストラクチャードファイナンス部 部長 大塚毅純氏
株式会社静岡銀行 ソリューション営業部 法人ファイナンスグループ グループ長 池田正嗣氏

第4章　LBOファイナンスのシンジケーション　58
〜参加金融機関の裾野の拡大に向けて〜

株式会社東京スター銀行 法人金融部門 執行役　**宮地直紀**
株式会社東京スター銀行
投資銀行部 コーポレート&アクイジションファイナンス 次長　**米田和紀**
株式会社東京スター銀行
ファイナンシャル・ソリューション部 シンジケーション 次長　**横尾好則**

≪Interview≫
LBOファイナンスのシンジケーションへの参加　70
〜参加行として見るべきポイント〜
株式会社東京都民銀行 本店営業部 営業三部 事業ファイナンス室長　加藤一弥氏
株式会社新銀行東京 総合資金部 課長　谷島知英氏

第5章　LBOファイナンスのドキュメンテーション　77
〜その特色を中心として〜

長島・大野・常松法律事務所 弁護士　**宮﨑隆**
長島・大野・常松法律事務所 弁護士　**下田祥史**

≪Interview≫
LBOファイナンスのドキュメンテーションの実務　90
〜弁護士と連携した取り組み〜
株式会社足利銀行 ビジネスソリューション営業部 次長　尾花正喜氏
株式会社足利銀行 ビジネスソリューション営業部 課長　梶屋厚介氏

第6章　LBOファイナンスのモニタリング　96
〜実践的なモニタリングを行うためにレンダーが留意すべきポイント〜

株式会社新生銀行 スペシャルティファイナンス部長　**林邦充**
株式会社新生銀行 スペシャルティファイナンス部 統轄次長　**渡辺明彦**
株式会社新生銀行 プロジェクトファイナンス部 副部長　**植坂謙治**

≪Interview≫
保険会社によるLBOファイナンスへの取り組み　106
〜審査・モニタリング体制の強化〜
日本生命保険相互会社
　　ストラクチャードファイナンス営業部 財務担当部長（国内統括）榊原龍資氏
日本生命保険相互会社 ストラクチャードファイナンス営業部 課長補佐　竹田明央氏

第7章 LBOファイナンスのモデリング　*110*
～設例に基づくプロジェクション・モデル構築と活用の実務～

株式会社 KPMG FAS 執行役員 パートナー **澄川徹**
株式会社 KPMG FAS マネジャー **山下恭平**

> ≪Interview≫
> ### LBOファイナンスの格付　*131*
> ～事業リスクと財務リスクの両面での分析～
> 株式会社格付投資情報センター
> 　　ストラクチャードファイナンス本部長　チーフアナリスト　北原一功氏
> 株式会社格付投資情報センター　ストラクチャードファイナンス本部　チーフアナリスト　森丘敬氏

第8章 国内におけるレバレッジド・リキャピタリゼーション取引（リキャップ）に関する考察　*137*
～ストラクチャーと法的問題を中心として～

長島・大野・常松法律事務所 弁護士 **大久保涼**
長島・大野・常松法律事務所 弁護士 **服部紘実**

> ≪Interview≫
> ### レバレッジド・リキャピタリゼーションの手法と留意点　*152*
> ～適度なレバレッジ水準での実施が鍵～
> CLSAキャピタルパートナーズジャパン株式会社　マネージング ディレクター　中俊二氏

第9章 日本のLBOファイナンス市場の動向　*156*
～地域金融機関も含めた投資家層の拡大に向けて～

株式会社日本バイアウト研究所 代表取締役 **杉浦慶一**

> ≪Interview≫
> ### LBOファイナンスを調達するエクイティ・スポンサー側の視点　*174*
> ～金融機関とのさらなる連携を目指して～
> 東京海上キャピタル株式会社　取締役社長　マネージング・パートナー　佐々木康二氏

第Ⅱ部　メザニン・ファイナンスの特徴と市場動向

第10章　メザニン・ファイナンスのプロダクツ　180
～LBOファイナンスにおける劣後ローン・優先株式の構造～

三井住友ファイナンス&リース株式会社 投融資部 部長　**渡邊健司**
三井住友ファイナンス&リース株式会社 投融資部 部長代理　**有馬正悟**
三井住友ファイナンス&リース株式会社 投融資部 副主任　**陳億**

≪Interview≫
メザニン・ファイナンスの商品の多様性と投資家層　192
～欧米から学ぶ日本への示唆～
野村キャピタル・インベストメント株式会社 ファイナンス・ソリューション部 次長　草間茂樹氏

第11章　メザニン・ファイナンスの特徴　200
～リスク・リターンとそのバランス～

トラスト・キャピタル株式会社 投資第一部長　**野村健**

≪Interview≫
エクイティ・プロバイダーから見た
メザニン・ファイナンスの活用の視点　211
～メザニンとの協働による新たな投資アングルの創出～
株式会社アドバンテッジパートナーズ プリンシパル　市川雄介氏
株式会社アドバンテッジパートナーズ ディレクター　西村隆志氏

第12章　純粋MBOにおけるメザニン・ファイナンス　217
～その意味合いと活用シーン～

MCo株式会社 エグゼクティブディレクター　**長田貴男**

≪Interview≫
純粋MBOを実行する企業の特徴　228
～強烈なリーダーシップを持った経営者の存在と事業の安定性～
三井住友信託銀行株式会社 企業金融部 次長　古川知貞氏
三井住友信託銀行株式会社 企業金融部 M&Aファイナンスチーム チーム長　南雲道氏

第13章　コーポレート・メザニン・ファイナンスの活用機会とニーズの広がり　　233
～特徴と多様性について～
みずほキャピタルパートナーズ株式会社　マネージング・ダイレクター　**伊藤聡**
みずほキャピタルパートナーズ株式会社　マネージング・ダイレクター　**田嶌邦彦**

≪Interview≫
近年のメザニン・ファイナンスの投融資機会　245
～投資家の視点からの魅力と活用パターンの多様化～
みずほ証券プリンシパルインベストメント株式会社　代表取締役社長　鈴木亮太氏
みずほ証券プリンシパルインベストメント株式会社　戦略投資部長　石原亮氏

第14章　コーポレート型メザニン・ファイナンスの設計　　251
～日本の上場企業の事例を中心として～
長島・大野・常松法律事務所　弁護士　**三上二郎**
長島・大野・常松法律事務所　弁護士　**小川和也**

≪Interview≫
コーポレート型のメザニン・ファイナンスの活用パターン　264
～資本増強型から成長資金調達型まで～
株式会社日本政策投資銀行　企業ファイナンス部長　本野雅彦氏

第15章　日本のメザニン・ファイナンス市場の動向　　269
～案件の多様化と裾野の拡大に向けて～
株式会社日本バイアウト研究所　代表取締役　**杉浦慶一**

≪Interview≫
LBOファイナンス人材の将来展望　287
～バイアウト市場を支えるキーマンのキャリアと採用～
アンテロープキャリアコンサルティング株式会社　代表取締役　小倉基弘氏
アンテロープキャリアコンサルティング株式会社　取締役　山本恵亮氏

第Ⅲ部　座談会

座談会　日本のLBOファイナンス市場の回顧と展望　*296*
～投資家層の拡大と実務の高度化に向けて～

　　　　株式会社三井住友銀行 ストラクチャードファイナンス営業部 副部長 藤間正順氏
　　　　株式会社三菱東京UFJ銀行
　　　　　　フィナンシャルソリューション部 M&Aファイナンス室 次長 神野淳氏
　　　　株式会社みずほ銀行 M&Aファイナンス営業部 次長 三澤雄治氏
　　　　（司会者）MCo株式会社 代表取締役 笹山幸嗣氏

あとがき　*320*

執筆者略歴　*322*

LBOファイナンス用語集　*333*

第 I 部

LBOファイナンスの特徴と市場動向

第 1 章	·		2
第 2 章	·		17
第 3 章	·		35
第 4 章	·		58
第 5 章	·		77
第 6 章	·		96
第 7 章	·		110
第 8 章	·		137
第 9 章	·		156

第 1 章

バイアウト・ファンドの仕組み

価値創造プロセスと金融機関の関わり

アント・キャピタル・パートナーズ株式会社
プライベート・エクイティ投資グループ
パートナー　**加藤　拓**
ディレクター　**川野裕介**

はじめに

　バイアウト・ファンドは、ファンド資金により主に未上場企業の株式の過半数を譲り受け、経営支援により投資先企業の企業価値および株式価値を拡大することでリターンを追求する投資を行うが、その各プロセスにおいて金融機関と密接に関わっている。

　本章では、バイアウト・ファンドの組成から、その後のファンド運用（案件のソーシング、投資の実行、投資先企業の企業価値向上のための経営支援、投資の回収）と各プロセスにおける金融機関との関わり方、ならびにその意義について解説する。加えて、バイアウト・ファンドの価値創造の源泉となるEBITDA（earnings before interest, taxes, depreciation and amortization）改善効果、マルチプル増加効果およびLBOファイナンスを活用したレバレッジ効果（ファンドからの投資資金の圧縮効果と純有利子負債の減少効果）の三要素を詳述するとともに、それぞれに期待される株式価値向上効果について理論的に説明する。

バイアウト・ファンドの仕組みと金融機関との関わり

（1）ファンドの組成

　以前は、ファンドが民法上の任意組合として組成されていたため、投資家

が出資額以上の責任を無限に負ってしまうという課題があり、日本におけるバイアウト・ファンドへの出資は進まなかった。

1998年11月に「中小企業等投資事業有限責任組合契約に関する法律」(以下、「有責法」という)が施行され、業務執行をしない投資家の責任が出資額までと担保された[1]。そのため、バイアウト・ファンドの器として当該法律に基づく投資事業有限責任組合(以下、「有責組合」という)が一般的となり、金融機関をはじめ幅広い投資家からの資金供給が促進された。さらに、銀行や保険会社などにとっては、通常は独占禁止法・銀行法上、国内の会社への出資が議決権ベースで5%(保険会社は10%)を超えてはならないという制限があるが、有限責任組合員(リミテッド・パートナー、以下、「LP」という)としての有責組合への出資の場合は、原則として当該ルールの適用が除外されるというメリットも生まれ、出資が加速した。

上記を背景に、現在は金融機関によるオルタナティブ投資の一つとして、バイアウト・ファンドへの出資が定着してきた。金融機関に出資をしてもらうことで、後述のとおりバイアウト・ファンドおよびその投資先企業は多分に恩恵を受け、その結果がLPのリターン拡大につながっている。

(2) 案件のソーシング

バイアウト・ファンドによる投資は案件がないと始まらない。案件のソーシングとは、その第一歩として潜在的投資先を発掘することである。オーナー経営者、株主、親会社などの潜在的売主へ直接アプローチを行う方法もあるが、銀行や証券会社などの金融機関、会計士、税理士またはファイナンシャル・アドバイザー(以下、「FA」という)からの紹介が一般的である。

近年は、メガバンクや証券会社のみでなく、地方銀行もM&A部署またはM&A担当者を配置し、積極的に潜在的な案件の掘り起こしとバイアウト・ファンドへの紹介を行っている。なお、アント・キャピタル・パートナーズ

---

1 2004年の法改正により、投資対象は中小企業に限定されず上場会社への出資のほか、金銭債権の取得・融資なども可能になり、「投資事業有限責任組合契約に関する法律」と名称も変更された。

に持ち込まれる案件の約半数が地方（東京以外）の案件である。いずれの案件でも、潜在的売主にとっては、信頼する金融機関からの紹介ということで、譲り渡しを前向きに検討いただけることが多い。加えて、金融機関によっては、LPとしてのバイアウト・ファンドへの出資や、バイアウト・ファンドをカバーする人材も有しており、定期的にさまざまなバイアウト・ファンドの担当者と情報交換をしている。そうした金融機関からの紹介案件の場合は、潜在的投資先のニーズおよびバイアウト・ファンドの特徴を十分に把握したうえで、適切な案件が持ち込まれることが多く、バイアウト・ファンドにとってその分成約率が高くなる。

(3) 投資の実行

バイアウト・ファンドは、潜在的投資先を発掘して以降、当該企業のデューデリジェンスを行い、自らが関わることで潜在的投資先の企業価値／株式価値を高めることができるかを見極める。企業価値の向上は、会社の利益水準や魅力を高めることで実現するが、それらに加えてLBOファイナンスを活用することで投資効率を高めることが一般化している。

LBO（leveraged buy-outs）とは、レバレッジド・バイアウトの略語であり、バイアウト・ファンドが自己資金（エクイティ）のみでなく、金融機関から調達したローンなど（劣後ローンや劣後社債、優先株式などのメザニンも含む）も合わせて原資とし、投資先企業の株式を譲り受けることで、自己資金を圧縮し、高い投資効率を実現する手法である。簡略化して説明をすると、投資時の株式価値が100であり、譲渡時の株式価値が200になる事案があるとする。当初の出資額が自己資金のみの場合は、100の投資で200を回収するため投資額が2倍になる。一方で、当初の出資を自己資金50、ローン50とした場合は、譲渡時に株式対価で200を受け取り、50をローンの返済に充てると150が自己資金に対する回収金額となる。つまり、50の投資で150を回収するため、投資額が3倍になる。これをレバレッジ効果と呼んでいる。実際には、バイアウト・ファンドが自己資金でSPC（special purpose company）を設立し、そのSPCがローンなどの調達を行ったうえで、SPCが対象会社株

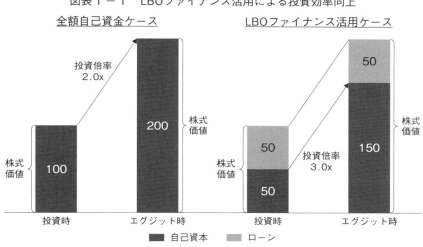

図表1-1　LBOファイナンス活用による投資効率向上

（出所）　アント・キャピタル・パートナーズ

式を譲り受ける。その後、SPCと対象会社を合併させるため、当該ローンなどは対象会社に帰属することになる。

　LBOファイナンスでは、潜在的投資先の現金創出力に基づきローンなどを調達することになり、金融機関も当該企業のデューデリジェンスを行う。このLBOファイナンスは、実質的な買収主体であるバイアウト・ファンド自身は返済義務を負わないノン・リコースの建付けとなるため、金融機関による潜在的投資先の評価が重要となる。案件によっては、債務弁済に充当しやすい不動産担保が獲得できなかったり、できたとしてもその価値以上のローン総額が必要となったりすることがほとんどで、実質的にはLBOファイナンスの返済原資は潜在的投資先の将来キャッシュフローによることになる。また、当然にチェンジ・オブ・コントロール・リスク（旧株主に代わってバイアウト・ファンドが経営権を持つこと）も存在するため、一般のコーポレート・ローンの金利水準よりは高くなり、加えて財務コベナンツや投融資制限を含む各種制約が設定される。とはいえ、金融機関も競争環境に置かれ

ることもあり、また、過度に当該投資先企業に負荷をかけないためにも、金融機関側もその内部でリスクを十分に検討し、バイアウト・ファンドと同じ船（案件）に乗れるかという視点が重要になる。そのため、バイアウト・ファンドからしてみると、潜在的投資先のことをよく理解している金融機関とは非常に組みやすく、加えてファンドのLPである金融機関の場合は、ファンドへの理解が深いためにチェンジ・オブ・コントロール・リスクに対する許容度が高くなり、一層組みやすい。

(4) 企業価値向上のための経営支援

　バイアウト・ファンドは、ハンズオンといわれる経営支援として、経営陣・管理職、さらには現場レベルとの緊密な関係を構築し、自ら投資先企業に常駐することも含め経営のオペレーションおよび財務面での改善を通して投資先企業の価値を高め、キャピタルゲインの獲得を目指す。①コストの合理化、②マーケティングの改善、③適切な設備投資の実行、④新商品開発への取り組み、⑤相乗効果のあるM&Aなどの取り組みを通して、EBITDAの改善機会や戦略変更の可能性を検討し、すべての株主の利益の確保と企業価値の向上に努める。さらに、投資先企業の経営陣・従業員に対しては、効果的なインセンティブの付与を行うことで目標達成に対するモチベーションを高めることもある。

　また、バイアウト・ファンドは、投資先企業を組織的に強固な体制にするために、必要な情報やサポートを提供し、全役社員が会社経営に対する当事者意識を持つように促し、会社全体が主体的かつロジカルに動くようにする。そのような強固な組織体制が確立された会社は、自発的に成長するための新たなステージへと進み、成長が加速される。

　ハンズオンの過程においても、金融機関との連携は非常に大切である。LBOファイナンスで調達を行った高金利のローンなどを、株式譲り受け以降、一定期間の投資先企業の業績に鑑みて、通常のコーポレート・ローンへ借り換える（以下、「リファイナンス」という）ことはよくある。この際にリファイナンス資金を提供する金融機関は、LBOファイナンスを提供した金

融機関のほか、第三者の金融機関（投資先企業のエリアに存在する地域金融機関など）である場合も多い。リファイナンスにより金利の削減のみでなく、財務コベナンツや投融資制限が外れ、投資先企業はその経営に幅を持つことができる。

その他にも、金融機関からは、投資先企業に適した金融商品（例えば、為替変動への対策や運転資金のためのコミットメントラインの設定など）をご紹介いただくなどの金融の側面のみではなく、販売先や仕入先、さらには海外展開のご支援などをいただくこともある。

(5) 投資の回収

バイアウト・ファンドは、投資後3年から5年程度をかけて企業価値の向上を実現した後に、保有する株式を事業会社や他のバイアウト・ファンドへの譲渡、あるいは株式市場に上場させることによって現金化し、投資の回収（以下、「エグジット」という）を行う。

エグジット時においては、先述のとおり、投資先企業はバイアウト・ファンドの支援により経営基盤の強化がなされ、オーガニックに成長可能な組織となっている。それがゆえに、たとえ事業会社の傘下に収まったとしても、投資先企業の経営方針や事業運営方法、そして企業文化が維持されることが多く、さらには事業会社である親会社の経営に、その傘下となった投資先企業の経営スタイルが移管されていくというケースさえもある。

このように、経営基盤の強化を支援すること、そして投資先企業がさらなる成長を遂げるうえで最適なエグジットを創出することもファンドの存在意義の一つである。

エグジットにおいては、金融機関のM&A部署またはM&A担当者からエグジット候補先をご紹介いただいたり、実際にセルサイドまたはバイサイドのアドバイザーに就いていただいたりする場合がある。

2 バイアウト・ファンドの価値創造の三要素

　バイアウト投資のリターンの源泉は、EBITDA改善効果、マルチプル増加効果およびLBOファイナンスを活用したレバレッジ効果（純有利子負債の減少を含む）の三要素により構成される。以下に、各要素の説明および各要素による投資先企業の株式価値増大への貢献度を分析する。

(1) EBITDA改善効果

　未上場株式の評価においては、一般にEBITDAマルチプル法が用いられる。EBITDAマルチプル法とは、会社の企業価値を計る際に、「EBITDA×マルチプル＝企業価値」とするものである。そのため、EBITDAが成長すれば、企業価値の成長につながる。

　EBITDAの成長を促進することが、バイアウト・ファンドの大きな役割の一つであり、それを先述の「企業価値向上のための経営支援」で実現することとなる。EBITDAの成長は、売上高の拡大と利益構造の改善からなるが、どちらもバイアウト・ファンドが入ることで大きく加速する。例えば、

図表１－２　バイアウト・ファンドの価値創造の三要素

三要素	内容
EBITDA改善	投資時からエグジット時までのEBITDAの増加：会社収益力の向上
マルチプル増加	投資時とエグジット時のマルチプルの増加：会社の魅力度の向上
純有利子負債減少	有利子負債返済による純有利子負債（Net Debt）の減少：収益力向上とキャッシュマネジメント向上

企業価値	EBITDA×マルチプル
株式価値	企業価値－純有利子負債（Net Debt）

（出所）　アント・キャピタル・パートナーズ

良い商品を扱っているが、マーケティング力が不足している会社であれば、それが補われることで売上高の急成長が見込まれ、売上高成長率が20％を超える例も少なくない。加えて、会社経営において売上高を重視しているがゆえに、利益構造にまで目が届いていない会社も多い。粗利率を意識した売上拡大、各種効率化、無駄なコスト削減（これまで交渉していなかったがゆえに高コストになっていたものが中心）を進めることで、利益率も大幅に改善する。

(2) マルチプル増加効果

　先述のとおり、マルチプルが上がれば、その分企業価値が増大する。マルチプルとは、利益の何年分で企業価値を評価するかということであり、すなわち会社の魅力度の指標といえる。もちろん、同業他社で上場している企業がどの程度のマルチプルで取引をされているかは重要であるが、その同業他社に比して、投資先企業がどれだけ魅力的であるかによって、適用されるマルチプルが変わる。会社の魅力とは何か。それは、定量面では売上高や利益の安定性や成長性、収益率が重要視される。定性面では、成長戦略とそれに対する期待や、会社の希少性（参入障壁の高さ）、さらにはガバナンス体制や役社員のモチベーションまで広範にわたりその魅力が計られる。バイアウト・ファンドの経営支援においては、定量的に計ることができる足元の業績改善のみでなく、定性面も含めた会社の本質を改善することが重要である。それにより、投資時のマルチプルよりも高いマルチプルによるエグジットが実現される。

(3) **LBOファイナンスを活用したレバレッジ効果**

　LBOファイナンスを活用することにより、バイアウト・ファンドの投資資金を圧縮し、投資効率が高まることは先に述べた。これに加えて、LBOファイナンスにより増加した投資先企業の有利子負債が減少することで、株式価値が増加する。「企業価値－純有利子負債＝株式価値」となるためだ。EBITDA改善効果とマルチプル増加効果は企業価値増大に寄与し、レバ

レッジ効果は株式価値増大に寄与する。

　バイアウト投資においては、安定したキャッシュフローを実現できれば、毎年着実に純有利子負債が減少し、株式価値を増加させることができる。それに加えて、EBITDAの改善による現金創出力強化、さらにオペレーション改善に伴う必要運転資金の減少や、ノンコア資産の適切な処理などにより、純有利子負債の減少を加速させることも重要である。

(4) 三要素によるパフォーマンス分析

　これまでに、バイアウト・ファンドの価値創造の三要素を説明してきた。次に、それぞれが実際にバイアウト・ファンドのリターンにどの程度寄与するか、どの程度寄与することが期待されるかであるが、アント・キャピタル・パートナーズの例をとると、リターンの源泉の内訳は、およそEBITDA改善効果40％、マルチプル増加効果30％、レバレッジ効果30％となっている。ハンズオンを得意とするため、EBITDA改善効果が比較的高いことを特徴としている。もちろんバイアウト・ファンドによって得意領域が異なるために、一概にすべてのバイアウト・ファンドがこうしたリターン源泉の内訳を企図しているものでないことはご留意いただきたい。

　マルチプル増加効果については、投資時またはエグジット時の競合環境や交渉において、どれだけ低いマルチプルで投資ができたか、またはどれだけ高いマルチプルを出さなければ投資ができなかったかに大きく依存し、案件ごとの変動が大きい。よって、バイアウト・ファンドを主体的に継続して成功させる鍵は、EBITDA改善とLBOファイナンスをいかにうまく活用できるかなのである。そのうちEBITDA改善はバイアウト・ファンド単体でも可能だが、LBOファイナンスは当然にそうはいかない。したがって、バイアウト・ファンドにとって、投資実行の際に金融機関と協働することで投資先企業を精緻に分析し、最適なファイナンス・ストラクチャーを組み、LBOファイナンスを活用することが非常に重要なのである。

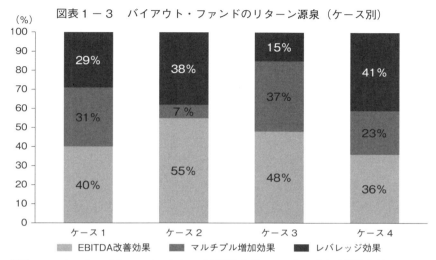

図表1−3　バイアウト・ファンドのリターン源泉（ケース別）

（注）アント・キャピタル・パートナーズが投資を行っていた、または投資を行っている先のリターン源泉実績／リターン源泉見込みについて分析。ケース1は、最も一般的なケース、ケース2は、投資実行時の競合環境から投資時のマルチプルが高くなったケース、ケース3は、設備投資が必要な投資先であり純有利子負債の減少があまり進まなかったケース、ケース4は、株式保有期間が長くレバレッジ効果を大きく享受できたケースである。
（出所）アント・キャピタル・パートナーズ

おわりに

　有責法が成立して20年近くが経過し、バイアウト・ファンドが新聞やインターネットなどのメディアに登場する機会も増え、日本における知名度や期待も高まってきた。新しい世代のバイアウト・ファンドも立ち上がり、業界が活性化している状況を大変うれしく思う。

　バイアウト投資は、これまでに説明したとおり、価値創造の三要素を追求することでリターンを創出する投資となる。したがって、いかに不確定要素を排除し、三要素から安定したリターンを創出するか、さらにそれに加えてどこまでアップサイドを追求できるかという投資である。当該三要素の追求は、ファンド・マネジャーの経験や能力が結果に結び付きやすく、ファンド

へのLP出資の観点からは、過去のトラック・レコードに基づいて出資判断がしやすい。加えて、バイアウト・ファンドによる日本の中小企業に対する経営基盤強化やガバナンスの強化と、それに伴う経済発展への期待が高まってきている。これまでも、そしてこれからも成長をする産業であろう。

　20年程度であるが、バイアウト・ファンドの歴史を紐解くと、金融機関のバイアウト・ファンド業界への関わりとともに、バイアウト・ファンドが成長を遂げたといえるだろう。本章で説明してきたとおり、バイアウト・ファンドの組成から案件のソーシング、投資の実行、経営支援、そして投資回収のすべてのフェーズにおいて、バイアウト・ファンドと金融機関は密接に関わり合いを持っている。これからのバイアウト・ファンド業界のさらなる発展と日本経済の活性化のために、本邦金融機関の皆さまには引き続き積極的なご支援を賜りたい。

Interview
地域金融機関とバイアウト・ファンドとの接点

取引先の経営課題解決と
自行の新たな収益源としての視点

株式会社京都銀行 営業本部
投資金融室 室長代理
藤本久志氏

Q 近年、近畿地区でもM&Aやバイアウトの取り組みが増えてきましたが、バイアウト・ファンドの活用についてはどのようにお考えでしょうか。

　バイアウト・ファンドの活用については、元々取引先に対する支援の選択肢の一つであるという考え方からスタートしました。企業のライフステージや経営課題・ニーズに応じて最適なソリューションを提供することにより、お客さまの経営課題を引き出し、課題解決に向けともに歩むことが地域金融機関の重要な役割であると考えております。企業が抱える経営課題には、企業成長のためのM&Aや後継者問題、また、株式が分散してしまっているという資本政策上の課題などもあります。さらに、規模の大小を問わず、事業再編や事業部門を切り出したいというニーズも存在します。

　当行では、従来からM&Aや事業承継などの経営課題に対応できるようにM&A推進室や事業承継支援のチームを設置し、体制を整えるとともに、バイアウト・ファンドが持つ能力が課題解決につながるケースもあり、取引先にとっての選択肢の一つとして活用し始めているという状況です。

Q ここ数年で、地方銀行がLBOファイナンスの取り組みを強化しています。貴行では、いつ頃からどのような視点でLBOファイナンスの取り組みを開始しましたでしょうか。また、どのような体制でLBOファイナンス業務を行っていますでしょうか。

先ほど少し述べましたように、M&A支援や事業承継支援については、かなり前から意欲的に取り組んでまいりましたが、バイアウト・ファンドへの投資を積極化させたのは、2014年頃です。当時の営業支援部内に「ストラクチャードファイナンス・ファンド担当」というチームを立ち上げて、日本で活動するバイアウト・ファンドとの関係構築を開始しました。

バイアウト・ファンドへの投資は、取引先への支援の選択肢という面と当行にとって新たな運用機会やLBOファイナンス、M&A業務による収益機会の拡大につながるといった面も有していると考えています。

LBOファイナンスについては、2017年6月に本部組織の改正があり、現在は、営業本部の投資金融室で、ストラクチャード・ファイナンスと並行して、LBOファイナンスを手がけています。当室では、東京にも部隊を設けており、いわゆる情報収集やフロントとして案件をとりにいくという役割を果たしております。陣容については、室長を含め13名の体制となっていますが、そのうち京都に9名、東京に4名が在籍しております。

LBOファイナンスのスキルの取得につきましては、実際の案件への取り組みと、セミナーなどでの情報収集という両輪で取り組んでいます。

Q LBOファイナンスのアセットとしての特徴と魅力についてお聞かせ願います。

通常のコーポレート・ファイナンスと比較して、スプレッドが高いという特徴があります。ただし、B/S上では対象会社の借入負担が重くなり、P/L上ではのれん（営業権）の償却負担が生じます。また、経営者の交代などもあり、従前の対象会社と比べるとリスクは高まっていることはいうまでもありません。

その他、地方銀行としてのスプレッド以外の魅力としては、一般的にバイアウ

ト・ファンドの対象となる企業は、借入比率が少ない優良企業で、潤沢なキャッシュフローを生んでいる企業が対象となります。地方銀行からすると、そのような優良な先がバイアウト・ファンドの投資先（LBOファイナンスの対象）となることで、LBOファイナンス取組期間中だけでなく、バイアウト・ファンドのExit後においても取引先として銀行取引が継続される可能性があるという間接的なメリットもあるかと思います。

また、ファンド投資を通じてLBOファイナンスの機会を得るだけでなく、LBOファイナンス案件を取り組むなかでバイアウト・ファンドとの接点ができ、ファンド投資を検討できるなど、融資と投資の両面の機会創出につながるものと思います。

Q　LBOファイナンスを見るべきポイントで通常のコーポレート・ファイナンスとは異なる点は何でしょうか。また、これまで検討・実行したLBOファイナンス案件は、どのようなパターンの案件がありましたでしょうか。

対象会社の業種や業績については、通常のコーポレート・ファイナンスでも重視されるところだと思いますが、LBOファイナンスの場合には、どのバイアウト・ファンドがスポンサーとなり対象会社を支援するかが重要と考えています。対象会社の将来的なキャッシュフローに基づいてファイナンスを行うことが前提になりますので、事業計画が非現実的なものでないかどうかという点が重要ですし、またその事業計画を誰が実行するかという観点では、バイアウト・ファンドの過去の実績やそれを実行できるプロフェッショナルがいるかどうかも重要になってきます。また、仮に、事業計画通りにいかなかったケースや、計画を下回ってしまったケースにおいても、それをしっかり支える（軌道修正する）ことができるスポンサーなのかという点が大きいと感じています。

LBOファイナンス案件の入り口としては、基本的には、バイアウト・ファンドから紹介を受けるほか、大手金融機関や他の銀行によってアレンジされたシンジケーションに参加するというケースがほとんどの状況です。また、それらの案件については、オーナー企業の事業承継の案件が多いように思います。そのほかに

は、事業部門のカーブアウトの案件も存在します。

　事業承継というと、ある程度の年齢に差しかかったオーナー経営者が引退するという背景が多いのかもしれませんが、年齢や健康上の理由ではなく、40代・50代などの少し若いオーナー経営者の方々がバイアウト・ファンドの資本参加を受け入れるケースも出てきています。

Q 最後に、今後のバイアウト・ファンドとの関係性やLBOファイナンスの取り組みに対する意気込みをお聞かせ願います。

　地域金融機関とバイアウト・ファンドとの関係性や接点という意味では、後継者問題などの課題を抱えている取引先の経営課題解決の選択肢の一つという視点と新たな収益源と捉えてバイアウト・ファンドへのLP投資やLBOファイナンスを行うという視点があると考えております。

　当行にとってバイアウト・ファンドは、取引先支援と新たな収益源という両面を実現していくために重要な存在であり、引き続き関係を深めたいと思っております。

　また、LBOファイナンスということでは、シンジケーションに参加をするという立場での経験を通じて実績を積み上げ、アレンジャーの立場でLBOファイナンスを組成できる体制強化に取り組んでまいりたいと思います。

Profile

藤本久志氏

株式会社京都銀行 営業本部 投資金融室 室長代理
2000年京都産業大学経営学部卒業。同年株式会社京都銀行に入行。紫野支店、法人金融部において営業店業務や新規取引開拓、シンジケート・ローンのアレンジ業務などに従事。2014年6月より営業支援部の営業サポート室ストラクチャードファイナンス・ファンド担当としてファンド投資や各種ストラクチャード・ファイナンスなどの業務に従事。2017年6月の本部組織の改正により営業本部投資金融室に異動。現在に至る。

第 2 章

バイアウトのファイナンス・ストラクチャー

レバレッジ効果による投資効率の向上

インテグラル株式会社
代表取締役パートナー　**佐山展生**
取締役パートナー　**水谷謙作**

はじめに

　バイアウトにおいて、資金調達をどのようなソースから、どのような比率（資本と負債）や条件で行うかということは、それぞれの資金の出し手のリスク・リターンを決定づけるのみならず、投資対象事業の運営方法・将来像にも影響を及ぼすことになる重要な検討事項の一つである。

　議決権のある普通株式への資本投資を行うバイアウト・ファンドや事業会社、そして経営陣・従業員からの出資に加えて、銀行ローンやリース・証券化調達などの負債による調達をどのように組み合わせるか、さらには、劣後ローン、劣後社債、優先株式といったメザニン・ファイナンスと呼ばれる資金調達を組み合わせた投資取引をどのようにパッケージングするかは、取引そのものの性格・性質を決定づけることとなる。近年のバイアウトは大規模化する傾向にあり、案件の特性に合わせた買収ファイナンス・スキームを創造する力量が必要になる。本章では、バイアウトにおけるファイナンス・パッケージの組成方法について解説する。

 ファイナンス・ストラクチャー

（1）資金調達の種類

　まずは、バイアウトを実行する際のファイナンスをどのように構築するのか、どのような金融プロダクツが用いられるのかについて解説する。資金調

達の代表的な手法は、出資金と借入金である。この二つは基本的な構成要素となるが、投資家のリスク・リターンに対する嗜好(しこう)に応じて、柔軟に設計することが可能である。資金を調達する企業側（バイアウトにおいては特別目的会社あるいは投資対象会社）から見れば、株式はその投資資金について株主に返済する必要はないが、期末には税引後の余剰金から配当金を支払い、株式価値（上場会社であれば時価総額）向上によるキャピタルゲインの期待に応えなければならない。

一方、借入金は、税引前利益を原資として期中に金利を支払い、満期には元本を返済しなければならない。資金を供与する投資家側から見れば、この二つの違いは、投資した資金の回収に関するリスクの違いである。株式（エクイティ）では、投資家がリスクをとって高い投資収益を追求（ハイリスク・ハイリターン）するが、投資家があまりリスクをとらず安定的なリターンを追求する場合は、融資や債権（デット、エクイティに優先するので「シニア・ローン」と呼ばれる）などの形態でファイナンスを供与する。

さらに近年、エクイティとデットの中間、ミドルリスク・ミドルリターンのリスクをとる、メザニン・ファイナンスが発達してきている。メザニン・ファイナンスは、企業への資金の出し手から見て、元利金の返済順位が「先順位の貸付」と「後順位の株式出資」の中間に位置づけられる「いわば中順位の金融手法」である。返済順位でミドル・リスクであり、かつ契約で設定する期待収益も貸付より高く株式出資よりも低いというミドル・リターンになっている。

この三つのファイナンスのリスクの違いは、万一にも企業が倒産に至った場合に債務として返済される順位が、シニア・ローン、メザニン、エクイティの順番になるということ（残余財産の分配権の順位）である。倒産時に債権者に返還できる資金が少ない場合は、シニア・ローンだけが返済を受け、メザニン、エクイティへの資金が回らないということもある、という意味である。ファイナンスのパッケージングとは、投資する事業価値相当の資金調達手段としてシニア・ローン、メザニン、エクイティをどのように組み合わせるかであり、その後の事業活動に大きな影響を与えることになる。

図表2−1　資金調達の種類

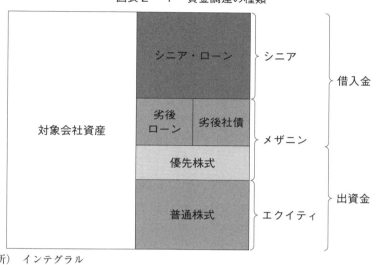

(出所)　インテグラル

　さらには、出資金を一部借入金で賄う資金調達手法も存在する。シェア・ファイナンス（share finance）やホールド・コ・ファイナンス（holdco finance）と呼ばれるもので、対象会社のファイナンス提供者という観点では、シニア・ローンやメザニンよりも構造的に劣後するため、上述の弁済順位上はエクイティと同順位のリスクをとることとなることから一般的には高金利な資金調達手法になる。

(2) ノン・リコース・ファイナンス

　一般に、バイアウト・ファンドは出資金（投資家から集めた資金）を上限としたリスクを負う立場であり、借入金に対して返済保証を行うことはない。その分、投資先の株式や資産、さらにはキャッシュフローを担保にして調達を行うこととなる。このような借入金をノン・リコース・ファイナンス（non-recourse finance）という。この貸付方法による場合、投資先からのキャッシュフローのみを返済原資とすること、その範囲を超えての返済義務

を負わないことから、原則として保証人を必要としない。

　従来、事業会社が買収を行う場合の資金調達については、買収する側（買手）の信用力で買手自身が自社の債務として銀行借入を行ったり、社債や株式の発行により資金調達する、通常のコーポレート・ファイナンスが行われるのが一般的である。しかし、事業会社による資金調達とは異なり、バイアウト・ファンドや対象会社の経営陣が対象会社を買収しようという場合、買収者の信用力（債務返済能力）よりも、買収者が借入金を組み合わせて投資する対象会社自体の信用力のほうが高く、有利な融資条件を得やすい。このように買収者が、買収者以上の信用力を持った会社を買収する場合に、対象会社の信用力で資金を調達し、買収者のリスクは買収時の出資金額に限定されることを「ノン・リコース」と呼ばれる。ファンド契約などにより外部資金調達が限られているバイアウト・ファンドにとって必要不可欠な資金調達方法である。また、バイアウト・ファンドによるノン・リコース・ファイナンスの調達は、一般にLBO（leveraged buy-out）ローンという。

(3) LBOローンのプロバイダーの種類と特長

　LBOローンのプロバイダーには、大きく分けてシニア・ローン・プロバイダーとメザニン・プロバイダーが存在する。なかには両方に参加している金融機関もあるが、大まかにはシニア・ローンは銀行が中心となり、アレンジャーとパティシパントに分けられる。アレンジャーはLBOローンのストラクチャリング、エグゼキューション、アンダーライト、シンジケーションが主業務となる。案件規模が小さい場合には、シンジケーションを行わずに単独でそのまま保有し続けることがあるが、案件規模が大きくなるとアレンジャーにはメガバンクを中心とした複数の銀行が選定されることが多い。アレンジャーがストラクチャリングしたファイナンスのシンジケーションに参加する金融機関はパティシパントと呼ばれる。金融市場において、LBOローンの提供機会が増えるにつれ、LBOローンの創成期から積極的であった金融機関だけでなく、対象会社の既存取引金融機関という立場からLBOローンを検討して参加する金融機関も増え、LBOローンはシンジケート・

ローン市場で多くの金融機関が非常に興味を持つ金融プロダクツの一つになってきている。

メザニン・プロバイダーは、基本的にはノンバンクや銀行系関連会社、生損保や機関投資家が主要プレーヤーのマーケットである。増加傾向にはあるものの、シニア・ローン・プロバイダーに比べるとメザニン・プロバイダーの数は少なく、多額のメザニンをアレンジすることは難しい環境が続いていた。しかしながら、最近では市場における売買取引額の多寡により、多額のメザニンを伴った案件が成立することも多く、またメザニン専用ファンドを組成する動きも見られ、市場が次第に拡大しつつある。

メザニンという金融プロダクツには、主に劣後ローン、劣後社債、優先株式が含まれており、上述のメザニン・プロバイダーに加えて、買手が投資資金の一部として提供したり、売手による売却資金の一部として提供(ベンダー・ファイナンス)されることもある。また、先述のシェア・ファイナンスのプロバイダーとしては、金融機関やメザニン・プロバイダーが中心となるが、シニア・ローンやメザニンに対して構造劣後関係にあることからハイリスクを伴う金融プロダクツであるため、一般にはメガバンクを中心とした邦銀はその提供を避ける傾向にある。なお、本章では、今後通常バイアウト・ファイナンスとして用いられるLBOローンに絞って、その効果などに関して解説する。

(4) バイアウトの資金調達と資金使途

バイアウト案件の成立のためには、特別目的会社(SPC：special purpose company)の立場から、案件成立のために使う資金(使途)がどれほど必要で、当該資金を誰からどのように集めるべきか(調達)、を考えなければならない。SPCが確保すべき資金は売手に支払う買収代金だけではない。バイアウト案件の場合には原則として投資後の追加出資は想定しておらず、追加借入についてもLBOローンの融資条件のなかで制約を受けるため、投資時点だけでなく、対象会社の将来の資金繰りも勘案して必要となる資金が決定される。

図表2-2　資金調達と資金使途

資金使途	資金調達
売買代金	対象会社余剰資金
既存借入金	シニア・ローン
取引費用	メザニン
その他	エクイティ

（出所）　インテグラル

　調達に関しては、主にバイアウト・ファンドからの出資金とLBOローン・プロバイダーからの借入金で賄われるが、これに追加して投資対象会社の余剰資産（余剰手元現預金や投資有価証券、遊休不動産など）が使用される場合もある。その場合、当該余剰資産見合いの一時借入金としてLBOローン・プロバイダーからブリッジ・ローン（短期返済資金）を借り入れることもある。ブリッジ・ローンが調達された場合には、当該ブリッジ・ローンの融資期間内（通常は1年以内のケースが多い）に余剰資産等を現金化し、返済に充当するのが一般的である。また、ブリッジ・ローン返済後は、通常パーマネント・ローンとなり、約定弁済分、期限一括弁済分に加えて運転資金見合いで引き出されるリボルビング・クレジットに分けられるのが一般的である。

　使途に関しては後述のような資金が存在する。いずれも投資検討時から実行時には、流動的な資金であるため、その調達に関しても、ある程度の余裕度を持って検討していく必要がある。

❶売買代金

　売手に支払う買収代金である。売買の取引条件次第では、当該買収代金を分割して支払われる、あるいは成立後に流動することもあるが、通常は案件実行時点で一括して現金で支払われることが多い。

❷既存借入金返済資金

　案件実行時に投資対象会社の既存借入金についてもLBOローンの一部により返済し、既存借入金の残高もLBOローンにまとめる。これは、LBO

ローンと別の貸付が共存すれば、担保権の取得・行使や弁済の優先順位をめぐり、LBOローン・プロバイダーにとって条件が不利となりかねないため、融資条件や担保の異なる既存借入金を返済し、同一条件のLBOローンに統一するためである。既存借入金の金額が大きい場合には、売買代金として調達できるLBOローンの金額が小さくなる。場合によっては、売買代金にLBOローンがまったく使えず、当該売買代金は全額買手が拠出するエクイティで行い、既存借入金の返済のみLBOローンで行ったり、事業再生案件などの場合には、そのままでは既存借入金の返済ができず、買手によるエクイティの注入により既存借入金額の減額をしたうえでLBOローンによるリファイナンスが行われる場合もある。

❸取引費用

投資検討時から最終的な実行に至るまでにかかる費用である。弁護士、会計士、税理士、コンサルタントなどの専門家の費用、ファイナンシャル・アドバイザー（FA）のアドバイザリー・フィー、LBOローン関連費用、登録免許税・印紙税などの各種税金、事務費用などがある。弁護士については、買手による投資対象会社の精査のためのリーガル・デューデリジェンス、売手との売買交渉・契約書作成、LBOローンについての各種プロバイダーとの交渉・契約書作成などの費用のみならず、LBOローンのプロバイダー側の弁護士費用（通常は、利益相反を避けて買手、つまり借手とは違う弁護士事務所の弁護士を起用）も、買手の取引費用の一部になる。一般的にはその旨がローン契約に記載され、かかる弁護士から直接買手に対して請求されることが多く、その分は買手側の取引費用となる。また、その他の専門家の費用については、貸手が借手とは別に依頼することは少ない。

❹運転資金

投資実行後の対象会社グループの運転資金がどのように推移するかについても綿密に精査する必要がある。これは、投資実行後はLBOローン以外の追加借入は制限されるため、事前にこの調達方法を手当てしておくべきものである。通常は、シニア・ローン・プロバイダーにより、リボルバー（revolver）といわれる運転資金専用のコミットメントライン（commitment line）を設けることが多い。

❺手元現預金

事業運営に必要な手元現預金の金額を投資完了時点で調達する必要がある。上述リボルバーの設定金額により当初の手元現預金の水準も変化する。

❻その他

通常の事業運営以外にキャッシュアウトが必要となる事項を考慮しておく必要がある。例えば、通常必要となる設備投資以外の大型設備投資、広告宣伝費、採用費、人件費、事業からの撤退費用などが生じる場合には、それらのキャッシュを含めた形でのLBOローンの設定が必要となる。

(5) ファイナンシャル・パッケージ構築における考え方

一般に、資金調達を行う場合、バイアウト・ファンドが想定した資金計画（事業計画）に基づき、①ファイナンシャルモデル（5～7年分の業績計画のプロジェクションをエクセルで詳細に作成したもの）、②インフォメーション・メモランダム（案件、事業、業界、経営陣などを詳細に説明したもの）、③タームシート（融資契約条件の骨子案を記載したもの）を提示し、ファイナンス・プロバイダー（シニア・ローンとメザニン）に打診し、LBOローンを組成するために各プロバイダーからインディケーション・レターといわれる意向表明書を入手する。これら各プロバイダーからのインディケーションをまとめてファイナンシャル・パッケージと呼ぶことがある。このファイナンシャル・パッケージの構築に際して、留意すべきことがいくつか存在する。

まず、上述のとおり資金使途が流動的であることから、ある程度の余裕を持って検討する必要がある。次に、後述のように各種組み合わせおよび条件次第では、バイアウト・ファンドから見るとレバレッジ効果（後述参照）と呼ばれる投資効率が変わることから投資リターンに直結するので、各種金融プロダクツの多寡のみならず、その条件に関しても留意が必要である。さらに、投資実行後の対象会社の事業運営の自由度も、当該ファイナンシャル・パッケージ次第では大きく左右されるため、レバレッジ効果に基づく投資リターンの向上ばかりを気にして、バイアウト・ファンドのみに有利な条件を

引き出すことになり過ぎないよう気を付ける必要がある。

2 レバレッジ効果による投資効率の向上

(1) バイアウトにおけるレバレッジ効果

　LBOローンの提供を受ける場合、一義的には借入人は投資のために用意されるSPCになる場合が多い。ただし、実質的に案件を主導し、意思決定を行っているのはSPCの投資家（株主）自身であり、バイアウトの場合はバイアウト・ファンドになる。当該ファンドにとってLBOローンを活用することは、自己資金（エクイティ）のみで買収するよりも借入を行って（レバレッジを効かして）投資を行うことにより大型の買収が可能となり、また投資家のリスクを自らが出資するエクイティ部分のみに限定でき、さらにはエクイティのリターンの向上効果、といういくつかの明らかな要因が存在する。特に、リターンの向上効果がいわゆるレバレッジ効果といわれるものであり、バイアウト・ファンドにとっては投資判断上極めて重要な要素となる。

　企業価値（EV：enterprise value）は純負債（net debt）と資本（equity value）の合計金額と定義されるが、バイアウトではこの資本がバイアウト・ファンドからのエクイティ出資、純負債がファイナンス・プロバイダーからのLBOローンに相当する。仮にバイアウトの実行時点（投資時点）からエグジット時点（投資回収時点）までEVに変化がないとすると、投資期間中に対象会社により創出されたキャッシュにより一部でも返済されている場合には、エグジット時点では投資時点からの返済額が当初の投資額に対するリターンとなる。

　実際には、EVの向上を目指して売上や利益を成長させ、企業価値が増大する案件が多いので、当初の投資額に対するリターンは借入返済による部分と企業価値の増加部分を合わせた金額になる。このように借入を行うことにより、自己資金のみで買収を行う場合よりも投資効率が向上することをレバレッジ効果と呼ぶ。

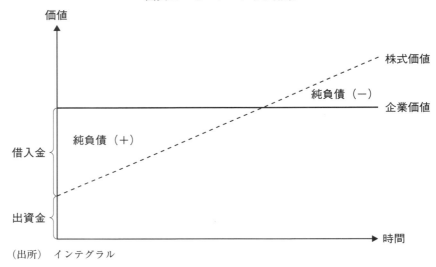

図表2-3　レバレッジ効果

(出所)　インテグラル

(2) IRRの感応度

EBITDA10億円の企業をEV50億円（EBITDA倍率＝5倍）で買収する例を想定してみる。まずは、対象会社の全株式を買い取るための譲渡代金50億円を、買手が全額自己資金で行い、各種経営努力によりエグジット時点までに年間1億円ずつEBITDAが上昇し、投資時点と同じEBITDA倍率5倍でエグジットをしたと想定するとIRR（internal rate of return：内部収益率）は8.8％となる。

他方、買手が20億円を自己資金、30億円を借入金で調達し、EBITDAは上昇せず、借入金の返済のみを続けた場合（前提として設備投資資金や利払いなどの控除後に年間4.8億円の元本返済を続けたと仮定）、エグジット時点では投資時点と同じEBITDA倍率5倍、すなわち企業価値が一定でエグジットをしたと想定するとIRRは18.3％となる。

このように借入金を合わせて資金調達した場合の効果が非常に大きく、IRRに対する感応度は場合によっては企業価値の成長以上に現れるケースも

少なくない。

実際には、この両方を合わせたケース、すなわち買手が20億円を自己資金、30億円を借入金で調達し、各種経営努力によりエグジット時点までに年間1億円ずつEBITDAが上昇し、最終的には投資時点と同じEBITDA倍率

図表2－4　利益成長のパターン

【前提条件】
①4年後のEBITDAが4億円上昇、②企業価値EV/EBITDA倍率一定、③借入金無し

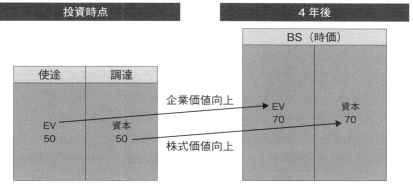

(百万円)

	投資実行時	2017	2018	2019	2020	2021	2022
EBITDA	1,000	1,100	1,200	1,300	1,400	1,500	1,600
EBITDA倍率	5.0x	5.0x	5.0x	5.0x	5.0x	5.0x	5.0x
EV	5,000	5,500	6,000	6,500	7,000	7,500	8,000
ローン返済可能額		−	−	−	−	−	−
Debt	0	−	−	−	−	−	−
EQV	5,000	5,500	6,000	6,500	7,000	7,500	8,000
				投資倍率	1.4		
				IRR	8.8%		

(出所)　インテグラル

5倍でエグジットしたと想定するとIRRは34.4％となる。

　このように適正なレバレッジ水準と企業価値の向上を合わせてリターンのかさ上げを行うことをレバレッジ効果といい、IRRに対する感応度も極めて高い効果をもたらすことになる。

図表2－5　デット返済のパターン

【前提条件】
①将来のEBITDAが一定、②企業価値EV/EBITDA倍率一定、③4年後までに借入金19.2億返済

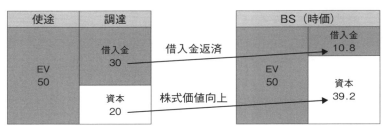

（百万円）

	投資実行時	2017	2018	2019	2020	2021	2022
EBITDA	1,000	1,000	1,000	1,000	1,000	1,000	1,000
EBITDA倍率	5.0x	5.0x	5.0x	5.0x	5.0x	5.0x	5.0x
EV	5,000	5,000	5,000	5,000	5,000	5,000	5,000
ローン返済可能額*		480	480	480	480	480	480
Debt	3,000	2,520	2,040	1,560	1,080	600	120
EQV	2,000	2,480	2,960	3,440	3,920	4,400	4,880
*Capex,Interest等200百万円控除後、税後(40%)				投資倍率	2		
				IRR	18.3%		

（出所）　インテグラル

図表2−6　利益成長とデット返済のパターン

【前提条件】
①4年後のEBITDAが4億向上、②企業価値EV/EBITDA倍率一定、③4年後までに借入金25.2億返済

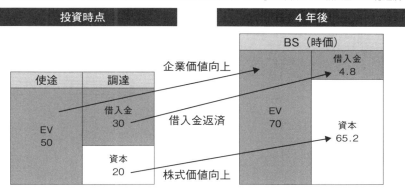

(百万円)

	投資実行時	2017	2018	2019	2020	2021	2022
EBITDA	1,000	1,100	1,200	1,300	1,400	1,500	1,600
EBITDA倍率	5.0x	5.0x	5.0x	5.0x	5.0x	5.0x	5.0x
EV	5,000	5,500	6,000	6,500	7,000	7,500	8,000
ローン返済可能額*		540	600	660	720	780	840
Debt	3,000	2,460	1,860	1,200	480	−300	−1,140
EQV	2,000	3,040	4,140	5,300	6,520	7,800	9,140
*Capex,Interest等200百万円控除後、税後(40%)				投資倍率	3.3		
				IRR	34.4%		

(出所)　インテグラル

おわりに

　LBOファイナンスは、そのリターンの向上効果からバイアウトにおいて必須となる資金調達手法である。ただし、当該ファイナンスのストラクチャー次第では、バイアウト・ファンドへのリターンへの影響のみならず、対象会社およびそのステークホルダー、ファイナンス・プロバイダーとその業界などへも大きな影響を与えることとなる。特に、リターンの向上のみを目指して無理なストラクチャリングをすると、対象会社にとって経営の自由度を奪うことになったり、万一経営破綻につながるような事態を招いた場合には、金融産業・経済構造も巻き込んだ悪影響が生じ、結果的に金融収縮・恐慌を招く恐れもある。したがって、ファイナンスの設計時には、対象会社の経営陣・従業員ともよくすり合わせのうえ、将来の事業計画あるいは経営計画に支障のないストラクチャリングを心がける必要がある。

参考文献

笹山幸嗣・村岡香奈子（2008）『M&Aファイナンス（第2版）』金融財政事情研究会.

佐山展生・山本礼二郎（2009）『バイアウト―産業と金融の複合実務―』日本経済新聞出版社.

Interview
日本のバイアウト市場の成熟化に向けた課題

大型案件での活用に期待

株式会社 KPMG FAS
代表取締役パートナー
知野雅彦氏

Q 日本のバイアウト市場が誕生し、20年が経過しようとしていますが、これまでを振り返って市場の成熟度合いはどれくらいに感じますでしょうか。

　日本のバイアウト市場が誕生した当初は、バイアウト・ファンドの規模が小さく、GPも金融機関の出身者が多かったと記憶しています。投資対象も、比較的分かりやすい業種・業態が多かったと思います。バイアウト・ファンドの社会的な認知度も低く、一般の人から見ると、少し特別な存在でもありました。

　その後、この20年間で、社会的な認知度は着実に向上しました。LP投資家も多様化し、今は各ファームがファンド規模を拡大させています。それから、GPに参画する人材の層が広がってきて、多様なバックグラウンドのプロフェッショナルが参画するようになりました。金融機関出身者だけではなく、事業会社出身やコンサルティング出身者など、多様な人材が参画し、事業のバリューアップにおける専門性が向上し、投資対象も幅広い産業に拡大しました。さらに、銀行のLBOファイナンス業務の体制強化やスキルも蓄積されてきて、スピーディーに審査がなされるようになってきました。

　一方、米国や欧州と比較すると、もう一段上の成熟が期待される面があります。まず、日本の経済規模を考えても、正直まだ伸びる余地があると思います。それから、バイアウト・ファンドの機能や有用性に関する認知度は向上しましたが、案件の内容がもう一段レベルアップすると、欧米にさらに近づくだろうと感じます。

特に、大企業の事業部門のカーブアウト案件が、まだ圧倒的に少ないと思いますし、日本は遅れている部分があります。これは両面あって、株式市場のプレッシャーが弱く、日本企業のビジネス・トランスフォーメーションが迅速に行われていないため、案件自体が少ないという側面と、事業の「選択と集中」で売却を考える際に、選択肢として最初からバイアウト・ファンドを候補に入れて検討するケースが少ないという面があるように感じます。その辺りが、今後のさらなる成熟において重要なポイントになってくると思います。

　もう一つ残念なのが、電機メーカーなどの大型案件の話があるときに、結局名前が出てくるのは外資系のバイアウト・ファンドです。これだけ日本でもお金が余っていて、バイアウト・ファンドの資金募集も好調ですので、国内系のバイアウト・ファンドにも、そのような案件に対応できる実力をつけていってほしいと思います。

Q　成功事例と呼べる案件も多数出てきましたが、うまくいっている案件に共通点はありますでしょうか。

　成功案件の共通点は、スピード感を持ってバリューアップできたということです。バイアウト・ファンドには、存続期間がありますので、期間内にどれだけバリューアップを迅速にできるかという点が重要になります。プレ・ディールの段階では、デューデリジェンスと評価の前提となる事業計画の作り込みがきちんと行われていることが大前提となります。それをベースに投資後のアクションが迅速かつ的確に行われた案件は成功しています。いかに問題点を洗い出して、迅速にアクションに移せるかという点は、一般の事業会社の投資とは異なり、専門性を有するプロフェッショナルの腕の見せ所です。また、ポスト・ディールの鍵は、ガバナンスのあり方やハンズオンのアプローチも含めて、バイアウト・ファンドが提供できる専門性を活かして、いかに会社側と一体になってバリューアップのための施策を実行できるかということだと思います。

Q 一方、想定通りの業績を上げられなかった案件も一部存在します。そのような場合は、何が原因で失敗するのでしょうか。

　失敗要因というのは成功要因の裏返しです。デューデリジェンスが甘くて課題が洗い出しきれていなかったとか、バリューアップ施策の詰めが甘いというケースが多いですが、それぞれのプロセスにおける専門性の欠如が根本的な要因です。バイアウト・ファンド業界が成熟するためには、より専門性を追求していく姿勢が重要だと思います。セクターの知見やバリューアップ施策に係る専門性が重要で、バイアウト・ファンドごとに強みは異なりますので、その専門性が活かせないような案件に手を出すと失敗します。

　専門性が欠如していると、プライシングが甘くなりますし、事業計画も甘くなります。高い価格を出してしまうという背景には、もちろん競争が激しいということもありますが、プライシングに問題があったともいえます。専門性を持ってバリューアップの施策がしっかり頭に描ければ、多少高く出してもリターンがとれるという話になると思いますが、過信して事業計画を描くのはいけません。そう考えると、最も重要なのは、プライシングとバイアウト・ファンドのケイパビリティとの釣り合いということになります。

Q 今後はどのようなバイアウト案件の登場に期待したいでしょうか。

　大手外資系のバイアウト・ファンドが日本に本格的に進出した際に、大手電機メーカー自体をバイアウトするくらいの規模の投資をしたいという声も聞かれました。最初、「え？」という感じもありましたが、米国や欧州の主要国では、バイアウト・ファンドがそれくらいの影響力を持ってスケールの大きいビジネスを行っています。日本でもそういった大型案件にバイアウト・ファンドが絡んでくるような場面を見たいと思います。

　それから、大規模なディストレスト案件に対応できるバイアウト・ファンドの登場にも期待したいです。難易度の高い再生案件にチャレンジするバイアウト・ファンドが増えれば、日本の経済にとって、また、社会的にもすごく意義がある

と思っています。さらに、先ほど専門性という話をしましたが、差別化のためにセクター特化型のバイアウト・ファンドの登場にも期待したいと思います。

 最後に、今後も協業を行うバイアウト・ファンドの皆さまにメッセージをお願いします。

バイアウト・ファンドとLBOファイナンスは、切っても切れない関係があり、その両輪でバイアウトの仕組みが出来上がっています。いろいろな案件に対応して、社会的な認知度がさらに上がるような案件が出てきて、成功事例が増えていけばそれが業界の発展のためにもなります。KPMG FASとしても、難易度の高い案件や専門性が問われる案件でバイアウト・ファンドやその投資先企業の方々をサポートさせていただきたいと考えております。そのためにも、提供できる専門性をさらに磨いていきたいと思います。

Profile

知野雅彦氏

株式会社 KPMG FAS 代表取締役パートナー
早稲田大学商学部卒業。KPMG FASの代表として企業戦略の策定、事業ポートフォリオ最適化のための事業再編やM&A、経営不振事業の再生、企業不祥事対応などに係るサービスを統括。主な編著書として、『M&Aと組織再編のすべて』(監訳、きんざい)、『実践 企業・事業再生ハンドブック』(日本経済新聞出版社)、『M&Aによる成長を実現する戦略的デューデリジェンスの実務』(中央経済社)、『予算管理の進め方』(日本経済新聞出版社)、『不正・不祥事のリスクマネジメント』(監訳、日本経済新聞出版社)、その他雑誌などへの寄稿多数。

第 3 章

LBOファイナンスの特徴

プロセスと条件設定を中心として

株式会社あおぞら銀行
事業ファイナンス部　担当部長　**中里弘樹**
国際営業部　担当部長　**野上稔久**

はじめに

　近時、オーナー企業の事業承継、大企業における子会社・事業部門の売却、上場会社の非上場化などでバイアウト・ファンドがスポンサーとなる際のLBO（leveraged buy-outs）に対して、多くの金融機関がその社会的役割やビジネス機会として注目している。これまでバイアウト・ファンドの投資家は年金、生損保、大手金融機関が中心でありメンバーが限られたものであったが、ここ数年、多くの地域金融機関が参加するなど投資家の裾野が増えるとともに、案件のソリューションやファイナンスなどの幅広い機会に対する期待の現れであろう。また、従来はLBOファイナンスというと、専門部署での仕事といった感もあったが、営業現場でも顧客からの相談や提案活動の一部として接する機会が増加しているのを実感している。

　本章では、LBOファイナンスを検討する際の一般的なプロセス、LBOファイナンス特有のリスクについて述べるとともに、各種条件設定やリスク管理上非常に重要であるコベナンツなどの枠組みについて、本邦LBOの黎明期より斯業を手がけてきた弊行の知見の一部を共有することでLBOマーケットの健全な拡大に資すれば幸いである。

 LBOファイナンスのプロセス

　LBOファイナンスのプロセスは、当該バイアウトのプロセスに合わせた

形で進行することになるのが通常であり、バイアウトにもいろいろな形態があるが、ここでは接することが最も多い非上場会社のオークション形式（入札方式、スポンサーbid方式ともいう）によるプロセスを前提に、案件検討からシンジケーションまでのフローを確認したい。

(1) **基本的なプロセス**

　LBOファイナンスにおける一般的なプロセスは、図表３－１に示したとおり、大きく三つのステージに分かれて進むことが一般的である。

　第一ステージは、セラーサイドが買手候補者を広く招聘(しょうへい)する一次入札であり、セラーの多くはFA（financial advisor）をリテインして行う。一次入札は２～３週間と比較的短期間で行われ買手候補を絞り込むものである。多くても４～５社程度、場合によってはDDやマネジメント・インタビューなどの手間なども考慮し２～３社程度まで絞り込まれ二次入札のプロセスへと進んでいくこともある。

　第二ステージの二次入札は最終入札であり価格、買収ストラクチャー、買収後の運営方針などさまざまな角度から絞り込みが行われるが、筆者の実務上の感覚ではやはり価格の側面が最も大きな選考基準となろう。このプロセスでは、スポンサーはビジネス、財務会計、法務、税務などの詳細なデューデリジェンスを各分野のプロフェッショナルをリテインして行う。また、企業価値算定（valuation）と将来のエグジット時の投資回収の基礎となるモデル作成（事業計画）や、買収ストラクチャー、ファイナンス・ストラクチャーの検討など、密度が高く高度な作業が行われる。この二次入札時にセラーに提示する最終意向表明書は法的拘束力を伴うため慎重に検討が進められる。この最終意向表明書には資金調達の方法とそのコミットメントが求められることから、レンダーもスポンサーに対してファイナンス・コミットメントを二次入札前までに行う必要がある。

　この二次入札の選考に残るとスポンサーは独占交渉権を付与され、SPA（share purchase agreement、株式譲渡契約書）交渉へとプロセスは進むことになる。LBOファイナンスのレンダーは、SPAと前後してローン契約書、担

図表3－1　LBOファイナンスの一般的なプロセス（入札方式のケース）

期間 イベント	スポンサー	レンダー
2～3週間	守秘義務契約締結 インフォメーション・メモランダム受領 レンダーネーム・クリアランス 投資委員会	守秘義務契約締結 インフォメーション・メモランダム受領 インディケーション提示
一次入札	基本合意書（LOI）提出	
3～5週間	デューデリジェンス （ビジネス、法務、財務、税務） Q&A 買収ストラクチャー検討 モデリング バリュエーション	クレジット分析 ファイナンス設計 ターム・シート交渉 コミットメント
二次入札	最終意向表明書提出（ファイナンス・コミットメント・レター添付）	
2週間	独占交渉権 レンダー確定 株式譲渡契約書（SPA）交渉	マンデート獲得 株式譲渡契約書（SPA）案確認 ドキュメンテーション開始
SPA締結		
3週間	クロージング、ローン契約など 前提条件（CP）充足準備	ローン契約 各種契約（担保、保証、その他） 前提条件（CP）充足確認
クロージング	買収完了　　買収ファイナンス実行	
シンジケーション	レンダー選定・招聘、コミットメント、アロケーション確定、債権譲渡、その他	

（出所）　あおぞら銀行事業ファイナンス部作成

保や保証の各契約書の案文の作成と交渉を開始する。この際、SPAは売主・買主の義務、表明保証、価格、価格調整条項、補償などの重要な取り決め事が記載されており、ローン契約書においてもこれらを反映する必要があるので案文段階より開示を受けることが肝要である。SPAが締結された後、クロージングの前提条件、ローン契約上の前提条件などを経てクロージング、融資実行を行うことになる。

なお、シンジケーションについてであるが、大型案件を除くと最近の事例ではクロージング日で複数の金融機関で実行することは少なく、ポスト・クロージングが終了し時間的に余裕があるタイミングで行われるケースが主流となっている。

(2)　**ステージ別プロセス**

　このパートでは、1．(1)で述べたステージ別のプロセスにおいてレンダーとしてスポンサーに求められることや、各手続上のポイントについて述べたい。なお、ストラクチャー、シンジケーション、モニタリング、プロジェクション・モデルなど他の章にて詳細がある部分については概略について触れるにとどめたい。

❶第一ステージ（初期的検討）～インディケーション～

　二次入札までの期間については情報拡散防止の観点からスポンサー（候補）に対して、金融機関への声掛けを禁止しているケースもあるが、実際には個別金融機関のネームクリアランスをセラーから取得したうえでレンダーへ初期的相談をしているケースが多いようである。多くの場合、スポンサーに対してレンダーも入札形式であり複数の金融機関が招聘される。このステージでセラーより開示される資料はインフォメーション・メモランダム（IM：information memorandum）、決算書類などの初期的検討書類程度であり、Q&Aも極めて簡素であるか受付がなされないケースが多い。このような限定的な資料しか入手できないなかでレンダーは業種としての取組可否、クレジット上の留意点、チェックポイントなどの初期的な感触をスポンサーと協議することになる。そのうえでインフォメーション・メモランダムを前提としたdebt capacityの提示とともに、入札までにインディケーション（indication）の提出を求められることが多い。

　インディケーションは法的拘束力のない形式で提出することになるが、二次入札時のファイナンス・コミットメントに至る過程で金額などの重要な項目が大きく変わると買収価格の変更へと直結することにもなり得ることから、インディケーションであっても慎重に内容を検討する必要があろう。ま

た、この点については当初、想定していなかったリスクがデューデリジェンスの過程でクローズアップされることなどでも起き得るためスポンサーとのコミュニケーションを十二分に図って行くことが求められる。

❷第二ステージ（本格的検討）～与信判断・コミットメント～

二次入札にスポンサーが進むと同時に、レンダーも数行に絞られプロセスが進むことになるが、この段階になると情報量や交渉の難易度も高度になることから時間や人員の制約上、レンダーを絞らざるを得ないのであろう。二次プロセス入札時の最終意向表明書とともに自己資金以外で買収資金を調達するスポンサーは買収の前提条件となる資金調達についてもコミットメントが求められることになる。このコミットメントの前提としてローン条件を詳細に記載したターム・シートが必須となる。したがって、このステージでレンダーはクレジット判断とローン条件をある程度は確定したうえで決裁をとる必要がある。

二次プロセスに入るとセラーもデータルームの開設（多くはバーチャル）を行いデューデリジェンスがスタートする。前述したがデューデリジェンスではプロフェッショナルをリテインしておのおののパートのレポートが作成される。一般的なスケジュール感としては、2～3週間で中間レポートの提示、そこから2週間程度でマネジメント・インタビューなども経て最終レポートの提出がなされることから、レンダーがレポートを入手できるのが入札期限間際となることも往々にしてある。したがって、レンダーとしてはレポートが仕上がることを待ってから稟議書を作成すると時間的に間に合わなくなるので、データルームに直接アクセスできるようにリクエストして原データを基に稟議作成を行う必要がある。この作業は非常に膨大な作業となるが、対象会社の実態把握を行ううえでは非常に重要なプロセスである。現データを調査するなかで気になったポイント、疑問点や仮説などの検証をQ&Aやデューデリジェンスの内容に反映してもらうよう依頼することも大切である。また、スポンサーやプロフェッショナルからはお叱りを受けそうであるが、スポンサーとレンダーでは構造的なコンフリクトも存在することから、レポートがある程度は買収することに軸足が置かれて作成される力学

が働く可能性も踏まえて調査するくらいの気概を持ちたい。

　デューデリジェンス・レポートと併せてLBOファイナンスのクレジット判断をするうえで重要なものが、スポンサーが提示するプロジェクション・モデルである。平易にいえば事業計画であるが、企業価値評価（valuation）、投資リターン（exit IRR）の予測やdebt capacityの推定に使用される非常に重要なものである。例えば、モデルのとおり業績推移せずにLBOローンのコベナンツに抵触すれば、期限の利益喪失事由となる可能性もあることからイニシャル時のみならず将来予測も極めて重要である。レンダーとしてはモデルのドライバー分析を行い、そのセンシティビティのリスクシナリオを想定してbank base case、stress caseの想定、場合によってはworst caseのシナリオ設定もしておきたい。

　最終的にはどのケースにおいてもローンの返済に支障を来すことは避けなければならないとともに、通常発生する「のれん」が将来にわたって減損に至る可能性を分析する必要がある。「のれん」評価については、DCF（discount cash flow）で評価することが一般的と認識しているが、キャッシュフロー分析にこのプロジェクション・モデルを用いるのである。特に「のれん÷純資産倍率」で2.0x〜3.0xとなっているような買収価格も高くハイ・レバレッジな案件は、「のれん」の減損が発生すると一気に（実態的）債務超過となり金融機関にとっては債権保全上の問題と決算上も多額の引当てが発生することから特に留意が必要である。

　これらのクレジット分析と同時並行で対象会社の事業特性、事業計画、キャッシュフロー・モデル、リスク特性などに合わせてローン条件を設定し、ターム・シート交渉を経て各金融機関の社内決裁を取得してファイナンス・コミットメントへと至るのである。繰り返しになるが最終意向表明書は法的拘束力を要求されることが通常であることから、ファイナンス・コミットメントも法的拘束力を求められるので相応の覚悟を持ってコミットメントする必要があることには留意したい。

　❸第三ステージ（SPA・各種契約書作成）〜前提条件充足・実行〜
　二次入札を経て、独占交渉権を付与されたスポンサーは、売主との間で

SPAの交渉に入る。SPAについては、スポンサーがどのような条件でセラーから買収するのか、デューデリジェンスの結果をどのように反映しているのか、買収に至る前提条件は何か、取引の無効・解除の条件や価格の調整条項などレンダーにとって非常に重要な情報が詰まっている。場合によってはローン契約にそれらを反映する必要があるので、SPAの合意前より内容を確認するとともにケースによってはレンダーとしてコメントすることもあろう。

　LBOファイナンスのローン契約はコーポレート・ローンの契約とは基本的なコンセプトが大きく異なる。LBOファイナンスは通常のコーポレート・ローンと違い企業の事業活動などに関わるローンではなく、資金使途は買収資金であり、その返済は対象会社のキャッシュフローでなされることが本質的に違う点である。したがって、実行は買収のクロージング時点となり、多くの場合はハイ・レバレッジ（高い負債比率）かつ、長期期間の貸付（おおむね5〜7年）であることからローン実行に至るまでの前提条件を細かく設定し、当初の借入人は多くの場合は買収SPCであり実態がないので表明保証をしっかりと行い、実行後は十分に経営のモニタリングをするとともにキャッシュフローのコントロールを行う必要がある。そのため、レポーティング・コベナンツやファイナンシャル・コベナンツ、各種制限条項を設定して対象会社の把握を行うのである。

　このほか、このステージでは各種担保契約（株式、預金、債権、動産、不動産、商標など）、保証契約などのドキュメンテーションを行う。最近の実務的な対応としては、株式、預金などのクロージング日までに対抗要件具備が容易なものを先に締結・担保取得し、不動産、動産など時間を要するものについては実行後の手続（ポスト・クロージング）に回すことが多い。

２ LBOファイナンスの各条件の具体的設定

　前項では、バイアウトのプロセスに合わせてレンダーが求められる事柄やその概略について述べてきた。本節では、ターム・シート、ローン契約など

の基本的な部分である「金額・期間とトランシェ」「金利・手数料」「コベナンツ」「その他の条件設定」について設定の意図、その基本的な考え方と注意点について見ていきたい。

(1) 金額・期間とトランシェ設定

❶金額設定

ローン金額については、スポンサーの立場からすると買収価格を左右する非常に重要なポイントとなる。ローン金額が希望に満たなかった場合、エクイティを増額するか劣後ローン、優先株式などのメザニンをセットするか、あるいは買収金額で調整（価格を下げる）することになる。前者の場合は投資効率を下げることになり、後者の場合は案件を進められなくなる可能性があるからである。レンダーがローン金額を決めるには、オーソドックスなクレジット審査に加えて「将来キャッシュフロー」「デット・エクイティ比率」「担保・資産」などから検討することになる。

「将来キャッシュフロー」については、対象会社のプロジェクション・モデルを用いてキャッシュフローの予測を行う。将来のキャッシュフローからCAPEXなどの事業の維持、遂行に欠かせないコスト、税金などを控除したキャッシュフローがLBOローンの返済原資となる。この返済原資をギリギリまで見てしまいローン金額の検討をすれば、少しでも事業収益に変動があった場合にコベナンツに抵触するか、返済ができなくなる可能性があるので留意が必要である。デット・キャパシティは、企業によってCAPEXなど事業維持、継続に必要なコストはさまざまであることから一概には言えないが、一般的にはフリー・キャッシュフローの10年分は過剰であり、5～7年程度の間で収斂するのが妥当と思われる。なお、キャッシュフローといってもその実態が重要である。例えば、本邦内だけで事業が完結しているような企業の場合は問題が起きないが、海外子会社などがある場合、その当該国から資金を本邦に還流できるのか否かといったことなどが、しばしばLBOローンでは問題となるので留意が必要である。資金還流が難しい国にある海外子会社などのキャッシュフローまで含めてLBOローンの返済原資として

検討すると、実際には返済原資が不足して返済に支障を来すことになるからである。

「デット・エクイティ比率」については、比率そのものについての正解はなく業種によっても違うが、ハイ・レバレッジであることを勘案してもエクイティの割合として最低30％程度以上は欲しいところである。絶対金額についても「のれん」の減損や赤字に対する耐久力となるから非常に重要である。したがって、単純なデット・エクイティの比率のみならず、「のれん÷純資産倍率」も考慮に入れる必要がある。また、金額の多寡はスポンサーの買収に対するコミットメントを確認するものでもある（多少の厳しい局面でのサボタージュ・リスクなどの軽減）ことを述べておきたい。

❷期間設定とトランシェ

a．期間設定

LBOローンの期間設定についてであるが、キャッシュフローが安定している企業の場合だと通常のコーポレート・ローンの感覚で考えると、10年の貸出もケースによっては可能に思われるがLBOローンでは5年をベースに検討することが通常である。業種によっても期間は左右され、例えばビジネスのはやり廃りが早い業種であれば3年のフル・ペイアウトとなるであろうし、極めて安定しているインフラ関連などであれば7年と長くなろう。実務上もおおむね期間については5〜7年で設定されるものが主流である。これはバイアウト・ファンドの投資期間、エグジット戦略やファンド期間（近時はおおむね投資期間5年、ファンド期間10年＋延長オプションであることが多い）などとの兼ね合いも考慮して決定されるからである。なお、ここでいう期間とは、ローンの最終期限であり返済ピッチではない。この点については次に述べていきたい。

b．各ファシリティ

まず、LBOローンのファシリティであるが、基本形は、ターム・ローン、リボルビング・クレジット・ファシリティ（revolving credit facility、コミットメントラインのこと）で構成される。ターム・ローンが株式購入代金などの一部、リボルビング・クレジット・ファシリティが対象会社の運転資金

としてセットアップされるのが一般的である。この基本形にブリッジ・ローンやCAPEXファシリティなどをセットアップすることがある。ブリッジ・ローンは、有価証券、非事業性資産などの処分や子会社などからの余剰資金の回収までの一時的なローンである。CAPEXファシリティは、事業計画上で将来大きな設備投資を予定している場合などでその資金が余剰キャッシュフロー（通常のLBOローンの設計では約定弁済、キャッシュ・スイープなどで余剰資金は多くならない）だけで賄えない場合に一定の条件を満たせば使用できるようなファシリティとして設計することがある。

　ターム・ローンは、本邦で一般的には、約定弁済によって償還されるターム・ローンAと最終期限に一括償還されるターム・ローンBで構成される。ターム・ローンAは、収益償還リスクのトランシェであり、ターム・ローンB以下は、主にはリファイナンス・リスクのトランシェとしてトランチングされている。ターム・ローンAであるが、プロジェクション・モデルをベースとしたリスクシナリオ（ベースケース、ストレスケース）を想定した際のキャッシュフローの分析を行い、DSCRが1.0x以上となる融資金額をおのおの算定して金額を決定することになる。ターム・ローンBについては、最終期限時の収益状況を上記同様のシナリオで想定して、十分に（コーポレート・ファイナンスとしても）リファイナンス可能であろうと思われる水準で決定することが一般的である。ただし、通常LBOローンではキャッシュ・スイープ（余剰キャッシュフロー・スイープともいう）をセットするので、各リスクシナリオ時にスイープがどの程度ローン期間で効くのか考慮してリファイナンス可能額などと総合的にターム・ローンBの金額を決定することになる。

　リボルビング・クレジット・ファシリティについてであるが、買収対象会社の運転資金枠に使用されるものであり、買収完了時点（クロージング日、Day1ともいわれる）での使用禁止とクリーン・ダウン・ピリオド（clean down period）を設定してセットアップされる。LBOローンでは通常、追加借入禁止条項を設けることから買収後の対象会社の運転資金を賄うためにセットアップするものである。まれに、Day1でのキャッシュ・ポジション

が厚く買収されたり、事業構造上、運転資金を必要としなかったりする企業もありセットされないこともある。クリーン・ダウン・ピリオドは、1年間の間で一定期間（おおむね5営業日連続）リボルビング・クレジット・ファシリティの実行残高をゼロとすることを意味している。これは、リボルビング・クレジット・ファシリティが運転資金を資金使途とすることからクリーン・ダウンを設定することで、買収資金の一部に使用されたり、設備資金や経常底溜まり資金など本来の資金使途以外に流用されたりしないようにコントロールするものである。一方で、売上が伸びている企業などでは運転資金が常時拡大することもあり、こういった場合にはクリーン・ダウンが機能しないので別の手当てをする必要があろう。

　CAPEXファシリティについては、LBOローンの約定弁済返済後かつキャッシュ・スイープ後の余剰キャッシュフローで将来の設備投資が賄いきれないような事業モデルを計画している場合に、しばしばその資金手当てについてスポンサーと議論になる。大きなCAPEXをかけるということは会社にとって成長の機会ともなるが、LBOレンダーにとってはCAPEXがうまく行かなかった際のリスクをはらむことになる。まさにエクイティ・スポンサーとレンダーの構造的なコンフリクトの典型であり、うまく行った際のスポンサーのメリットに比して問題が生じた際のレンダーのリスクのほうが大きいといったものであり、本来こういったキャッシュフローで賄えないCAPEXはエクイティによる資金拠出が望ましい。CAPEXファシリティをセットするのであれば、当該ファシリティが実行された金額を含めてターム・ローンの金額決定をしなければならないことは無論であるが、CAPEXリザーブや当該CAPEXファシリティを使用する際の条件（例：レバレッジ・レシオ、ターム・ローンの残高など）をあらかじめ決めるなど、影響力を軽減する措置を講じるのが望ましい。

(2) 金利・手数料の設定

　金利については、ベースレートにスプレッドを加えて設定するが、ベースレートは国内案件では全銀協円TIBORを使用することがほとんどであり、

コーポレート・ローンでもTIBORやLIBORなどを適用しているからレンダーが困ることはないであろう。

　スプレッドについては、個別のクレジット・リスク、金融環境などにより異なることから正しい水準というのが示しにくい。セオリーとしてはターム・ローンAとリボルビング・クレジット・ファシリティが同一のスプレッドで、ターム・ローンBはそれよりも25〜50bp程度高く設定される。なお、金利リスク・ヘッジとして金利SWAPでの金利固定化については期限一括型のターム・ローンBが一見検討対象となるように思われるが、LBOローンでは多くの場合に余剰キャッシュフロー・スイープでターム・ローンBにこれを充当させることからターム・ローンBのキャッシュフローが正確には把握できないことや、実行後2〜3年目にはリファイナンスされることが多く、金利SWAPは事実上取り組めないのが一般的である。一部、外資系バイアウト・ファンドの投資案件で金利SWAPを取り組んでいるケースがあるが、こういった場合は契約書上で、これを認める手当て、返済順位、担保順位などをあらかじめ定めておくのが望ましい。

　このほか、金利にはプライシング・グリッドが定められることが多くある。プライシング・グリッドについては、順当にいけば少なくともターム・ローンの約定弁済によってレバレッジ・レシオが低下してリスクも低減していくので、その水準に合わせてスプレッドを変更するものである。当然にEBITDAが下がるなどでレバレッジ・レシオが上昇してリスクが高まればスプレッドも引き上げるといった仕組みでもあり合理的なものである。

　フィーについては、アレンジメント・フィー、エージェント・フィー、コミットメント・フィーが中心となる。アレンジメント・フィーについてであるが、LBOローンではマンデーテッド・リード・アレンジャー（MLA：mandated lead arranger）がスポンサーにより選定されるがこの役務の対価である。MLAの役割は、ストラクチャリング、アンダーライト、エグゼキューション、シンジケーションと多義にわたる。LBOローンはリスクが比較的高いことから1行でtake & holdすることは極めて少なく、シンジケート・ローンが組成されることになるのが一般的である。仮に1行でhold

し続ける場合であっても、後にローンを譲渡できるようにシンジケート・ローンの建付けをすることが多い。なお、LBOローンのシンジケーションは買収に伴う資金の性格上、フル・アンダーライトが前提となっており、ベスト・エフォートでの組成は通常あり得ない点は確認しておきたい。したがって、シンジケーションや譲渡について契約上も想定していない場合は単なるアンダーライティング・フィーとなろう。

エージェント・フィーは、シンジケート・ローンに伴うエージェント業務の対価であるが、初年度は担保設定など労力が比較的高いことから担保設定などの難易度も考慮したうえで初年度のみフィーを高く設定することも一考である。また、複数の金融機関がアレンジを共同で手がける際にエージェントをファシリティ・エージェントとセキュリティ・エージェントなどに役割分担して行うこともある。

コミットメント・フィーはリボルビング・クレジット・ファシリティの融資枠の未使用額にかかるフィーであり一般的なコミットメントラインと同様である。融資枠総額に対するファシリティ・フィーは現在、本邦LBOローンではほとんど見かけない。

(3) コベナンツ設定

コベナンツは、コーポレートのシンジケート・ローンなどでも一般的になっており、利益維持条項、純資産維持条項など馴染みがあるものと思われる。LBOローンは買収資金そのものを買収対象会社のキャッシュフローで返済するという資金使途の性格上、キャッシュフローをモニタリング、リスク・コントロールする多くのコベナンツを設定することが買収ファイナンスの肝ともいえ、ファイナンシャル・コベナンツ（財務制限条項）、アファマティブ・コベナンツ（作為義務、しなければならない義務）、ネガティブ・コベナンツ（不作為義務、してはいけない義務）によって構成される。

コベナンツは、事業計画（プロジェクション）をベースに設定して、四半期ごとや半期ごとにその達成度合いや乖離幅を計測することでモニタリングを行う。コベナンツ水準に抵触した際には一義的には期限の利益喪失事由と

なるが、コベナンツに抵触させることが目的ではなく、あくまで利息、元本返済の蓋然性を高めることが目的であることから、その乖離した理由をスポンサー、対象会社から説明を受け精緻に分析してその対策を協議することが必須である。この際、当然ながらレンダーとしてリスクが高まっているわけであり、コベナンツ抵触をアメンドメント（amendment）、ウエーバー（waiver）するにせよ、スポンサー、対象会社も応分の負担（例：経済上の対価、スポンサーによる資金支援など）をすることが前提となろう。また、このファイナンシャル・コベナンツ以外にもモニタリングのためのレポーティング・コベナンツという業績資料の提出義務もあり、重層的に経営状況を把握する必要がある。

次にいくつか代表的なコベナンツの例を述べていきたい。

❶予防措置的コベナンツ

ここでは、ファイナンシャル・コベナンツのうち、LBOローンで使用する代表的な例をいくつか述べたい。

　　a．デット・サービス・カバレッジ・レシオ（DSCR：debt service coverage ratio）

LBOローンの約定弁済、金利の支払いに充当するキャッシュフローがどの程度、その年度で支払う元利金を賄えるかを計測する指標であり最も重要なコベナンツの一つである。本来は事業計画に合わせてDSCRの設定も可変させて設定すべきであるが、現在のLBOローンでは1.0x～1.3xの間の固定値で設定されることが多い。フリー・キャッシュフローの定義は、案件によって多少調整はあるが、スタンダードは「税引後営業利益＋減価償却等償却費－設備投資額－運転資本増減」となる。このDSCRが1.0x以下となるのは年間のフリー・キャッシュフローで元利払の一部以上ができないことを示しているので、手元現預金か運転資金より返済原資を捻出することになり、この状況が続くと元利払がいずれ滞る可能性が高まることから注意が必要である。

　　b．インタレスト・カバレッジ・レシオ（ICR：interest coverage ratio）

インタレスト・カバレッジ・レシオは、コーポレート・ローンでも基本的な指標の一つであり、「フリー・キャッシュフロー（デット・サービス前）÷

支払利息」などで定義される。現在、日本の金融環境では極めて低金利であることから有効性が低く設定されるケースは劣後ローンがセットされている案件など限定的であろう。いずれ金利が上昇した際や上昇基調にある中ではシニア・ローンのみでも使われることも出てこよう。

　ｃ．レバレッジ・レシオ（leverage ratio）

　一般的には、レバレッジ・レシオは、「借入金額÷EBITDA」で定義され、簡易なキャッシュフローに対する最大の負債水準を計るものである。この指標は、スポンサーの事業計画上のレバレッジ・レシオに許容可能な余裕を持たせて設定することになり、この余裕を通常ヘッド・ルーム（head room）と呼んでいるが、これに余裕がありすぎるとコベナンツとしては機能しなくなる。また、LBOローンは実行時点のローン金額が一番多く、時の経過とともに約定弁済によりローン金額が漸減するのでレバレッジ・レシオ水準も同様に低水準（厳しく）になって行くように設定し、ローンの最終年度にはリファイナンスが容易に可能な水準値にするのがセオリーである。このほか、レバレッジ・レシオは劣後ローンの有無や負債の性質によって、分子の定義を変えてグロス・レバレッジ・レシオやシニア・レバレッジ・レシオなどを設定することもある。

　ｄ．その他のコベナンツ

　上記のLBO特有のコベナンツのほか、利益維持条項、純資産維持条項などのコーポレートでも一般的なコベナンツも併せて設定されるのが一般的である。なお、利益維持条項はコーポレート・ローンで一般的な2期連続抵触禁止ではなく、1期間での遵守を求めることや、資産維持も前期比75％の維持などではなく100％の維持を求めることが多い。ただし、買収初年度はディールコストなどもかさんだりするため当期赤字となる計画が散見されるので、計測のスタート時点をどうするのかは個別案件による。

　❷モニタリングとしてのコベナンツ

　LBOローンではモニタリング資料についてもレポーティング・コベナンツとして、どういった資料を提出してもらうのかローン契約に規定している。一般的には四半期資料、監査済みの中間、期末の決算書類、納税関連書

類（税務申告書など）、月次KPI資料などを指定しているが、これに限らず対象企業の個別性もあろう。また、ファイナンシャル・コベナンツの計測結果の計算書とその証明書類の提出（前述資料と重複するケースもある）を規定している。このほか、株主・役員・資本・組織などの変更、訴訟・係争・行政手続きの開始関連などの事象が発生した際の報告義務を定めているが、一部は禁止事項にもなっているので報告前にレンダーに対応を相談してくるものもある。

(4) その他の条件設定

ここではLBOローンで重要になる代表的な各種制限条項を見ていきたい。

a．設備投資制限（maximum CAPEX amount）

設備投資は企業価値を維持、向上させるうえで必要不可欠なものであるが、これをスポンサーや対象会社の自由裁量としてしまうと、フリー・キャッシュフローに大きく影響すること、また、過大な設備投資は大きく企業を成長させる可能性もある一方、うまく行かなかった際のダメージも大きいことなどから、事業計画上のCAPEXに対してある程度のバッファーを持たせて設備投資の上限額を設定する必要がある。この際、ポイントとなるのはリースでCAPEXが行われることもあるので、別途、金融債務負担制限（含リース債務）を設定することになる。また、設備投資に年度ごとの繰り越しが発生した場合には、この繰り越しを認めるかどうかといったこともしばしば課題となる。この繰り越し分と年度で許容された設備投資を行った場合にその結果としてフリー・キャッシュフローに影響が及び、例えばDSCRが遵守不可能となる際に備えてローン契約の手当てが必要になるので留意したい。

b．ミニマムEBITDA（minimum EBITDA）

このファイナンシャル・コベナンツは最低限達成すべきEBITDAの額そのものを定めるものであるがレバレッジ・レシオと補完的に使用すると効果を発揮する。コベナンツを単なる期失事由のトリガーとしてではなく経営状態のアラーム機能として捉えた場合、レバレッジ・レシオと二段階でのアラーム機能を持つことが考えられる。

c．ミニマム・キャッシュ（minimum cash）

対象会社が事業継続する際に必要な最低現預金については、これを割り込むと資金繰りが極めて厳しい状態になることから財務デューデリジェンスでもこの水準は必ず調査される。最低現預金額の設定水準はこのデューデリジェンス上の最低限預金から、本当に危険な状況だと考えられる水準の間で設定される。LBOローンはDay1でのリボルビング・クレジット・ファシリティの使用は認めないことや、クリーン・ダウンなどはあるもの運転資金については手当てをしており、通常は最低限預金を割り込むことはなくこの水準に抵触することは異常事態であることからアラーム機能としては必須である。

d．スポンサーへの支払制限（配当制限、自己株式取得制限、サービス・
　　フィー支払制限）

LBOローンは買収資金であり、シニアに劣後すべきスポンサー（株主）がLBOローンを完済するまでに優先的に回収が進むことを避けるために設定する条項である。もっとも、サービス・フィーのようにスポンサーによる経営指導やコンサルの導入など対象会社のためと思われる支払いもあることから、実費程度や許容可能と思われる程度の金額で制限をかけることが合理的と思われる。

e．そ　の　他

役員報酬・賞与制限、インターカンパニー・ローン制限、関係会社間取引制限、預金口座開設制限などがある。

これらはいずれも、対象会社のキャッシュフローがLBOローンの返済に回されずに社外流出してしまうことを防止するために設定する制限条項である。

おわりに

本章では、バイアウトのプロセスの流れ、レンダーの行内・社内での決裁、各種条件設定やコベナンツなどLBOローンを検討するにあたってのエッセンスの一部を述べてきたが、限られた紙面では説明しきれないポイン

トや深堀(ふかぼり)して説明しなければならない点も数多くある。エッセンスではあるがLBOローンの金額決定のメカニズムやコベナンツなどが検討と工夫のうえで重層的に設定され、いかにLBOローンの元利返済を滞りなく行われるためのコントロール、アラームをセットするのかの雰囲気でも伝えられればとの思いである。

　近時、異次元の金融緩和から多様な金融機関がLBOマーケットに関心を持ち、一部は案件をリードする新規参入の金融機関も出てきている。これ自体はマーケットの拡大を示すものであるし、今後、本邦は高齢化社会を本格的に迎えるとともに人口減という従来体験したことのない状況に向かっていくことになるなか、事業承継など日本の産業基盤を維持、発展させていくための手段としてバイアウト・ファンド、LBOレンダーの果たす役割はますます多くなろうことから歓迎すべきことである。一方で、レンダー間の競争が激しくなったことに起因して、いわゆる緩い条件の案件の一部で問題が発生してきている点も見逃せない事実である。LBOローンは対象会社を次のステップに引き継ぐ役割は果たすが、本質的には事業資金ではなく、あくまでも買収資金の供与であり企業価値という担保の範囲内でのレンディングであるという原点に立ち返ることの一助となることで、LBO市場の健全な拡大と発展に少しでも寄与できれば幸いである。

Interview

LBOファイナンスのアセットとしての魅力

地域金融機関の視点から

株式会社静岡銀行
ストラクチャードファイナンス部
部長
大塚毅純氏

株式会社静岡銀行
ソリューション営業部　法人ファイナンスグループ
グループ長
池田正嗣氏

Q いつ頃から本格的なLBOファイナンスの取り組みを開始しましたでしょうか。また、どのような体制でLBOファイナンス業務を行っていますでしょうか。

池田　LBOファイナンスのアレンジャーを初めて手がけたのは、2011年の国内系バイアウト・ファンドの案件でした。それ以前にも、バイアウト・ファンドが出資する案件に融資を行った実績はありましたが、プライマリーでドキュメンテーションも含めてバイアウト・ファンドと一緒に手がけた案件という意味では、2011年が最初です。

　弊行が手がけるLBOファイナンスのパターンはいくつかありまして、銀行が自ら案件を創出する案件とバイアウト・ファンドからお声がけいただく案件の二つに分かれます。いずれの場合においても、50億円前後までのファイナンスを拠出することを目安にしていますが、お取引があり、それ以上の貸付を既に行っている先については、100億円程度のLBOファイナンスを拠出したケースもございます。いずれの案件においても、全資産担保で、過去のトレンドではなく、将来のキャッシュフローの計画を基にしたファイナンスということで見ています。

　体制については、静岡県内と隣県（神奈川県や愛知県の一部）において、メインバンクとしてお取引がある企業のLBOファイナンス案件については、本部内にあるソリューション営業部の法人ファイナンスグループで対応しています。営業

エリア内で自ら創出する案件のパターンというのは、持株会社化をしたり、バイアウト・ファンドの出資を受け入れたり、多様なパターンがありますが、大半はオーナー企業の事業承継です。それ以外のエリアの案件については、東京に所在するストラクチャードファイナンス部にて、純投資の目線で手がけております。

Q ストラクチャードファイナンス部の位置づけについて補足願います。また、LBOファイナンスの特徴やアセットとしての魅力についてはどのようにお考えでしょうか。

大塚　ストラクチャードファイナンス部は、東京にありまして、アセット・ファイナンス、プロジェクト・ファイナンス、証券化商品などとともに、LBOファイナンスを手がけています。特にメインバンクとしての取引がない先の案件を幅広く検討し、比較的利回りの高いアセットを積み上げるというミッションを持っています。

　静岡県内企業のように日頃のRMで会社の詳細を知るということのない先へのファイナンスを行いますので、保全やストラクチャーで債権者が保護されているかどうかも非常に重要になってきます。その観点では、LBOファイナンスは、コベナンツがきちんと設定されており、また全資産担保ということで、ローンの債権者を守るような仕組みがしっかりしていますので、RMのない先でも取り組みやすいという特徴を持つアセットであると理解しています。

　また、通常のコーポレート・ローンよりもスプレッドが高いという魅力があります。昨今、ストラクチャード・ファイナンス分野においてもスプレッドの低下が進んでいますが、そのなかでもLBOファイナンスは比較的まだスプレッドが残っているファイナンスであると理解しております。

　さらに、多様な案件を検討していき、結果的に地域の分散や業種の分散が図れますので、その点は地方銀行にとって大きな魅力になります。

Q これまで実行した案件や検討した案件のタイプや規模について、お話し願います。

池田　まず、静岡県内の案件については、地域特性があり、製造業のバイアウ

ト案件が多いです。世界的にもそれなりのシェアを持つ企業や優れた技術を持っている企業が対象になっています。オーナー経営者自身が技術を有するケースや、営業の最前線でリードしていることで成り立っている企業も多く、バイアウト・ファンドが100％保有するのではなく、代表者の方が引き続き一部の株式を保有するケースもあります。

静岡県内のLBOファイナンスという観点では、プライマリーもセカンダリーも常時検討しています。深いリレーションのあるバイアウト・ファンドと連携して案件を仕立てるケースもありますし、バイアウト・ファンドが関与しないMBO案件などの実績もあります。

大塚 東京のストラクチャードファイナンス部において、シンジケーションに招聘されて参加する大型案件については、どちらかというとカーブアウト案件のほうが多い気がします。案件が持ち込まれる方法については、アレンジャーを務める大手金融機関からお声がけいただくパターンが多いですが、LP出資をしているバイアウト・ファンドさんより推薦いただくケースもあります。

LBOローンの金額については、おおむね1件当たり10～30億円程度がストライクゾーンになっています。

Q 昨今、地方の中堅・中小企業のバイアウト案件が増えています。静岡県でもバイアウトを検討する経営者の方は増えていますでしょうか。

池田 弊行のCSRレポートにも記載されていますが、事業承継支援先数は、2015年度の757社から2016年度は931社へと着実に増加しています。県内のオーナー経営者の方々も、金融機関、M&Aファーム、税理士、コンサルタントなどからM&Aやバイアウトに関する情報を得たり、いろいろなセミナーに出席されて知識を得ていますので、バイアウトが選択肢の一つとして認識されるようになってきました。また、現場の支店長の感覚も少しずつ変化しており、県内の事例が増えるにつれて、バイアウト・ファンドへの抵抗感は薄れてきています。

オーナー経営者がバイアウトを検討する背景にも、いくつかのパターンがあると感じています。まず、業容を拡大したいけれども、自分一人では限界があるのでバイアウト・ファンドから支援を受けたいというパターンがあります。また、

本当はIPO（株式上場）したいけれども、時間と費用がかかるので他の方法で株式を売却して、売却して得た資金で起業してみたいというパターンもあります。そして、まだ後継者が決まっていない場合の「つなぎ」の役割でバイアウト・ファンドの参画を期待するパターンもあります。これは、後継者をサラリーマン社長に託すのか、最終的に息子や娘に託すことを想定しているのか、などが決まっていないケースで、バイアウト・ファンドにいったん参画してもらってその間（モラトリアム）に考えるというパターンです。

　ファイナンシャル・アドバイザー（FA）が、買手の事業会社を丹念に探していくよりも、バイアウト・ファンドのほうがオーナー経営者の事業承継の事情を理解しやすいということで、早く進むケースも多いようです。雇用を維持してくれてしっかり経営を続けてくれるようであれば、事業会社の傘下に入るよりもバイアウト・ファンドと組んだほうが柔軟性を確保できるというメリットがあります。その意味でも、これからバイアウトの案件は増えていくと予想します。

Q 最後に、今後も協業を行うバイアウト・ファンドの皆さまや大手金融機関のLBOファイナンス担当の皆さまにメッセージをお願いします。

大塚　バイアウトによる地方企業の株主の交代があったとしても、工場が地方に残って地域に根付いた企業であり続けるということは非常に大切です。その意味でも、中央の銀行のLBOファイナンスだけでなく、その後もずっと支え続けていくであろう地方銀行も参画し、裾野を広げていくことが重要だと考えています。

　最近懸念しているのは、昨今の金融緩和もあり、コベナンツなどの条件面においてLBOファイナンスの基本形に照らし、やや違和感を覚える案件が散見されるようになっており、規律が緩くなってきているような気がしていることです。今はよいのかもしれませんが、金融環境が変化して向かい風が吹くような局面では、失敗案件が顕在化したり、痛い思いをする人たちが出てきて、「この種のファイナンスは駄目だ」ということにならなければよいと感じています。健全な市場を形成するという長期的な目線を関係者の皆さまと共有できたらと思います。

　弊行としても、地方銀行ならではのLBOファイナンスを推進し、仲間を増やしながら裾野を広げていくことに貢献できればと考えています。

池田 　地方銀行とバイアウト・ファンドとの関係でいうと、いくつかの観点があります。まず、県内企業の案件の情報をバイアウト・ファンドの方々に提供することがあげられます。また、地方銀行がバイアウト・ファンドへのLP出資をすることや、バイアウト・ファンドより全国の幅広い案件を地方銀行にご紹介いただくということもあるかと思います。

　実際に、バイアウト・ファンドへの案件の紹介という局面は、オーナー経営者の理解が徐々に進んでいくにつれて、これから間違いなく増えてくると予想します。そこで、企業とバイアウト・ファンドをつなぐ橋渡しの役割を担いたいと考えています。加えて、バイアウト・ファンドには存続期限があり、エグジットを迎えることになりますが、静岡県内企業が買手となるようなエグジットもあり得ると思いますので、地方経済の発展に資するような案件の創出で連携できればと思います。

　また、大手金融機関の方々とも引き続き連携できればと考えております。弊行では、大手金融機関のLBOファイナンスの担当部署にトレーニーの派遣を行っていますので、Win-Winの関係を構築し、協働しながら案件を手がけていきたいと考えています。

Profile

大塚毅純氏
株式会社静岡銀行 ストラクチャードファイナンス部 部長
1989年一橋大学経済学部卒業。同年株式会社静岡銀行に入行。東京支店、浜松支店、上海駐在員事務所、香港支店、経営企画部などにおいて、国内外の融資や有価証券投資、企業の海外進出支援、経営戦略やIRなどの企画業務を担当。その後、国内営業店長、ニューヨーク支店長を歴任し、2016年4月に東京営業部営業第三部（現ストラクチャードファイナンス部）担当部長、同年6月に部長に就任、組織改定により2017年6月より現職。

池田正嗣氏
株式会社静岡銀行 ソリューション営業部 法人ファイナンスグループ グループ長
慶應義塾大学法学部卒業。1991年三菱信託銀行株式会社（現三菱UFJ信託銀行株式会社）入社後、不動産部、市場金融部、営業部、企業金融部などで不動産仲介、債権流動化、企業向け融資、大企業向けソリューション業務などの業務に従事。2005年株式会社静岡銀行入行。法人部でのストラクチャードファイナンス、環境金融、事業承継、確定拠出年金、法人決済などの業務に従事。東京営業部営業第三部を経て、2015年4月より現職。

第 4 章

LBOファイナンスのシンジケーション

参加金融機関の裾野の拡大に向けて

株式会社東京スター銀行
法人金融部門 執行役 **宮地直紀**
投資銀行部 コーポレート&アクイジションファイナンス 次長 **米田和紀**
ファイナンシャル・ソリューション部 シンジケーション 次長 **横尾好則**

はじめに

　地域金融機関をはじめとする多くの国内金融機関は、LBOに伴って発生する多額の"のれん"や借入の増大、融資した資金が買収対象会社の株式購入代金として社外に流出するLBO特有の資金使途などがハードルとなって、依然としてLBOファイナンスへの参加に慎重な姿勢が見受けられる。一方、近時はマイナス金利下の運用難や貸出先不足の折、資金需要が比較的旺盛で一定の収益性を確保できるLBOファイナンスへの関心が高まっている。また、中堅・中小企業の事業承継にLBOが活用される事例が増加するなど、多くの金融機関にとって、LBOはより身近な存在となりつつある。本章では、シンジケート・ローンを通じて国内金融機関がLBOファイナンスに参加するにあたってのメリット、留意事項、検討ポイントについて整理する。

LBOファイナンスにおけるシンジケート・ローンの活用

(1) シンジケート・ローンとは

　シンジケート・ローンとは、債務者に対して複数の金融機関が、同一の契約書、同一の条件で貸付をする融資形態である。LBOファイナンスにおいては、買収対象会社におけるすべての資産を担保に設定し、追加借入を制限

するなどの制約事項が多岐にわたるため、各金融機関が個別に契約書を締結しておのおのの条件で融資することは困難であり、複数の金融機関がレンダーとなるケースでは必然的にシンジケート・ローンの形式でファイナンスされることになる。

(2) **LBOファイナンスにおけるシンジケート・ローン**
　❶コーポレート・ローンとの違い
　第一に、一般的な法人向け融資（以下、「コーポレート・ローン」という）との対比でLBOファイナンスにおける最大の保全対象物、つまり担保は"対象会社が将来にわたり生み出すキャッシュフロー"である点にある。よって、会社における資金の出入りが厳格に管理・制限され、原則として他者からの金融債務も禁じることになる。融資期間はスポンサーの対象会社保有期間に準じて5～7年程度と長期にわたることから、対象会社の事業・キャッシュフロー計画を徹底的に精査し、運転資金需要や設備投資のタイミングなどを適切に反映したファイナンス・パッケージが検討されることになる。相対のコーポレート・ローンにおける重要なポイントの一つである、メインバンクの存在やバンクフォーメーション、過去における銀行取引推移といった視点は、バイアウト・トランザクションが発生した時点でいったんリセットされ、かつローン期間中の各種条件などが詳細に規定されるLBOファイナンスにおける与信検討ポイントとしての重要度は低くなる。
　第二に、LBOファイナンスにおいては対象会社のほぼすべての資産およびスポンサーが保有する対象会社株式に担保設定される「全資産担保」の建付けとなる点である。無論、すべての資産に担保設定することは合理的ではないため、第三者への担保提供を禁止する誓約事項を課すことで、実質的に全資産担保のコンセプトが維持される。
　第三に、借入水準が大きくなるがゆえに、貸付人としてのガバナンス効果が発揮されるためのさまざまな仕組みが工夫され契約条項に折り込まれている点がある。新規事業の開始、配当金支払いなど社外流失の禁止、設備投資金額・投資時期の制限、追加借入禁止、貸付や出資の禁止などさまざまな制

約を設け、必要な事業資金を確保したうえでキャッシュフローの不必要な流出を制限することで、借入の返済を促進する仕組みとなっている。さらに財務コベナンツも、コーポレート・ローンでは純資産維持や黒字維持の設定にとどまることが一般的だが、LBOファイナンスでは、その種類・数ともに多い。レバレッジ・レシオ（有利子負債に対する正常収益力たるEBITDAの倍率）や元利払いに必要な期中キャッシュフローを維持・管理するという観点からのDSCR（debt service coverage ratio）の設定に加え、必要に応じて当初の事業・キャッシュフロー計画をトレースするための財務コベナンツや対象会社固有のKPI（key performance indicator）に基づくコベナンツが設定されることもある。また、買収に関連する情報は、仮に漏えいした場合にステークホルダーに対するインパクトが大きいため、情報管理を厳格に行う必要がある。加えて、取引の性質上、必要金額を下回る組成が許されず、時間的な制約が課されている場合が多いため、買収前は一つの金融機関または極少数の金融機関がいったん引き受けて（アンダーライティング）、買収後にセルダウンしていくケースが多いことも特徴の一つである。

第四に、コーポレート・ローンとは異なり、LBOファイナンスの借入人はSPC（特別目的会社）であり、実質的に借入申込をするファンドと借入人が同一ではなく、バイアウト・ファンドには訴求できない点があげられる。この点については、融資実行と同時に対象会社が100％子会社化される（その後一定期間後にSPCと対象会社が合併するケースが一般的）ことから、事業会社を子会社に持つホールディング・カンパニーへの貸出と整理している金融機関もある。

❷シンジケート・ローンを活用することのメリット

前述のとおり、LBOファイナンスが単独の金融機関で実行されない場合には必然的にシンジケート・ローンが活用されることになるが、各関係当事者にとっては以下のようなメリットがある。

バイアウト・ファンドにとっては、大型買収案件のファイナンスが可能となること、エグジットで上場を選択肢の一つとする場合にはその際の金融機関フォーメーションの原型を事前に準備できること、各貸付人に競争原理を

働かせることでリファイナンスなどにおいて有利な条件を引き出せる下地となることなどがあげられる。また、近時は事業承継案件に注目するバイアウト・ファンドも多く、シンジケート・ローンを通じて地域金融機関などと接点を持つことで、地方の事業承継案件の発掘や投資実行後における地元ネットワークの活用による企業価値向上に資することも期待できる。

　アレンジャーにとっては、リスク分散が図れるため、単独では対応できない大型案件への対応が可能となる点が最大のメリットである。一方、参加金融機関にとっては、アレンジャーやエージェントのLBOファイナンスにおける知見やスキルを活用して一般的な企業向けのシンジケート・ローンよりも高い金利の融資案件に参加できること、特に報告事項の多いLBOファイナンスにおいてはモニタリング負担が軽減されることなどがある。企業の資金ニーズを既存取引金融機関の貸出ニーズが上回っている近時の金融環境下では、シンジケート・ローンは既存金融機関のみが招聘されるクラブ・ディールとしてシンジケーションされることがもっぱらであるが、LBOファイナンスでは、ジェネラル・シンジケーションとして買収対象会社と取引関係のない金融機関が招聘されることも多いため、金融機関にとっては新たな融資機会となることが多い。さらに、シンジケート・ローンでは債権の流動性が確保されているため、運用として参加する金融機関にとっては、金融環境などに応じてポートフォリオのコントロールがしやすい点もメリットの一つといえる。また、シンジケーションにより融資条件が市場において検証される点は各当事者にとってのメリットである。

❸留意点

　LBOファイナンスはファンドやアレンジャーに加え、弁護士や会計士など、経験と知見豊富な関係当事者のスクリーニングを経てストラクチャーや契約条件が設定されており、リスク・リターンは合理的に見積もられているのが一般的ではある。しかしながら、シンジケート・ローンの参加金融機関にとって、そのリスクの内容・所在や複雑なストラクチャーのポイント、多岐にわたる契約条件の意図・目的を理解するのは容易ではない。財務コベナンツの閾値一つにしても、将来における事業リスクを折り込んだ、関係当事

者の意図が込められている。よって、リスク判断をアレンジャー任せにするのではく、後述の検討ポイントも参考に他の融資判断と同様に自らしっかりと検討したうえで参加の可否の決定やモニタリングなどを行うべきである。

(3) アレンジャー&エージェントの役割

　アレンジャーは非常に限られた時限性のなか、ストラクチャーおよび契約条件の検討とファンドとの交渉、シンジケート・ローンへの参加金融機関の募集、契約調印手続などを行う。アレンジャーが複数の場合には、スポンサーから直接アレンジ業務の委託を受けているMLA（mandated lead arranger）と直接の委託は受けていないもののシンジケーションの際に重要な役割を果たすリード・アレンジャーなどが存在するケースもある。また、MLAが複数の場合、参加金融機関の募集を行う者をMLAB（mandated lead arranger and bookrunner）または単にブックランナーと呼ぶ。

　アレンジャーはバイアウト・ファンドの投資計画の実現をサポートしつつ、貸付人として回収の蓋然性（がいぜん）を高め、リスクに見合ったリターンが得られるようにストラクチャーや契約条件を設計しバイアウト・ファンドと交渉し決定する。LBOファイナンスにおいては、このストラクチャーなどの背景にある考えや工夫をアレンジャーがどう伝えるかは、インフォメーション・メモランダムなどのインフォメーション・パッケージによる情報開示以上に重要なポイントである。また、参加検討の過程で発生するさまざまなQ&Aに迅速かつ的確に対応することもアレンジャーには期待されている。

　エージェントは各貸付人の代理人となり、契約期間中の借入人と貸付人間の通知取次や元利金の受け払いなどの資金決済、担保管理、貸付人間の意向集約手続などに関する事務の取りまとめを行う。案件が当初の計画通りに進行している限りにおいては、エージェントの実際の役割は通知の取次や元利金の受け払いなどに限定されている。一方で当初計画を大幅に下回るなどにより財務コベナンツ抵触などのクレジット・イベント発生時には、契約条件が複雑であるため、経験の少ない金融機関が参加している場合には特に、状況の的確な把握や通知、対応の選択肢の提示など大きな役割を果たすことと

なる。また、担保の管理や実行を担うために別途セキュリティ・エージェント（ファシリティ・エージェントともいう）を置くこともある。

(4) LP出資先バイアウト・ファンドとの関係

　バイアウト・ファンドの出資者という立場と貸付人という立場は原則としては利益相反の立場にあるため、出資先のバイアウト・ファンドの案件に参加する場合は、バイアウト・ファンドへの出資を担当する部署と融資を担当する部署間における情報遮断などをしっかり管理する必要がある。また、出資先のバイアウト・ファンドの案件であるからといって融資判断が甘くならないように十分に審査する必要があることはいうまでもない。また、出資したからといって、必ずしもそのバイアウト・ファンドの案件で参加検討の機会が与えられるとは限らないが、優先的に機会が与えられるケースも多く、LBOファイナンスへの参加機会の増加を目的にバイアウト・ファンドへの出資を検討する金融機関も増えている。

(5) マーケット動向

　企業の新規資金ニーズが限られ、かつ超低金利の経済・金融環境下において、オルタナティブ投資の一環として、また、企業の事業承継時におけるバイアウト・ファンドの活用事例が増加していることを背景として、バイアウト・ファンドへLP出資する金融機関は増加している。

　これに対してLBOファイナンスを実施している金融機関は増加傾向にあるとはいえ現状はまだまだ限定的である。金利収益が期待できる案件、リスク・リターンが合理的な案件として注目する金融機関は増加しており、シンジケート・ローンを通して裾野が広がっていくことが期待されている。

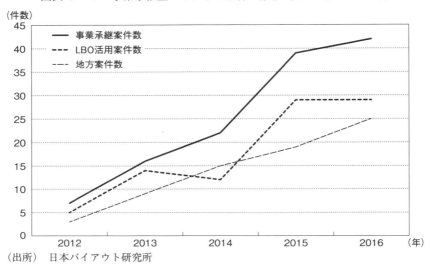

図表4-1 事業承継型バイアウト案件の推移（2012年～2016年）

（出所）日本バイアウト研究所

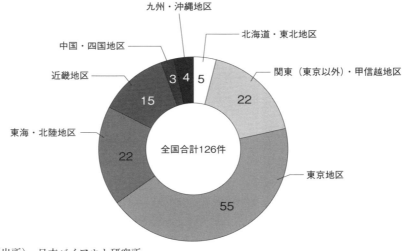

図表4-2 事業承継型バイアウト案件の地理的分布（2012年～2016年）

（出所）日本バイアウト研究所

LBOファイナンスのシンジケート・ローンへの参加検討にあたってのポイント

(1) 資金使途の評価

通常のコーポレート・ファイナンスにおいて資金使途は、運転資金や設備投資資金など、企業の維持・継続や成長に資するものであることが求められるのが一般的である。特にバブル期に取引先の多くが借入資金で財テクに走った結果、長期にわたり重い負担を強いられた金融機関においては、その傾向が強い。そうした金融機関において、対象会社の実需に基づく資金ではなく、借り入れた資金が社外流出するLBOファイナンスの資金使途をどう捉えるか、この点で検討がストップしてしまうケースが少なくない。確かに、企業の維持・継続や成長に直接関係ないように見えるケースも多いが、過去の事例をひもとけば、LBOにより成長を加速させたケースや苦境を脱して正常化、成長軌道に戻ったケースも多く、そうした観点も考慮すれば十分に受け入れ可能な資金使途と考え得るのではないだろうか。

これに対して、バイアウト・ファンドがエグジットするのではなく蓄積された利益やキャッシュを配当などにより引き出すリキャピタリゼーションはさらに判断が難しくなる。この場合は、高いリターンを要求されるエクイティの比率が高まれば、無理な成長を志向するリスクが高まる可能性もあるので、資本構成の適正化により企業活動の適正化を図ると考えることもできる。

(2) 事業性の評価（のれんの妥当性の検証など）

従来のコーポレート・ファイナンスでは、まず企業の財務体力、それから業績を確認し、最後に資金繰りを念のため確認するという審査をしているのが一般的ではないだろうか。つまり、財務内容＞業績＞キャッシュフローの順である。一方でLBOファイナンスでは、買収対象会社の事業性とそこから生み出されるキャッシュフローが最重要となる。例えば、繰越損失は税金支払いによるキャッシュ・アウトを抑制できるし、のれんの償却負担で一時

的に赤字が計上されても元利金に必要なキャッシュフローは十分に確保されているケースもある。

　買収対象企業が新規性が高くユニークなビジネスモデルを持っている場合など、金融機関からするとその事業性を評価、判断するのは一筋縄ではいかないケースも多い。LBOでは、コンサルティング会社などの専門家が実施するビジネスデューデリジェンス・レポートを取得できるケースも多い。そうしたレポートでは独自の調査による市場・競合に関する情報や対象会社のビジネスモデルに関する詳細な情報を入手可能であり、それらをベースに独自の評価を交えながら慎重に判断する必要がある。

　LBOファイナンスに対応する審査規定などがまだ整備されていない金融機関にとって、LBOに伴って発生するのれんをどう評価するかは悩ましい問題である。実際、無形固定資産の資産性を評価せずバランスシートから控除するという規定が定められている金融機関も存在し、LBOファイナンスに参加するうえでの課題となっているケースもある。のれんはいわば超過収益力を示すものであり、業種・業態に応じた適正な償却期間や事業計画に基づく債務償還期間などにおいて十分にカバーできる範囲については、裏付けのある資産として評価する規定を設けることができれば、LBOファイナンスに限らず、成長企業や再生企業向けファイナンスなど多様な融資機会も広がるものと思われる。

　また、レバレッジの考え方について、一般的に有利子負債のEBITDAに対する倍率として示されるEBITDAマルチプルの多寡については絶対水準で評価する考え方を排除し（例えば、X倍前後なのでおおむね妥当である、と安易に判断せず）、業界平均マルチプル水準との対比、投資計画や税務ポジションとの関連などさまざまな要素により検討されるものであるので、留意が必要である。

(3)　**事業計画・キャッシュフロー計画の検証**
　　　（負債額の妥当性・返済確度の検証）
　バイアウト・ファンドから提供される事業計画・キャッシュフロー計画は

投資の可否を判断する際に使用されたもので、ファイナンスのために用意されたものでないのが一般的である。したがって、レンダーとしての参加検討にあたっては、売上高、利益率、コストなどの重要変数を変更し、ベースケース、ダウンサイドケース、ワーストケースや元利金の返済がちょうど可能なブレークイーブンケースについて、過去実績やスポンサーの施策、コベナンツ、投資計画との相関などの検証を行う必要がある。また、事業計画・キャッシュフロー計画を検証するうえでLBO特有の留意事項がある。定性面では創業者（前経営陣）退任後の影響、ステークホルダーの反応や新経営体制の評価、非上場化される際の各種規制、スクイーズ・アウトなどが行われる場合の会社法上の手当てなどである。定量面では事業部門カーブアウトの場合におけるスタンドアロン・コストの見極め、合併後の新会社の会計・税務処理、などについての確認も重要なポイントになる。

(4) ストラクチャーの検証

　まずは、事業計画・キャッシュフロー計画をベースに適切な財務コベナンツや返済スケジュールが設定されているかを検討する。市場動向や業種特性により一時的に収益が大きく変動する恐れがある事業の場合には、約定返済額は低く抑えつつキャッシュ・スイープにより余剰キャッシュフローの強制期限弁済の比率を高めるケースもある。

　次に、事業力の維持・向上のために必要な資産に担保設定されているかを確認する。LBOにおける担保設定は処分により回収を図るというよりは、償還に必要なキャッシュフローを生み出す源泉たる事業用資産（場合によっては特許や商標などの無形資産も含む）を維持するという意味合いのほうが強い。また、こうした資産のなかには重要な経営者や許認可などが含まれることもあり、担保設定はできないケースもあるが契約などにより長期間確保される工夫がされることもある。設備投資などについても、企業の維持・成長のために必要な一定規模は認めつつ、過度な成長志向の投資がなされて貸付人にとってのリスクが増大しないように適正な水準でキャップされているかも確認しておく。

また、ターム・ローンB（期日一括返済となるファシリティ）やコミットメントラインなどローン期日にリファイナンスが必要となる部分があるが、事業計画・キャッシュフロー計画上想定される期日における企業規模やレバレッジなどからリファイナンスが可能かどうかも検証しておく必要がある。

(5)　モニタリング&クレジット・イベント発生時の対応

　詳細は第6章に譲るが、シンジケート・ローンの参加金融機関としては、エージェントのLBOファイナンスにおける豊富な経験と知見を大いに活用するとしても、エージェント任せにすることなく、他の相対融資と同様に自らの責任でしっかりとモニタリングする必要がある。

　また、LBOファイナンスの財務コベナンツはより早い段階で貸付人が借入人やバイアウト・ファンドと協議できるように設定されているケースが一般的であるから、抵触したからといってすぐに債務者区分の引き下げや回収にかじを切るのではなく、その原因の分析、解明を行ったうえで、借入人やスポンサーが用意する対策などをしっかりと検証したうえで対応すべきである。

　シンジケート・ローンでは、期限の利益喪失の請求をする際に多数貸付人の意向集約が必要となるなど、独自の融資判断に制約が加えられるが、エージェントとの情報交換やLBOファイナンスにおける経験と知見が豊富な他の金融機関との協議を通じて、より有効な対応を検討することが期待できる。

おわりに

　日本において「バイアウト」が本格的に活用されはじめた当初より、LBOファイナンスはメガバンクや投資銀行など一部のプレーヤーに限られた「プロ市場」として認知されてきた。それから十余年。大企業のカーブアウト、オーナー企業の事業承継をはじめとした多様なM&A案件において、バイアウト・ファンドの知名度と信頼感、そして存在感は飛躍的に高まっている。

一方、バイアウト・ファンドの投資活動に不可欠なパートナーともいえるアレンジャーの顔ぶれは、大手銀行同士の統合やリーマン・ショック以降の外資系投資銀行のLBOファイナンス業務撤退などもあり、減少しているのが現状である。

　周知のとおり、わが国が抱える大企業の事業再編や中堅・中小企業の世代交代に伴う事業承継問題は切実である。中央の大企業再編時においては、組成されるLBOファイナンスが1,000億円を超える大型案件も存在し、地方銀行、保険会社、ノンバンクなど参加金融機関層の拡大が欠かせない。また、地域の経済・雇用を支える地場企業の承継の担い手としてバイアウト・ファンドへの期待は大きいが、承継を資金面から支援し、首都圏に拠点が集中するファンドの役割を補完し、承継後の新たな経営体制を日常的に支える地方銀行の果たすべき役割もまた大きい。昨今では、東京以外の地方におけるバイアウト案件数の増加も顕著であり、一部の地方銀行においてアレンジャー参入例は見られるものの、デット・プロバイダーのさらなる裾野拡大は喫緊の課題といえる。

　近年、多くの地方銀行がバイアウト・ファンドへのLP出資を通じて「間接的に」バイアウトへの関与を強めている。前述のとおり、LBOファイナンスには一般的なコーポレート・ファイナンスとは異なる多様な特徴があり、その習得には一定の知識と実践が求められる。まずはシンジケート・ローンへの参加を通じて多様な形態の案件に触れることで、近い将来、多くの金融機関において「直接的な関与」が本格化し、わが国における円滑な事業の承継を促進してくれるものと確信している。

Interview

LBOファイナンスのシンジケーションへの参加

参加行として見るべきポイント

株式会社東京都民銀行
本店営業部 営業三部
事業ファイナンス室長
加藤一弥氏

株式会社新銀行東京
総合資金部
課長
谷島知英氏

Q いつ頃からどのような視点でLBOファイナンスの取り組みを開始しましたでしょうか。また、どのような体制でLBOファイナンス業務を行っていますでしょうか。

加藤 当行は2013年4月に中堅・中小企業の事業承継・事業再生などをファイナンスで支援するという目的で、まず本部の営業開発部のブランチとして事業ファイナンス室を設けました。その営業の情報源として、バイアウト・ファンドや再生ファンド、弁護士や会計士といった外部専門家、政府系金融機関との接点を積極的に持つようになりました。また、本部の専門部署ということで、支店のお取引先の事業承継や再生をサポートするというミッションもありましたので、当室で直接勘定を持たないで、支店営業のサポートという側面で、その後のモニタリングを行ってきました。

今までは、伝統的な中小企業金融が中心で、LBOファイナンスやエグジット・ファイナンスには正直あまりなじみがありませんでしたが、バイアウト・ファンドやLBOファイナンスに関する基本的なことを、メガバンクや政府系金融機関の方々に教えていただいて、行内での啓蒙活動も行ってきました。また、同時に案件での連携も期待し、バイアウト・ファンドへの出資も開始しました。

その後、2014年10月に営業開発部の事業ファイナンス室と、市場金融部内にありましたローンマーケット室を合わせて、本店営業部内に営業三部を新設しまし

た。現在は営業三部長が両室を統括する体制になっております。この両室の合体を契機に、部としては残高をより意識するようになりまして、主にバイアウト・ファンドや大手金融機関から持ち込まれるLBOファイナンスのシンジケーションの譲渡案件を積極的に手がけるようになりました。また、限定的ですが、お取引先のMBO（management buy-outs）案件を単独あるいは限られた金融機関と共同で手がけております。

メンバーは基本的には、ベテランの審査部門経験者や経営サポート部門の経験者などを配置していまして、現在もその流れは変わっておりません。当行の場合は、LBOファイナンスは、再生ファイナンスやABL（asset based lending）などを含めて、事業ファイナンスの一環として見ています。件数もだいぶ増加してきまして、創設時は3名だったのですが、現在は部長も含め5名体制で業務を行っております（2017年9月末現在）。

谷島　当行がLBOファイナンスに初めて参加したのは、2012年6月です。大手金融機関がアレンジしたLBOファイナンスのシンジケーションに参加しました。総合資金部がLBOファイナンスを起案するということで、銀行のなかでは少々異質な部署となっています。当部には、LBOファイナンスの経験のあるメンバーが在籍していまして、ストラクチャード・ファイナンスの一種と捉えてLBOファイナンス業務を行っています。ただし、LBOファイナンスのみを専業で行っているのではなく、有価証券投資もしておりまして、信用リスクを見る一環としてLBOファイナンスに参加しています。メンバーについては、おおむね3名程度の少数精鋭で業務を行っております。

アレンジャーとシンジケーションという話でいきますと、アレンジャーは資産規模の観点から難しく、大手銀行、信託銀行、地方銀行などが組成するシンジケーションに参加させていただいております。

Q LBOファイナンスの特徴やアセットとしての魅力についてはどのようにお考えでしょうか。

谷島　まず、特徴については、コーポレート・ファイナンスとの比較で営業価値というものがのれん（営業権）という形で計上されてくるという点ですが、当

行も中小企業の融資を主として設立された銀行でございましたので、LBOファイナンスを捉えるのに少々時間がかかりました。

　この営業価値についてどのように説明するかというのが最初は難しかったのですが、当行の良かった点は、大手銀行の出身者が在籍しており、その方々の知見を借りつつ審査部門などとも議論して、LBOファイナンスが実施できるような仕組みになりました。今は、銀行全体のALM（asset liability management）やポートフォリオ分散の観点からも、LBOファイナンスは重要なアセットの一つであると理解されています。

　LBOファイナンスの魅力的な点はというと、第一には、スプレッドを享受できるということです。第二には、仕組みのところですが、実質的に全資産担保になりますので、対象会社の株式、売掛、棚卸、預金債券なども含めて担保をとるという点です。第三には、契約内容にコベナンツなどの縛りがありますので、期中管理においても相対融資とは異なり、アレンジャーの主導の下にバンク・ミーティングも開かれますので、対象会社の内容についても、よりチェックがしやすいという点があります。セキュリティ・エージェントもアレンジャーが務めることが多いので、自行で行うのが難しい担保管理もエージェントにお願いできます。

　LBOファイナンスは、対象会社の事業内容に関する材料が十分に提供され分析しやすいこと、営業活動で得られるキャッシュフローについて一定程度享受できるスキームが確立され、返済原資が確保できる案件が多いことも魅力の一つであると考えています。

加藤　そもそもバイアウト・ファンドなどのスポンサーがなぜ買収するのかというのは、対象会社の事業価値を上げるということが第一の目的ですので、敵対的な買収でない限りは、銀行の事業金融の考えと基本的には一致するのではないかと考えています。そのため、将来のキャッシュフローの拡大・成長が見込めるかどうかが最も重要であると考えております。それから、買収対象企業の資産を担保にすると、のれんの償却も含めて将来のキャッシュフローで返済していくわけですから、キャッシュフローの確実性を見極めて融資判断を行う必要があると考えています。

　バイアウト・ファンドや大手金融機関からのご紹介案件ですので、当行の営業

店の顧客よりは大きな企業が多く、検討資料もアレンジャーなどから豊富に提供があり、いろいろな角度から行内で案件審査・検討できることが、まず大きなメリットかと思います。

　また、比較的スキームが複雑でリスクの見極めが難しいということから相対的にスプレッドが高いということも大きな魅力であると思います。その事業評価額が高いか低いかは別にして、バイアウト・ファンドの投資対象企業というのは、既存事業からキャッシュフローが出ていることが多いです。

　また、全資産担保というのは、正式な銀行の稟議上では保全にはカウントされないような担保なのですが、実質的には相応の価値があると考えておりますので、貸出金としてはミドルリスクのアセットという捉え方をしております。

Q これまでシンジケーションに参加したLBO案件や検討した案件は、どのようなタイプの案件が多かったでしょうか。

加藤　主にこのLBOファイナンスが関係するシンジケーションの案件では、二つのタイプがあるのではないかと考えています。一つは、オーナー企業が成長する過程で、オーナーが自らの経営に限界を感じて、しっかりした戦略による成長支援ができるバイアウト・ファンドへ株式を譲渡して、そのローン付けとしてシンジケーションになるというケースです。個人的なキャピタルゲインの実現というオーナー経営者のニーズもあるかと思いますが、いわゆる「オーナー企業からの飛躍型」のLBO案件です。もう一つは、大企業の事業再編やカーブアウトも含めたMBO案件の受け皿としての会社にバイアウト・ファンドが出資をして、その事業取得の資金調達のためにシンジケーションになるような案件です。

　オーナー企業の場合は、数十億円程度の案件が多いですが、大企業の事業再編の場合は、数百億円規模の大きな案件になります。検討した案件を含む件数ベースでは、オーナー企業の案件のほうが多いというのが実感です。オーナー企業のLBO案件で、数は少ないですが、当行が少数行とLBOローンを組成したケースもありますので、今後こういった案件も積極的に取り組んでいきたいと考えております。東京という地域は、中小企業の割合こそ全国で一番低いですが、その総数や働く人の数は最も多い地域ですので、バイアウトを通じて、中小企業の事業の

承継・継続・成長を支援するのは、東京の地域経済にも大いに貢献できるのではないかと考えています。

谷島 当行で取り組んだLBOファイナンス案件のカテゴリーとしては、純粋MBO、カーブアウト、事業承継、TOB（take-over bid）案件などがあげられます。例えば、カーブアウトの場合ですと、ノンコア事業に位置づけられた事業部門が、自分たちだけで新たな企業として独立したいというときに、バイアウト・ファンドの力を借りて、管理面からすべて整えられるように仕組みづくりをしていくようなケースがあります。

銀行ではバイアウト案件に対しての直接のエクイティ出資はハードルが高く、シニア・ローンという形でサポートさせていただいています。私自身も、このLBOファイナンスに取り組むことは対象企業の必ずしも成長ステージだけではない、さまざまな局面を支えるといった意義があると感じて取り組んでいます。

Q LBOファイナンスのシンジケーションの際に、参加行としてどのような点に留意しながら案件の検討を行っていますでしょうか。

加藤 一般的には、EBITDA（earnings before interest, taxes, depreciation and amortization）倍率やDSCR（debt service coverage ratio）、返済期間、金利、コベナンツ、業界動向など、いろいろな角度から検討していますが、最も重視していますのは、事業計画で示されるキャッシュフローの蓋然性です。これは返済の妥当性に直結します。

バイアウト・ファンドからは、かなり意欲的な事業計画が提示されるケースが多々ありますが、当行では、その提示された計画に対して、相応のリスク・シナリオを立てて、いくつかのパターンでストレスをかけたキャッシュフロー予測を内部で作り直します。その際に、業界の外部環境や、事業継続上のキーマンの存在なども可能な限り検討し、ビジネスモデルの有意性についての理解や納得性がどこまで得られるかが一番のポイントかと思います。

返済条件については、以前は期日一括のbullet型というのは敬遠されていたのですが、リファイナンスがかなり一般的になってきたことから、リファイナンスが可能な債務残高になっているかどうかを見ることで、長期の融資も検討できるよ

うになってきました。その意味でも、ベースとなる将来のキャッシュフローがどれくらい確実に継続的に創出されるのかの見極めがLBOファイナンスを見るうえで最も重要なことだと考えています。

谷島　参加行としての留意事項ということですが、どのように行内での説明資料に落とし込むかという視点でお話をさせていただきます。

まずは、金利や期間などの条件面について営業権評価に足るに至る条件があるか、財務制限条項が規定されているか、また、その規定されている内容が対象会社の業容に合致した基準値なのかなどを見ます。また、シニアの優位性という観点からは、作為義務や不作為義務についても確認し、例えば、配当制限や株主交代リスクなども見るようにしています。

その他としては、買収時の資金使途および資金調達の内訳や買収スキームの確認、対象会社のEV/EBITDA倍率（EBITDAマルチプル）は同業他社対比で対象会社を買収するに足る水準感であるかなどを確認することもあります。

加えて対象会社の市場地位や、業界全体の動向も考慮し、市場成長性なのか、一方寡占でその会社に優位性があるのか、レバレッジが重過ぎないかなども勘案したうえで、提供していただく投資プロジェクションに一定のストレスを引き、収益返済年数において当行が享受できうる与信期間内であるかなどを、判断させていただいて初めて実行できるということになります。

Q　最後に、LBOファイナンスの取り組みに対する意気込みをお願いします。

谷島　取り組みを開始して5〜6年が経過し、LBOファイナンスに対する経験や知見も深まってきています。コーポレート・ファイナンスに切り替わる際にも取引を継続したいという観点からも、今後もLBOファイナンスを通じた企業の支援の一助になりたいと思っています。合併後には、5兆円を超える資産規模の銀行になりますが、スケールメリットを活かし、シンジケーションへの参加のみならずアレンジャーの役割も担いたいと考えております。

加藤　首都圏に営業基盤を持つ地域銀行ですので、できれば首都圏の案件に積極的に参加していきたいと考えております。参加できる金額には制約があります

が、特殊な業種を除いて、業種にこだわりはありませんので、案件ごとに個別に可否を判断していく方針です。

　中小企業のオーナー経営者の高齢化による事業承継のニーズは高まる一方ですし、M&Aを含め、親族外への事業譲渡、株式譲渡をするケースもかなり増えてきています。また、バイアウト・ファンドのエグジットの際のMBOなどのニーズも今後は増加していくと予想しますので、そのようなファイナンスへの対応にも前向きに取り組んでいきたいと考えております。

　2018年5月には、関係当局の許認可の取得などを前提として、東京TYフィナンシャルグループ（東京きらぼしフィナンシャルグループに商号変更予定）傘下の東京都民銀行、八千代銀行、新銀行東京の3行が合併し、きらぼし銀行としてスタートしますが、3行が培った経験やスキルを結集させた総合力を活かし地域金融の担い手として一層真価を発揮し、首都圏の地域経済の活性化のお役に立てればと考えております。

Profile

加藤一弥氏
株式会社東京都民銀行 本店営業部 営業三部 事業ファイナンス室長
1982年3月慶應義塾大学経済学部卒業。1982年4月大和証券株式会社入社。1989年株式会社東京都民銀行に入行し、資金証券部および支店勤務にて資産運用や融資業務に従事。法人営業第一部、融資審査部などを経て、2011年1月経営サポート部参事役、2015年4月に本店営業部営業三部事業ファイナンス室長就任。

谷島知英氏
株式会社新銀行東京 総合資金部 課長
証券会社および金融シンクタンクを経て2006年株式会社新銀行東京に入行。リスク管理部門を担当後、2008年より総合資金部に異動。LBOファイナンスをはじめ同行の資産運用全般を担当し現在に至る。

第 5 章

LBOファイナンスのドキュメンテーション

その特色を中心として

長島・大野・常松法律事務所
弁護士　**宮﨑　隆**
弁護士　**下田祥史**

はじめに

　LBOファイナンスは、レバレッジが大きく、また資金使途となるLBO（leveraged buy-outs）の対象となる会社または事業（以下、「対象会社」という）のキャッシュフローのみによって返済されることが想定されているため、コーポレート・ローンと比べて詳細な規定が必要とされ、また対象会社とその子会社全般にわたる保証提供および全資産担保を原則とする。他方で、企業活動を対象とするものである以上、一定の柔軟性が要求されるから、アセット・ファイナンスやプロジェクト・ファイナンスのようにウォーターフォールなどの厳格な資金管理の規定を設けることは少ない。かかるLBOファイナンスの特色が、それぞれのドキュメンテーションにどのように現れているか、図表5－1に示す時系列に沿って以下検討していく。なお、この図表では、LBOファイナンスがシニア・ローンのみで構成されることを前提としており、メザニン・ファイナンスも調達される場合に必要となるドキュメンテーション[1]は本章の対象としていない。

1　メザニン・ファイナンスが調達される場合、ドキュメンテーションとしてはシニア・ローンとの優先劣後を定める関係者間合意書（優先株式の場合）または債権者間合意書および担保権者間協定書（劣後ローンの場合）が重要となる。

図表 5-1　LBOファイナンス・ドキュメンテーションの時系列

〈イベント（時系列順）〉	〈ドキュメンテーション〉
	・守秘義務契約
	・インディケーション
スポンサーからの正式依頼	
	コミットメント段階のドキュメンテーション
	・コミットメント・レター
	・ターム・シート
	・その他
貸付人によるコミットメント	
	最終契約段階のドキュメンテーション
	・融資契約
	・担保契約
	・保証契約
融資契約の締結	
融資実行	
	・債権等譲渡契約
シンジケーション	

（出所）　筆者作成

1　コミットメントまでのドキュメンテーション

（1）　最初期のドキュメンテーション

　スポンサーがLBOを検討する場合、一つまたは複数の貸付人候補となる金融機関に対してファイナンス提案を行うよう求める。この場合、より好条

件のファイナンスを獲得するため、スポンサーとしては複数の金融機関に対して競合的に提案を求めることも多い（いわゆる「レンダー・ビッド」）。貸付人候補は、スポンサーと守秘義務契約を締結のうえ、スポンサーの保有する対象会社に関する情報の開示を受けたうえで、その情報を踏まえてファシリティごとの貸付金額、貸付期間、利率（スプレッド）、各種手数料その他の主要条件を記載したインディケーションを作成し、スポンサーに提出することになる。インディケーションは一般的に貸付人候補が貸付を行う意向があることを表明するものにすぎず、法的拘束力を有しない旨明記されることが多い[2]。また、かかる性質上、差入方式により貸付人候補のみが調印し、通常スポンサーは調印しない。なお、この段階では買収者かつ借入人となるスポンサーのSPCは組成されていないことが多く、一般的にはインディケーションはスポンサーを名宛人として作成される。

スポンサーは各貸付人候補から提出されたインディケーションを基に検討を行い、その貸付人候補と次の段階（コミットメント段階のドキュメンテーション）に進むかを決定する。複数の貸付人候補と検討を続けることも考えられるが、コミットメント段階のドキュメンテーションは貸付人候補としても弁護士事務所をリテインして行うことが一般的であり、スポンサーはその弁護士費用を負担する旨約するよう貸付人候補から求められることが通常であることから、複数の貸付人候補にそれぞれ独立して同時にコミットメント段階の検討を依頼することは多くない[3]。

(2) コミットメント段階のドキュメンテーション

❶ コミットメントがなぜ必要か

上場会社のLBOの場合、日本では一般的に公開買付けが利用されているが、この場合、借入人（である買収者）は公開買付届出書の添付書類とし

---

[2] 意向表明書やHCL（highly confident letter）といった多様な名称があるが、法的拘束力がない旨記載する以上、基本的な法的効力としては変わるところはない。
[3] 複数の貸付人候補をまとめてアレンジャー／コ・アレンジャーとして検討を依頼することも行われる。

て、貸付人発行の融資証明書を必要とし、そのために貸付人候補からのコミットメントを公開買付けの開始までに取り付ける必要がある。また、非上場会社のLBOの場合でも、入札手続（ビッド）により売却先が選定されるときは、最終ビッドの際に代金支払いの要資があることの証明として、貸付人候補発行のコミットメント・レターまたは融資証明書の提出を売主から求められることが一般的であるし、ビッドが行われないときも、買収契約[4]締結の際には売主から貸付人候補発行のコミットメント・レターまたは融資証明書の提出を求められることも多い。そのような理由により、LBOファイナンスにおいては、融資契約その他の最終契約[5]の締結に先立って、貸付人候補によるコミットメントが行われることになる。なお、かかるドキュメンテーションの当事者は（貸付人候補および）買収者となるスポンサーのSPC（借入人）となるのが一般的であるが、非上場会社のLBOのときには、コミットメント時に借入人が未設立の場合もあり、その際はスポンサーがこれらのドキュメンテーションの当事者となる。

❷コミットメント・レター

貸付人候補によるコミットメントのドキュメンテーションの中核となるのが、コミットメント・レターである。コミットメント・レターは、主として、(a)コミットメント、(b)アレンジメント、(c)マンデート、(d)ファイナンスの引受条件、(e)ファイナンスの主要条件、(f)一般条項（費用負担、損失補償、守秘義務および裁判管轄など）から構成される。(e)ファイナンスの主要条件については、コミットメント・レターに添付されるターム・シートの内容として議論されることが一般的であるためその検討は❸に譲り、ここでは(a)ないし(d)について説明を加える。

まずは(a)コミットメントである。コミットメントは、法的拘束力のある貸

---

[4] LBOによる買収の方法は多様であるが、ここでは叙述の便宜のため一般的な株式の取得（上場会社であれば公開買付けおよびスクイーズ・アウト、非上場会社であれば株式譲渡契約）を想定している。

[5] 本契約やDA（definitive agreement）と呼称されることもあるが、ここでは最終契約と呼称する。

付人候補による貸付約束と理解するのが一般的であるが、その法的効力について明確に議論されることは多くない。コミットメントを示す表現もいくつかのバリエーションがあり、融資を行うことを「確約」「約束」といった比較的強い表現もあれば、融資を行う「用意があることを証明」といった表現にとどまることもある。他方で、いずれの表現を用いた場合も、(d)ファイナンスの引受条件の一部またはコミットメントの条件として、融資実行のためには別途最終契約の締結が前提となることが明記されることが一般であり、別段の合意がない限り、当事者の合理的意思解釈として、コミットメントのみで融資（予約）契約が締結されており、貸付人候補が貸付義務を負うと理解することは、日本法上困難であろう。結局、コミットメントの法的効力としては、コミットメント・レターに定める条件により最終契約締結に向けて貸付人候補が誠実に交渉すべき義務と理解するのが穏当と思われる。

次に、(b)アレンジメントである。LBOファイナンスの場合、対象会社の取引金融機関との関係や比較的リスクが高く持ちきりが難しいことから、シンジケーションが行われることが多く、この場合、借入人は貸付人候補に対してコミットメント・レターに基づきシンジケートローン組成のアレンジメントを委託する。貸付人候補が融資の実行をコミットメントしている以上、かかるアレンジメントの委託は常にベスト・エフォート[6]ではなくアンダーライティング[7]となる。なお、情報の秘匿や機動的な資金調達の観点から、LBOファイナンスの場合当初より広くシンジケーションが行われることは多くなく、当初の融資実行のタイミングでも貸付人が一つまたは少数のアレンジャーのみで構成され、最終的なシンジケーションが完成するのは当初の融資実行の数カ月後ということが少なくない。

(c)マンデートは、上記(a)および(b)について借入人から貸付人候補への委託および授権を意味する。マンデートはアレンジャーである一つまたは複数の

---

6 借入人からアレンジメントの委託を受けた金額について、アレンジャーがその組成の努力義務のみを負い、かかる金額全額の調達について責任を負わない方式のこと。
7 借入人からアレンジメントの委託を受けた金額について、アレンジャーがその全額の組成義務を負い、不足がある場合にはアレンジャーが参加する方式のこと。

貸付人候補に排他的に付与されるのが一般的であり、その場合借入人（およびスポンサー）は、他の金融機関に同じ資金使途での負債性資金の調達を依頼することが禁止されることになる。かかるマンデートを証するため、コミットメント・レターについては借入人の調印が必要となるが、コミットメント・レターへの相互調印という形で行われる場合もあれば、別途借入人からマンデート・レターの差し入れが行われる場合もある。

(d)ファイナンスの引受条件は、貸付人候補がコミットメント・レターに基づく内容の融資契約の締結を拒絶可能な事由である。取引の前提や情報の正確性などが規定されることになるが、ターム・シートおよびこれに基づく融資契約に記載されることになる貸付実行の前提条件と内容的には重複するものも多い。いわゆるマーケットMAC（material adverse change）や貸付人候補の内部手続の履践などが規定されることもあり、その場合には借入人および貸付人候補間の重要な交渉事となる。

❸ターム・シート

(e)ファイナンスの主要条件は、ターム・シートに記載される。ターム・シートはコミットメント・レターに添付されることが一般的である。ターム・シートにて詳細に条件を記載すればするほど、借入人としてはファイナンス実行の確度を高めることにつながるため、貸付金額、金利、返済期日および返済方法といった基本的な経済条件のみならず、前提条件、期限前返済、保証および担保の内容、表明および保証、誓約事項ならびに期限の利益喪失事由といった融資契約で規定される事柄のほぼすべてを網羅するようなターム・シートが作成されることが多く、その内容をめぐって借入人および貸付人候補者間で交渉が行われる。

❹その他の書面

その他のコミットメント段階のドキュメンテーションとしてはまず融資証明書がある。❶でも述べたように、公開買付けを利用したLBOの場合、公開買付届出書の添付書類として融資証明書が必要となる。公開買付届出書の添付書類である以上、かかる融資証明書は開示の対象となる。融資証明書の記載事項としては、公開買付けQ&A[8]の記載やこれに基づく実務慣行によ

り、(a)融資金額、(b)当初の公開買付期間（当初から予定されている延長を含む）および公開買付けの終了から決済までの期間に10営業日を加えた期間をカバーする有効期限、(c)与信判断に与える影響が軽微な事由による公開買付期間の延長の場合に有効期限の延長を不合理に拒否しないことならびに(d)貸付実行の前提条件ならびにかかる前提条件上参照される表明保証および期限の利益喪失事由（なお、後述のcertain funds類似の形で前提条件を構成する場合、かかる前提条件に含まれる重要な誓約事項も開示の対象とされる）となっており、これを踏まえて融資証明書が作成されることになる。なお、公開買付けを利用しない場合であっても、売主にコミットメント・レター（特にその添付のタームシート）に記載される詳細条件までは開示したくないなどの理由で、別途売主への提出用に簡易な融資証明書が作成されることもある。

　コミットメント・レターが相互調印形式でない場合、借入人からマンデート・レターが差し入れられることがあるのは❷でも述べたとおりである。また、実務慣行上、アレンジャーである貸付人候補は、融資契約締結時や初回の融資実行時においてアレンジメント・フィーその他のアップフロント・フィーを受領することが一般的であるところ、かかるフィーについての合意を証するため、コミット段階でフィー・レターが借入人から差し入れられることもある。

❷ 融資契約以降のドキュメンテーション

(1) 最終契約段階のドキュメンテーション

　コミットメントが行われた後に公開買付けが開始され、または株式譲渡契約などの買収契約が締結されると、借入人および貸付人候補（以下、「貸付人」という）は、LBOファイナンスに関する各種の最終契約の締結に向けたプロセスに入ることになる。その中心となるのが融資契約であるが、企業活動全体を対象とするLBOファイナンスの特性上、対象会社とその子会社全

8　金融庁が2012年8月3日に公表した「株券等の公開買付けに関するQ&A」。

般にわたる保証提供および全資産担保を原則とするため、買収の直接の対象となる対象会社をはじめとした各子会社による保証の提供に加えて、借入人、対象会社およびその各子会社（総称して「借入人グループ」という）が保有する資産の担保提供も行われ、そのための保証契約および担保契約の締結も必要となる。

(2) **融資契約**

　LBOファイナンスの融資契約は、一般のコーポレート・ローンの融資契約と基本的な構造は異なるものではないが、その規定内容には特色がある。強制期限前返済、前提条件、表明保証、誓約事項および期限の利益喪失事由につき、比較的強くその特色が表れる部分を紹介する。

　まずは、強制期限前返済である。LBOファイナンスが企業活動全体をその返済原資とするものである以上、借入人グループにおける資産の処分の代わり金、資金調達の代わり金、保険金および補償金などといった営業活動外で受領した資金や、営業活動で生じた余剰資金（余剰キャッシュフロー）は、原則としてすべて強制期限前返済の対象となる。ただし、前者については通常の営業活動において行われるものは除外されるうえ、金額の下限や代替資産の取得の場合などの除外事由について交渉が行われ、後者についても余剰キャッシュフローのうちどの程度が強制期限前返済の対象となるべきかについての交渉が行われる。

　次に、前提条件であるが、特徴的なのが借入人のみならず、対象会社およびその子会社に関する事項もその対象となることである。対象会社およびその子会社の履歴事項全部証明書、定款の写しおよび計算書類などの写しといった提出書類はもちろん、表明保証違反の不存在、誓約事項違反の不存在および期限の利益喪失事由の不存在といった前提条件についてそれぞれの対象に対象会社およびその子会社も含まれていることから、結果として対象会社およびその子会社に関してこれらの事象が生じていないことも前提条件を構成することになる。借入人としては当初の融資が実行され、対象会社の株式を取得するまでは対象会社およびその子会社に対するコントロールおよび

詳細な情報を持ち得ないことも多く、伝統的にも除外事由などの有無や内容などをめぐって借入人および貸付人間で交渉の対象となっていた事項ではあったが、これに加えて、英国におけるcertain funds規制を基に発展した英米における融資実行の確実性を追求する契約規定の影響を受け、借入人からは近年、融資実行の確実性を増すために、当初の融資実行の前提条件から入手可能な書類以外の対象会社およびその子会社に関する事項を除外し、さらには借入人に関する表明保証の違反、誓約事項の違反または期限の利益喪失事由についても一定の主要なものに絞るよう求めるケースが出てきている。融資実行の確実性を増加させ、借入人にとってのリスクを減らすことは、その分貸付人にとってのリスクを増加させることになるから、このようにcertain fundsに近い前提条件を求めることは貸付人からの強い抵抗に遭うことが多い。

　表明保証、誓約事項および期限の利益喪失事由については、特に上場会社のLBOの場合、公開買付け、スクイーズ・アウトならびにその後の借入人および対象会社の合併という重要なイベントが存在するため、これらについて生じた不測の事象を捕捉することが可能な規定にしておく必要がある。

(3) 保証契約

　対象会社およびその子会社から保証提供を受けるに際して、上場会社のLBOの場合、スクイーズ・アウト手続きが完了し、借入人が対象会社を完全子会社化するまでの間は、対象会社の取締役の少数株主に対する善管注意義務との関係で対象会社およびその子会社は借入人のために保証提供をすることができない。非上場会社のLBOの場合でも、当初の融資契約締結の時点では対象会社の株式は売主が保有している。そのため、保証提供の方法は、融資契約に保証人が当事者として調印するのではなく、別途保証書を差し入れる方式にて行われることが多く、かかる保証の差し入れが借入人の義務として融資契約に記載される。保証を差し入れるべき範囲は、LBOファイナンスの性質上、通常は対象会社およびその子会社のすべてである（保証を差し入れないと、当該子会社への投融資は外部への資金流出となり、融資契約

上厳格な制限が課される）が、ほかに少数株主がいる場合には取締役の善管注意義務の観点で保証の差し入れが難しく、除外されることもある。ほかには海外子会社について現地法制との関係で少数株主がいなくとも保証提供が難しい場合もあり、これも除外の対象となることがある。

　LBOファイナンスはその性質上、対象会社やその子会社に係る誓約事項が多いが、それらは融資契約において借入人が対象会社および子会社をして遵守させるべき事項として記載されるとともに、（保証書を差し入れた）保証人が遵守すべき事項として記載され、保証書においてかかる融資契約における規定を参照することにより、保証人の義務として構成されることになる（表明保証についても同様の対応がとられる）。

(4) 担保契約

　LBOファイナンスにおける担保は、コンセプト的には借入人グループ全体の資産に係る全資産担保であり、株式（スポンサー保有の借入人株式を含む）、投資有価証券、預金債権、借入人グループ間の貸付債権、不動産、動産、売掛債権および知的財産権が主たる担保対象となるが、担保提供を受ける実益や担保提供のために要する費用および手間を勘案し、このすべてについて担保提供を求めるケースは多くはない。主要な担保目的物、担保権の種類および対抗要件については、図表5－2を参照されたい。保証同様に、上場会社のLBOの場合、対象会社を借入人が完全子会社化するまでは対象会社およびその子会社は担保提供を行うことはできず（対象会社の株式は借入人が保有する資産なので担保提供可能である）、また非上場会社のLBOであっても融資契約締結時には売主が対象会社の株式を保有しているので、融資契約に担保提供義務が規定されることになる。特に上場会社のLBOの場合、対象会社のコントロールを取得する前に担保提供について過度な義務を負うことを防ぐため、借入人は貸付人と後に交渉余地のある規定を求めることが多く、場合によっては海外子会社の除外や重要度の低い子会社・資産の除外などを規定した担保原則（agreed security principal）を融資契約に設け、担保提供はかかる原則に従って行われる旨規定することもある。

図表5-2　主要な担保目的物・担保権の種類・対抗要件の一覧

担保目的物	担保権の種類	対抗要件（注1）
スポンサー保有資産		
借入人株式	質権・根質権	株券の交付および占有（略式質）
借入人保有資産		
対象会社株式	質権・根質権	共同名義口座の質権口への振替・株券の交付および占有（略式質）
預金債権	質権・根質権	債務者の確定日付ある承諾
インターカンパニー・ローン債権	質権・根質権	債務者の確定日付ある承諾
対象会社・子会社保有資産		
子会社株式	質権・根質権	株券の交付および占有（略式質）
預金債権	質権・根質権	債務者の確定日付ある承諾
インターカンパニー・ローン債権	質権・根質権	債務者の確定日付ある承諾
不動産	抵当権・根抵当権または工場財団抵当（注2）	登記（注3）
売掛債権	質権・根質権または（根）譲渡担保権	債務者の確定日付ある承諾・登記
在庫	（根）譲渡担保権	占有改定・登記
機械設備	（根）譲渡担保権または工場財団抵当（注2）	占有改定・登記
特許権など	質権・根質権（注4）	登録

(注1)　厳密には効力発生要件であるものも含まれる。
(注2)　工場財団の組成・管理に係る事務手続および費用の負担や工場図面の開示による機密保持上の問題などから、実務上選択されることは多くない。
(注3)　登録免許税を考慮して、仮登記や登記留保、または被担保債権を限定する方法で行われることもある。
(注4)　登録免許税を考慮して、登録留保または被担保債権を限定する方法で行われることもある。
(出所)　筆者作成

担保契約の内容自体はコーポレート・ローンなどにおけるものと大きく異なるところはないが、上場会社のLBOの場合、対象会社の株式が上場廃止に伴い振替株式ではなくなる一方で、非上場会社の株式担保は株券の交付により設定することが一般的であることから、上場廃止や株券発行会社への定款変更のタイミングにも留意のうえ、シームレスに株券のある株式担保に移行できるよう留意が必要である。

(5) シンジケーション時の契約

　上述のようにLBOファイナンスにおいては、当初の融資実行時にシンジケーションが行われることは多くなく、特に上場会社のLBOの場合には、スクイーズ・アウトの決済のための融資実行の際にシンジケーションが行われることも多く、シンジケーションに際しては、既存の貸付債権とともに貸付人たる地位および権利義務を譲渡する債権等譲渡契約が締結されることになる。

　債権等譲渡契約の内容については、通常のコーポレート・ローンと比して大きく異なることはないが、譲渡の対象となる担保権の数および種類が多く、手続きも異なるため留意が必要である。例えば、振替株式については、譲渡後の貸付人全員の共同名義口座への振替を行うのが一般的であるし、動産及び債権の譲渡の対抗要件に関する民法の特例等に関する法律による登記がなされた質権については解除のうえの再設定およびその登記が、譲渡担保権については再譲渡およびその登記が必要となる。また、LBOファイナンスのファシリティに運転資金を資金使途とするリボルビング・クレジット・ファシリティが含まれる場合、担保には根抵当権をはじめとする根担保権が含まれることがあるが、根担保権は普通担保権と異なり随伴性を有しないから、別途分割譲渡する旨の合意が必要となるし、この場合には当然に担保権設定者の承諾も要することになる。

おわりに

　以上、LBOファイナンスのドキュメンテーションについて概括的ではあ

るが検討してきた。金融機関への利鞘(りざや)の縮小圧力が継続して生じる市場環境下、LBOファイナンスは比較的厚めのスプレッドを確保できる数少ない商品の一つであり、セカンダリー市場も含めたさらなる発展が期待されるところであるが、そのためには投資家層のより一層の拡大が必要である。LBOファイナンスのドキュメンテーションは、コーポレート・ローンなどと比較すると、量が多く内容も複雑であるが、本質的にはコーポレート・ローンの応用型であって本章で記載したように両者の違いを意識しつつ検討すれば、理解は決して困難ではない。紙幅の制約上、簡潔な記載とならざるを得なかったが、本章がLBOファイナンスのドキュメンテーションを理解するうえでの一助となり、LBOファイナンス市場の発展に多少とも資すれば幸いである。

参考文献

大久保涼・鈴木健太郎・宮﨑隆・服部紘実（2014）『買収ファイナンスの法務』中央経済社.

Interview
LBOファイナンスのドキュメンテーションの実務
弁護士と連携した取り組み

株式会社足利銀行
ビジネスソリューション営業部
次長
尾花正喜氏

株式会社足利銀行
ビジネスソリューション営業部
課長
梶屋厚介氏

Q いつ頃からどのような視点でLBOファイナンスの取り組みを開始しましたでしょうか。また、参入した際に障壁や難しいと感じたことはありましたでしょうか。

尾花 　LBOファイナンスをアセットの一つとして認識して、行内でも基準を作って組織的に取り組み始めたのは、2012年頃です。2008年にリーマン・ショックがあり、その頃は総じて金利が高かったのですが、それが一巡して低下してきました。そのような流れのなかで、収益性という観点から新たなファイナンスを模索し、収益性の高いLBOファイナンスに着目しました。

　一般には、LBOファイナンス以外にも、アセット・ファイナンスやプロジェクト・ファイナンスという区分もありますが、LBOファイナンスの場合は、企業を見るという観点においてはコーポレート・ローンと変わりなく、他のファイナンスよりも取り組みやすかったと認識しています。

　当時の障壁については、今振り返ってみると、横文字の専門用語が多く、ドキュメンテーションの高度さが感じられました。そもそもの建付けはそれほど難しくないと思っていましたが、スキームを見てみると、経験がないということは、私ども地方銀行にとっては壁になりました。今では、ある程度の件数を経験することによって、LBOローンの実務に対して違和感を持つことはなくなり、経済状況、買収価格、条件などにもしっかり目が届くようになってきました。

どのような体制でLBOファイナンス業務を行っていますでしょうか。

梶屋　元々大きな枠組みとして東京支店も関与する形で仕組み融資（ストラクチャード・ファイナンス）を行う体制は整備されていました。そのなかで、LBOローンなどの市場の存在を認識し、大手金融機関から持ち込まれる案件に参加するという取り組みを開始したのは早いほうだったと理解しております。

　本格的に参入したのは、今のビジネスソリューション営業部の前身であるビジネスソリューション営業室ができた2012年頃です。法人向けのソリューション・ビジネスを専門に推進するという考え方がまずありました。その2年後には、「室」が「部」に格上げされ、業務領域を拡大し、ストラクチャード・ファイナンスを見る専担者を置きました。その専担者が、東京支店だけでは対応しきれない案件を引き受けたり、アレンジャーの担当者の方とのコミュニケーションをとったりするなかで、案件の目利き力を高めていきました。

　その後、地元で実際にLBO案件が成立し、共同アレンジの形で参画しました。そこで身に付けたスキルが、今では単独でストラクチャーを構築して案件を組成できる端緒になっています。

 これまで実行した案件や検討した案件は、どのような参加パターンの案件が多かったのでしょうか。

尾花　地元関連の強い県内を中心とするアレンジャー案件、規模が大きいシンジケーションに参加行として参加する案件、親密なバイアウト・ファンドから優先的にお声がけいただける案件など、万遍なく経験しております。件数としては、やはりシンジケーションに参加するパターンが多いですが、今後は親密なバイアウト・ファンドと連携を行い、県内のLBOファイナンス案件も積極的に手がけていきたいと思います。なお、ドキュメンテーションに関して勉強になることが多いという観点からすると、シンジケーションへの参加もかなり重視して取り組んでいくべきだと考えております。

　規模感については、大手金融機関が組成するシンジケーションに参加する案件

は、やはり大きい案件で、ローンの全体の金額が100億円を超える案件が大半です。ただし、大型案件が少ない局面では、シンジケーションに参加する機会が少なくなることもあります。一方、県内の案件や個別のバイアウト・ファンドよりお声がけいただく案件は、数十億円規模の案件が多いです。

Q 昨今、北関東地域でも製造業の案件を中心としてバイアウト案件が増えてきました。地域中小企業によるバイアウト・ファンドの活用の意義についてお話し願います。

梶屋 地方においても、事業承継というのは、企業がそこで存続している限りは切っても切れないという課題だと思います。後継者の問題や企業成長の部分で壁にぶつかっている企業に対して、バイアウト・ファンドに参画いただいて、ハンズオンでの支援を受けて事業価値を上げていただくことで、結果として地方銀行としてもプラスになるというWin-Winの関係が築けるものと考えております。以前は「ハゲタカ」のようなイメージが付いた時期もありましたが、正しい情報をしっかり共有していければ、地域中小企業にもプラスになる存在です。

尾花 一つ事例ができて、それがうまくいくと、印象が変わるということを実感しています。地元の企業がバイアウト・ファンドに買われることに対してジレンマが感じられることもあるかもしれませんが、一方で、素晴らしい製品や技術力を持った企業がさらに成長していくための手段としてバイアウト・ファンドの活用は非常に有効であると考えております。

Q LBOファイナンス業務を行ううえでは、ドキュメンテーションやローン契約も重要になってきます。通常のコーポレート・ローンと比較してどのような特徴がありますでしょうか。また、どのように取り組んでいますでしょうか。

梶屋 まず、通常のコーポレート・ローンでは、主に中小企業を対象としており、ドキュメンテーションでボロワー側と議論を戦わせたり、一緒に納得ができるものを作り上げたりする案件は少ないです。現実的には、主要な論点をお客さまと共有し、完成形をご提示して契約書に落とし込んでいくことが多いという状

況です。

　一方、LBOローンの場合には、一般的にはボロワー側にも弁護士さんが付いて、どのような契約書にするのかを議論しながら進めていきます。時間もかかりますし、お互いにキャッチボールを行いますので相当頭を使います。確認すべき事項も、コーポレートの通常のシンジケート・ローンの場合は、設備投資のための建設関連法規を確認するなど、ある程度限定されていますが、LBOの場合には、チェックポイントが多岐にわたります。バイアウトの対象企業が事業を継続して、そこから生み出されるキャッシュフローでLBOローンを返済していきますので、法務面のリスクはないか、許認可が円滑に承継されるか、その手続きに間違いはないか、ビジネス・モデルが崩れないか、期間がどれくらいかかるか、なども含め事業の継続性が担保されるのかということを契約書にしっかり落とし込む必要があります。また、デューデリジェンスで発見された懸念事項をどのタイミングで解消するかなども明文化しながらドラフトを作成していく必要があると考えています。

尾花　自行でドキュメンテーションまで手がけるLBOの経験はまだ少ないほうかもしれませんが、ようやく単独で手がけられるようになってきたという段階です。LBOファイナンスのドキュメンテーションでは、基本的には、弁護士の先生との事前のミーティングを必ず行います。コーポレート・ローンの場合は、最初からメールで投げて「お願いします」というやり方もありますが、LBOローンの場合は、案件の入り口の時点で注意すべき事項を相互に確認をしながら、全体構造を練る作業を弁護士の先生と連携して進めます。それから、ボロワー側にもリーガル・カウンセルがいますので、そことの役割分担をどうすべきかなどを、レンダー側の弁護士の先生から助言を得ています。そして、クロージングに至るまでのプロセスを共同歩調で進めていきます。

Q　LBOファイナンスの実施後のモニタリングやリファイナンスに至るまでのプロセスでも弁護士との接点はあるのでしょうか。また、弁護士との議論をする際に、心がけていることはありますでしょうか。

梶屋　リファイナンスの仕方にもよりますが、LBOローンの形態から単純に

コーポレート・ローンに切り替えるという話であれば、大きな論点はありません。一方、コベナンツの修正なども含めしっかり議論する必要がある場合には、事前に弁護士の先生に相談することになります。それ以外の局面でも個別に相談することがありますが、気軽にコミュニケーションをとれる関係にありますので、疑念を感じることがありましたら、すぐに聞くようにしています。

尾花 私どもの部としては、なるべくローン契約自体も、全部作れるように心がけてはいますが、前提条件一つとっても通常のコーポレート・ローンと全然違いますし、どうしても法的な部分での漏れが生じますので、常に面倒を見ていただいています。その意味でも、常時コミュニケーションがあり、すぐに相談に乗らせてもらえるような関係の構築が非常に大切なのかなと思っています。どの案件もお互いに厳しい時間軸で進めますので、最後は「人」と「人」でつながっていくものだと思っていますので、弁護士の方々とのコミュニケーションを大切に、案件を進めてまいりたいと思います。

Q 最後に、今後も協業を行うバイアウト・ファンドの皆さまやファイナンス領域の弁護士の先生にメッセージをお願いします。

梶屋 事業承継に絡むLBOファイナンスというのは地方でも必ず発生する課題です。足利銀行としても、地元の案件の入り口からストラクチャーの構築・ファイナンス実行まで一気通貫でお手伝いできることが一番の理想形だとは思いますが、一方で、情報・人材・ネットワークには制約がありますので、バイアウト・ファンドや弁護士を含む専門家の方々との協業を大切にしていきたいと考えています。経営者の高齢化も進展していますし、事業環境の変化も大きい時代ですので、この手の経営課題はますます増えてくるだろうと思います。足利銀行としては、相談される銀行、相談できる銀行、質問に答えられる銀行となれるようにと考えております。

尾花 LBOファイナンスは、大手金融機関を中心とするビジネスでしたが、大手のバイアウト・ファンドの方々が地方に目を向け始めており、地方銀行も力を発揮できる分野であると感じています。最近、いろいろと情報を聞いていると、他の地方銀行も本格的な取り組みを開始していますし、地元の金融機関として地

元の案件をサポートし、企業の成長を後押しできるようなお手伝いができればと考えております。バイアウト・ファンドの方々や弁護士の先生などとも積極的にコミュニケーションをとり、良質な案件を創出していきたいと思います。

Profile

尾花正喜氏
株式会社足利銀行 ビジネスソリューション営業部 次長
1996年立命館大学法学部卒業。東京支店などにて融資実務を経験後、2015年よりビジネスソリューション営業部にてシンジケート・ローン、ストラクチャード・ファイナンス業務に従事。

梶屋厚介氏
株式会社足利銀行 ビジネスソリューション営業部 課長
2002年山形大学人文学部卒業。法人開拓室などにて法人営業を経験後、2012年より営業推進部（現ビジネスソリューション営業部）にてシンジケート・ローン、ストラクチャード・ファイナンス業務に従事。

第 6 章

LBOファイナンスのモニタリング

実践的なモニタリングを行うためにレンダーが留意すべきポイント

株式会社新生銀行
スペシャルティファイナンス部長　**林　邦充**
スペシャルティファイナンス部 統轄次長　**渡辺明彦**
プロジェクトファイナンス部 副部長　**植坂謙治**

はじめに

　LBOファイナンスは、買収対象会社そのものを担保とするファイナンスである。そして、その担保価値、すなわち企業価値のベースとなるのは買収対象会社が将来生み出すキャッシュフロー（CF）である。したがって、LBOファイナンスを提供するレンダーは、単に財務コベナンツチェックをするだけでなく、実際のキャッシュフローが当初想定していたとおりに推移しているかどうか、またその前提となるKPI（key performance indicator）の推移やディール・ストラクチャーが想定と変わっていないかどうかをモニタリングの過程でフォローしていくことが債権保全上極めて重要である。一方、買収者であるスポンサーは、環境変化への対応やキャッシュフロー最大化のために必要なあらゆる施策を講じようとするため、時にレンダーとの間でコンフリクトが生じるようなケースもあるが、レンダーは債権者としての権利確保を最優先に行動するなかで、スポンサーの方針などを十分に理解したうえで、スポンサーとともに買収対象企業の健全な成長を促すよう行動することを主眼とすべきである。そして、最終的にはディレバレッジを進めながら、中長期的な銀行取引に結び付けることが望まれる。

　本章ではかかる点を踏まえ、LBOファイナンスにおいてレンダーとして実践的なモニタリングを実施するために留意すべきポイントについて述べ

る。なお、LBOファイナンスにおいて買収後は借入人（SPC）と対象会社が合併するケースが一般的であることから、以下本章において特別な説明が無い限り、借入人と（買収）対象会社は同義とする。

一般的なLBOファイナンスのモニタリング内容の整理

(1) モニタリングの意義・目的

　LBOファイナンスのモニタリングを行ううえでまず重要なのは、ローン契約上のコベナンツである。LBOファイナンスは、買収対象会社株式および買収対象会社の保有する主要資産（土地建物、商品、売掛債権など）を担保として取得することによって、コベナンツ抵触などによる期限の利益喪失時にはレンダーが対象会社にステップ・イン（対象会社株式取得によるコントロール権の掌握）することを可能な建付けとしている。ステップ・インした後、レンダーは対象会社を売却し、債権回収を図ることもあり得るため、レンダーは債権保全上、元利金弁済のために十分なキャッシュフローが対象会社から創出されているかどうかだけでなく、貸出金の担保たる企業価値が貸出債権金額を上回っていることを定期的に確認する必要がある。コベナンツは、その企業価値を計測する際に前提となる対象会社の財務内容や組織体制、事業内容などが、レンダーの満足する水準に維持されているかどうかを測るための指標である。通常、ローン契約において、借入人はコベナンツの遵守状況をレンダーに対して定期的に報告するレポーティング義務が規定される。一義的にはこの定期報告がローン契約上定められた期限までに提出され、その内容を確認すること（いわゆるコベナンツチェック）が、レンダーが最低限行うべきモニタリングである。

　一方、LBOファイナンスにおいて、定期的なコベナンツチェックだけではモニタリングとして十分とはいえない。LBOファイナンスは一般的に対象会社にとってコーポレート・ローンよりも高いレバレッジがかかっており、その分リスクも高まるため、通常のコーポレート・ローンよりも詳細な事業分析が必要である。以下、モニタリングの内容と目的について整理を行

う。

(2) コベナンツチェックによるモニタリング
❶財務コベナンツ

財務コベナンツの主なチェック対象項目としては、①レバレッジ（適正な負債水準か）、②キャッシュフロー（元利金弁済に十分なキャッシュフローを生み出しているか）、③PL（赤字決算でないか）、④BS（十分な純資産を有しているか）、⑤最低現預金（事業運営上、最低限必要な現預金を有しているか）などがあげられる。

①の代表的な指標はレバレッジ・レシオ、②はDSCR（debt service covered ratio）である。チェック回数は①〜④は半期ごと、⑤は毎月とするケースが一般的である。LBOファイナンスはシンジケートローンとなることが多いため、通常は借入人からエージェント宛てに報告がなされ、エージェントを通じて各レンダーは報告を受ける。LBOファイナンスにおいては、案件組成時に最も重要視される指標がレバレッジ・レシオであることから、モニタリング上、レバレッジ・レシオのチェックは特に重要である。レバレッジ・レシオは案件によってコベナンツの設定水準（ヘッドルーム）が異なるため、単に遵守状況を確認するだけでなく、絶対水準および構成要素（有利子負債残高、EBITDA）が当初想定どおりに推移しているかどうかを確認することがモニタリング上は必要である。

当初のグロス・レバレッジ・レシオが5倍を超えるようなハイ・レバレッジの案件については、ローン契約上のコベナンツ水準に関わらず、ローン実行後何年目に標準的な水準である5倍以下となり、その後一般的にコーポレート・ローン並みの水準と考えられる3倍程度になるかなどを想定し、モニタリングしていくことは重要なポイントである。同様に、EBITDAが事業計画比伸びていないが、資産売却などのリストラクチャリングによって有利子負債を削減させることでコベナンツを遵守しているようなケースも、コベナンツをクリアしているからいいというわけではなく、モニタリング上はEBITDAが伸びていない理由についても分析することが重要である。

図表6－1　財務コベナンツ例

チェック項目	計算方法	チェック内容	一般的水準	頻度
レバレッジ・レシオ	有利子負債／EBITDA	適正な負債水準が維持されているか	ヘッドルーム（注）25～30%	年2回
DSCR	年間キャッシュフロー／年間デットサービス金額	元利金弁済に十分なCFが各年度に創出されているか	1.05倍～1.2倍	年1～2回
営業利益など	本／中間決算における利益金額	（キャッシュフローだけでなく）会計上も黒字が確保されているか	会計上の黒字	年1～2回
純資産	本決算における純資産金額	十分な純資産が確保されているか	対前年比75%	年1～2回
現預金残高	月次現預金残高	最低限必要な手元流動性が常に確保されているか	最低現預金以上	毎月末

（注）　スポンサー・プロジェクションのEBITDAとコベナンツ達成のために必要なEBITDAとの差異。ヘッドルームが小さいほど、コベナンツ抵触のバッファーは小さくなる。
（出所）　筆者作成

❷その他のコベナンツ

　LBOファイナンスにおいては、対象会社がキャッシュフローを確実に創出するための経営・組織体制が維持・構築され、さらに創出されたキャッシュフローが確実にローンの元利金弁済に優先充当（first pay）されることで高いレバレッジをかけることが可能となっている。そのために各種コベナンツが設定されるが、対象会社にとっては各種の企業活動がコベナンツによって一定程度制限されることになる。

　コベナンツは不作為義務と作為義務に大別されるが、前者の代表的な条項は、配当制限、役員報酬制限、金融債務（追加）負担制限、担保・保証提供制限、設備投資制限、投融資制限、預金口座開設禁止などであり、後者の代表的な条項は、プロジェクションの不変更、資金集中、資本関係維持（チェンジ・オブ・コントロール）などである。

　また、上記以外にも対象会社の事業内容特性によってローン契約に独自のコベナンツが規定されることも多い。営業施策などがコベナンツによって制

限されている場合、借入人はエージェントを通して意思結集を行い、レンダーに対して承諾を求める必要がある。企業価値の向上という観点で借入人の施策がレンダーにとってもポジティブなケースも少なからずあるが、その都度レンダーの承諾が必要となるため、コベナンツはレンダーの立場から経営に対して一定程度のけん制を利かせることのできる効果がある。つまり、これらのコベナンツの存在によって、借入人あるいはスポンサーが重要な施策を講じる際にはレンダーとの事前協議という形でのモニタリングが可能となる。

(3) **定期報告物によるモニタリング**
❶プロジェクションのモニタリング

ローン契約上、借入人には定期報告義務があり、通期および半期決算書（あれば四半期報告）だけでなく、月次報告書などによって実績の報告が行われる。報告書の形式は案件によって異なるが、売上高、EBITDA、現預金残高はLBOファイナンスにおいて重要な財務数値である。さらにKPI管理も重要であり、プロジェクション作成にあたって使用したKPIの推移を管理することは、対象会社事業の実態を把握するためには有益である。タイムリーなモニタリングを行うため、月次報告書の場合、通常であれば翌月中旬から翌月末までに受領できることが望ましい。レンダーは、受領した資料を基に、当初想定したプロジェクションとの間に乖離はないか、また、キャッシュフローの前提となる事業の実態に変化はないかといった観点からのモニタリングを行う。

プロジェクションは、原則として安易に修正をするべきではない。ただし、当初の想定と大きく異なるような環境の変化や、当初のプロジェクションで想定していなかった一部事業の売却、あるいは買収などによって収益構造の変化があった場合には、スポンサーに対してプロジェクションの修正を求める必要がある。プロジェクションの修正に伴い、財務コベナンツのレバレッジ・レシオも修正するかどうかは、状況に応じてスポンサーとの間で協議する必要があろう。

図表6-2　定期報告書類例

書類（例）	タイミング（例）
監査済決算書類（連結・単体）	本決算、中間決算、四半期決算後2～3カ月以内
コベナンツ遵守報告書	本決算、中間決算後2～3カ月以内
年度事業計画	前事業年度末
プロジェクション達成状況を示す資料	本決算後2～3カ月以内
月次資料（売上・EBITDA、KPI、試算表、資金繰り表など）	翌月15日～翌月末
預金口座残高一覧表	翌月5日～翌月15日
税務申告書（写）	提出後●日以内

(出所)　筆者作成

❷決算書のモニタリング

　LBOファイナンスは、コーポレート・ローンである以上、外部検査や内部監査の観点からもキャッシュフローだけでなく決算書の内容は重要である[1]。

　LBOファイナンスにおいて特徴的なのは、のれん償却費や専門家報酬、アップフロント・フィーなどのディール・コストによる決算への影響である。こうした費用が計上されることによって、特に初年度～2年目の決算において、対象会社が赤字決算となるケースが散見される。レンダーとしてはストラクチャリング段階で極力赤字決算とならないよう、キャピタル・ストラクチャーやトランチング、弁済ピッチを検討すべきであるが、仮に赤字決算となった場合でも、赤字原因がのれん償却金額だけに起因するものか、あるいは特別損失などに計上されるディール・コストが一時的な損失といえるものかどうかなどについて精査することが重要である。また、純資産金額に関して、純資産比率が十分であったとしても、LBOファイナンスの場合、

---

[1] LBOファイナンスの場合、非公開企業でも借入人の決算書は監査法人による監査報告書の提出を義務づけるケースが多い。

資産サイドの大宗をのれん（営業権）が占めるケースが多い。最近のディールではのれん金額が純資産金額を上回るようなケースも散見されるため、そのようなケースの場合、のれんの減損が債務超過に直結する恐れがあるため、留意が必要である。

2 モニタリングにおける留意点とアクション

(1) 実践的なモニタリングのための留意点

　ここまで述べてきた、コベナンツチェックや定期報告物によるモニタリングはレンダーとして最低限行うべきモニタリングであり、これだけでは実践的なモニタリングとはいえない。レンダーとしては、借入人の業績に変化が無いかどうか日々能動的にチェックを行う必要がある。月次報告書は売上高やEBITDAといった代表的な財務指標だけでなく、借入人の営業状況を端的に把握できる内容であることが多い。例えば、リテール業種であれば、来店客数や出店数などである。メーカーであれば、売上単価や材料費の推移、粗利などはビジネスの状況を把握するうえで重要な指標としてあげられるだろう。こうした指標も業種によっては季節性のある場合もあるため、対前年比や対計画比で確認できたほうがよいだろう。業態によっては期ズレが発生する場合もあるので、例えば3カ月単位での平均値で比較したほうがよいようなケースもある。いずれにしても、企業の実情を把握するために必要な指標を早期に把握できることが望ましい。

　定期的にモニタリングを行っているなかで少しでも異常値があると思われた場合は、原因を早くつかむ必要がある。そのためにも、エージェントだけでなく借入人の財務担当者、あるいはスポンサーの案件担当者への直接のコンタクト・ルートを確保しておくことが望ましい。また、モニタリングにあたっては、極力ビジネスの現場把握に努めることも肝要である。小売業であれば、店舗視察による商品の販売状況、外食業であれば、店舗視察によるサービスや設備の状況、変化、顧客の反応、メーカーであれば、工場実査による稼働状況、在庫状況などのチェックを定期的に行うことが望まれる。

CEO、CFOとの面談も年1回程度は行ったうえで、ビジネスやマーケットの状況のアップデートに努めることも必要である。年1回程度あるいは定期的なバンク・ミーティングの開催がローン契約上義務づけられているケースも多く、そうした機会もぜひ活用すべきであるが、その場合もただ漫然と参加するのではなく、質疑応答の時間やミーティング後の時間を積極的に利用することが重要である。

　最近では、実行後の早い段階において、コーポレート・ローンベースでリファイナンスが行われ、当初厳格に設定した各種コベナンツが早期に緩和ないし削除されるケースも多い。まだレバレッジが高い状況の場合、業績が想定に反して低下した際の悪影響が大きい一方で、レンダーのけん制を利かせられないケースも想定し得る。レンダーとしては、リファイナンス時にどの程度まで担保、コベナンツなどについて緩和できるかを慎重に検討する必要があると同時に、普段からスポンサーや借入人とのコミュニケーションを密にとることによって、業績の変化を早く察知できるような体制をとるよう心掛けるべきである。

(2)　レンダーがとるべきアクション

　借入人がコベナンツ抵触、あるいはデフォルトに陥りそうになった場合、レンダーとしてどのようなアクションをとるべきだろうか。企業価値は毀損し始めたら悪化するスピードはとても速く、レンダーとしても火急な対応が必要となるが、実務上、いきなりトリガーを引くようなケースはまれである。これは、通常、業績悪化など、コベナンツに抵触するような状況が予見される場合には、スポンサーがあらかじめ手を打とうとするからである。

　この場合、スポンサーが打つ手としては二通りある。一つは、業績改善策である。業績改善策のなかにも二通りあり、一つ目は、一時的な業績改善策である。これは決算対策、あるいはコベナンツ回避のために、資産売却やスポンサーによる増資によって期限前弁済を行ってレバレッジを下げたり、前倒しで売上を取り込むといったものである。抜本的な業績改善には至らないものの、コベナンツ抵触回避によって抜本的な業績改善に向けた時間を買う

効果はある。二つ目は、抜本的な業績改善策である。これは、経営陣の交代や人員削減などのリストラクチャリングといった比較的即効性の見込まれる方策から、販売・仕入れ施策の見直しといった、中長期的な効果を見込む業績改善策もある。本質的な改善策である一方、レンダーとして将来的な効果の有無の判断が難しい。

　二つ目の打ち手は、レンダーに対する条件変更（アメンドメント）あるいは権利放棄（ウエーバー）のリクエストである。これは、単純にコベナンツヒットの状況を解消するためのウエーバー依頼から、コベナンツ計算方法の一部変更といったものまでいろいろな種類が考えられるが、基本的には、上記のような業績改善策とアメンドメント／ウエーバーをセットにして相談が持ちかけられるケースが多い。

　レンダーとしては、適切なタイムラインのなかで、業績改善策などのフィージビリティを分析し、そのうえでアメンドメント／ウエーバーでの対応が合理的と判断できれば応じることも考えられる。ただし、例えば業績改善策が一時しのぎ的なもので、今後も同じ状況に陥ることが見込まれたり、業績改善策が明らかに絵に描いた餅であれば、アメンドメントやウエーバーには応じず、レンダーとして合理的な改善策を強く要求することも必要であろう。また、最終的に協議がまとまらない場合には、レンダーの権利に基づきスポンサーチェンジを行い、株式売却による回収を図るか再生を図るといったことも考えられる。いずれにしても、レンダーとして常日頃から実践的なモニタリングを行うことによって対象会社の実態を把握していないと、いざという時に迅速かつ適切な判断を行うことは難しく、また、危機的な状況の時こそ、スポンサーや借入人に対して真摯かつ毅然とした対応をとることで、ディール自体を最適な方向に導くことができるのである。

おわりに

　LBOファイナンスは、ノン・リコース・ローンであるがゆえ、スポンサーは投下した資本の範囲でしか責任は無く、対象会社が万一デフォルトした場合はレンダーがステップ・インしてコントロール権を持つことを前提と

したファイナンスである。したがって、借入人の業況が悪化した場合、レンダーは通常のコーポレート・ローンよりもはるかに状況をシビアに捉える必要があり、そのためにも、LBOファイナンスのモニタリングは、受け身ではなく、常に能動的に状況把握を行っていくことが大事である。

　では、スポンサーとレンダーは常に対立し、レンダーは己の権利を確保するためだけに行動すべきであろうか。答えはNoである。レンダーにとって最も大事なことは、取引先である対象会社の健全かつ持続的な成長である。LBOは主にプライベート・エクイティ・ファンドによる企業買収の際に用いられることが多いが、企業は生き物であり、景気環境やマーケット環境は時々刻々と移り変わるため、企業は常にそうした環境変化に迅速かつ柔軟に対応することが求められる。したがって、レンダーは債権保全のためにも、スポンサーの経営方針を理解し、必要と認められる場合は環境の変化に応じて柔軟にアメンドメントやウエーバーを行うことも求められるであろう。スポンサー側も、逆に経営者側の論理だけで物事を進めるのではなく、ローン契約を尊重し、必要なリクエストに関してはそれがレンダーにとっても合理的な内容かつ合意可能なタイミングであるかどうかを精査することが肝要である。そして、そのためにはスポンサー（借入人）とレンダー間の信頼関係や意思疎通が何よりも大事である。

　LBOファイナンスの性質として、実行までの過程ばかりがフォーカスされがちであるが、LBOファイナンスはむしろ買収実行後のスポンサーの行動をレンダーとしてのけん制を利かせつつサポートしていくことが重要であり、それが成功への道である。それによって、LBOの成功案件が今後も増加し、事業承継やカーブアウトによる経済活性化がより進んでいくことを願ってやまない。

Interview

保険会社によるLBOファイナンスへの取り組み

審査・モニタリング体制の強化

日本生命保険相互会社
ストラクチャードファイナンス営業部
財務担当部長（国内統括）
榊原龍資氏

日本生命保険相互会社
ストラクチャードファイナンス営業部
課長補佐
竹田明央氏

Q いつ頃からどのような視点でLBOファイナンスの取り組みを開始しましたでしょうか。また、どのような体制でLBOファイナンス業務を行っていますでしょうか。

榊原　日本生命保険では、元々資産運用の一環として企業融資を行っておりまして、2017年3月期の総資産約65兆円に対して、国内企業向けに5兆円強の融資残高を有しております。企業融資の領域では、幅広い分野にわたり、企業経営に必要な設備資金、長期運転資金を提供しています。

　昨今の低金利環境下、相対的に利回りの高いLBOファイナンスは、収益向上に向けた運用手段の一つとして魅力的です。本格的にLBOファイナンスの取り組みを開始したのは、2014年からになるので、それほど昔のことではありません。元々資産運用としてバイアウト・ファンドへの投資を行っていましたので、LBOファイナンスへ取り組むことは、運用手段の多様化、高度化につながっています。また、実際にLBOファイナンスへの取り組みを重ねていくことによって、社内における認知度も高まってきました。LBOファイナンスの実績については、直近3年で、約20件、約1,000億円程度の取り組みがございます。年間5～6件くらいのペースですが、融資条件などで見送ったケースもありますので、検討機会はもっと多いです。

　体制面ということでは、企業を担当し、融資営業を行う財務部が貸付機能を有

しています。また、今年度から、金融機関を担当し、海外プロジェクト・ファイナンスに関する貸付機能および国内ストラクチャード・ファイナンス（LBOファイナンス含む）に関するミドル機能を担うストラクチャードファイナンス営業部が新設されました。

　案件審査については、財務審査部が担当していますが、ストラクチャード・ファイナンス案件が増えてきたことから、対応する専門チームを徐々に拡大させ、組織的に対応を図っています。

Q LBOファイナンスの話が持ち込まれるルートや案件の規模感についてお聞かせ願います。

竹田　　LBOファイナンスの案件の入り口ですけれども、バイアウト・ファンドからとメガバンクを中心とした金融機関からの案件のご紹介というのが半々です。ごくまれに、バイアウトの対象となる会社からのお声がけもございます。1件当たりの金額についてはさまざまで、最も小さい案件で10億円前後のケースもあれば、数百億円というケースもございます。

　これまで取り組んできた案件の特徴は多様です。業種はメーカーからサービス業までかなり幅広く、特段制約を設けず個々案件を精査していくことで、融資可否の判断を行っています。バイアウトが実施される背景については、事業承継絡みや事業部門のカーブアウトが中心になります。

Q LBOファイナンス実施後のモニタリングは重要ですが、どのように行っていますでしょうか。また、借入人からのレポーティングにより各種の書類をチェックするとのことですが、どのような点に焦点をあててチェックが行われるのでしょうか。

榊原　　ストラクチャード・ファイナンス全般について、ローン実行時に専用のチェックシートを作成していまして、スキームなどの確認を行っています。LBOファイナンスであれば、LBOの目的、スポンサーの特徴、スキームの概要、コベナンツなどの確認を行っております。また、年に一度、債務者区分の判定という作業を行っておりまして、そのなかでも同様の項目を確認します。

竹田 業況などに特段問題がなければ、基本的には、エージェントである銀行からの定期的なレポーティングでチェックを行っています。コベナンツに抵触する案件もなかにはありますが、その場合、対象会社やスポンサーであるバイアウト・ファンドの方々に事業計画の方針などを直接確認することがあります。また、当社が考えていることをお伝えしたりするケースもございます。

榊原 期中のモニタリング時にチェックする内容ですが、コベナンツを中心にチェックしております。利益水準、レバレッジ・レシオ、デット・サービス・カバレッジ・レシオ（DSCR）などは常に確認しております。モニタリングについては、取り組みを積み重ねながらノウハウを蓄積してきている状況です。

Q 最後に、今後のLBOファイナンスの取り組みに対する意気込みをお聞かせ願います。

榊原 当社がアレンジャーなどから期待されていることとして、大ロットの資金を拠出できる金融機関ということがあるかと思います。銀行もバーゼル規制の関係で資産を保有しづらくなってきていますので、大型のLBOファイナンス案件にパートインできるプレーヤーとして取り組んでいきたいと思います。また、国内の生命保険会社のなかで融資に係る組織を一定規模維持し、部署も新設して強化しておりますので、手間暇のかかる案件でも、融資対象として少しでも利回りの高い案件をとっていきたいと考えております。

竹田 LBOファイナンスでは、ドキュメンテーションやストラクチャー分析に時間をかける必要がありますが、マイナス金利で通常のコーポレート・ローンだけでは収益を獲得するのが厳しい状況になっていますので、相対的に利回りの高い分野として、引き続き注力していきたいと考えております。当社の資金は、保険契約者からお預かりした保険料を安全性・収益性・流動性に加え、公共性を勘案したうえで運用しています。LBOファイナンスでは、大型の事業再編や中堅の事業承継のように企業の成長ステージに合わせて、資金面で持続的な支援ができればと思いますので、今後も金融機関やバイアウト・ファンドの皆さまと一緒に取り組んでいければと考えております。

Profile

榊原龍資氏

日本生命保険相互会社 ストラクチャードファイナンス営業部 財務担当部長（国内統括）
慶応義塾大学経済学部卒業。1995年日本生命保険相互会社に入社。融資総務部にて融資事務全般、資産査定運営に従事した後、東日本財務部、財務第二部で中小企業向け融資実務や大企業向け融資営業に従事。ニッセイ・リース出向時には経理部にて決算・資金調達業務を担当。その後、資本市場営業室にて、プロジェクト・ファイナンス・LBOローンなどのストラクチャード案件を推進。2017年3月よりストラクチャードファイナンス営業部に所属。

竹田明央氏

日本生命保険相互会社 ストラクチャードファイナンス営業部 課長補佐
青山学院大学経営学部卒業。2007年日本生命保険相互会社に入社。首都圏財務部、財務第一部において、中堅・中小企業向け融資実務や大企業向け融資営業に従事。その後、資本市場営業室にて、プロジェクト・ファイナンス・LBOローンなどのストラクチャード案件を推進。2017年3月よりストラクチャードファイナンス営業部に所属。

第 7 章

LBOファイナンスのモデリング

設例に基づくプロジェクション・モデル構築と活用の実務

株式会社KPMG FAS
執行役員 パートナー　澄川　徹
マネジャー　山下恭平

はじめに

　LBOファイナンスのプロジェクション・モデル（以下、「LBOモデル」という）は、ハイ・レバレッジ案件の検討過程において、スポンサーによる買収対象会社（以下、「対象会社」という）の価値評価、最大借入可能額の推定や投資採算性の検討に用いられるほか、レンダーにおいても、自社の視点に基づく感応度分析を通じたリスク分析、受入可能なファイナンス条件の検討に用いられる。このように、LBOモデルは、LBOファイナンスにおける重要な分析ツールとしての役割を果たすものである。

　本章では、LBOファイナンスにおける重要指標について解説するとともに、簡易な設例に基づくプロジェクション・モデリングの手法と、当該モデルを用いた①スポンサーによる借入可能金額の推定・投資採算性の分析や、②レンダーによるリスク分析の実務について解説する。

LBOファイナンスの重要指標

(1) 事業キャッシュフロー関連

　LBOモデルでは、対象会社が借入金返済に利用可能な資金水準を推定するために、まず初めに対象会社のデット・サービス実施前のキャッシュフローに関するプロジェクション・モデルを作成する。これは、通常の事業投

資に際して作成するプロジェクション・モデルと同様のものであり、対象会社の財務戦略を考慮する前のキャッシュフロー創出能力を測ることを目的としている。本節では、キャッシュフロー創出能力の指標としてフリー・キャッシュフローおよびEBITDAの概念を解説し、併せてのれんの取り扱いについても触れることとする。

❶フリー・キャッシュフロー

フリー・キャッシュフロー（free cash flow、以下、「FCF」という）とは、企業に対する株主やレンダーを含むすべての資金提供者に帰属する（分配することができる）キャッシュフローを意味しており、一般的には「営業利益＋減価償却費＋のれん等償却費－法人税等－正味運転資本増加額－CAPEX」で定義される[1]。

❷EBITDA

EBITDA（earnings before interest, tax, depreciation & amortization）は、減価償却費、のれん等償却費、金融収支および税金を控除前の利益を意味する。EBITDAは、事業から生じるキャッシュフロー水準を測定する指標として一般的に用いられており、有利子負債および固定資産に対するコスト（支払利息、減価償却費、のれん等償却費）をカバーするために必要なキャッシュフローを簡便的に示す指標として有用である。

一方で、EBITDAでは運転資本の変動を考慮しないことや、事業の継続に必要なCAPEX（設備投資額）が考慮されないことから、実際のキャッシュフローとは異なる点に留意が必要である。その観点からは、FCFは運転資本の変動や設備投資額を含むため、当該企業が創出するキャッシュフローとしてより正確な指標といえる。

❸のれん

特別目的会社（以下、「SPC」という）を用いて買収し、買収後にSPCが存続会社として対象会社を吸収合併する一般的なストラクチャーを前提とする

---

[1] 対象会社の事業内容・財務諸表上の表記などに応じて、営業利益以下の項目やその他の項目を含めて計算するケースもあるが、ここでは簡便的かつ一般的な定義を記載した。

と、スポンサー・エクイティと対象会社の純資産との差額が合併後の新会社の貸借対照表に「のれん」として計上される[2]。

当該のれんは、日本の会計基準の下では規則償却が求められるため、損益計算書上、償却費が発生するが、当該償却費は非資金支出費用であり、キャッシュフローへの影響は生じない[3]。なお、近年採用社数が増加している国際財務報告基準や米国会計基準の下では、のれんは非償却性資産として取り扱われるため、減損損失が生じない限り償却費は生じない。

(2) 財務カバレッジ・レバレッジ関連指標

LBOファイナンスにおいて調達可能な借入金水準を決定する主たる要素は、一定の安全性を確保したうえで、その事業にどの程度元利金の返済能力があるか、という点にある。スポンサーには、投資採算性を最大化するために借入による調達額を極大化し、株主資本による投資額を最小化しようとするインセンティブが働くのが一般的であるため、レンダーはその安全性を確認するとともに、財務コベナンツを通じて対象会社の活動を制約する必要がある。かかる目的のため、LBOモデルでは以下のようなカバレッジ・レシオやレバレッジ・レシオが計算される。

❶インタレスト・カバレッジ・レシオ（ICR）

インタレスト・カバレッジ・レシオ（interest coverage ratio、以下、「ICR」という）は、ローンの支払利息に対して、支払原資となる対象会社のキャッシュフロー創出能力の余力を見る財務指標であり、一般的には「EBITDA÷支払利息」や「FCF÷支払利息」と定義される。

❷デット・サービス・カバレッジ・レシオ（DSCR）

デット・サービス・カバレッジ・レシオ（debt service coverage ratio、以下、「DSCR」という）は、ローンの元利払いなどのデット・サービスに対し

---

[2] 厳密には、当該のれんの計上額は企業結合会計基準に基づく有形資産の時価評価や識別可能無形資産の計上により変動するが、単純化のためここではかかる論点は割愛する。

[3] ただし、ストラクチャーにより税務上ののれん（資産調整勘定）が発生する場合には、別途節税効果によりキャッシュフローが変動することとなる点に留意が必要である。

て、返済原資となる対象会社のキャッシュフロー創出能力の余力を見る財務指標であり、「FCF÷デット・サービス」と定義されることが多い。分母のデット・サービスの定義は融資契約によって異なるが、一般的には支払利息、手数料（コミットメント・フィー、エージェント・フィー）、元本の約定弁済額が含まれる。

❸レバレッジ・レシオ

レバレッジ・レシオは、キャッシュフローに対する負債水準のバランスを表す指標であり、LBOファイナンスでは「借入金残高÷EBITDA」で定義されることが多い。当初借入実行時には、調達可能な最大の負債水準をスポンサー・レンダー間で協議するために用いられるほか、借入実行後には財務コベナンツを通じて借入金残高の制約に使用されることがある。レバレッジ・レシオの水準は、ターゲットの事業内容（キャッシュフローの安定性）やマーケットの状況により異なるものの、シニア・ローンの残高は約定弁済などにより逓減が想定されることが多いため、当初の水準から時間の経過とともに厳しくしていくケースも多く見られる。

 LBOモデルの設例

(1) **設例の概要**

一般的なLBOモデルは、対象会社のプロジェクションの詳細な前提条件を入力する「インプットシート」、前提条件に基づいて財務諸表作成に必要な各項目の計算が実行される「計算シート」、および貸借対照表（B/S）、損益計算書（P/L）、キャッシュフロー計算書（C/F）、さらには各種財務比率などの結果が算出される「アウトプットシート」から構成される。

LBOモデルの前提条件は、大別すると、マクロ経済パラメーター（GDP成長率、インフレ率、金利、為替レートなど）、事業関連パラメーター（製商品・サービス単価、販売数量、各種費用、運転資本回転期間、設備投資など）、および財務関連パラメーター（資金調達構造、期間、返済スケジュール、金利など）が含まれる。また、LBOモデルでは、後述するリボルバーを含め循環計算

が避けられないため、ワークシートを反復計算可能な設定にしておく必要がある点に留意が必要である。

本設例では、スポンサーはバイアウト・ファンドとし、SPCを用いて買収した後にSPCを存続会社として対象会社を吸収合併する一般的なストラクチャーを想定して、簡易なLBOモデル構築の流れを解説する。

対象会社の当期(以下、「Year 0」という)の決算着地見込みは以下のとおりとし、クロージングは翌期首に行われるものとする。なお、LBOにおいてシニア・ローンの弁済期間中に配当するケースはさほど多くないものの、本設例では、より多様なスポンサーへの応用も念頭に、プロジェクション期間における配当性向を10%と仮定した。

図表7－1　インプットシート（対象会社のYear 0着地見込み）

貸借対照表		損益計算書	
現預金	300	売上高	1,000
売上債権	120	売上原価	(600)
棚卸資産	80	売上総利益	400
その他流動資産	30	販管費（償却費除く）	(100)
有形無形固定資産	200	変動費	(40)
その他固定資産	70	固定費	(60)
資産合計	800	減価償却費	(30)
		営業利益	270
仕入債務	140	営業外収益	2
未払法人税等	30	受取利息	0
その他流動負債	20	その他	2
その他固定負債	30	営業外費用	(5)
借入金	320	支払利息等	(5)
負債合計	540	その他	-
資本金	50	経常利益	267
資本準備金	50	特別利益	-
利益剰余金	160	特別損失	(15)
純資産	260	税引前当期純利益	252
負債・純資産合計	800	法人税等	(76)
		当期純利益	177
		EBITDA	300

（出所）　KPMG FAS作成

(2) プロジェクション・モデリング

❶事業キャッシュフロー関連

　LBOモデルの特徴は財務戦略の想定にあるため、事業キャッシュフロー関連のモデリングに関しては他の良書に譲るものとして、ここでは最低限必要な項目のパラメーターと計算結果のみを示すこととする。また、本設例では、プロジェクション期間において、その他営業外、特別損益項目は生じないものとし、その他固定資産およびその他固定負債残高はYear 0と同水準での推移を仮定する。

　LBOモデルでは、Year 0において企業結合会計およびLBOファイナンスの実行を反映するプロ・フォーマ調整が必要となるため、そのための列を用意している。

図表7-2　インプットシート・計算シート（事業キャッシュフロー等）

事業キャッシュフロー等パラメーター Input			プロジェクション期間						
			Year 1	Year 2	Year 3	Year 4	Year 5	Year 6	Year 7
損益項目									
売上高成長率			5.0%	5.0%	5.0%	3.0%	3.0%	3.0%	2.0%
売上原価率			60.0%	60.0%	60.0%	60.0%	60.0%	60.0%	60.0%
販管費（変動費率）			4.0%	4.0%	4.0%	4.0%	4.0%	4.0%	4.0%
販管費（固定費増減率）			3.0%	3.0%	3.0%	3.0%	3.0%	3.0%	3.0%
現預金の受取利率			0.1%	0.1%	0.1%	0.1%	0.1%	0.1%	0.1%
法人税等率			30.0%	30.0%	30.0%	30.0%	30.0%	30.0%	30.0%
CAPEX・減価償却費									
CAPEX対売上高比率			3.0%	3.0%	3.0%	3.0%	3.0%	3.0%	3.0%
減価償却率（対期首残高）			15.0%	15.0%	15.0%	15.0%	15.0%	15.0%	15.0%
回転期間（月）									
売上債権	対売上高		1.4	1.4	1.4	1.4	1.4	1.4	1.4
棚卸資産	対売上原価		1.6	1.6	1.6	1.6	1.6	1.6	1.6
仕入債務	対売上原価		2.8	2.8	2.8	2.8	2.8	2.8	2.8
その他流動資産	対売上高		0.4	0.4	0.4	0.4	0.4	0.4	0.4
その他流動負債	対売上高		0.2	0.2	0.2	0.2	0.2	0.2	0.2

営業項目 Calculation	Year 0 プロ・フォーマ調整			プロジェクション期間						
	Opening	調整	Closing	Year 1	Year 2	Year 3	Year 4	Year 5	Year 6	Year 7
売上高	1,000	-	1,000	1,050	1,103	1,158	1,192	1,228	1,265	1,290
売上原価	(600)		(600)	(630)	(662)	(695)	(715)	(737)	(759)	(774)
売上総利益	400		400	420	441	463	477	491	506	516
販管費（償却費除く）	(100)		(100)	(104)	(108)	(112)	(115)	(119)	(122)	(125)
変動費	(40)		(40)	(42)	(44)	(46)	(48)	(49)	(51)	(52)
固定費	(60)		(60)	(62)	(64)	(66)	(68)	(70)	(72)	(74)
EBITDA	300	-	300	316	333	351	362	373	384	391

営業運転資本 Calculation	Year 0 プロ・フォーマ調整			プロジェクション期間						
	Opening	調整	Closing	Year 1	Year 2	Year 3	Year 4	Year 5	Year 6	Year 7
売上債権	120	-	120	126	132	139	143	147	152	155
棚卸資産	80	-	80	84	88	93	95	98	101	103
仕入債務	(140)	-	(140)	(147)	(154)	(162)	(167)	(172)	(177)	(181)
その他流動資産	30	-	30	32	33	35	36	37	38	39
その他流動負債	(20)	-	(20)	(21)	(22)	(23)	(24)	(25)	(25)	(26)
営業運転資本残高	70	-	70	74	77	81	83	86	89	90
営業運転資本の増減額				4	4	4	2	3	3	2
その他固定資産	70	-	70	70	70	70	70	70	70	70
その他固定負債	30	-	30	30	30	30	30	30	30	30

有形無形固定資産（のれん除く） Calculation	Year 0 プロ・フォーマ調整			プロジェクション期間						
	Opening	調整	Closing	Year 1	Year 2	Year 3	Year 4	Year 5	Year 6	Year 7
期首残高				200	202	204	208	213	218	223
CAPEX				32	33	35	36	37	38	39
減価償却費				(30)	(30)	(31)	(31)	(32)	(33)	(33)
期末残高	200	-	200	202	204	208	213	218	223	228

（出所）　KPMG FAS作成

❷取得価額とのれん計上額

　対象会社の企業価値は、ネット・デットベースのEBITDAマルチプルを8倍と仮定すると、2,400となる。当該企業価値からネット・デットを控除すると、対象会社の株式価値は2,380と算定される。以降は、当該株式価値を取得価額と想定して検討を進める。ただし、実際にはLBOモデルを用い

図表7－3　インプットシート（取得価額）

取得価額 Input		
対象会社EBITDA	注1	300
EBITDAマルチプル	注2	8.0x
対象会社の企業価値		2,400
対象会社の現預金	注3	300
対象会社の借入金	注4	(320)
対象会社の株式価値		2,380

（注1）　「Year 0着地見込み」EBITDAより。
（注2）　インプット。
（注3）　「Year 0着地見込み」現預金より。
（注4）　「Year 0着地見込み」借入金より。
（出所）　KPMG FAS作成

て企業価値評価の実務に従った詳細な検討を行うとともに、IRR（internal rate of return）分析などを通じて取得価額を決定することとなる。

また、上記取得価額を前提とした場合に計上されるのれんは、取得価額と純資産の差額である2,120となる。本設例では、当該のれんの償却期間は20年と仮定する。

図表7-4　インプットシート（のれん）

のれん Input			
取得価額	注1		2,380
対象会社の純資産	注2		260
のれん計上額			2,120
償却期間	注3		20年

（注1）　「取得価額Input」対象会社株式価値より。
（注2）　「Year 0着地見込み」純資産より。
（注3）　インプット。
（出所）　KPMG FAS作成

図表7-4のインプットに従って、プロジェクション期間ののれん償却額およびのれん残高は、以下のとおり計算される。

図表7-5　計算シート（のれん）

のれん Calculation			Year 0 プロ・フォーマ調整			プロジェクション期間						
			Opening	調整	Closing	Year 1	Year 2	Year 3	Year 4	Year 5	Year 6	Year 7
期首残高						2,120	2,014	1,908	1,802	1,696	1,590	1,484
期中増加						-	-	-	-	-	-	-
のれん償却費	注1	償却年数：	20年			(106)	(106)	(106)	(106)	(106)	(106)	(106)
期末残高	注2		-	2,120	2,120	2,014	1,908	1,802	1,696	1,590	1,484	1,378

（注1）　償却年数：「のれんInput」より。プロジェクション期間：期中増加がない前提で、
　　　　（Closing残高÷償却年数）として計算。
（注2）　Opening残高：「Year 0当期着地見込み」より。調整額：「のれんInput」より。
（出所）　KPMG FAS作成

❸資金使途と資金調達

資金使途セクションは、LBOに伴う必要資金の総額および調達した資金の充当先を示すものである。資金使途の範囲には、一般的に対象会社株式の取得価額、既存借入金のリファイナンスおよびLBOローンのアップフロント・フィーを含む取引費用が含まれる。

アップフロント・フィーは、本設例では一時の費用として取り扱うこととし、その他の取引費用と合わせてプロ・フォーマ調整の特別損失として処理している。ただし、その他の取引費用に関しては、連結決算上は取得時に費用処理するが、単体決算上は対象会社株式の取得原価に算入されるため、法人税などの課税所得計算において損金として取り扱われない点に留意が必要である。

なお、本設例では、事業運営上の必要最低手元現預金（以下、「ミニマム・キャッシュ」という）水準を50と仮定する。

図表7－6　インプットシート（資金使途）

資金使途 Input		
取得価額	注1	2,380
取引費用		97
アップフロント・フィー	注2	17
その他の取引費用	注3	80
現預金	注4	(300)
ミニマム・キャッシュ	注5	50
既存借入金返済	注6	320
合計		2,547

（注1）　「取得価額Input」対象会社株式価値より。
（注2）　「資金調達Input」ターム・ローン調達額×アップフロント料率より。
（注3）　インプット。
（注4）　「Year0着地見込み」現預金より。
（注5）　インプット。
（注6）　「Year0着地見込み」借入金より。
（出所）　KPMG FAS作成

図表7-6のインプットに従って、特別損失および法人税などのYear 0 プロ・フォーマ調整は、以下のとおり計算される。なお、図表7-8では、法人税等の計算の完成形を表示しているが、本来この段階で完成するのはYear 0プロ・フォーマ調整のみである。

図表7-7　計算シート（営業外・特別項目）

営業外・特別項目 Calculation		Year 0 プロ・フォーマ調整			プロジェクション期間						
		Opening	調整	Closing	Year 1	Year 2	Year 3	Year 4	Year 5	Year 6	Year 7
その他営業外収益	注1	2	-	2	-	-	-	-	-	-	-
その他営業外費用	注1	-		-	-	-	-	-	-	-	-
特別利益	注1	-		-	-	-	-	-	-	-	-
特別損失	注2	(15)	(97)	(112)	-	-	-	-	-	-	-

（注1）　Opening計上額：「Year 0当期着地見込み」より。調整額：なし。
（注2）　Opening計上額：「Year 0当期着地見込み」より。調整額：「資金使途Input」取引費用より。
（出所）　KPMG FAS作成

図表7-8　計算シート（法人税等）

法人税等 Calculation		Year 0 プロ・フォーマ調整			プロジェクション期間						
		Opening	調整	Closing	Year 1	Year 2	Year 3	Year 4	Year 5	Year 6	Year 7
法人税等											
税金等調整前当期純利益	注1	252	(97)	156	123	145	169	185	201	218	230
のれん償却額	注1	-	-	-	106	106	106	106	106	106	106
その他取引費用	注2		80	80							
想定課税所得		252	(17)	236	229	251	275	291	307	324	336
法人税等率	注3	30.0%	30.0%	30.0%	30.0%	30.0%	30.0%	30.0%	30.0%	30.0%	30.0%
法人税等		76	(5)	71	69	75	82	87	92	97	101
未払法人税等											
期首残高					25	33	41	45	46	49	51
PL法人税等		76	(5)	71	69	75	82	87	92	97	101
法人税等支払額	注4				(60)	(67)	(79)	(86)	(90)	(95)	(100)
期末残高		30	(5)	25	33	41	45	46	49	51	52

（注1）　「連結損益計算書Output」より。
（注2）　「資金使途Input」より。
（注3）　「事業キャッシュフロー等パラメーターInput」より。
（注4）　プロジェクション期間：（未払法人税等期首残＋前期PL法人税等の半分）を法人税等支払額として計算。
（出所）　KPMG FAS作成

資金調達セクションは、資金使途セクションで決定された必要資金総額に対して、どのような資本構成で資金調達するかを設定する。実際の案件では、スポンサーが拠出する普通株式、優先株式を含むメザニン・ファイナンスなどさまざまな資金調達源泉が示されることもあるが、本設例では、シニア・ローン、リボルビング・ローン（以下、「リボルバー」という）および普通株式を想定したスポンサー・エクイティのみを設定する。

　各資金調達源泉の調達額は、EBITDAマルチプルまたは資本構成比率をパラメーターとして設定するのが通常である。同時に、ターム・ローンの金利、期間およびアップフロント・フィー、ならびにリボルバーのコミットメント・フィーおよび極度額をパラメーターとして設定する。なお、本設例では、単純化のためプライシング・グリッドおよびインプライド・フォワード・レートに基づく金利の期間構造については考慮しない。

図表7－9　インプットシート（資金調達）

資金調達 Input								
資本構成		調達額	比率	EBITDAx	利息	期間	アップフロント	コミットメント	極度額
ターム・ローンA	注1	1,200	47.1%	4.0x	3.5%	7年	1.0%		
ターム・ローンB	注1	450	17.7%	1.5x	4.0%	8年	1.0%		
リボルバー	注2	-	0.0%	0.0x	2.5%			0.5%	100
スポンサー・エクイティ	注3	897	35.2%	3.0x					
合計	注4	2,547	100.0%	8.5x					

（注1）　EBITDAx、利息、期間、アップフロント・フィー：インプット。調達額：
　　　　EBITDAx×「Year 0着地見込み」EBITDA。
（注2）　EBITDAx、利息、期間、コミットメント・フィー、極度額：インプット。調達額：
　　　　EBITDAx×「Year 0着地見込み」EBITDA。
（注3）　調達額：合計からターム・ローンABおよびリボルバーを控除して計算。
（注4）　調達額：「資金使途Input」合計より。
（出所）　KPMG FAS作成

　図表7－9のインプットに従って、LBOファイナンスの各項目は、以下のとおり計算される。

図表7-10 計算シート(LBOファイナンス)

LBOファイナンス Calculation			Year 0 プロ・フォーマ調整			プロジェクション期間						
			Opening	調整	Closing	Year 1	Year 2	Year 3	Year 4	Year 5	Year 6	Year 7
既存借入金	注1											
期首残高						-	-	-	-	-	-	-
増減額												
期末残高			320	(320)	-	-	-	-	-	-	-	-
ターム・ローンA	注2											
期首残高						1,200	1,029	857	686	514	343	171
約定弁済額		返済期間: 7年				(171)	(171)	(171)	(171)	(171)	(171)	(171)
期末残高			-	1,200	1,200	1,029	857	686	514	343	171	-
ターム・ローンB	注3											
期首残高						450	450	450	450	450	450	450
約定弁済額		返済期間: 8年										
期末残高			-	450	450	450	450	450	450	450	450	450
リボルバー	注4											
期首残高						-	17	16	7			
リボルバー発行						17	-	-	-			
リボルバー返済		極度額: 100				-	(0)	(10)	(7)			
期末残高						17	16	7	-			
期中平均残高												
ターム・ローンA						1,114	943	771	600	429	257	86
ターム・ローンB						450	450	450	450	450	450	450
リボルバー						8	17	12	3	-	-	-
支払利息手数料	注5											
ターム・ローンA		利息: 3.5%				39	33	27	21	15	9	3
ターム・ローンB		利息: 4.0%				18	18	18	18	18	18	18
リボルバー		利息: 2.5%				0	0	0	0			
リボルバー		コミットメント・フィー: 0.5%				1	1	1	1	1	1	1
合計						58	52	46	40	34	28	22
スポンサー・エクイティ	注6											
期首残高						897	897	897	897	897	897	897
新規拠出												
期末残高			-	897	897	897	897	897	897	897	897	897

(注1) Opening残高:「Year 0当期着地見込み」より。調整額:「資金使途Input」より。
(注2) 調整額、返済期間:「資金調達Input」より。プロジェクション期間:(Closing残高÷返済期間)で約定弁済額を計算。
(注3) 調整額、返済期間:「資金調達Input」より。プロジェクション期間:Closing残高を返済期間と一致するYearに約定弁済するものとして計算。
(注4) キャッシュ・ウォーターフォール参照。
(注5) 利息、コミットメント・フィー:「資金調達Input」より。プロジェクション期間:(ターム・ローンABおよびリボルバーの期中平均残高×利息またはコミットメント・フィー)として計算。
(注6) 調整額:「資金使途Input」より。
(出所) KPMG FAS作成

リボルバーは、本来は運転資本のための借入枠として用意されるものであるが、モデル上ではターム・ローンの約定弁済原資が不足した場合に資金調達されるように計算する。具体的には、下記のようなキャッシュ・ウォーターフォールを作成し、リボルバー返済原資現預金残高が不足した場合に資金調達し、余剰が生じた場合に返済するように計算する。

図表7－11　計算シート（キャッシュ・ウォーターフォール）

キャッシュ・ウォーターフォール Calculation		Year 0 プロ・フォーマ調整			プロジェクション期間						
		Opening	調整	Closing	Year 1	Year 2	Year 3	Year 4	Year 5	Year 6	Year 7
キャッシュウォーターフォール											
営業キャッシュフロー	注1				252	262	269	273	280	287	290
投資キャッシュフロー	注1				(32)	(33)	(35)	(36)	(37)	(38)	(39)
配当金の支払い	注1				(9)	(5)	(7)	(9)	(10)	(11)	(12)
支払利息手数料	注2				(58)	(52)	(46)	(40)	(34)	(28)	(22)
期首現預金残高	注1				50	50	50	50	61	90	129
ミニマムキャッシュ	注3				(50)	(50)	(50)	(50)	(50)	(50)	(50)
ターム・ローン約定弁済原資現預金残高					155	172	181	189	211	250	296
ターム・ローンA約定弁済	注2				(171)	(171)	(171)	(171)	(171)	(171)	(171)
ターム・ローンB約定弁済	注2				-	-	-	-	-	-	-
リボルバー返済原資現預金残高					(17)	0	10	18	40	79	125
リボルバー発行	注4				17	-	-	-	-	-	-
リボルバー返済	注5				-	(0)	(10)	(7)	-	-	-
強制期限前弁済原資現預金残高					-	-	-	11	40	79	125

（注1）「連結キャッシュフロー計算書Output」より。
（注2）「LBOファイナンスCalculation」より。
（注3）「資金使途Input」より。
（注4）　リボルバー返済原資現預金残高がマイナスの場合に、当該マイナス額を借り入れする前提で計算。
（注5）　リボルバー返済原資現預金残高がプラスの場合に、「LBOファイナンスCalculation」リボルバー期首残高とリボルバー返済原資現預金残高のうち、どちらか小さいほうの金額を返済する前提で計算。
（出所）　KPMG FAS作成

本設例では考慮していないが、強制期限前弁済を考慮する場合には、上記キャッシュ・ウォーターフォールの強制期限前弁済原資現預金残高のうち設定した比率を返済するように計算する。

最後に、これまでの計算結果による現預金残高を用いて受取利息を計算し、モデルは完成となる。

図表7-12 計算シート（受取利息）

受取利息 Calculation		Year 0 プロ・フォーマ調整			プロジェクション期間						
		Opening	調整	Closing	Year 1	Year 2	Year 3	Year 4	Year 5	Year 6	Year 7
受取利息											
期首現預金残高	注1				50	50	50	50	61	90	129
期末現預金残高	注1				50	50	50	61	90	129	175
期中平均現預金残高					50	50	50	56	76	110	152
現預金の受取利率	注2				0.1%	0.1%	0.1%	0.1%	0.1%	0.1%	0.1%
受取利息		0	-	0	0	0	0	0	0	0	0

（注1）「連結キャッシュフロー計算書Output」より。
（注2）「事業キャッシュフロー等パラメーターInput」より。
（出所） KPMG FAS作成

なお、リボルバーの計算では「リボルバー発行または返済額の計算→支払利息の計算→法人税などの計算→営業キャッシュフローの計算→リボルバー発行または返済額の計算」などの循環計算過程が生じる。これは、受取利息や強制期限前弁済についても同様である。

ただし、強制期限前弁済を考慮しない場合には、支払利息と受取利息の計算を借入金と現預金残高の期中平均残高ではなく期首残高に対して実施することで、循環計算の回避が可能である。循環計算を含むエクセル・モデルは検証が困難であるため、初期的なモデル構築ではこうした取り扱いを採用する場合もある。

❹財務三表と財務指標

本設例で作成されたLBOモデルのアウトプットである財務三表をリファレンス元とともに以下に示す。

図表7-13 アウトプットシート（連結損益計算書）

連結損益計算書 Output		Year 0 プロ・フォーマ調整			プロジェクション期間						
		Opening	調整	Closing	Year 1	Year 2	Year 3	Year 4	Year 5	Year 6	Year 7
売上高	注1	1,000	-	1,000	1,050	1,103	1,158	1,192	1,228	1,265	1,290
売上原価	注1	(600)	-	(600)	(630)	(662)	(695)	(715)	(737)	(759)	(774)
売上総利益		400	-	400	420	441	463	477	491	506	516
販管費（償却費除く）		(100)	-	(100)	(104)	(108)	(112)	(115)	(119)	(122)	(125)
変動費	注1	(40)	-	(40)	(42)	(44)	(46)	(48)	(49)	(51)	(52)
固定費	注1	(60)	-	(60)	(62)	(64)	(66)	(68)	(70)	(72)	(74)
減価償却費	注2	(30)	-	(30)	(30)	(30)	(31)	(31)	(32)	(33)	(33)
のれん償却費	注3	-	-	-	(106)	(106)	(106)	(106)	(106)	(106)	(106)
営業利益		270	-	270	180	197	215	224	235	245	251
営業外収益		2	-	2	0	0	0	0	0	0	0
受取利息	注4	0	-	0	0	0	0	0	0	0	0
その他	注5	2	-	2	-	-	-	-	-	-	-
営業外費用		(5)	-	(5)	(58)	(52)	(46)	(40)	(34)	(28)	(22)
支払利息手数料	注4	(5)	-	(5)	(58)	(52)	(46)	(40)	(34)	(28)	(22)
その他	注5	-	-	-	-	-	-	-	-	-	-
経常利益		267	-	267	123	145	169	185	201	218	230
特別利益	注5	-	-	-	-	-	-	-	-	-	-
特別損失	注5	(15)	(97)	(112)	-	-	-	-	-	-	-
税金等調整前当期純利益		252	(97)	156	123	145	169	185	201	218	230
法人税等	注6	(76)	5	(71)	(69)	(75)	(82)	(87)	(92)	(97)	(101)
当期純利益		177	(92)	85	54	70	86	98	109	121	129
EBITDA		300	-	300	316	333	351	362	373	384	391
利益剰余金												
期首残高				160	(92)	(46)	18	98	187	286	396
当期純利益		177	(92)	85	54	70	86	98	109	121	129
連結調整		-	(160)	(160)	-	-	-	-	-	-	-
支払配当		-	-	-	(9)	(5)	(7)	(9)	(10)	(11)	(12)
期末残高		160	(252)	(92)	(46)	18	98	187	286	396	513

（注1）　営業項目 Calculation
（注2）　有形無形固定資産（のれん除く）Calculation
（注3）　のれん Calculation
（注4）　LBOファイナンス Calculation
（注5）　営業外・特別項目 Calculation
（注6）　法人税等 Calculation
（出所）　KPMG FAS作成

図表 7-14 アウトプットシート（連結貸借対照表）

連結貸借対照表 Output		Year 0 プロ・フォーマ調整			プロジェクション期間						
		Opening	調整	Closing	Year 1	Year 2	Year 3	Year 4	Year 5	Year 6	Year 7
現預金	注1	300	(250)	50	50	50	50	61	90	129	175
売上債権	注2	120	-	120	126	132	139	143	147	152	155
棚卸資産	注2	80	-	80	84	88	93	95	98	101	103
その他流動資産	注2	30	-	30	32	33	35	36	37	38	39
有形無形固定資産（のれん除く）	注3	200	-	200	202	204	208	213	218	223	228
のれん	注4	-	2,120	2,120	2,014	1,908	1,802	1,696	1,590	1,484	1,378
その他固定資産	注2	70	-	70	70	70	70	70	70	70	70
資産合計		800	1,870	2,670	2,577	2,486	2,397	2,314	2,250	2,197	2,148
仕入債務	注2	140	-	140	147	154	162	167	172	177	181
未払法人税等	注5	30	(5)	25	33	41	45	46	49	51	52
その他流動負債	注2	20	-	20	21	22	23	24	25	25	26
その他固定負債	注2	30	-	30	30	30	30	30	30	30	30
借入金	注6	320	(320)	-	-	-	-	-	-	-	-
LBOファイナンス		-	1,650	1,650	1,495	1,324	1,142	964	793	621	450
ターム・ローンA	注6	-	1,200	1,200	1,029	857	686	514	343	171	-
ターム・ローンB	注6	-	450	450	450	450	450	450	450	450	450
リボルバー	注6	-	-	-	17	16	7	-	-	-	-
負債合計		540	1,325	1,865	1,727	1,571	1,402	1,231	1,068	905	739
スポンサー・エクイティ	注6	-	897	897	897	897	897	897	897	897	897
資本金		50	(50)	-	-	-	-	-	-	-	-
資本準備金		50	(50)	-	-	-	-	-	-	-	-
利益剰余金	注7	160	(252)	(92)	(46)	18	98	187	286	396	513
純資産		260	545	805	850	915	994	1,083	1,182	1,292	1,409
負債・純資産合計		800	1,870	2,670	2,577	2,486	2,397	2,314	2,250	2,197	2,148

（注1） 連結キャッシュフロー計算書Output。
（注2） 営業運転資本Calculation。
（注3） 有形無形固定資産（のれん除く）Calculation。
（注4） のれんCalculation。
（注5） 法人税等Calculation。
（注6） LBOファイナンスCalculation。
（注7） 連結損益計算書Output。
（出所） KPMG FAS作成

図表 7 －15 アウトプットシート（連結キャッシュフロー計算書）

連結キャッシュフロー計算書 Output		Year 0 プロ・フォーマ調整			プロジェクション期間						
		Opening	調整	Closing	Year 1	Year 2	Year 3	Year 4	Year 5	Year 6	Year 7
税引前当期純利益	注1				123	145	169	185	201	218	230
減価償却費	注1				30	30	31	31	32	33	33
のれん償却費	注1				106	106	106	106	106	106	106
支払利息手数料	注1				58	52	46	40	34	28	22
営業運転資本の増減	注2				(4)	(4)	(4)	(2)	(3)	(3)	(2)
法人税等支払額	注3				(60)	(67)	(79)	(86)	(90)	(95)	(100)
営業キャッシュフロー					252	262	269	273	280	287	290
CAPEX	注4				(32)	(33)	(35)	(36)	(37)	(38)	(39)
投資キャッシュフロー					(32)	(33)	(35)	(36)	(37)	(38)	(39)
配当金の支払い	注1				(9)	(5)	(7)	(9)	(10)	(11)	(12)
支払利息手数料					(58)	(52)	(46)	(40)	(34)	(28)	(22)
ターム・ローン約定返済額	注5				(171)	(171)	(171)	(171)	(171)	(171)	(171)
リボルバーの増減額	注5				17	(0)	(10)	(7)	-	-	-
財務キャッシュフロー					(221)	(229)	(234)	(226)	(215)	(210)	(205)
現預金の増減額					-	-	-	11	29	39	46
期首現預金残高					50	50	50	50	61	90	129
期末現預金残高		300	(250)	50	50	50	50	61	90	129	175
ミニマムキャッシュ					50	50	50	50	50	50	50
余剰現預金					-	-	-	11	40	79	125

（注1） 連結損益計算書 Output。
（注2） 営業運転資本 Calculation。
（注3） 法人税等 Calculation。
（注4） 有形無形固定資産（のれん除く）Calculation。
（注5） LBOファイナンス Calculation。
（出所） KPMG FAS作成

　財務コベナンツ関連指標は、図表 7 －16のとおり計算される。

図表 7 -16　アウトプットシート（財務コベナンツ関連指標）

財務指標 Output	Year 0 プロ・フォーマ調整			プロジェクション期間						
	Opening	調整	Closing	Year 1	Year 2	Year 3	Year 4	Year 5	Year 6	Year 7
D/Eレシオ			2.05x	1.76x	1.45x	1.15x	0.89x	0.67x	0.48x	0.32x
レバレッジ・レシオ			5.50x	4.73x	3.97x	3.25x	2.67x	2.13x	1.62x	1.15x
ネット・レバレッジ・レシオ			5.50x	4.73x	3.97x	3.25x	2.64x	2.02x	1.41x	0.83x
DSCR				0.96x	1.03x	1.08x	1.13x	1.19x	1.25x	1.30x
EBITDA			300	316	333	351	362	373	384	391
FCF				221	229	234	238	244	249	251
有利子負債			1,650	1,495	1,324	1,142	964	793	621	450
純有利子負債（余剰現預金控除）			1,650	1,495	1,324	1,142	953	753	542	325
純資産			805	850	915	994	1,083	1,182	1,292	1,409
デッドサービス（約定弁済額＋支払利息手数料）				229	223	217	211	205	199	193
支払利息手数料				58	52	46	40	34	28	22
ターム・ローン約定弁済額				171	171	171	171	171	171	171

（出所）　KPMG FAS作成

また、スポンサーのIRRは図表 7 -17のとおり計算される。

図表 7 -17　アウトプットシート（IRR）

IRR		プロジェクション期間						
	Year0	Year 1	Year 2	Year 3	Year 4	Year 5	Year 6	Year 7
EBITDA		316	333	351	362	373	384	391
エグジットEBITDA マルチプル		8.0x	8.0x	8.0x	8.0x	8.0x	8.0x	8.0x
エグジット時の事業価値		2,530	2,666	2,809	2,894	2,981	3,070	3,126
現預金残高		50	50	50	61	90	129	175
借入金残高		(1,495)	(1,324)	(1,142)	(964)	(793)	(621)	(450)
エグジット時の株式価値		1,084	1,392	1,717	1,991	2,278	2,577	2,850
売却コスト等　　　　　5 %		(54)	(70)	(86)	(100)	(114)	(129)	(143)
エグジット時のスポンサー帰属株式価値		1,030	1,323	1,631	1,891	2,164	2,449	2,708
キャッシュフロー								
スポンサー・エクイティ	(897)	-	-	-	-	-	-	-
保有期間の配当		9	5	7	9	10	11	12
合計	(897)	9	5	7	9	10	11	12
IRR		15.8%	22.2%	22.7%	21.1%	19.9%	18.8%	17.7%
Year 0		(897)	(897)	(897)	(897)	(897)	(897)	(897)
Year 1		1,039	9	9	9	9	9	9
Year 2		-	1,328	5	5	5	5	5
Year 3		-	-	1,638	7	7	7	7
Year 4		-	-	-	1,900	9	9	9
Year 5		-	-	-	-	2,174	10	10
Year 6		-	-	-	-	-	2,460	11
Year 7		-	-	-	-	-	-	2,720

（出所）　KPMG FAS作成

IRR分析においては、スポンサーによる初期投資額と追加の出資金額をキャッシュ・アウト・フローとし、配当支払とエグジット時のスポンサーに帰属する株式価値をキャッシュ・イン・フローとして勘案する。

エグジットEBITDAマルチプルの水準と投資保有期間によってIRRは大きく変動するため、通常は図表7－18のような感応度分析を合わせて行う。なお、取得価額に関するファクターについては、対象会社が上場している場合

図表7－18　アウトプットシート（IRRの感応度分析）

エグジット時期：Year 5

IRR			エグジットEBITDAマルチプル						
			6.5x	7.0x	7.5x	8.0x	8.5x	9.0x	9.5x
買収時 EBITDA マルチプル		6.5x	30.8%	33.4%	35.9%	38.2%	40.4%	42.4%	44.3%
		7.0x	23.2%	25.8%	28.1%	30.3%	32.3%	34.2%	36.0%
		7.5x	17.7%	20.1%	22.4%	24.4%	26.4%	28.2%	29.9%
		8.0x	13.4%	15.7%	17.9%	19.9%	21.8%	23.5%	25.2%
		8.5x	9.9%	12.2%	14.3%	16.2%	18.0%	19.7%	21.3%
		9.0x	7.0%	9.2%	11.2%	13.1%	14.9%	16.5%	18.1%
		9.5x	4.5%	6.6%	8.6%	10.4%	12.1%	13.8%	15.3%

エグジット時期：Year 6

IRR			エグジットEBITDAマルチプル						
			6.5x	7.0x	7.5x	8.0x	8.5x	9.0x	9.5x
買収時 EBITDA マルチプル		6.5x	28.5%	30.4%	32.2%	33.9%	35.4%	36.9%	38.3%
		7.0x	22.2%	24.1%	25.8%	27.4%	28.9%	30.3%	31.7%
		7.5x	17.6%	19.4%	21.1%	22.6%	24.1%	25.4%	26.7%
		8.0x	14.0%	15.7%	17.3%	18.8%	20.3%	21.6%	22.8%
		8.5x	11.1%	12.7%	14.3%	15.8%	17.1%	18.4%	19.7%
		9.0x	8.6%	10.2%	11.7%	13.2%	14.5%	15.8%	17.0%
		9.5x	6.4%	8.0%	9.5%	10.9%	12.3%	13.5%	14.7%

エグジット時期：Year 7

IRR			エグジットEBITDAマルチプル						
			6.5x	7.0x	7.5x	8.0x	8.5x	9.0x	9.5x
買収時 EBITDA マルチプル		6.5x	26.3%	27.8%	29.2%	30.4%	31.6%	32.8%	33.9%
		7.0x	21.0%	22.4%	23.7%	25.0%	26.1%	27.2%	28.3%
		7.5x	17.1%	18.5%	19.7%	20.9%	22.0%	23.1%	24.1%
		8.0x	14.0%	15.3%	16.6%	17.7%	18.8%	19.9%	20.8%
		8.5x	11.4%	12.7%	14.0%	15.1%	16.2%	17.2%	18.2%
		9.0x	9.3%	10.6%	11.8%	12.9%	13.9%	14.9%	15.9%
		9.5x	7.4%	8.7%	9.8%	10.9%	12.0%	13.0%	13.9%

（出所）　KPMG FAS作成

には、TOBプレミアムの水準を設定して分析することが多い。

(3) 借入可能金額の推定（スポンサー）とリスク分析（レンダー）

　スポンサーやレンダーは、将来的に対象会社がLBOローンの元本と利息を返済し、かつスポンサーへ配当金を支払いながら、事業運営に必要なキャッシュフローを確保できるかどうかを判断する必要がある。

　スポンサーは、借入可能金額の推定において、レバレッジ・レシオが重要な財務コベナンツであることから、類似案件の調査などを通じてEBITDAの何倍程度の借入が可能かという検討を行う。ただし、EBITDAは、デット・サービス前のキャッシュフローと大きく乖離（かいり）することがあるため、LBOモデルを使用したシナリオ分析などを通じて他の財務コベナンツやIRRをチェックしつつ、トライアンドエラーで最適な水準を推定していくこととなる。

　一方、レンダーは、スポンサーが作成した事業キャッシュフローのベースケースに対して独自の分析によりダウンサイドケースを想定し、モデル上の財務コベナンツ指標の感応度分析などを通じて対象会社の最低限度の返済能力を判断するとともに、シニア・ローンの構成比などの資本ストラクチャー（特にシニア・ローンのウェイトが過大になっていないか）やローン契約上の財務コベナンツの水準、金利および約定弁済、キャッシュリザーブなどの条件を検討し、適宜スポンサーと交渉する。

おわりに

　既述のとおり、LBOモデルは、LBOファイナンスの検討過程で中核的な要素の一つとなる。LBOに際しては、スポンサー・レンダーのいずれにとっても、投資採算性やリスクの定量的な把握、表現は不可欠であり、適切に作成されたLBOモデルはそのための強力なツールとなる。

　一方で、LBOモデルの構築や活用、レビューにあたっては、対象会社のビジネスそのものに加え、PCスキル、金融、会計、税務などに関する一定の知見に立脚している必要がある。また、複数の関連当事者で共有される場

合も多いことから、マーケットで確立されたプラクティスに沿ったものとすることが望ましい。

　しかしながら、現実の案件で作成されるLBOモデルは、必ずしもそのような要件を満たすものばかりではない。筆者の経験においても、LBOモデルが適切に構築されていないばかりに、定量的分析に重要な誤りが生じていると思われるケースや、さまざまな前提条件の変化に柔軟に対応できず、検討の効率性が著しく低下していると思われるケースを目にすることが少なくないのが実情である。

　本章における解説には多分にテクニカルな要素が含まれており、やや近寄りがたいと感じる読者もおられるかもしれないが、紙面の許す限り実務的かつ実戦的な内容とすることを心がけた。読者の皆さまにおける今後のLBO案件推進の一助となれば幸甚である。

Interview
LBOファイナンスの格付
事業リスクと財務リスクの両面での分析

株式会社格付投資情報センター
ストラクチャードファイナンス本部長
チーフアナリスト
北原一功氏

株式会社格付投資情報センター
ストラクチャードファイナンス本部
チーフアナリスト
森丘 敬氏

Q まず、御社のストラクチャードファイナンス本部の業務内容についてお話し願います。

北原 格付投資情報センター（R&I）のストラクチャードファイナンス本部では、証券化商品の格付のほか、スペシャライズドファイナンスグループにて、再生可能エネルギーなどのプロジェクト・ファイナンスやLBOローンなどの格付を行っています。

　ストラクチャードファイナンス本部は総勢約30名で、2016年は約4兆7,200億円、429件の格付実績があります。2016年度の証券化商品市場における格付のカバレッジは72%（SMBC日興証券調べ）とトップです。バイアウト関連の格付についても、ストラクチャードファイナンス本部と格付本部がそれぞれあるいは連携しながら取り組んでいます。

　バイアウト関連の格付としては、バイアウト・ファンドが議決権のすべてまたは過半を保有している企業（バイアウト実施企業）の社債などへの格付と、バイアウト時のLBOローンへの格付を行ってきました。バイアウト実施企業の格付には、LBOローンなどのリファイナンスを社債で行ったケースなどがございました。LBOローンについても、欧米のようには普及は進んでいないものの、これまで複数の案件に格付を行ってきました。

　バイアウト実施企業の格付については、格付本部が通常の企業の格付として、

LBOローンについては、ストラクチャードファイナンス本部スペシャライズドファイナンスグループが個別ローンの格付を実施してきました。LBOローンについては、バイアウト・ファンドなどのファイナンシャル・スポンサーが買収を行う際に供与されるLBOローンそのものへの格付であり、2007年頃から依頼が持ち込まれるようになってきました。欧米では、CLO案件の組成などを目的としてこれらのローンに格付されている例が数多く見られましたが、その格付はおおむねB〜BBのようでした。日本の場合、ローンの売買があまり活発ではないこともあり、そのゾーンの格付取得はあまり意味がないとレンダーが考えていると思われます。格付依頼としては、BBBゾーンとして評価できるか、あるいはせめてBBゾーンと評価できるかが関心事となります。

 バイアウト関連の格付の考え方についてお教え願います。まず、バイアウト実施企業が発行している社債の格付やリスクの考え方についてお話し願います。

北原　基本的には、通常の企業格付と同じだと考えています。弊社では、この信用格付を「発行体格付」と呼び、デフォルト・リスクの分析が評価の根幹をなしますが、これは発行体が負うすべての金融債務についての支払能力を見極めることと考えています。

　個々の債務に対して信用格付を付与する場合には、まず発行体が経営破綻状態など債務不履行に陥る可能性を分析（デフォルト・リスクの分析）し、次いでデフォルト後の回収の可能性（債務不履行時の損失の可能性）を判断（回収リスクの分析）し、評価に織り込んでいます。デフォルト・リスクの分析にあたっては事業リスクと財務リスクの両面について分析しています。

　まず、事業リスクについては、企業が現在どのような状況にあり、今後どのように変化する可能性があるかも含めて十分に分析する必要があります。ある時点の財務指標が良好であっても、将来にわたって健全性を維持できるかどうかは、その企業の置かれた状況や今後の展開などに依存します。具体的な事業リスクとしては、事業から生み出されるキャッシュフローや資産価値の予測の不確実性のことで、大きく分けて、①経済、金融などのマクロ認識、②属する産業の特性、

③その産業における対象企業の位置づけや特性、などから判断します。個社の状況を考慮する前のリスクを「産業リスク」、さらに個社の要因を加えたものを「事業リスク」と捉えています。事業リスクは、定性面の評価が主となりますが、収益や資産価値の変動性など、定量面からも判断しています。

　一方、財務リスクは、資金の調達や返済に関するリスクです。有利子負債が過大な企業と有利子負債がほとんどない企業では、たとえ事業リスクが同じ程度だとしても、債務返済能力は異なると考えられます。財務リスクの評価は、いわゆる「財務分析」といわれる定量面の分析が中心となりますが、財務方針や有利子負債の返済日の分散度合い、金融機関との親密度などの定性評価も含まれます。また、評価にあたって重視する財務指標は産業によって異なっています。

　なお、デフォルト・リスクの分析において、事業リスクと財務リスクは密接に関連していると考えられます。事業リスクの大きさによって、格付水準ごとに必要な財務指標の水準は異なりますので、注意が必要です。このような考え方は、バイアウト・ファンドが株主である企業でも同様ですので、バイアウト・ファンドの意向や方針なども含め、リスクを考えています。

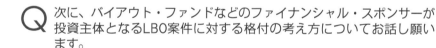

Q　次に、バイアウト・ファンドなどのファイナンシャル・スポンサーが投資主体となるLBO案件に対する格付の考え方についてお話し願います。

森丘　LBO案件で想定されるスキームは、バイアウト・ファンドなどのファイナンシャル・スポンサーがSPCを設立し、そのSPCがエクイティ資金および金融機関などからのシニア・ローンやメザニン・ファイナンス（劣後ローンや優先株式など）を調達し、対象会社の株式を取得するというものです。金融機関などは、SPCに融資などを実行するにあたり、対象会社からの連帯保証や全資産担保をとり、対象会社の特性を踏まえたコベナンツが設定されます。

　シニア・ローンやメザニン・ファイナンスの格付の基本的な考え方ですが、対象会社とSPCが合併していれば、合併会社の発行体格付をベースとし、支払順位、担保順位、破綻した場合の回収の可能性、コベナンツ、バイアウト・ファンドによるガバナンス・経営支援などを勘案して、個別ローンの格付を決めていき

ます。

　また、返済方法が約定返済か期限一括返済か、バイアウト・ファンドなどが途中でエグジットする際に格付対象ローンなども一緒に返済されるコベナンツが設定されているか、バイアウト・ファンドなどの実績や本件に対する取り組み姿勢などにも注意を払います。ファイナンシャル・スポンサーが投資主体の場合、案件期間終了時のリファイナンスを前提とするケースが多いです。このためキャッシュフロー分析は特に重要で、DCF（割引キャッシュフロー）法、EBITDA（利子・税金支払い前、償却前利益）マルチプル法などの複数の手法を併用して分析することとしています。

　対象会社とSPCが合併していなければ、対象会社からの連帯保証、対象会社の主要資産や株式への担保設定、コベナンツの内容などに基づき、対象会社とSPCの一体性が高いと判断できれば、合併した場合に想定される発行体格付を評価のベースとし、支払順位、担保順位、破綻した場合の回収の可能性、コベナンツ、バイアウト・ファンドによるガバナンス・経営支援などを勘案して、個別ローンの格付を決めていきます。

　これらの考え方は、ファイナンシャル・スポンサーが投資主体となるLBO案件に対する格付の基本的なものであり、実際に格付する際には、その案件のスキームや諸条件を勘案して個別に判断しています。

　LBOローンに対する考え方のベースは「発行体格付」で、バイアウト・ファンドが株式を保有している企業の格付と変わりません。そのうえで、案件の特徴を捉えながら格付しているにすぎません。LBOローンの所管は、ストラクチャードファイナンス本部スペシャライズドファイナンスグループで行っていますが、個々の企業の信用力判断は、格付本部にて行っています。

Q その他にLBOファイナンスの格付において特に重視する事項は何でしょうか。

森丘　　バイアウト前と比べてレバレッジが高くなっており、通常満期時のリファイナンスが想定されていることなどから、対象企業の事業キャッシュフローの安定性の見極めが重要と考えています。さらに、満期時にレバレッジがどの程

度まで低下すると見込まれるかの分析もリファイナンスの可能性を評価するうえで大事な点だと思っております。

また、バイアウト・ファンドの実績や対象会社に対するガバナンス・経営方針・Exit戦略の確認を行い評価に反映しています。

Q 最後に、日本のLBOファイナンス市場の将来展望についてお話し願います。

森丘 日本のLBO市場は欧米と比べて依然として規模が小さく将来的には大きく拡大する可能性があると思われます。LBOローンに対する格付の主な役割は、広くレンダーを募る大型案件や事業内容やスキームが複雑で分析の負担が大きい案件などにおけるリスク分析の参考資料の提供や期中のモニタリングと考えています。弊社は事業キャッシュフローとストラクチャーの双方の分析を要する案件の格付実績を多数有しており、事業やストラクチャーなどの内容に応じて幅広い対応が可能です。日本のLBO市場の拡大・多様化の一助として貢献できればと考えております。

北原 日本のLBOローンは他のファイナンスに比べ、これからという部分があると思います。格付についても、発展したローンのセカンダリー市場がある米国の市場に比べ、ローン売買自体が少ないことから、格付取得ニーズが乏しく、格付を取得してファイナンスを行うというのが一般化していないのが実情です。今後、LBOローン市場参加者が増えていけばそのような状況が変わることが期待できると思っています。そのためにも、弊社としてはLBOローンについて適切な分析、評価、モニタリングを行っていくことを通じて多くの案件に格付できるように努め、格付が日本のバイアウト市場のモノサシとして、市場発展のために今後使用されることを期待したいと思います。

Profile

北原一功氏
株式会社格付投資情報センター ストラクチャードファイナンス本部長 チーフアナリスト
1988年早稲田大学法学部卒業。2001年青山学院大学国際政治経済学研究科国際ビジネス専攻ファイナンス修士課程修了。1988年株式会社日本債券信用銀行（現株式会社あおぞら銀行）入行後、不動産や企業向け融資、航空機ファイナンス、M&Aなどの業務に従事。1997年株式会社格付投資情報センターの前身である日本公社債研究所に入社。金融セクターアナリストを経て現職。証券化商品全般および不動産投資信託（J-REIT）などを担当。日本証券アナリスト協会検定会員。中央大学専門職大学院国際会計研究科客員教授。

森丘敬氏
株式会社格付投資情報センター ストラクチャードファイナンス本部グループリーダー チーフアナリスト
1996年一橋大学経済学部卒業。株式会社格付投資情報センターの前身である日本公社債研究所に入社。投資評価本部にて年金コンサルティング業務に従事した後、2001年よりストラクチャードファイナンス本部にてABS（資産担保証券）、RMBS（住宅ローン債権担保証券）、不動産担保ローン、CDO（債務担保証券）、LBO、事業証券化、プロジェクト・ファイナンス、航空機ファイナンスなどの格付業務に従事。日本証券アナリスト協会検定会員。

第 8 章

国内におけるレバレッジド・リキャピタリゼーション取引（リキャップ）に関する考察

ストラクチャーと法的問題を中心として

長島・大野・常松法律事務所
弁護士　**大久保涼**
弁護士　**服部紘実**

はじめに

　バイアウト・ファンドの目的は、ポートフォリオ・カンパニー（対象会社）の買収後、その専門性を活かしてマネジメントの改善、既存業務の選択と集中、新規事業・市場の開拓、海外展開、追加買収、他のポートフォリオ・カンパニーとのシナジー創出などを行うことによってポートフォリオ・カンパニーの価値を最大化し、高い内部収益率（IRR：internal rate of return）をもって投資を回収する（エグジットする）ことにある。投資を回収するまでの期間は通常3〜5年程度である。

　エグジットの方法としては、IPO（新規上場）または第三者への相対でのトレード・セール（他のバイアウト・ファンドに転売する第二次バイアウトを含む）を第一次的に目指すことになるが、何らかの理由によりこれらの方法によるエグジットが達成困難な状況下においても、投資の一部を回収しつつ、引き続きポートフォリオ・カンパニーのエクイティの保有およびレバレッジを通じてIRRを高めることを可能にするのが、レバレッジド・リキャピタリゼーション（leveraged recapitalization）取引（以下、「リキャップ」という）である。

リキャップの概要とストラクチャー

(1) リキャップの概要

リキャップとは、LBO実行後に、元本の返済が進みまたはEBITDAなどが拡大したことで対象会社に借入余力が生じた際に、対象会社などが追加借入[1]を行い、それを原資にバイアウト・ファンドに対する投資の一部償還を行うことによって、資本の再構成を行う取引を意味する。

同じ部分的なエグジットであっても、第三者への相対でのトレード・セールの場合には、バイアウト・ファンドの対象会社に対する持分比率が下がることになるが、リキャップにおいては持株比率を維持できる[2]というメリットがある。

図表8－1　リキャップの具体例

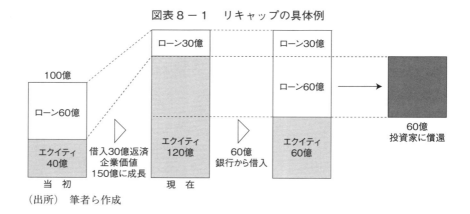

(出所)　筆者ら作成

---

1 CB（転換社債型の新株予約権付社債）のような社債の発行による場合もあるが、本章では簡略化のため原則として借入の場合を想定して述べる。
2 ただし、資金調達の方法として、CB（転換社債型の新株予約権付社債）を用いると、リキャップ後の完全希薄化ベースでのバイアウト・ファンドの持分比率は下がることになる。

具体的な数字を使って単純化した例をあげると、当初、バイアウト・ファンドが、自ら設立した買収ビークルによってエクイティ40億円、ローン60億円を調達し、当該買収ビークルが100億円の企業価値（enterprise value）がある対象会社を買収して、対象会社と合併したとする。3年後に、対象会社の企業価値が150億円に成長し、またローンのうち30億円を返済したとすると、エクイティ120億円、ローン30億円となる。この時点で、対象会社にローン60億円の借入余力が生じているとして、対象会社が新たに60億円の借入をして、エクイティ60億円、ローン90億円と資本の再構成をすると、バイアウト・ファンドは、引き続き3年前と同様の水準のレバレッジをかけつつ、その時点で60億円の投資回収ができることになる。これを図示すると、図表8－1のようになる。

　なお、図表8－1の例では借入余力を最大に活用してリキャップをした場合を想定しているが、借入余力をすべて使う必要はなく、また借入の一部のみをバイアウト・ファンドによる投資回収に充て、残りは対象会社による設備投資や追加買収費用などに充てることも可能である。また、バイアウト・ファンドによる投資回収を主目的とするのではなく、ローン・マーケットの状況次第では対象会社がリファイナンスによる有利な条件の利益を得ることや、IPOを見据えた資本政策を主目的としつつ、副次的にバイアウト・ファンドが一部投資回収を図るといった形のリキャップも考えられる。

(2) **リキャップのメリット・デメリット**

　リキャップは、バイアウト・ファンドにとっては投資の一部を回収しつつ、引き続きポートフォリオ・カンパニーのエクイティの保有およびレバレッジを通じてIRRを高めることができるというメリットがある反面、対象会社から見ると再び大きな負債を対象会社に負担させることになるため、経営の自由度を狭めるという批判がある。すなわち、借入金の利払いの負担や財務コベナンツなどのプレッシャーから対象会社は大胆な経営ができず、また、小さな将来見通しの誤りにより倒産するリスクが高まることが一般に懸念され得る。もっとも、投資リターンの最大化を求めるバイアウト・ファン

ドとしても対象会社の大胆な経営を損なうような条件でまでリキャップすることは望まないであろうし、また対象会社が倒産してしまえば元も子もないので、バイアウト・ファンドとしても、リキャップを行う場合には対象会社の財務状況の見通しについて慎重な検討のうえ行うことはいうまでもない。
また、対象会社にとっては、利息の損金算入などの税務メリットや、経営の緊張感維持などのメリットもあり得るところである。

(3) リキャップのストラクチャー

最もシンプルなリキャップの方法は対象会社が資金調達を行って剰余金の配当または自己株式の取得を行う方法である（「対象会社利用ストラクチャー」）。ほかに、同一のバイアウト・ファンドが新たなSPCを設立し、当該SPCで新たに資金調達を行って対象会社の株式を取得する方法も考えられる（「第二次LBO的ストラクチャー」）。

❶対象会社利用ストラクチャー

　a．概　要

対象会社が、借入により調達した資金を用いてバイアウト・ファンドに対して剰余金の配当または自己株式の取得を行うことにより、バイアウト・ファンドが投資を回収するというストラクチャーである。

　b．既存ローン契約の取り扱い

リキャップを実行するにあたっては、当初買収時に締結された既存ローン契約の取り扱いを検討する必要がある。

すなわち、LBOローン契約においては、借入人および保証人に対して、貸付人の事前の書面による承諾がない限り、当該ローン契約上の債務以外の金融債務を新たに負担せず、また新たな担保提供行為をしないという不作為義務や、剰余金の配当および自己株式の取得をしないという不作為義務が課されることが一般的である。追加の資金調達を行うと、レバレッジ・レシオやインタレスト・カバレッジ・レシオなどにも影響が及ぶので、財務コベナンツに抵触する可能性もある。借入人または保証人がこれらの義務に違反した場合は、いわゆる請求失期事由として、貸付人の請求により、当該ローン

契約上の期限の利益を喪失させられることになる。また、借入人または保証人が新規借入により金融債務を負担した場合には、借入金額から諸経費を除いた額の100％相当額を強制的に期限前返済しなければならないという規定も一般的である。このため、新規借入、担保設定、剰余金の配当などを伴うリキャップを行うためには、既存レンダーの同意を取得することが前提となるのが通常である[3]。その結果、実務上は、追加借入という形ではなく、既存ローン全体のリファイナンスの検討を行うことになることが多いであろう。

　ｃ．バイアウト・ファンドによる投資回収方法

資金調達が完了した後、バイアウト・ファンドに資金を回収させる方法としては、大別して(a)剰余金の配当および(b)自己株式の取得が考えられる。

「(a)剰余金の配当」は、株主の保有株式数に応じて株主に金銭を交付するものである。後述する(b)に比べると、メザニン投資家が保有している優先株式が存在する場合などにおいて定款が定める種類株式相互の優先劣後関係に従う必要がある点、また、会社法上、同じ種類の株式を保有する株主（例えば、対象会社の役職員が普通株主として出資している場合）には、保有株式数に応じたプロラタの配当を行わなければならない（会社法109条１項）点で、個々の株主に応じた柔軟な取り扱いができない。

これに対して、「(b)自己株式の取得」は、剰余金の配当とは異なり、取得する株式数を保有株式数に応じてプロラタで決める必要はない。すなわち、会社が特定の株主との間でのみその保有株式を買い取る合意をし、保有株式の現金化を希望しない株主は引き続き株式を保有し続けることが可能である[4]。剰余金の配当と自己株式の取得は、会社法上の分配可能額規制に従う

3　なお、欧米の実務においては、一定のリキャップについてはあらかじめ既存レンダーの承諾が不要なようにあらかじめ既存ローンの条項にカーブアウト（carve out）を設けることもある。国内のLBOローン契約ではいまだ一般的とは言いがたいが、将来的にはそのようなカーブアウトが一般的に含まれるようになることも考えられる。

4　もっとも、発行会社が特定の株主から自己株式を取得する決議をする場合、他の株主は売主に自己に加えることを請求することができる（会社法160条３項）ため、保有株式の現金化を希望する他の株主を排除することはできないという限界がある。

必要がある（会社法461条1項3号・8号、2項）点については変わりはない。

剰余金の配当か自己株式の取得かの選択においては、バイアウト・ファンドおよび対象会社に対する税務上のインパクトの優劣についても個別事案に応じて検討する必要があろう[5]。

❷第二次LBO的ストラクチャー

　a．概　要

（ⅰ）バイアウト・ファンドが100％出資する別のSPCを設立し[6]、（ⅱ）当該SPCが借入を行ったうえで対象会社の株式を取得するという方法である。売主と買主が実質的に同じであることを除けば、通常のLBO取引と同じ形であるため、「第二次LBO的」と呼ぶことができよう。この場合、バイアウト・ファンドは、（ⅱ）において対象会社株式の対価として取得した金額から、（ⅰ）においてSPCの設立に際して出資した金額を差し引いた金額の投資回収が可能となる。なお、（ⅱ）の後、SPCと対象会社を合併させる場合（図表8－2のパターン）では、最終的な姿は、対象会社利用ストラクチャーと同じになる。他方で、SPCと対象会社を合併させない場合もあり得る（既存ローンを返済

---

[5] 配当の場合は、原則としてその全額が配当として課税される（会社レベルでは源泉徴収義務が発生し、配当を受領する法人株主については益金不参入の対象となる）。これに対して、自己株式の取得の場合には、当該株式に相当する資本金などの額を上回る部分がみなし配当に該当し、配当と同様の課税関係が生ずるとともに、対象会社レベルでは資本金などに相当する額の資本の払い戻しが生じたものと扱われ、株主レベルでは当該自己株式がかかる資本金などに相当する額を対価として譲渡されたことを前提とした課税関係が生じる。

[6] バイアウト・ファンドによるSPCへの出資に係る原資の調達方法としては、①ブリッジ・ローンによって金融機関から資金を調達する方法（この場合、バイアウト・ファンドは対象会社株式の譲渡代金をもって、リキャップ完了後にブリッジ・ローンを返済することになろう）や、②キャピタル・コールによりLP投資家から新たに出資を募る方法などが考えられる。また、バイアウト・ファンドが保有する対象会社株式の一部をSPCに現物出資する方法や対象会社とSPCが一部現金対価で合併をする方法によれば、バイアウト・ファンドはSPCへの出資に係る原資を外部から調達する必要がなくなるというメリットがあるが、現物出資の場合は一定の例外要件（会社法207条9項各号）を充足しなければ裁判所の選任する検査役による調査が必要となる（会社法207条1項）点に注意が必要である。また、これらの方法の選択に際しては、税務上の論点も考慮する必要があろう。

せず合併もしない場合について、図表8－3）。

なお、第二次LBO的ストラクチャーの派生型として、上記(i)においてバイアウト・ファンドがSPCに100％出資するのではなく、バイアウト・ファンドがマジョリティを維持した状態で、新たに入る共同出資者（事業会社、金融機関など）がマイノリティ出資をするというストラクチャーも可能である（「共同出資型第二次LBO的ストラクチャー」）。この場合、SPCは対象会社株式の全部を譲り受けるものの、バイアウト・ファンドのSPCに対する出資比率は100％ではなくなるので、IPOに向けた資本政策としてSPCに対するバイアウト・ファンドの持株比率を下げる必要がある場合などには有効な選択肢

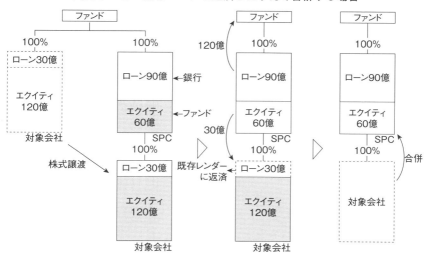

図表8－2　既存ローンを返済したうえで合併する場合

①ファンドが60億円を出資してSPCを設立。SPCが90億円を借入。
②ファンドがSPCに対して対象会社の株式を譲渡。
③ファンドは対象会社の株式の対価120億円を受領。SPCに出資した60億円との差額60億円を回収。対象会社はローン30億円を既存レンダーに返済。
④SPCを存続会社、対象会社を消滅会社とする吸収合併。

（出所）　筆者ら作成

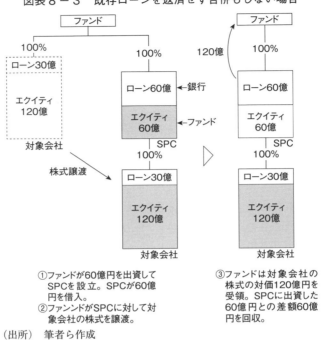

図表8-3 既存ローンを返済せず合併もしない場合

①ファンドが60億円を出資してSPCを設立。SPCが60億円を借入。
②ファンドがSPCに対して対象会社の株式を譲渡。
③ファンドは対象会社の株式の対価120億円を受領。SPCに出資した60億円との差額60億円を回収。

（出所）　筆者ら作成

となり得る。また、共同出資型第二次LBO的ストラクチャーは、純粋な第二次LBO的ストラクチャーとは異なり、SPCのガバナンスの定め方次第で、売主と買主が実質的に同じではなくなるので、より通常のLBO取引に近い形になる。

　b．既存ローン契約の取り扱い

　リキャップに伴い対象会社が既存ローンを返済しない場合、LBOローン契約では対象会社の株式に担保権が設定され、そこで締結される担保契約において担保物である株式の第三者への処分が禁止されるのが一般的であるため、対象会社株式の譲渡を伴う第二次LBO的ストラクチャーでは、既存レンダーの同意を取得してリキャップを行う必要がある。また、対象会社の資

産には既に既存レンダーのために担保権が設定されているため、新規レンダーが対象会社の資産に担保権を設定するには既存レンダーの承諾が必要となり、かつ新規レンダーの担保権は既存レンダーに劣後することになるであろう。ほかにも、最終的に合併させるときには、合併について既存レンダーの同意が必要になることが多いであろう。逆に、合併をさせない場合は、新規レンダーとしては、新規ローンの返済資金を対象会社からSPCに吸い上げる仕組みを既存レンダー同意の下で既存ローン契約に追加する必要がある点に留意が必要である。

他方、リキャップに伴い対象会社が既存ローンを返済する場合、対象会社株式の譲渡と実質的に同時に既存ローンが返済されて既存ローン契約上の義務から解放されるので、必ずしも既存レンダーの同意を取得する必要はないようにも思える。しかしながら、株式譲渡に伴う株券の引き渡し、既存担保の解除などの局面において既存レンダーの協力が必要となるため、実際にはやはり既存レンダーの同意を取得してリキャップを行うのが通常であろう。

2 リキャップに関する法律上の問題点

(1) 分配可能額規制

剰余金の配当および自己株式の取得のいずれの場合も、会社法461条2項に従って計算される分配可能額の範囲内でこれらを行う必要があるところ、第二次LBO的ストラクチャーでは、その過程に剰余金の配当または自己株式の取得は存在せず、対象会社に関する分配可能額規制は一見問題とならないようにも思える。もっとも、図表8－2のパターンでは、上記のとおり対象会社利用ストラクチャーと最終的には同じ形になる。そこで、バイアウト・ファンドが回収する金額が対象会社の分配可能額を超える場合は、対象会社利用ストラクチャーであれば実現し得なかった金額の投資の回収をしていることになり、実質的に見て分配可能額規制の潜脱と評価されるリスクがないかが問題となる。

この点、会社法上の分配可能額規制は、剰余金の配当や自己株式の取得に

より会社財産が株主に払い戻されると、会社債権者にとって、債権の弁済原資となる会社の責任財産が減少するため、かかる事態から会社債権者を保護するための規制であると一般に解されている。そして、分配可能額を増加させるための資本金・準備金の減少の手続きにおいては、債権者に対して資本金・準備金の減少に対して異議を申し出る機会を与えるための公告（および個別催告）を行い、異議を申し出た債権者に対しては、会社は債務の弁済などを行う必要がある（会社法449条、いわゆる債権者保護手続）。

この点、SPCと対象会社が合併する際に、当該合併に係る手続きにおいて、資本金・準備金の減少手続と同様に、当事会社は債権者保護手続を行う必要がある（会社法789条、799条）。その結果、対象会社の債権者は、SPCと対象会社の合併の段階においてはリキャップに異議を述べる機会が与えられ、資本金・準備金の減少手続における債権者保護と実質的に同等の保護を受けることになるため、対象会社の債権者を手続き的に害する恐れはないと思われる[7]。

また、リキャップは、上記のとおり対象会社の最大の債権者である新旧レンダーの同意を前提に取引が計画されるのが通常であるため、対象会社の債権者に害を及ぼす可能性は、理論上はあるにせよ[8]、現実的には想定しづらいと考えられる。

さらに、第二次LBO的ストラクチャーは売主と買主が実質的に同じであることを除けば通常のLBO取引と同じであるが、対象会社の債権者の視点からすれば、株式譲渡の価格が公正な価格であることを前提とすれば、通常のLBO取引における対象会社の債権者に比べて特に不利な立場に置かれるものではないともいえよう。かかる観点からは、株式譲渡の対価が公正な価

---

[7] もっとも、対象会社の資本金・準備金を最大限減少させたと仮定した場合の分配可能額を上回る金額をリキャップによってバイアウト・ファンドが回収する場合には、バイアウト・ファンドが受領する金額を正当化するさらなる根拠が必要になろう。

[8] 例えば、取引債権者の利益を害することが考えられるが、取引債権の支払サイトは長くなく、また少なくともリキャップ後にそれを知って取引を続けている取引債権者はリキャップを承認していると思われる。また、取引債権者に対する支払いを続けている限りは取引債権者が異議を唱える現実的可能性は低いと思われる。

格であることが重要となる[9]から、例えば対象会社株式のバリュエーションに関してあらかじめ独立した第三者からの評価を得ておくことが、有益であろう。

(2) **否認リスク**

　破産法[10]は、(i)破産者が破産債権者を害することを知ってした行為（いわゆる詐害行為）（破産法160条1項）、(ii)既存債務についての偏頗行為（破産法162条1項）、および(iii)支払停止などがあった後、またはその前6カ月以内に破産者がなした無償行為またはこれと同視すべき有償行為（破産法160条3項）を否認の対象とすることができると定めている。そこで、リキャップが否認の対象になるかが問題となる。

　まず、対象会社利用ストラクチャーについて、剰余金の配当や自己株式の取得が一般的に否認の対象となり得るかについての議論は、筆者らの知る限りこれまであまり活発になされていない。これは、通常否認の対象となる第三者との間の取引行為とは異なり、剰余金の配当や自己株式の取得といった会社法上の要件を充たして行われる組織法的行為は原則として否認の対象にならないという考え方が一般的であること、また会社に破産原因が生じているかまたは実質的危機時期にある場合は、通常、会社に分配可能額が存在しないことが多いため、剰余金の配当などが否認の対象となるかが問題となる機会が乏しかったからではないかと推測される。しかし、リキャップの場面においては、例えば分配可能額が存在する状態下でリキャップを行い、リ

9　第二次LBO的ストラクチャーが通常のLBOと異なる点は、売主と買主が実質同一であることから、対象会社株式の譲渡価格が第三者間独立取引価格であることの担保がないところにある。したがって、譲渡価格の公正を別途確保することが重要になる。この点、共同出資型第二次LBO的ストラクチャーでは、新たに参入するマイノリティ出資者によって行われたバリュエーションの結果が対象会社株式の譲渡対価に反映されることが通常であるため、譲渡価格の公正が担保しやすいといえよう。

10　会社更生および民事再生の各手続きにおける否認権に関する規律は、破産の場合と基本的に同様である（例えば、詐害行為否認は会社更生法86条1項、民事再生法127条1項、偏頗行為否認は会社更生法86条の3、民事再生法127条の3、無償行為否認は会社更生法86条3項、民事再生法127条3項）ため、本章では破産の場合を例に述べる。

キャップが実行された後間もないうちに、何らかの事由によりLBOローンがデフォルトして会社が支払不能に陥るような事態も考え得る。

そこで、剰余金の配当や自己株式の取得が上記3類型の否認対象行為に該当するかを一応検討すると、まず偏頗行為否認の対象は既存の債務についてされた担保提供または債務消滅に関する行為に限定されており、剰余金の配当および自己株式の取得はこのいずれにも該当しないから問題とならない。他方、剰余金の配当や自己株式の取得は詐害行為または無償行為としての否認の対象には一応なり得る。すなわち、詐害行為とは、破産者が、実質的危機時期の到来後に、自己の責任財産を絶対的に減少させる行為を意味すると解されているところ、剰余金の配当や自己株式を取得して消却する行為は破産者である会社の責任財産を絶対的に減少させる行為である。また、詐害行為否認における破産者の主観的要件としては、債権者に対する加害の意図までは不要で認識をもって足りるとする認識説が通説である[11]ところ、仮にリキャップを行うと対象会社が倒産する蓋然性(がいぜん)が高いことを具体的に認識していた場合などには、債権者に対する加害の認識が認められる可能性は否定できない[12]。もっとも、上記のとおりリキャップ後もエクイティを保有し続けるバイアウト・ファンドが、リキャップを行うと対象会社が倒産する蓋然性が高いことを具体的に認識しながらリキャップを行うことは、通常は考えにくい[13]。また、無償行為に関しては、剰余金の配当は無償行為であり、かつ無償行為否認には破産者の詐害意思は必要とされないため、剰余金の配当後6カ月以内に支払停止などが生じた場合には、剰余金の配当が否認される可

---

11 伊藤眞（2014）『破産法・民事再生法（第3版）』有斐閣、p.518。
12 なお、詐害行為による受益者である株主（バイアウト・ファンド）は、当然破産者の行為が責任財産の減少につながることに関して悪意であり、詐害行為否認の消極的要件である受益者の善意という要件を充足しない。
13 なお、リキャップのための借入およびそれに伴う担保提供行為が否認の対象になるかについても一応検討すると、借入については、会社の責任財産を絶対的に減少させる行為に該当しないため、詐害行為に該当せず、担保提供行為については、既存の債務についてではなく新たに負担する債務に伴うものであり（破産法162条1項柱書、民事再生法127条の3第1項柱書、会社更生法86条の3第1項柱書参照）、偏頗行為に該当しないので、いずれも否認の対象にはならないと考えられる。

能性は否定できない。

次に、第二次LBO的ストラクチャーの場合は、その過程に剰余金の配当も自己株式の取得も登場しないので、上記の議論は当てはまらない。もっとも、第二次LBO的ストラクチャーの場合も、図表8－2のパターンの場合は実質的には対象会社利用ストラクチャーと同じなので、取引の全体または一部が詐害行為または無償行為であるという主張を管財人などが行うことも一応考え得る。この点、第二次LBO的ストラクチャーは売主と買主が同じであることを除けば通常のLBO取引と同様であるから、個別のステップが独立の第三者間取引として行われている限り、取引の全体または一部[14]が詐害行為または無償行為であるとみなされる恐れはないはずである。かかる観点からも、株式譲渡の対価が公正な価格であることが重要となるから、例えば対象会社株式のバリュエーションに関してあらかじめ独立した第三者からの評価を得ておくことが有益であろうし、共同出資型第二次LBO的ストラクチャーはより安定性が高いといえよう。

(3) 取締役の責任リスク

分配可能額規制に違反して株主に対して剰余金の配当を行い、または自己株式の取得の対価を交付した場合には、関係した取締役などは、配当などに相当する金額の金銭を会社に対して支払う義務を負担し（会社法462条）、債権者は、配当などを受領した株主に対し、一定の範囲で自己への金銭の支払いを請求することができる（会社法463条2項）。

では、分配可能額規制を遵守して対象会社利用ストラクチャーによるリキャップを行ったり、第二次LBO的ストラクチャーによるリキャップを行った後、対象会社の財務状態が悪化した場合に、株主または会社債権者から取締役の責任を追及される可能性はないか。この点、まず、会社の株主は、リキャップを主導するバイアウト・ファンドであることから、バイアウ

---

14 合併については、剰余金の配当などと同様、会社の内部的な組織法上の行為であり、そもそも否認対象にはならないという考え方が一般的である。

ト・ファンドが株主として会社の取締役に対して取締役の対会社責任（会社法423条1項）を追及することは想定しにくい。また、債権者についても、上記のとおり、リキャップは、会社にとっての最大の債権者である新旧レンダーの同意を得て行われることが通常なので、対象会社の債権者が取締役の対第三者責任（会社法429条）を追及する可能性は、理論上はあるにせよ[15]、現実的には想定しにくい。もっとも、取締役としては、経営判断の原則の下、リキャップがもたらす税務などのメリットや既存ローンに比べて借入条件が改善するなどのメリットを打ち消す倒産リスクなどの不利益がないか、また、合併を伴う第二次LBO的ストラクチャーの場合は、対象会社株式の譲渡価格が不当に高額に設定された結果、過重な新規ローンの負担を負うことになっていないかといった点をチェックすることが善管注意義務の内容として求められていると解される。後者の点については、対象会社株式のバリュエーションに関してあらかじめ独立した第三者からの評価を得ておくことが有益であろうし、共同出資型第二次LBO的ストラクチャーはより安定性が高いといえよう。

おわりに

　海外では従前から一般的に行われてきたリキャップであるが、国内では対象会社に再び大きな負債を負わせることへの抵抗感などから、金融機関からなかなか理解が得られにくかった時代があったようである。もっとも、近年では、金融機関などの市場関係者の理解も深まりつつあり、その利用の実例は増加しつつある。国内のバイアウト市場の発展や低利などのマーケットの状況を追い風に、今後も一定程度積極的なリキャップの利用が拡大していくことが推測される。

　リキャップは、対象会社や金融機関の理解を得ることを前提に無理のない範囲で行えば、IPOや第三者への相対でのトレード・セールによるエグジッ

---

[15] 倒産の場面では、債権額の大きい大口の取引債権者などがいる場合には、取締役の対第三者責任を追及してくることも考え得る。

トが困難な状況下においてバイアウト・ファンドにとっての新たなオプションを提供するものであり、また、共同出資者（事業会社、金融機関など）によるSPCへのマイノリティ出資を組み合わせることによって、IPOに向けた資本政策なども可能にするものである。

　本章が国内におけるリキャップに関する法的議論の整理の一助となり、バイアウト市場のますますの発展に資するものとなれば幸いである。

Interview
レバレッジド・リキャピタリゼーションの手法と留意点

適度なレバレッジ水準での実施が鍵

CLSAキャピタルパートナーズジャパン株式会社
マネージング ディレクター
中　俊二氏

Q 近年、バイアウト・ファンドと投資先が合意してレバレッジド・リキャピタリゼーション（以下、「リキャップ」という）を実施し、投資の一部回収を図る取引が増えていますが、このような取引はどのような局面で実施が検討されるのでしょうか。

　リキャップが実施される局面には、多様なケースがあると思います。例えば、バイアウト・ファンドには投資期間と存続期間があり、3～7年程度で企業価値を上げるということを目指すことになりますが、場合によっては5年たってもまだ出口が見えないというケースが往々に存在します。
　その出口が見えない理由というのは、マクロ経済環境にも影響を受けます。リーマン・ショックや東日本大震災などのような予期せぬ出来事も発生しますので、場合によっては想定期間内に出口に至らないケースも出てきます。エグジットの選択肢としては、株式上場（IPO）やトレード・セールがありますが、どちらも実現が不可能という時期にも遭遇します。このような場合にリキャップはエグジットまでのブリッジとして有効な選択肢となります。
　CLSAキャピタルパートナーズがアドバイザーを務めるバイアウト・ファンド（以下、「Sunrise Capital」という）のある投資先企業のケースでは、まだ行うべき経営施策がたくさんあり、対象会社からもSunrise Capitalのサポートを期待されていたという背景もありました。投資家からリターンを期待されるなかで、バリューアップを進めつつリターンをお返しする方法として行きついたのがこのリキャップの手法でした。IPOやトレード・セールが困難なマクロ環境のなかでも、

バイアウト・ファンドとして投資家にリターンをお返しする機会を創出する方法としてリキャップは第三の有効な手段といえます。

レバレッジを効かせる前提のリキャップは、ローンが付かないと実現できません。ローンが付くということは、当然キャッシュフローで返済できますという事業の強さが必要になってきます。これはリキャップが実現できる最低条件だと思います。また、デットを積む話なので、当初のLBOローンの返済がある程度進捗し、かつ収益力が強化されている状態でないとリキャップの実現は難しいと考えられます。

 2010年代の前半頃より少しずつ事例が出てきまして、今では普通にリキャップが行われるようになりました。取り組みが出始めた頃の当時の金融機関や対象会社の反応はいかがでしたでしょうか。

Sunrise Capitalの投資先企業の事例が日本の草分けだったのかは分かりませんが、ほかを見渡してもそれほど事例が見当たらないという状況でしたので、当時の日本では普及していなかったという認識で間違いないと思います。金融機関に対してローンを使ってリキャップを検討したいという相談を複数行いまして、最終的には対応いただける金融機関があり実行に至りましたが、否定的な反応もかなりありました。

その後金利の低下が長く続いたこともあり、金融機関も相対的に厚めのスプレッドがとれるLBOローンの取り組みをより積極化されてきたなかで、今では投資時とリキャップ時のLBOローンを区別する風潮はほぼなくなったのではないかと感じています。事例も多数出てきており、金融機関にとってリキャップのためのファイナンスは一般化してきたと思います。

対象会社の視点については、元々LBOスキームを組んでバイアウトの取引が発生したという背景があるなかで、実際にLBOローンを返済していける収益力を持つ会社で、株主が変わるよりも引き続き現在の株主からの支援を受けられる関係を続けたいという判断をしていただける場合には、理解と協力を得られるのではないかと思います。進め方と経営陣との信頼関係が重要で、良好な関係が維持できていることが鍵になると考えられます。当然のことながら、バイアウト・ファ

ンド側の意向のみで強引に進めるということはできません。

> Q リキャップの方法としては、対象会社自身が配当や自己株式の取得を行うケースや、バイアウト・ファンドが再度SPCを設立して対象会社の株式を取得するケースなどのスキームがありますが、実際にリキャップの取引を経験されて、どのような留意点があると感じましたでしょうか。

Sunrise Capitalの投資先企業のケースでは、配当や自己株式の取得ではなく、SPCを設立してリキャップを実施しました。

配当や自己株式の取得を行う場合には、会社法上の分配可能額の制約を受けます。LBOスキームを用いてバイアウトを実施すると、多額ののれん(営業権)が計上されるケースが多く、計上された多額ののれんにより分配可能額が圧縮されてしまうため配当できる金額が過少となってしまいます。このように分配可能額が十分にないケースではSPCを設立して対象会社の株式を取得するようなストラクチャーを採用することになります。最近の事例でもこのようなSPCによる株式取得型が多くなっているかと思います。

リキャップの際に気をつけるべきことは、対象会社への配慮です。レバレッジをかけ過ぎたリキャップを実施して、対象会社が苦しくなるというのは本末転倒ですので、適度なレバレッジ水準で実施するという視点が大切です。経営陣の方々と話し合いまして、「このくらいの水準であれば、成長のために必要な投資を続けながら十分返済していける」というレベルを模索することになります。

実務上の留意点は、株式取得価額の客観性を担保することです。外部算定機関による評価を取得し金融機関の審査も経て、第三者から複数回のチェックを受けた公正な条件で取引することが必要です。

> Q 最後に、今後も協業を行うデット・プロバイダーやメザニン・プロバイダーの方々へのメッセージをお願いします。

デット・プロバイダーは、日本のLBO市場の拡大に多大な貢献をしています。資金の性質やリスクは異なりますが、シニア・ローン・プロバイダーやメザニ

ン・プロバイダーの方々は、投資を共同で取り組んでいくパートナーだと思っています。良好な関係を維持し、良質な案件を創出し、真摯(しんし)に取り組んでリレーションを強化していきたいと考えております。

　金融機関の方々とは、ファイナンス以外の側面においても連携ができればと考えています。金融機関の広範囲な顧客基盤のなかで案件化を一緒に手がけていくという関係も強固になってきていますので、お互いのビジネスを拡大していくためにも、より関係を強くして日本のバイアウト市場の拡大を目指していきたいと思います。

Profile

中　俊二氏
CLSAキャピタルパートナーズジャパン株式会社 マネージング ディレクター
上智大学経営学部卒業。1991年より株式会社太陽神戸三井銀行（現株式会社三井住友銀行）にて、M&Aアドバイザリー業務、コマーシャル・バンキング業務などに従事。2004年より大和証券SMBC株式会社（現大和証券株式会社）にてM&Aアドバイザリー業務に従事し、LBO、MBO、PIPEsなどの幅広いプライベート・エクイティ案件のアドバイザーを務めた。2007年10月CLSAキャピタルパートナーズジャパン株式会社入社。トラステックスホールディングス株式会社、株式会社エバーライフ、株式会社ベイカレント・コンサルティング、株式会社ピーシー・イングスへの投資に関与。株式会社エバーライフおよび株式会社ベイカレント・コンサルティングにおいては投資期間中監査役と取締役をそれぞれ務めた。現在株式会社ピーシー・イングスの監査役を務めている。

第 9 章

日本のLBOファイナンス市場の動向

地域金融機関も含めた投資家層の拡大に向けて

株式会社日本バイアウト研究所
代表取締役　**杉浦慶一**

はじめに

　日本のLBOファイナンス市場は、1990年代後半より発展を遂げてきた。バイアウト・ファンドの出資を伴うLBO案件以外にも、純粋MBO、事業会社が買収主体となるM&A案件においてもレバレッジド・ファイナンスが活用され[1]、多様な案件でデット・プロバイダーが活躍してきた。一方、大型案件が増加していくにあたり、さらなる投資家層の拡大が期待されている。

　本章では、日本のLBOファイナンス市場のレビューを行ったうえで、日本のLBOファイナンスの投資家層の拡大に向けた考察を行うこととする。まず、日本のLBOファイナンス市場の現状について統計データを用いて解説し[2]、今後重要な役割を果たしていくと思われる地域金融機関も含めた投資家層の拡大についての考察を行う。

日本のLBOファイナンス市場の現状

(1) 件数・取引金額の推移

　図表9－1は、日本のバイアウト案件で活用されたLBOローンの推移を

1　事業会社が買収主体となるM&Aの場合には、バイアウト取引に該当しないため、「レバレッジド・ファイナンス」という用語のほうが適していると考えられる。
2　本稿における個別の案件に関する情報は、金融機関などの当事者が公表したプレスリリース、有価証券報告書、公開買付届出書などの開示資料などに基づいて記述している。

示している。本統計データでは、バイアウト・ファンドなどのファイナンシャル・スポンサーの出資を伴わないデット型のバイアウト案件（純粋MBO）については、上場企業の非上場化を伴う案件のみをカウントしている。ソフトバンクによるボーダフォン（現ソフトバンク）の買収のように事業会社が買収主体となる戦略的M&A案件においてもレバレッジド・ファイナンスが活用された案件が存在するが、本統計データの対象には含まれない。

金額の算出方法については、シニア・ローンと劣後ローンの金額を加算している。ブリッジ・ローンとパーマネント・ローンの両方の金額が公表されている場合には、金額の多いほうを加算し、ブリッジ・ローンの場合は融資枠全体の金額を加算している。ターム・ローンに加えてコミットメントラインなどの融資枠も公表されている場合には両方の金額を加算している。いずれの金額も公表されていない場合は、種々の情報から推定した金額を加算している。なお、不動産運用会社などの業種のバイアウト案件でLBOローンの金額の推定が困難な案件については、件数のみをカウントして金額は加算していない場合もある。

件数ベースでは、市場が拡大し始めた2000年代半ば頃から、毎年30〜50件程度のLBO案件が成立していたが、2016年には急増し、60件を超えるLBO案件が登場した。増加した要因は、後述するように、中堅・中小のオーナー企業の事業承継案件でLBOファイナンスが活用されるケースが増えているためである。

年間のLBOローン総額については、大型案件が成立するかどうかに左右されるという傾向がある。2006年、2008年、2011年は、いずれも5,000億円を超えていたが、2006年には、すかいらーく、キューサイ、東芝セラミックス（現クアーズテック）などのMBO案件、2008年には、アリスタライフサイエンス、2011年には、すかいらーくの第二次バイアウト案件が成立したことが大きい。

図表 9 − 1　日本のLBOローンの推移（2016年12月末現在）

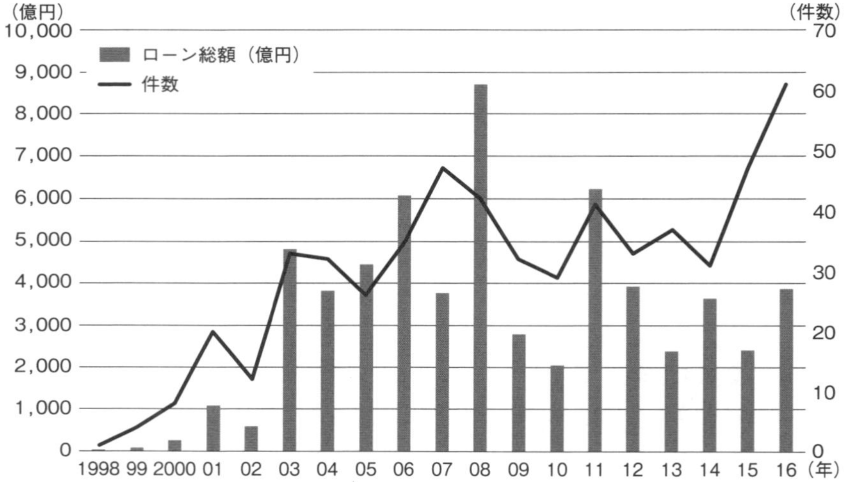

(出所)　日本バイアウト研究所

(2)　タイプ別の日本のLBO案件の推移

図表 9 − 2 は、タイプ別の日本のLBO案件の推移を示している。件数ベースでは、オーナー企業の事業承継や資本再構築（分散している株式の集約化など）に伴うバイアウト案件でのLBOファイナンスの活用が顕著である。また、減少傾向にあった事業再編に伴う売却案件も増加傾向にある。

図表 9 − 2　タイプ別の日本のLBO案件の推移（2012年～2016年）

タイプ	2012年	2013年	2014年	2015年	2016年
事業再編	5	1	5	9	12
事業再生	2	2	0	1	0
事業承継・資本再構築	6	15	15	28	31
上場企業の非上場化	12	11	6	5	10
第二次バイアウト	8	8	5	4	8
合計	33	37	31	47	61

(出所)　日本バイアウト研究所

(3) 日本のLBOローンの規模別分布

図表9－3は、日本のLBOローンの規模別分布を示している。ローン金額が「50億円未満」の案件が最も多く占めており、319件（55.9％）となっている。大型案件に着目すると、「300億円以上1,000億円未満」が42件（7.4％）、「1,000億円以上」が10件（1.8％）となっており、全体に占める割合は少ない。

図表9－3　日本のLBOローンの規模別分布（1998年～2016年）

ローン金額	件数	％
50億円未満	319	55.9％
50億円以上100億円未満	82	14.4％
100億円以上300億円未満	83	14.5％
300億円以上1,000億円未満	42	7.4％
1,000億円以上	10	1.8％
N/A	35	6.1％
合計	571	100.0％

（出所）　日本バイアウト研究所

(4) 大型LBOファイナンス案件

図表9－4は、近年の主要大型LBOファイナンス案件を示している。大型LBOファイナンス案件は、大企業の事業再編に伴う子会社・事業部門の売却、上場企業の非上場化、第二次バイアウトのケースが多い。2011年のすかいらーくの案件は、第二次バイアウト案件である。2017年の日立工機とカルソニックカンセイは、上場企業の非上場化を伴う案件であるが、大企業の事業再編を背景としている。日立工機の案件では、筆頭株主である日立製作所（保有比率：約40.25％）および日立アーバンインベストメント（保有比率：約10.90％）がすべての保有株式を売却し、カルソニックカンセイの案件では、筆頭株主である日産自動車（保有比率：約41％）が保有株式を売却している。

カルソニックカンセイのLBOファイナンスは、ローン総額3,700億円と大

規模なものとなっており、図表9－5で示されているように、ターム・ローンAとターム・ローンBにトランシェ分けがなされている。

図表9－4　近年の主要大型LBOファイナンス案件

年月	案件名	投資会社	デット・プロバイダー
2011年11月	すかいらーく	Bain Capital Asia（現Bain Capital Private Equity Asia）	みずほコーポレート銀行 三菱東京UFJ銀行 三菱UFJモルガン・スタンレー証券 野村キャピタル・インベストメント 新生銀行 バンク・オブ・アメリカ・エヌ・エイ東京支店 BNPパリバ銀行 日本政策投資銀行 三井住友銀行 住友信託銀行（現三井住友信託銀行）
2017年3月	日立工機	Kohlberg Kravis Roberts	三菱東京UFJ銀行 （245億5,875万円を限度とする融資枠） 三井住友銀行 （245億5,875万円を限度とする融資枠） みずほ銀行 （245億5,875万円を限度とする融資枠） 三井住友信託銀行 （81億8,625万円を限度とする融資枠）
2017年3月	カルソニックカンセイ	Kohlberg Kravis Roberts	みずほ銀行 （1,439億7,500万円を限度とする融資枠） 三井住友銀行 （860億2,500万円を限度とする融資枠） 三菱東京UFJ銀行 （700億円を限度とする融資枠） 三井住友信託銀行 （525億円を限度とする融資枠） 日本政策投資銀行 （175億円を限度とする融資枠）

（注）　投資会社については、当該投資会社がサービスを提供もしくは運用・助言などに携わるファンドも含めて総称して「投資会社」と表記している。
（出所）　各種プレスリリースや公開買付届出書などの開示資料に基づき日本バイアウト研究所作成

図表9－5　カルソニックカンセイのバイアウト案件のLBOファイナンスの概要

借入先	借入契約の内容	金額
みずほ銀行	弁済期：2024年3月28日 金利：全銀協日本円TIBORに基づく変動金利 担保：対象者の株式など	＜ターム・ローンA＞ 287億9,500万円 ＜ターム・ローンB＞ 1,151億8,000万円
三井住友銀行	弁済期：2024年3月28日 金利：全銀協日本円TIBORに基づく変動金利 担保：対象者の株式など	＜ターム・ローンA＞ 172億500万円 ＜ターム・ローンB＞ 688億2,000万円
三菱東京UFJ銀行	弁済期：2024年3月28日 金利：全銀協日本円TIBORに基づく変動金利 担保：対象者の株式など	＜ターム・ローンA＞ 140億円 ＜ターム・ローンB＞ 560億円
三井住友信託銀行	弁済期：2024年3月28日 金利：全銀協日本円TIBORに基づく変動金利 担保：対象者の株式など	＜ターム・ローンA＞ 105億円 ＜ターム・ローンB＞ 420億円
日本政策投資銀行	弁済期：2024年3月28日 金利：全銀協日本円TIBORに基づく変動金利 担保：対象者の株式など	＜ターム・ローンA＞ 35億円 ＜ターム・ローンB＞ 140億円

（出所）　公開買付届出書に基づき日本バイアウト研究所作成

(5) 地域金融機関によるLBOファイナンス

　図表9－6は、バイアウト・ファンドの出資を伴うバイアウト案件で地域金融機関がLBOファイナンスを提供した主要案件を示している。開示資料などによりデット・プロバイダーの名称が公表されている案件のみを記載しており、実際にはこれらの案件以外にも事例は多数存在する。

　地域金融機関がLBOファイナンスを供与するという取り組みは2000年代前半より存在していたが、現在のように専担部署を配置するというよりも、案件ごとに対応していたというのが実態であった。また、大手銀行と共同で手がける案件も多かった。

　近年は、地方銀行がアレンジャーを務めるケースも出てきている。2017年3月には、千葉県内を中心に鮮魚卸・飲食チェーンを展開するヤマトグルー

プ（ヤマト、ヤマトフーズ、タカマツ）の案件で千葉銀行がアレンジャーを務めている。本案件では、アスプラントグループが運営するバイアウト・ファンドの出資により新設されたヤマトグループホールディングス（借入人）が、ヤマトグループの全株式を譲り受けるにあたり、千葉銀行がシンジケート・ローンを組成し、株式取得資金および成長資金を提供しているが、千葉銀行以外に、京葉銀行、千葉興業銀行、三井住友銀行がパティシパント（参加金融機関）として参加している。

図表９－６　地域金融機関がLBOファイナンスを提供した主要バイアウト案件

年	案件名	投資会社	デット・プロバイダー
2001年	キリウ	ユニゾン・キャピタル	あおぞら銀行 足利銀行
2004年	明道メタル	フェニックス・キャピタル	第四銀行 商工組合中央金庫 協栄信用組合 新潟県信用保証協会
	新日化ポリマー （現ポリマープラス）	AIGグループが運営する投資ファンド	千葉興業銀行 日本政策投資銀行
2007年	LADVIK	Baring Private Equity Asia	八十二銀行 日本政策投資銀行
2008年	伸和精工	CITIC Capital Partners 地方銀行系キャピタル	八十二銀行 アルプス中央信用金庫
2014年	ソルプラス 安田製作所	ロングリーチグループ	東京スター銀行
2015年	夫婦岩パラダイス （現伊勢夫婦岩パラダイス）	日本産業推進機構	三重銀行
2016年	大将軍	ちばぎんキャピタル 刈田・アンド・カンパニー	千葉銀行 商工組合中央金庫
	ゆこゆこ	ユニゾン・キャピタル、 他2社	複数の地方銀行によるシンジケート・ローン
2017年	ヤマト ヤマトフーズ タカマツ	アスプラントグループ	千葉銀行 京葉銀行 千葉興業銀行 三井住友銀行

（注）　投資会社については、当該投資会社がサービスを提供もしくは運用・助言などに携わるファンドも含めて総称して「投資会社」と表記している。
（出所）　各種プレスリリースなどの開示資料（当時のものを含む）に基づき日本バイアウト研究所作成

図表9-7は、地域金融機関がLBOファイナンスを提供した上場企業の非上場化を伴う主要純粋MBO案件を示している。既存の取引行がデットを提供するケースも多い。

　地方の上場企業でも、資金調達の必要性が薄かったり、上場維持コストが重荷に感じたりすることで非上場化を企図する際に、エクイティ・スポンサーを招聘せずに経営陣主導で取引スキームを構築したいという需要も増えてくると予想される。また、ワイズマンの案件のように、劣後ローンや優先株式での投融資を行うメザニン・ファンドと地方銀行が連携し、地方の中堅上場企業の純粋MBOをサポートする動きも出てくると予想される。

図表9-7　地域金融機関がLBOファイナンスを提供した上場企業の非上場化を伴う主要純粋MBO案件

年	案件名	買収主体（出資者）	デット・プロバイダー
2006年	ヤギコーポレーション	経営陣	北國銀行 住友信託銀行 野村キャピタル・インベストメント
2007年	旭ダンケ	経営陣	北海道銀行 北洋銀行 旭川信用金庫 札幌銀行
2008年	全教研	経営陣	佐賀銀行
2009年	パブリック	経営陣	愛知銀行
2011年	ゴトー	経営陣	静岡銀行
	カラカミ観光	経営陣	北海道銀行
2012年	鐘崎	経営陣	七十七銀行
2013年	メガネトップ	経営陣	三菱東京UFJ銀行 三井住友銀行 静岡銀行
	ワイズマン	経営陣	【シニア・ローン】 北日本銀行 【劣後ローン】 MCo
2016年	ウライ	経営陣	京都銀行

（出所）　各種プレスリリースなどの開示資料（当時のものを含む）に基づき日本バイアウト研究所作成

図表9－8は、地域金融機関がLBOファイナンスを提供した未上場企業の主要純粋MBO案件を示している。日本政策投資銀行と共同で実施された案件も多いが、近年は、地方銀行が単独で組成するケースも出てきている。

　東京都民銀行は、モバイル・コマース・ソリューションの株式譲受を目的としたSPC（特別目的会社）であるモバコマに対して、MBO資金の融資を実行した。モバイル・コマース・ソリューションは、セブンシーズホールディングスの子会社として安定した業績を上げていたが、セブンシーズホールディングスが中核事業に経営資源を集中させるために株式譲渡を行った。

　第四銀行は、シャープ新潟電子工業のMBOの際に、シャープ新潟電子工業の事業内容や成長可能性などの事業価値を適切に評価して、主幹事としてMBO資金のシンジケート・ローンを組成した。シャープ新潟電子工業は、シャープの100％子会社としてLED照明器具などの事業を営んできたが、経営の自由度を高めて新たな成長を目指すために、経営陣・従業員による株式

図表9－8　地域金融機関がLBOファイナンスを提供した未上場企業の主要純粋MBO案件

年	案件名	買収主体（出資者）	デット・プロバイダー
2003年	赤穂化成	経営陣	中国銀行
2006年	ほようの宿ひみ	経営陣、従業員	【シニア・ローン】 富山第一銀行 【メザニン・ファイナンス】 日本政策投資銀行
	河北ライティングソリューションズ	経営陣、従業員	七十七銀行 石巻信用金庫 日本政策投資銀行
2007年	太洋電機産業	経営陣、従業員	常陽銀行 日本政策投資銀行
2010年	ダイヤ毛糸	経営陣	近畿大阪銀行 日本政策投資銀行
2015年	モバイル・コマース・ソリューション	経営陣	東京都民銀行
2016年	シャープ新潟電子工業	経営陣、従業員	第四銀行 新潟信用金庫

（出所）　各種プレスリリースなどの開示資料（当時のものを含む）に基づき日本バイアウト研究所作成

取得およびシャープ新潟電子工業による自己株式取得にてMBOが実施された。

事業会社が買収主体となる戦略的M&A案件において、地域金融機関がLBOファイナンスを提供した事例としては、図表9－9に記載の品川倉庫建物の案件が該当する。この案件では、松島産業が、SPC（SST）を通じて、品川倉庫建物の株式の公開買付けを実施したが、七十七銀行が、LBOファイナンスを提供している。

図表9－9　地域金融機関がLBOファイナンスを提供した戦略的M&A案件

年	案件名	買収主体	デット・プロバイダー
2009年	品川倉庫建物	松島産業	七十七銀行

（出所）　各種プレスリリースなどの開示資料に基づき日本バイアウト研究所作成

2 日本におけるLBOファイナンスの投資家層の拡大

(1)　日本のLBOファイナンスの投資家層

これまでの日本のLBOファイナンスの投資家層として比率が高かったのは、大手銀行（メガバンクや政府系金融機関を含む）、信託銀行であった。また、保険会社、ノンバンク、地方銀行も日本のLBOファイナンス市場に参加しているが、一部にとどまっており、この層の本格的な拡大が必要となる。さらに、将来的には、欧米のようなCLO（collateralized loan obligations）やローン・ファンドが登場したり、年金基金がLBOファイナンスの投資家として参加したりするようなドラスティックな変化も期待される。

図表 9 －10 日本のLBOファイナンスの投資家層

現在の投資家層	将来の投資家層
・大手銀行 ・信託銀行 ・証券会社 ・一部の保険会社 ・一部のノンバンク ・一部の地方銀行 ・メザニン・ファンド	・大手銀行 ・信託銀行 ・証券会社 ・保険会社　　　　　｝ ・ノンバンク ・地方銀行 ・信用金庫　　　　拡大が期待される層 ・県信連 ・年金基金 ・メザニン・ファンド ・CLO ・ローン・ファンド

(出所)　筆者作成

(2)　LBOファイナンス市場における地域金融機関の役割

　近年、LBOファイナンス市場における地域金融機関の役割が注目されているが、ここでは地方銀行が参入する領域について述べることとする。

　案件の規模の観点からは、二つの方向性がある。一つは、大手金融機関が組成する大型案件のLBOファイナンスのシンジケーションにパティシパント（参加行）として参加するというパターンである。もう一つは、中小型案件のLBOファイナンスへの関与であるが、シンジケーションにパティシパントとして参加するというパターンに加え、地方銀行が地域の案件を中心に自行でLBOファイナンスの組成を担うというパターンも有力である。大手銀行が参入していない小型のLBO案件が地方で成立するケースも増えており、この点は地方銀行が重要な役割を担っていく可能性が高い。

　地方銀行が自らLBOファイナンスの組成を行うケースについては、地方銀行が単独で組成するパターンと大手銀行と共同で組成を行うというパターンが存在する。また、将来的には、地方銀行がLBOファイナンスのシンジケーションのアレンジャーを務め、他の地方銀行、信用金庫、県信連などにセルダウンを行うような案件も増えていくと予想される。

図表 9 − 11　地方銀行のLBOファイナンスへの参入領域

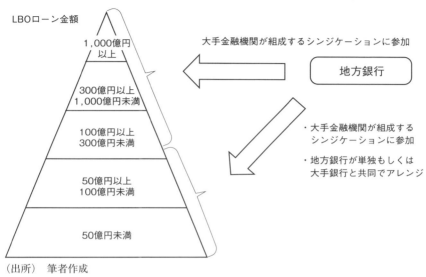

(出所)　筆者作成

(3)　日本のLBOファイナンス市場の課題

　最後に、日本のLBOファイナンス市場（レバレッジド・ファインナンス市場）の課題について述べてみたい。図表 9 − 13は、筆者が2007年 2 月に実施した「日本におけるLBOファイナンスに関するアンケート調査」において、自由回答方式により各回答者が記述したものであり、日本において健全なレバレッジド・ファイナンス市場が形成されるための課題を示したものである[3]。今から約10年前の調査結果であるが、現在の市場でも共通の課題と認識できるものが多数含まれている。

3　本アンケート調査票は、日本でLBO案件への投融資業務（シニア・ローンの提供、メザニン・ファイナンスの提供）を手がけている銀行（地方銀行は除く）、投資銀行、投資会社（投融資専門会社、メザニン・ファンド運用会社）、保険会社（生命保険会社、損害保険会社）、ノンバンク（リース会社、クレジット会社）を中心に合計100社に郵送し、43社より回答を得た。ただし、図表 9 − 13に記載の自由回答については、43社のすべてが回答しているわけではない。

図表 9 － 12　地方銀行によるLBOファイナンスのシンジケーションへの関与方法

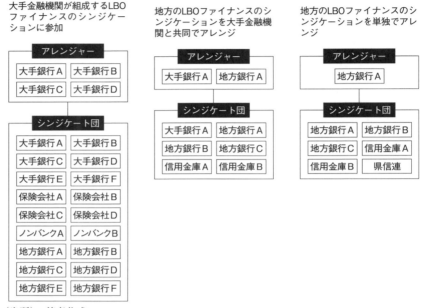

(出所)　筆者作成

　まず、「プライマリー市場での投資家育成」「多様な投資家の登場」「投資家の裾野の拡大（ハイ・イールド・マーケット、CLOなど）」「コーポレート・バリュエーションがしっかりできる投資家の育成」などの回答のように投資家層の拡大と育成があげられた。

　次に、レバレッジド・ローンのセカンダリー市場の創設・発展を望む意見が多かった。セカンダリー市場は、ローンの流動性の向上と適正な価格形成を促進させることから日本のLBOファイナンスの分野でも発展が期待されている。また、セカンダリー市場の発展は投資家層の拡大にも影響を及ぼすと考えられる。

　さらに、「M&A市場の拡大（プレーヤーの数に比べて案件が少ない）」「事業会社・株主の意識の変化（積極的なM&Aの活用）」「案件の数の増加」という

図表９−13　日本において健全なレバレッジド・ファイナンス市場が形成されるための課題（自由回答、順不同）

- 担保制度の充実（法制面・運用面とも）
- セカンダリー・マーケットの充実
- 投資家の裾野の拡大（ハイ・イールド・マーケット、CLOなど）
- M&A市場の拡大（プレーヤーの数に比べて案件が少ない）
- セカンダリー市場の創設
- プライマリー市場での投資家育成
- 担保事務の簡素化
- 多様な投資家の登場
- リレーションシップバンキングとLBOファイナンスの混同の排除
- ローンと社債市場の両方へのアクセスが可能となる環境
- オープンな情報開示の義務化
- イン情報・アウト情報の取り扱いの明確化
- ジュニア・ローンとメザニン・ローンの線引きの曖昧さの解消
- ローン・セカンダリー・マーケット市場の発展
- 貸手・借手双方の高いモラルと節度
（～ハイレバレッジ、～急成長モデル、～条件のコーポレート化、コベナンツなど）
- 事業会社・株主の意識の変化（積極的なM&Aの活用）
- メザニン・プレーヤーの増加
- 銀証分離の垣根の撤廃
- 採算を度外視した投融資の排除
- 適切なスプレッド形成のためのセカンダリー市場の形成
- コーポレート・バリュエーションがしっかりできる投資家の育成
- ドキュメンテーションの整備（コベナンツなど）
- スポンサー側とデット・プロバイダーの間に存する情報格差の最小化
- 案件ごとの相対比較を図るための格付取得
- レンダー・サイドのディシプリン（リスク・リターンを勘案した投資姿勢）
- スポンサー・サイドにおけるファイナンスの重要性に対する再認識
- 過度な担保やコベナンツがかからない条件の浸透が必要
- 相応の収益の確保
- 案件の数の増加
- 担保制度の整備
- リスク・リターンの健全な分析結果に基づくストラクチャー
- 優秀な人材が多く輩出されること
- M&Aバブルが正常化すること
- きちんとしたリスク・リターンのノウハウを身に付けること
- 適切な金利・手数料水準の設定
- ミドル・リスク・マーケットの確立・拡大
- 法制面（特に株式関連の）のサポート整備
- 案件数が少なくアレンジャー間の過当競争が激しく適切なターム、レバレッジ・レベルとなっていない。
- プロフェッショナルの育成（案件クローズという目的にとらわれず、デットの完済に主眼を置き、精緻なキャッシュフロー分析・ビジネス分析・ストラクチャー分析・リスク分析・それ以外に必要な分析を行い、効率的に丈夫なストラクチャーを提案し、それに基づいた案件の実施を誘導できるプロフェッショナルバンカーの育成が不可欠）

（注）　回答内容から個別企業名が特定可能な記述や特定のタイプのデット・プロバイダーに関する事項は除外した。
（出所）　杉浦慶一（2007）「日本におけるLBOファイナンスに関するアンケート調査—調査結果報告—」日本バイアウト研究所編『日本バイアウト市場年鑑—2007年上半期版—』日本バイアウト研究所, p.193.

回答のように案件の数が増加すること自体が必要であるという回答も多かった。「案件数が少なくアレンジャー間の過当競争が激しく適切なターム、レバレッジ・レベルとなっていない」という指摘もあり、需給関係が一致しておらず、レバレッジド・ファイナンスが活用される案件の飛躍的な増加が望まれる。

　そして、「リスク・リターンの健全な分析結果に基づくストラクチャー」「きちんとしたリスク・リターンのノウハウを身に付けること」「貸手・借手双方の高いモラルと節度」「採算を度外視した投融資の排除」「適切な金利・手数料水準の設定」「レンダー・サイドのディシプリン（リスク・リターンを勘案した投資姿勢）」「精緻なキャッシュフロー分析・ビジネス分析・ストラクチャー分析・リスク分析」などの回答に見られるように、健全なリスク・リターンの分析やレンダー側の意識が市場の健全な発展のために重要であるということが示された。

おわりに

　以上、日本のLBOファイナンス市場のレビューを行ったうえで、日本のLBOファイナンスの投資家層の拡大に向けた考察を行い、保険会社やノンバンクなどに加え、地域金融機関の役割が増していくことを指摘した。

　これから新たにLBOファイナンス市場に参入する金融機関にとっては、組織・体制の強化や人材育成が課題となるが、大手金融機関によるセミナーや勉強会へ参加することや、案件の経験を積んで社内人材を育成していくことに加え、大手金融機関でLBOファイナンスの実務経験を積んだプロフェッショナルを採用するという動きも出てくると予想される。

　近年、一部の地方銀行が本格的に参入する動きが出てきているが、地方銀行同士の合併や経営統合などの再編も進んでおり、資産規模の拡大を契機としてLBOファイナンス業務を強化する動きも出てくると考えられる。また、健全な市場発展に向けて、市場参加者の質的なレベルアップも求められるようになっていくであろう。

付　記

　図表9-13で示されたアンケート調査は、平成18年度東洋大学井上円了記念研究助成に基づいて実施されたものである。ここに記して深く感謝したい。また、ご多忙のなか、アンケート調査に回答いただいた企業の方々や本稿を執筆するにあたり貴重なコメントをいただいた実務家の方々にも、この場を借りて御礼を申し上げたい。

参考文献

大久保涼・鈴木健太郎・宮﨑隆・服部紘実（2014）『買収ファイナンスの法務』中央経済社.

笹山幸嗣（2010）「日本のレバレッジド・ファイナンスの特徴」杉浦慶一・越純一郎編『プライベート・エクイティ―勝者の条件―』日本経済新聞出版社, pp.85-99.

笹山幸嗣・村岡香奈子（2006）『M&Aファイナンス』金融財政事情研究会.

笹山幸嗣・村岡香奈子（2008）『M&Aファイナンス（第2版）』金融財政事情研究会.

笹山幸嗣・松村祐士・三上二郎『MBO―経営陣による上場企業の戦略的非公開化―』日本経済新聞出版社.

杉浦慶一（2006）「日本におけるゴーイング・プライベートを伴うバイアウト案件の特徴―案件の類型化と買収資金調達」『経営力創成研究』Vol.2, No.1, 東洋大学経営力創成研究センター, pp.171-184.

杉浦慶一（2007）「日本におけるLBOファイナンスに関するアンケート調査―調査結果報告―」日本バイアウト研究所編『日本バイアウト市場年鑑―2007年上半期版―』日本バイアウト研究所, pp.175-200.

杉浦慶一（2008）「日本におけるゴーイング・プライベートを伴うバイアウト―ワールドの戦略的非公開化の事例を中心として―」『年報経営分析研究』第24号, 日本経営分析学会, pp.72-79.

杉浦慶一（2010）「日本におけるLBO案件の最新動向」『オル・イン（for All Institutional Investors）』Vol.15, クライテリア, pp.44-45.

杉浦慶一（2012）「地域中小企業による事業承継ファンドの活用と地域金融機関の視点」『銀行実務』第43巻第1号, 銀行研修社, pp.85-92.

杉浦慶一（2014a）「地方銀行による事業承継支援業務とM&A支援業務の強化」『銀行実務』第44巻第3号, 銀行研修社, pp.60-66.

杉浦慶一（2014b）「地方銀行による地域密着型金融の推進とM&A・事業承継支援業務」『年報財務管理研究』第25号, 日本財務管理学会, pp.58-68.

杉浦慶一（2015）「地域金融機関によるプライベート・エクイティ・ファンドへの投資」『ニュープロップ』創刊号, 想研, pp.26-27.

杉浦慶一（2016a）「製造業のオーナー企業のバイアウトの動向─優れた技術を有する中堅・中小企業の事業承継におけるバイアウト・ファンドの活用─」日本バイアウト研究所編『続・事業承継とバイアウト─製造業編─』中央経済社, pp.83-95.

杉浦慶一（2016b）「小売・サービス業のオーナー企業のバイアウトの動向─多店舗型ビジネスの事業承継におけるバイアウト・ファンドの活用─」日本バイアウト研究所編『続・事業承継とバイアウト─小売・サービス業編─』中央経済社, pp.67-82.

杉浦慶一（2016c）「地方銀行によるプライベート・エクイティ・ファンドへの投資」『オル・イン（for All Institutional Investors）』Vol.39, 想研, p.43.

杉浦慶一（2016d）「地域金融機関にも広がるプライベート・エクイティ・ファンド投資の現状と課題─運用対象の多様化に加え、法人ビジネスとシナジーへの期待も背景に─」『週刊金融財政事情』Vol.67, No.39, 金融財政事情研究会, pp.38-41.

杉浦慶一（2017a）「中堅・中小企業の企業価値向上と地域活性化における地域金融機関の役割」『ニュープロップ』Vol.4, 想研, pp.42-43.

杉浦慶一（2017b）「投資家層の多様化が見られる国内バイアウト・ファンドの募集状況」『オル・イン（for All Institutional Investors）』Vol.44, 想研, p.57.

関雄太（2004）「アセットクラスとして注目を集める米国レバレッジド・ローン」2004年秋号, 野村資本市場研究所, pp.85-100.

関雄太（2005）「市場拡大を牽引するレバレッジドローン」『金融ビジネス』

No.244, 東洋経済新報社, pp.86-89.

中空麻奈（2006）「クレジット投資家にとっては格下げ・スプレッド拡大のリスク要因─ボラティリティを利用すれば収益機会にもなる─」『週刊金融財政事情』No.2705, 金融財政事情研究会, pp.16-21.

貫井弘道（2007）「レバレッジド・ファイナンスに関するアンケート調査─調査結果報告─」日本バイアウト研究所編『日本バイアウト市場年鑑─2007年下半期版─』日本バイアウト研究所, pp.58-86.

宮地直紀（2006）「拡大続く本邦レバレッジド・ファイナンス市場の現状と課題─CLO、投信などドラスティックな投資家の拡大を期待─」『週刊金融財政事情』No.2705, 金融財政事情研究会, pp.10-15.

吉永幹彦（2007）「日本のLBOファイナンス市場の動向」日本バイアウト研究所編『日本バイアウト市場年鑑─2007年上半期版─』日本バイアウト研究所, pp.85-94.

Robert S. Kricheff（2012）*A Pragmatist's Guide to Leveraged Finance: Credit Analysis for Bonds and Bank Debt*, FT Press.

Stephen J. Antczak, Douglas J. Lucas, and Frank J. Fabozzi（2009）*Leveraged Finance: Concepts, Methods, and Trading of High-Yield Bonds, Loans, and Derivatives*, Wiley.

参考資料

日本証券業協会「第2回社債市場の活性化に関する懇談会第2部会 資料（米国型レバレッジド・ファイナンスの実態と日本の社債市場に対するインプリケーション）」2010年.

Interview
LBOファイナンスを調達する
エクイティ・スポンサー側の視点

金融機関とのさらなる連携を目指して

東京海上キャピタル株式会社
取締役社長 マネージング・パートナー
佐々木康二氏

Q この20年間で取り組んできたバイアウト案件のLBOファイナンス活用比率についてお教え願います。また、LBOファイナンスの調達先はどのように決めているのでしょうか。

　当社は、過去一部の案件を除き大半の案件でLBOファイナンスを活用しています。LBOファイナンスを調達しない案件というのは、例えば、既存の銀行借入が適度なレベルにあり、経営陣からLBOではなく既存行との現状の取引関係を継続したいと要請されるようなケースですが、そのような場合既存のデットを引き継いで株式譲渡だけで完結することがありました。また、バランスシートの改善が課題という場合に既存行と協議を行いながら第三者割当増資という形で投資することもありましたし、店舗出店など連続的な設備投資を通じて売上・利益を拡大していくような投資案件でLBOスキームを使わなかったことがありました。

　LBOファイナンスの調達先の決め方ですが、基本的には複数の銀行から条件提示をいただいてそのなかで決めています。次にどのように候補を絞るかという点ですが、バイアウト・ファンドのLPになっている銀行からあらかじめこういうLBO案件があれば声がけしてほしいというご希望をいただいていれば、規模や条件や経験などを考慮に入れつつ優先的にお声がけすることになります。また、特定の銀行と一緒に案件を開拓するような場合では、その特定の銀行がLPであるかどうかに関わらず、ローンもセットで検討するということはあります。さらに、LBOファイナンスを行う段階で、対象会社の経営陣から既存行との関係を重視し

たいという要請があった場合には、その意向を尊重してお声がけをする候補に入れることもあります。

 LBOファイナンスのストラクチャーを組む際に注意していることは何でしょうか。また、大企業の事業再編のケースと中堅・中小のオーナー企業の事業承継のケースでは、LBOファイナンスにおける留意点は異なりますでしょうか。

　大前提として対象会社の償還能力を慎重に見極めて過度の負荷がかからないようにすることが大切です。一方で、レバレッジはバイアウト・ファンドのリターンの源泉の一部ですからできる限り多く活用したいと考えています。幸いにして、当社が過去手がけた案件のLBOファイナンスはトラブルになったことはありませんが、安定的なキャッシュフローを生み出して成長性もある案件であれば、自信を持ってレバレッジを高めに設定することはあります。

　一般的に、大型案件は、対象会社の管理体制がしっかりしていて経営陣も償還能力に自信がありますし、投資後も安定して力強いキャッシュフローが期待できることが多いので、金融機関も融資を出しやすいという傾向があるでしょう。

　一方、中小案件というよりもオーナー企業の案件の場合、案件ごとの個別性が高く、また取引動機もまちまちなのでLBOファイナンスを活用する際にも気をつけるべき点が多いと思います。例えば、売主であるオーナーがLBOを避けたがるという事例は少なくありません。ひとえに倫理観によるものですが、オーナー個人の利得のために残る会社に借金を負わせたくないという趣旨です。次に、守秘義務の話があります。銀行との共同開拓案件や少なくとも銀行経由でソーシングした案件であれば問題ないのですが、バイアウト・ファンドが独自に開拓した案件では、オーナーから株式譲渡のことは銀行も含め一切口外しないでくれとの要請を受けることがあります。LBOファイナンスは、株式譲渡契約を締結する前に同時並行で検討する必要がありますから、こうした場合は慎重に個別対応する必要があるわけです。

　最後に、中堅・中小のオーナー企業では、日頃社外に開示する前提で情報管理をしていないことが多いので、事業計画はもちろん現在過去の事業情報や資産精

査などLBO組成に耐えられるだけの情報が時間をかけても十分に収集・整理できないことがあり得ます。

Q LBOファイナンスでは、どれくらいの期間でリファイナンスが起こるのでしょうか。リファイナンスが可能かどうかは、景気や市場環境にも左右されるのでしょうか。

リファイナンスは、基本的にはバイアウト・ファンドの意向というよりも、投資後、対象会社から要請を受けて検討することが多いと思います。最初の投資時のLBOファイナンスは、バイアウト・ファンドが中心となりプロセスが進められますが、合併を含む一連の取引が完了した後には、銀行との接触は対象会社に移ります。LBOファイナンスはファイナンシャル・コベナンツの遵守など事業遂行上の制約を伴いますから、企業が成長する過程で当初想定していなかった設備投資やより自由に使える運転資金が必要となった場合は煩瑣な手続きが必要となりますし、業績が好調であれば経営陣がデットの調達コストの引き下げを検討することは合理的な判断であろうと思います。また、バイアウト・ファンドもチーム・メンバーが対象会社の社外取締役を兼ねる場合は会社に対する忠実義務を負いますから、リファイナンスに合理性がある場合はみだりに反対することもできない場合があります。ということで、リファイナンスをするかどうか、またリファイナンスまでの期間は案件次第ということになります。

リファイナンスの環境ですが、金融機関の融資姿勢は引き続き積極的で、総じて悪くないと思います。景気や市場環境というよりは、やはり個別企業ごとの業績や事業見通しから見て強気な提案を受けられる状態かどうかではないでしょうか。もちろん個別企業の業績は、景気や業界のマクロ要因と無関係ではありませんが、総じてバイアウト・ファンドが投資する企業は比較的景気の変動の影響を受けにくい企業が多いように思います。

Q 近年、地方銀行もLBOファイナンスに積極的になってきましたが、どのような関与に期待が集まりますでしょうか。

昨今地方銀行はバイアウト・ファンドへのLP投資を積極的に検討されていま

す。マイナス金利の金融環境の下、多少のリスクをとっても純投資としてリターンを狙うという考え方が広がっているのだと思います。一方で、オーナーの高齢化を背景とした中堅・中小企業の事業承継問題は全国的な課題になってきましたから、地域金融機関の使命としてお得意先の事業承継問題を解決するソリューション・ツールとしてバイアウト・ファンドを活用してみようという考え方も広がっているのではないかと思います。これらはバイアウト・ファンドとの関係を持って地場の有力企業に提案を行うといった営業政策的な投資ということになります。もしくは地場の案件に限らず、LBOファイナンスのシンジケーション案件に参加する機会を確保しようという政策もあろうかと思います。LBOローンの数は必ずしも多くはないでしょうが、通常のコーポレート・ローンよりもスプレッドも高い傾向もありますし、バイアウト・ファンドから見ても、新規案件のソーシング・ルートを広げ、また資金調達ルートも拡大できるというメリットも期待できますから、歓迎できる動きだと思います。

Q 最後に、今後も協業を行う金融機関の皆さまにメッセージをお願いします。

　当社では、これまでに21件のバイアウト投資を実行し、うち14件のエグジットを行いましたが、LBOファイナンスを活用するかしないかに関わらず、幸いにしてすべての案件でデットは無事に償還し、エクイティ面でもすべての案件で投資コストを回収したうえで、投資家にもそれなりにご満足いただけるリターンを実現していると思います。最近ある金融機関から、LBO案件は案件を審査すると同時にスポンサーも審査するようになってきたなかで、東京海上キャピタルは安心して取り組んでいけるスポンサーだと評価いただいたことがあり、大変光栄に思いました。今後も安心して取り組んでいただけるよう、信用を高めていきたいと考えております。

　また、金融機関の方々とはLBOファイナンス以外にも案件の開拓でも連携したいと考えております。大企業との接点も多い大手金融機関とは、事業部門のカーブアウト案件でご一緒していきたいですし、地域金融機関とは、各地域における事業承継もしくは成長投資を一緒に推進していけることを期待しております。

事業承継関連の案件は最近増加しておりますが、その出発点を分析してみると、実はオーナー社長一人の判断で決断されることはまれで、オーナーのご家族あるいは先代やその兄弟であるとか、あるいは会社のなかの人たちであるとか、いろいろな関係者と一緒に複合的な要素を判断したうえで初めて決断されているようです。その意味では、バイアウト・ファンドには分からないことを銀行の方々はよくご存じでもありますから、今後も協調して、案件を一緒に開拓していきたいと思います。

Profile

佐々木康二氏

東京海上キャピタル株式会社 取締役社長 マネージング・パートナー
1985年九州大学法学部卒業。1994年ペンシルバニア大学ウォートン校修了（MBA）。1985年株式会社日本長期信用銀行（現株式会社新生銀行）入行後、法務部門、M&Aアドバイザリー業務部門、香港支店にて勤務。1998年東京海上火災保険株式会社（現東京海上日動火災保険株式会社）入社と同時に東京海上キャピタル株式会社に参画し、バイアウト投資チームを立ち上げつつ一貫して投資業務に従事。数多くの案件で、案件開拓、投資実行・ハンズオン支援、回収交渉を担当し、現在に至る。

第 II 部

メザニン・ファイナンスの特徴と市場動向

第 10 章	・	180
第 11 章	・	200
第 12 章	・	217
第 13 章	・	233
第 14 章	・	251
第 15 章	・	269

第 10 章

メザニン・ファイナンスのプロダクツ

LBOファイナンスにおける劣後ローン・優先株式の構造

三井住友ファイナンス&リース株式会社　投融資部
部長　**渡邊健司**
部長代理　**有馬正悟**
副主任　**陳　億**

はじめに

「メザニン（mezzanine）」という単語を検索すると「中二階」という表現を多く目にする。その名が表すとおり、メザニン・ファイナンスとは、シニア・ローンとエクイティの間に位置し、リスク・リターンの水準もそれらの中間に位置するファイナンスの形態である。メザニン・ファイナンスは、コーポレート・ファイナンスやプロジェクト・ファイナンスにおいても活用されるが、本章では、LBOファイナンスにおけるメザニン・ファイナンス（本邦では、「バイアウト・メザニン」とも呼ばれる）の代表的なプロダクツである劣後ローン、優先株式について解説を行う。

図表10－1　バイアウト・メザニンとプロダクツ

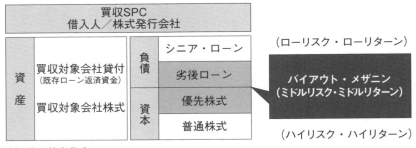

（出所）　筆者作成

劣後ローン

(1) 概　要

❶法的位置づけ

　LBOにおける劣後ローンは、シニア・ローン同様に証書貸付の形態で契約される債権で、その劣後性は、シニア・レンダーがメザニン・レンダーより優先して支払いを受ける旨を債権者間合意書などで合意する方法（債権者間合意方式）による相対劣後、あるいは買収SPC（本節では、以下、「借入人」という）に倒産などの一定の事由が発生した場合、劣後ローン債権の支払義務の発生についてシニア・ローン債権その他上位債権の完済を停止条件とする方法（停止条件方式）[1]による絶対劣後として構成される。相対劣後がシニア・ローンのみに劣後する手法であり、他の一般債権との間での優先劣後関係は発生しないのに対し、絶対劣後は、シニア・ローン債権以外の債権を含む上位債権すべてに劣後させる手法である。

❷活用目的

　劣後ローンを含むバイアウト・メザニンは、借入人の資金調達に際し、シニア・レンダーが対象事業を評価したうえで提供可能とするデット・キャパシティとスポンサー（バイアウト・ファンド）が拠出可能なエクイティの合計額が、買収金額に不足する場合にギャップを埋める資金として利用される。対象事業に一定のボラティリティがあるケースや買収価格が割高のケースなどシニア・レンダーのみではスポンサーが要求するデットを提供できない場面での利用が想定される。

(2) 劣後ローンの経済条件

　LBOにおける劣後ローンの元本は、基本的にシニア・ローン完済後に期

---

[1] 本文記載の停止条件方式のほか、劣後ローン債権は破産法上の劣後的破産債権（破産法99条1項）に後れるものとする合意を行う方式によっても絶対劣後の構成を設定することが可能である。

日一括で返済される。返済期日は、シニア・ローン満期日からプラス0.5〜1年となるケースが多いようである。

　劣後ローンのリターンは、一般的に金利とアップフロント・フィーにて構成される。金利は、Cash金利とPIK（payment-in-kind、繰延金利）金利に分かれ、Cash金利は利払日に現金で支払われ、PIK金利は利払日に金利相当額が繰り延べられ、元本返済時に一括して支払われる。かかる繰り延べられた金利相当額が元本に加算される複利方式として設計されることが多い。

　Cash金利とPIK金利の比率は、バイアウト・メザニンにおける重要な交渉条件の一つである。Cash金利として捻出可能なキャッシュフローは、買収価格や買収後のバリューアップ・シナリオおよび金利環境などの複数の要因に左右される。スポンサーは、PIK金利の比率を高めにすることで、期中の現金支出を抑え、キャッシュフローに余裕を持たせる意向を有していることが多いが、メザニン・レンダーはリスク軽減のためCash金利の比率を高くする意向が強い。そのため、劣後ローンの金利水準ならびにCash金利とPIK金利の比率は、案件ごとの事情を踏まえた個別性の高いものとなる。個別案件の事情、レンダーとスポンサーの条件交渉およびその時のマーケット状況に左右されることとなる。

(3)　優先劣後構造

　前述のとおり、シニア・ローンに劣後するストラクチャーは相対劣後と絶対劣後に大別される。

❶相対劣後

　本邦バイアウト・メザニンにおいては、相対劣後が主流であり、優先劣後構造を設定する方法としてシニア・レンダーとメザニン・レンダー、および借入人の間で債権者間協定を締結する債権者間合意方式がとられる。その結果、借入人の倒産時にメザニン・レンダーが受領した配当や、債権者間協定に違反して借入人がシニア・レンダーに返済すべき金銭をメザニン・レンダーに支払った場合はその金銭を、メザニン・レンダーがシニア・レンダーに引き渡すことでシニア・レンダーの優先性は確保されるが、一方でシニ

ア・レンダーはメザニン・レンダーの信用リスクを負担することとなる。

　債権者間協定では、シニア・ローンの回収を優先させることを取り決めるほか、具体的なキャッシュ・ウォーターフォールとして、シニア・ローンの利払いや元本返済、劣後ローンのCash金利などの弁済充当順位や、キャッシュ・スイープ（cash sweep）に関する規定も定められる。また、シニア・レンダーによるデフォルト宣告などの権利行使や債権保全をメザニン・レンダーが阻害しないように、シニア・ローンが完済されるまでメザニン・レンダーはデフォルト宣告を行う権利を有さず、借入人や対象事業に関する承諾事項の多くについてシニア・レンダーの意思決定に従うことが明記されるのも一般的である。さらに、EBITDA（earnings before interest, taxes, depreciation and amortization）、レバレッジ・レシオやDSCR（debt service coverage ratio）などの項目に一定の基準を設け、これに抵触するとメザニン・ローンのCash金利を繰り延べる規定も用いられる。

❷絶対劣後

　絶対劣後においては、借入人に倒産などの一定の事由が発生した場合、劣後ローンが、シニア・ローンを含む上位債権の完済まで弁済対象から除外されることとなる。ただし、借入人の倒産など停止条件が発生していない場合は、シニア・ローンと劣後ローンは同順位になるため、相対劣後と同様に劣後条件やキャッシュ・ウォーターフォールなどを規定する目的で債権者間協定が併用されるケースが一般的である。

　相対劣後は、絶対劣後に比べ、借入人の倒産時においてシニア・レンダーの回収額が多くなる可能性が考えられる。例えば、シニア・ローン70、劣後ローン20、その他一般債権（この例では劣後ローンに優先する上位債権）10の負債に対して、借入人倒産時の残余財産の分配原資が50のみのケースを仮定する。相対劣後の場合は、各債権者の按分によりシニア・レンダー35、メザニン・レンダー10、一般債権者5の分配となるが、債権者間協定に基づきメザニン・レンダーの10をシニア・レンダーに引き渡すことで、シニア・レンダーの回収額は45となる。

　一方、絶対劣後の場合では、借入人の残余財産50がシニア・レンダーと一

般債権者で按分され、その結果、シニア・レンダーは43.75しか回収できず、残りは一般債権者6.25、メザニン・レンダーは0の回収となる。

(4) **担保・コベナンツ**

❶担　保

担保については、メザニン・レンダーは原則として、シニア・レンダーが取得する担保のすべてに対しシニア・レンダーに劣後する第二順位の担保権を確保する。ただし、実務上は手続き面、コスト面、担保の実効性などの要因によりメザニン・レンダーの取得する担保が限定されることがある。シニア・レンダーがエグジット後、メザニン・レンダーが唯一のレンダーとなる場合において、メザニン・レンダーがステップ・インするためには、少なくとも借入人株式と借入人が所有する買収対象会社の株式に第二順位の質権設定を確保すべきであり、また換価性の高い資産の担保設定も重要と考える。

❷コベナンツ

コベナンツは、基本的にシニア・ローンとミラーになる。通常、シニア・レンダーの権利行使はメザニン・レンダーに優先するが、劣後ローンのコベナンツは、あくまでもシニア・ローンが先に完済され、劣後ローンが残される場合を想定し設定される。無論、シニア・ローン完済後はメザニン・レンダーのみがレンダーとなるため、シニア・ローンと同水準のコベナンツを要求するのが一般的である。もっとも、シニア・ローンのコベナンツのなかには、シニア・ローンのみを念頭に置いて設定されているものもあるため、劣後ローンのコベナンツとしては、その内容はシニア・ローンの場合より緩和されるケースもある。例えばDSCRやレバレッジ・レシオは、シニア・ローン契約では劣後ローンを含まない数値が設定され、劣後ローン契約ではシニア・ローン契約より緩和された数値が設定されることとなる。

(5) **エグジット**

借入人の業績が事業計画に対し順調に推移していくと、スポンサーは、当初締結したLBOファイナンスについて、コーポレート・ローンに近い形で

のリファイナンスを求めることが一般的である。その場合、金利の高い劣後ローンなどはリファイナンスと同時にキックアウトされることとなるため、シニア・レンダーによるリファイナンスは実質的にバイアウト・メザニンにおけるエグジットのメインシナリオとなる。リファイナンスのタイミングを計る指標としては、ネット・レバレッジ・レシオ（(LBOローン残高 − 現預金) ÷ EBITDA）がよく用いられ、ネット・レバレッジ・レシオがコーポレート・ローンの提供が可能な水準まで低下するとリファイナンスが行われるとされる。なお、メザニン・レンダーとしては、早期弁済が行われた場合においても最低限のリターンを確保するために、劣後ローン契約において早期弁済禁止期間の設定、あるいは一定期間における早期弁済について早期弁済手数料を設定するケースもある。

(6) 劣後社債

劣後社債は、劣後ローンと異なる社債の形態であるが、性質上は劣後ローンと同様である。劣後性も劣後ローンと同じく、債権者間合意方式による相対劣後、または停止条件方式の絶対劣後の形態が用いられる。

2 優先株式

(1) 概　要

❶法的位置づけ

劣後ローンに並ぶバイアウト・メザニンの主要なプロダクツとして、種類株式の一つである優先株式があげられる。種類株式とは、会社法第108条1項に定められる剰余金の配当、残余財産の分配、議決権の行使内容などについて権利内容が異なる2種類以上の株式が発行される場合の各株式を指すが、各種類株式のうちスポンサーが保有する標準的な内容の普通株式に対し、剰余金の配当や残余財産の分配について優先する種類株式が優先株式である[2]。優先株式は、買収SPC（本節では、以下、「発行会社」という）が優先株式の発行を行う旨の定款変更を行ったうえでメザニン投資家と引受契約を

締結し、また、普通株主であるスポンサーと優先株主であるメザニン投資家の権利義務を規定する株主間協定を締結したうえで発行される。

リターンは、劣後ローンのCash金利およびPIK金利に相当する、優先配当およびエグジット時の取得価額（以下、「買戻し価額」という）の設定により一定のリターンを確保できる設計とすることが多く、また、これは劣後ローンにも該当するが、新株予約権などエクイティ・キッカーを設定することでメザニン投資家にアップサイドの収益機会を設定するケースもある。

❷活用目的

優先株式は、シニア・ローンはもとより前節の劣後ローンに比べても劣後する性質を持つ一方、スポンサーの普通株式に対しては優先する構造で、無議決権とする方式が一般的である。バイアウト・メザニンとして劣後ローンでなく優先株式が用いられる理由は、スポンサーのレバレッジ効果を高めつつ、デット・エクイティ・レシオを適切な水準に抑えることでデフォルト・リスクを低減させ、財務の健全性を維持できる点にある。また、劣後ローンに加え、A種種類株式、B種種類株式などリスク・リターンの異なる複数のメザニン・トランシェを設けることで、最適なファイナンス・ストラクチャーを組成することも可能である。

(2) 優先株式の経済条件

❶リターンの設定

優先株式は、比較的自由度の高いリターン設定が可能であるが、引受先であるメザニン投資家はファイナンシャルな投資家も多く、アップフロント・フィーも含め当初定めた一定のリターン水準を一定の期間内で獲得することを志向する傾向が強いため、劣後ローンにおけるCash金利に相当する当初定めた利率による優先配当、およびPIK金利に相当するエグジット時の買戻し価額の設定によりリターンを構成するケースが多い。ただし、劣後ローン

---

2 会社法上では、「普通株式」「種類株式」「優先株式」という用語について明確な定義はされていないが、一般的に本文記載のような意味で用いられている。

と異なり、配当や自己株式の取得（以下、「買戻し」という）は会社法において分配可能額の範囲内に限定される財源規制があるため、当初から資本金をその他資本剰余金に振り替えするなど分配可能額を維持し、また案件検討時には分配可能額の推移についてもプロジェクションの分析が必要となる。

❷優先配当

通常、払込金額に当初約定した利率を乗じた金額が優先配当とされる。固定利率の場合は当初約定した利率、変動利率の場合は、TIBOR（Tokyo Interbank Offered Rate）やLIBOR（London Interbank Offered Rate）で定義されるベース・レートにスプレッドを加算した利率となり、払込金額に乗算することで優先配当額が決定される。

期中においては、利益の減少や赤字に伴い分配可能額が優先配当額を下回る場合は、当初約定した優先配当を全額支払うことができないこともあり得る。不足分が未払配当として繰り越され翌期以降に支払われる累積型と、繰り越されない非累積型があるが、バイアウト・メザニンにおいては累積型とすることが多く、これにより一定のリターンが維持される。また、優先株式配当に加え普通株式配当を受けることができる参加型と、普通株式配当を受けられない非参加型があるが、非参加型の採用が一般的である。

❸買戻し価額

優先株式においても劣後ローンのPIK金利に相当するリターンが存在する。優先株式は、後述の取得条項・取得請求権の行使により発行会社が買い戻すことがエグジットとなり、買戻し価額はPIK金利同様に、払込金額に約定した利率を期間に応じて累乗することで設定できる。また、優先配当の繰り越しによる時間的損失を回避するために、キャッシュフロー・ベースのIRR（internal rate of return、内部収益率）が当初約定した利率となる買戻し価額を設定することも可能である。

❹エクイティ・キッカー

優先配当や買戻し価額によるリターン水準がリスクに見合わない場合、新株予約権などエクイティ・キッカーによりアップサイドの収益機会を設定することもあり、トレード・セールやIPO時に普通株式に転換し、スポンサー

と同時期にエグジットする方式が考えられる。なお、エクイティ・キッカーは劣後ローンでも設定可能である。

　❺残余財産の分配

　一般的には、優先配当に加え残余財産の分配も普通株式に優先する設計であることが多い。分配金額は、取得請求権および取得条項の行使時における買戻し価額と同様に設定することで、PIKなどを反映した分配額を設定することが可能である。

(3)　**優先劣後構造**

　相対劣後による劣後ローンでは、シニア・レンダーとメザニン・レンダーによる債権者間協定により優先劣後構造を設定する必要があったが、デットではなくエクイティである優先株式は、株式会社の構造上、負債に対する劣後性が元々備わっている。一方、優先株式の配当による過度な資金流出や純資産の減少、優先株式のコール・プットオプションなどは、シニア・ローンの回収可能性にも大きく影響するため、シニア・レンダーは発行会社に対して、シニア・ローン契約において優先株式の条件を制限する必要がある。案件によっては、劣後ローンにおける債権者間協定に相当する関係者間協定を発行会社、シニア・レンダー、メザニン投資家間で締結する場合もある。

　また、優先配当および残余財産の分配については、支払順位がスポンサーの普通株式に優先する旨を定款および諸契約に定めることで、優先劣後構造を構築する。

(4)　**エグジット**

　優先株式はローン契約と異なり、満了を示す期日はないが、取得条項（コール・オプション）と取得請求権（プット・オプション）により実質的にエグジットの期日を設けることが可能である。エグジットのメインシナリオはシニア・レンダーのリファイナンス時における取得条項の行使であることが一般的である。優先配当と同様に、取得条項および取得請求権の行使についても、買戻し価額と未払いの累積配当額が分配可能額の範囲内である必要が

ある。

❶取得条項と取得請求権

　取得条項とは、発行会社が優先株式を取得できる権利で、いわゆるコール・オプションである。行使期間は払込期日以降、あるいは一定期間経過後に任意に設定される。取得対価は金銭を条件とし、買戻し価額は前述のとおりだが、早期に取得条項が行使されることを想定し、メザニン投資家が最低限のリターンを確保する目的で、劣後ローンにおける早期弁済手数料に相当する金額の上乗せをあらかじめ規定する場合もある。

　取得請求権とは、優先株主であるメザニン投資家が発行会社または発行会社の株主などに対して優先株式の取得を請求できる権利で、いわゆるプット・オプションである。シニア・ローン満期日の半年後など、任意に行使時期を設定することでメザニン投資家による主体的なエグジットが可能となる。その他の行使事由は、シニア・ローンの期限の利益喪失や財務コベナンツ抵触があげられる。取得条項と同様に取得対価を金銭として買戻し価額で行使する。普通株式対価の取得請求権が設定される場合もあるが、業績が著しく悪化した場合における議決権取得による経営への関与や転換後の普通株式売却によるエグジットなど異例な事態における行使が考えられる。

❷タグ・アロング権とドラッグ・アロング権

　スポンサーが普通株式を第三者に売却する際、メザニン投資家の優先株式を同時売却することでエグジットする方法もある。メザニン投資家がスポンサーに対して、自己の保有する優先株式を普通株式と併せて第三者に売却することを請求する権利がタグ・アロング権（tag-along right）である。これに対し、スポンサーがメザニン投資家に対して、普通株式と併せて優先株式を第三者に売却することを請求する権利をドラッグ・アロング権（drag-along right）という。これらにより、スポンサーは優先株式も含めたエクイティ全体の売却によるエグジットが可能となり、メザニン投資家はスポンサーのエグジットに取り残されるリスクを回避できる。

おわりに

　本章では、劣後ローンと優先株式の解説を行ってきたが、二つのプロダクツの主要な相違点について図表10－2に記載する。

　LBOにおいて、スポンサーはバイアウト・メザニンを活用することでより多額の買収資金を調達でき、これに加え、デットの劣後ローンとエクイティの優先株式を中心にリスク・リターンを柔軟に設定できることが大きな特徴であり、シニア・ローンとエクイティの間に位置する多様なリスク・プロファイルを持ったトランシェを構築することが可能である。バイアウト・メザニンは、案件ごとに異なるビジネスに、あるいは買収対象会社、スポンサー、シニア・レンダーなど各当事者の状況に応じた、最適なファイナンス・ストラクチャーの構築が実現できるプロダクツである。

図表10－2　劣後ローンと優先株式の比較

	劣後ローン（相対劣後の場合）	優先株式
法的形態	債権	株式
リターンの源泉	Cash金利、PIK金利	優先配当、買戻し価額の設定
利息・配当原資の支払制限	制限あり（利息制限法の範囲内）	制限あり（会社法上の分配可能額の範囲内）
元本の返済・取得原資の支払制限	制限なし	制限あり（会社法上の分配可能額の範囲内）
元本回収	通常は期日一括返済（ただし、リファイナンスによる早期弁済を想定）	取得条項・取得請求権の行使による一括回収（ただし、リファイナンス時の取得条項による早期償還、上場や第三者への売却を想定）
満期	あり	なし（ただし、取得請求権により実質的な満期設定が可能）
Cash金利・配当の繰り延べ	可能	可能（累積条項の設定）
保証	買収対象会社による連帯保証を設定可能	なし
担保	設定可能（株式質権などシニアに次ぐ第二順位）	なし（ただし、普通株式対価の取得請求権の設定が可能）
普通株式への転換	なし	可能（普通株式対価の取得請求権の設定）
議決権	なし	なし（無議決権株式を想定）
借入人/発行会社の株主総会決議事項に対する拒否権	なし（ただし、ローン契約のレンダー承諾事項により実質的な拒否権を設定可能）	可能（発行要項として、また、引受契約で実質的な拒否権を設定可能）
期限の利益喪失	あり（ただし、シニア・ローンに先行してデフォルト宣告はできないなど制限あり）	なし（ただし、取得請求権の行使事由にシニア・ローンのデフォルトを設定可）
譲渡制限	契約上の合意	定款または契約上の合意
残余財産分配	シニア・ローンに劣後（相対劣後）	すべての債務に劣後、普通株式に優先
エクイティ・キッカー	設定も可能	設定も可能
契約	金銭消費貸借契約、担保契約	引受契約（発行要項含む）
関連契約	債権者間協定、担保権者間協定	株主間協定、関係者間協定

（出所）　筆者作成

Interview
メザニン・ファイナンスの商品の多様性と投資家層

欧米から学ぶ日本への示唆

野村キャピタル・インベストメント株式会社
ファイナンス・ソリューション部　次長
草間茂樹氏

Q 日本のLBO案件においても、優先株式、劣後社債、劣後ローンなどのメザニン・ファイナンスが活用されてきましたが、メザニン投資家はどのような点に魅力に感じてどのような視点で投資を行っているのでしょうか。

　日本のLBO案件におけるメザニンの魅力は、昨今の超低金利と慢性的運用難のなか、プロジェクト・ファイナンス、航空機・船舶ファイナンス、不動産ファイナンスなどの、いわゆる「箱物」ファイナンスではなく、従来の国内企業向けの与信判断の枠組みのなかで検討ができ、かつ円建てで5～10％内外のリターンを期待できる希少な運用機会であるということが大きな魅力といえます。

　その商品性において、「優先株式」「劣後社債」「劣後ローン」のどの形態が選択されるかの決定要因については、特に決まったルールがあるわけではないと思いますが、欧米との比較においてここ数年特徴的である点は、特に中大型案件において、エクイティ性のメザニンである「優先株式」が用いられる例が多いということでしょうか。これに対し、欧米では「劣後社債」や「劣後ローン」などの負債性のメザニンがほとんどのようです。

　「優先株式」が選ばれる理由は、バイアウト・ファンド側の要請というよりも、シニア・ローンを拠出する日本の大手銀行側の要請によるところが大きいと思われます。日本の会計基準および大手銀行の与信基準上、LBOメザニンで用いられる、いわゆるデット性の優先株式は、負債ではなく資本としてカウントすることが可能なため、シニア・ローンを拠出する銀行としては、実行後のターゲット企

業の財務内容に鑑みた場合に、エクイティ性のメザニンであるデット性優先株式を組み込んだほうが、自己資本比率が高く見えるため、入札がヒートアップする局面では、バイアウト・ファンドの期待に応える形でレバレッジ上昇を許容しやすいということがあると思われます。なお、IFRSでは、デット性の優先株式は負債と見なされるため、メザニンに優先株式を採用するインセンティブは生じないと考えられます。

一方、最近件数が増加している中小型LBO案件では、大型案件のように入札でレバレッジがヒートアップすることも少なく、また商品設計の分かりやすさという意味でも、劣後社債や劣後ローンが用いられる場合が多いようです。なお、中小型LBO案件においても、買収マルチプルが高いケースやバイアウト・ファンドの1件当たりの投資金額の上限を超えるエクイティ資金が必要なケースなどでは、優先株式が用いられる場合もあるようです。

 米国では、バイアウト案件でメザニン・ファイナンスが数多く活用されており、そのストラクチャーや商品性も多様だとのことですが、どのような特徴がありますでしょうか。

米国LBOの市場構造は日本と全く異なるため、同じ目線で語るのは難しいですが、あえて比較してみます。

北米には、日本と比べてはるかに多くのバイアウトのフローが存在し、そこで生ずるLBOファイナンスのエクスポージャーのほとんどは証券化されることを前提に商品設計がなされています。

元々は、北米でもLBOファイナンスを商業銀行がそのターム部分まで引き受けていた時代がありましたが、過去の金融危機とクレジット・クランチの経験則から、金融当局がさまざまな規制や指導を行った結果、LBOローンを銀行のバランスシートから切り離し、証券化を前提とする方向性に変わって行ったという歴史があります。

なお、2013年には、過熱するLBO市場に対し、FRB（米連邦準備制度理事会）などが新たな「レバレッジド・レンディング・ガイダンス」を提示し、このなかで、Total Debt/EBITDAで6倍以上、シニア担保付負債総額または負債総額の半

分を5〜7年で返済することが見込めない案件などは、原則として商業銀行などがなるべく抱えないようにすることが示されています。

このような背景から、現在、北米では、主幹事団を形成する大手商銀や投資銀行は長期のタームのクレジットはほとんどとらず、短期かつ少額のリボルバーや少額の短期優先・有担保ポーションであるターム・ローンＡ（term loan A）のみを引き受け、残りすべてのターム部分はターム・ローンＢ（term loan B）と呼ばれる第二順位担保ローンで組成されます。ターム・ローンＢは有担保ローンでありながら、CLO（collateralized loan obligations）、ローンミューチュアル・ファンド、ヘッジ・ファンドなどのポートフォリオに組み込むことを前提とした機関投資家への販売を見据え、社債に類似した商品特性（譲渡制限なし、最低限の約定弁済（元本の１％未満／年）、LIBORフロア、ソフトなコール・プロテクション、軽微なコベナンツなど）にて組成されます。

さらに、ターム・ローンＢに加え、無担保のハイ・イールド債（high yield bond）が組み込まれることも多く見られます。

これらターム・ローンＢやハイ・イールド債は、少なくともリボルバーやターム・ローンＡに劣後しているため、総称して「メザニン」といえなくはないですが、そもそもターム・ローンＡやリボルバーはごくわずかであるのが通常で、レバレッジのほとんどはターム・ローンＢやハイ・イールド債で組成されるため、ターム・ローンＢをシニアと呼称する場合もあるようです。

なお、ターム・ローンＢやハイ・イールド債は既に述べましたように、その川下でCLO、ローンミューチュアル・ファンド、ヘッジ・ファンドなどのポートフォリオとして組み込まれ、さらにその後方でリパッケージされ、優先劣後構造を経た多様なリスク・リターン特性を有する金融商品として広く販売されるというのが北米LBO市場のダイナミズムであるといえます。

 欧州のメザニン・ファイナンスの投資家層についてお教え願います。

欧州LBO市場は、北米ほどの規模はなく、いまだ商業銀行などがLBOファイナンスの主要な引受先であり、日本とある程度似た市場といえますが、リーマン・

ショック以降、欧州でも銀行規制強化の流れを受け、米国同様にLBOローンを商業銀行がバランスシートで抱えづらくなる傾向が強まっており、ここ数年、欧州発の中大型案件で北米のターム・ローンB／ハイ・イールド債から調達がなされる事例や、欧州発のCLOの組成が増加するなど、いわば「米国化」現象が見られます。

　欧州のメザニンの特徴的な動きとしては、ここ数年、プライベート・エクイティ・ファームが「バイアウト・ファンド」とは別にいわゆる「デット・ファンド」を組成してメザニンを拠出する事例や、「ユニ・トランシェ型ローン」（優先ローンと劣後ローンを一つの契約書のなかで組み合わせたハイブリッド型ローン）が登場している点は興味深いです。

　これらの背景には、欧州もECB（欧州中央銀行）による金融緩和政策による過剰流動性を背景として、有意なイールドを生む運用先が慢性的に枯渇していることがその背景にあるといえます。すなわち、そうした巨額の流動性は、高い利回りを求めて、銀行セクターではなくプライベート・エクイティ・ファンドなどに集積していますが、プライベート・エクイティ・ファンドとしてはエクイティ投資先の発掘がこれに追いつかず、投資先をエクイティからメザニン（デット）に一部シフトさせる（メザニンに投資するデット・ファンドの組成）という現象が起こっています。このような動きは、銀行を介さず、投資家がメザニン貸出を行うことを意味するため「ダイレクト・レンディング」と呼ばれています。

　ユニ・トランシェについても、遠因は過剰流動性がもたらした「借り手優位」の状況にあるといえます。従来のシニアとメザニンで構成されるLBOファシリティでは、いわゆる債権者間契約（インター・クレディター契約）が不可欠ですが、借入人から見れば煩雑でリーガル・コストがかさむこれら別冊の契約間の調整を効率化したいとのニーズがあります。ユニ・トランシェは、形式上はあたかも１本のローン契約としつつ、優先劣後配分は当該契約内でシニアとメザニンの両貸付人間で調整が完結するよう契約を一本化したものです。投資家としてはシニア配分を受けるパートは主に銀行が、メザニン配分を受けるパートにはノンバンクやメザニン・ファンドが参加しているようです。

欧米のメザニン・ファイナンスの投資家層についてお教え願います。

　既に述べましたように、欧米のメザニン・ファイナンスでは、保険会社やノンバンクに加え、機関投資家と呼ばれるCLOやローンミューチュアル・ファンド、ヘッジ・ファンドなどがメザニンの主要な投資家層になっているといえます。さらに、それらの機関投資家は証券化を前提とするポートフォリオの構成要素としてそれらを購入しており、その背後でリパッケージ商品を購入している投資家の存在まで考えれば、投資家の裾野はさらに広がっているといえます。

　日本の場合、LBOでメザニンが用いられる案件の絶対数がまだ圧倒的に少なく、市場規模全体が、機関投資家がポートフォリオを形成し得るようなクリティカル・マスに達していないため、証券化前提のCLOなどの機関投資家はまだ存在していないと認識しています。また、シニアを相当程度保有する商業銀行の意向により、メザニンはごく限られた国内のメザニン投資家によるクラブ・ディールで組成される場合がほとんどであり、そもそも譲渡禁止となっている場合が大半であるため、海外の機関投資家がテクニカルに購入しにくいという状況にもあるといえます。

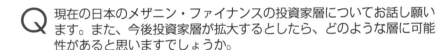 現在の日本のメザニン・ファイナンスの投資家層についてお話し願います。また、今後投資家層が拡大するとしたら、どのような層に可能性があると思いますでしょうか。

　現在の日本のLBOにおけるメザニン投資家は、主にメザニン・ファンドとそれ以外の国内機関投資家（ノンバンク、保険会社、一部の商業銀行など）の二つに分けられます。おのおのの特性としては、メザニン・ファンドは１社当たりの投資可能金額が比較的大きく、大型案件に柔軟に対応できる一方で、リターン目線はファンドであるがゆえにある程度の水準を確保する必要があるということがいえます。他方、国内機関投資家は１社当たりの投資可能金額には限りがある一方で、プリンシパル投資であるがゆえに案件に応じリターン目線をはじめとする条件面は、メザニン・ファンドに比較して柔軟に対応し得るようです。

また、メザニン・ファンドは、当該ファンドに投資する投資家が、Jカーブが浅くできる要因であるインカムゲインを期待してメザニン・ファンドに投資しているという側面はあるものの、ファンドであるがゆえに投資終了時の期待リターンの絶対水準自体が高ければ、よりエクイティ性の強いメザニン（例えば、期中に金利支払や配当のない「フルPIK」案件など）にも対応できるのに対し、ノンバンクや生損保などの国内機関投資家はデット性の強いメザニン（すなわち、期中に定期的にインカムがある商品性）を好む先が多いといえます。

　メザニンに投資する国内機関投資家の内訳としては、保険会社やノンバンクなどが主な投資家となっています。これは、自己査定やALM上求められる投資採算の観点で、保険会社やノンバンクは商業銀行に比べ、要求されるリターン水準が高いからというのが最大の理由です。さらに、日本のLBOローンのシニアは、ターム・ローンと同時にリボルバーをプロラタで引き受けることを求められる場合が多く、保険会社やノンバンクは頻繁に短期の出し入れが発生するリボルバーを好まないというのも、メザニンを選好する要因の一つといえます。

　今後の日本のメザニン投資家層の動向ですが、大企業の事業再編のスピードは今後さらに加速すると思われ、バイアウトの形態も欧米のように内外の事業法人と内外のバイアウト・ファンドがジョイントで投資するなど多様化していくことも想定されますので、案件規模と件数が多様化を伴い拡大する過程で、大型のメザニン投資の機会も増加する可能性があります。

　現在日本に存在するメザニン・ファンドの数は限定的で、仮に1件当たり500億円を超える案件が出てくると日本のメザニン・ファンドだけでは不足する場合も散見されるため、今後大型のメザニン投資機会が増えるに従い、新たなメザニン・ファンドが組成されたり、海外のメザニン投資家が参入してくる可能性もありましょう。

　他方、中小型案件でも、特に地方における後継者難・事業承継ニーズを主なドライバーとしてバイアウト件数が増加していることは、日本バイアウト研究所のデータからも明らかです。既に複数の先進的な地方銀行はLBOファイナンスのノウハウを修得しており、地元企業への与信に強みを持つこうした地方銀行がシニア・デットを積極的に供給することで、中小型案件でも高いバリュエーションの

案件が増えることで、メザニンの活用機会も増えつつあるといえます。

このような中小型案件では1案件当たり5〜20億円程度の少額のメザニンに一つのメザニン投資家が参加する例がほとんどのようですが、日本の地方企業には小規模ながら将来的に大きく成長する潜在能力を秘めた企業が多く存在すると思われるため、ポートフォリオという意味で、そのような小規模でも成長余地の大きい複数の中小案件に分散投資することにはそれなりの妙味があると思われます。

したがって、こうした中小型案件に特化して投資するメザニン・ファンドや、地方銀行がその関連会社などを通じ、自ら地方案件に特化したメザニン・ファンドを設立するような動きも今後は出てくると思われます。

上記の理由から、日本のメザニン市場は今後より多様化し、内外投資家に多様な投資機会を提供できる市場に成長する可能性を秘めているといえましょう。

Q 最後に、日本のメザニン・ファイナンス市場の将来展望についてお話し願います。

特にメザニン・ファイナンス市場のみに限定せず、むしろLBOファイナス市場全体について、国内外の多様なリスク・リターン性向を持つ投資家が、日本のクレジットに投資できる市場として育つことが望ましいと思われます。GDP対比で見た日本のLBOファイナンスの市場規模は欧米に比べまだ極めて低い水準にあります。

他方、冒頭に述べましたように、一概に比較はできませんが、超効率的な市場である米国では、産業再編のスピードが非常に速く、M&A活動とバイアウト・ファイナンスが両輪となって市場に多くの投資機会をもたらし、内外の多様な投資家からリスク・マネーを呼び込むことで、さらなる産業再編を促すという一種のエコシステムが完成しています。

日本でもM&A活動は近年非常に活発化してきているものの、バイアウト件数そのものの絶対数はまだ限られています。通常の国内企業向けの融資機会が減少傾向にあるなか、通常の企業与信に比べ比較的マージンの厚いバイアウト・ファイナンスは、希少な融資機会としてそのほとんどが国内の限られた大手商業銀行のバランスシートで吸収されてしまい、海外で見られるような多様なトランチング

により多様な投資家層にこれがマーケティングされることはまれであり、結果として現時点では極めてニッチで閉鎖的な市場となっています。

現在の日本のLBOファイナンス市場は、このように需要と供給がマッチしておらず、ここ数年組成されているLBOファイナンスの条件水準（レバレッジ倍率、マージン、融資期間など）は非常にアグレッシブなものとなっており、ある意味「世界で最も借り手優位な条件でレバレッジが引ける市場」になっているともいえます。

今後は、日本でもさらに産業再編のスピードが加速し、M&A活動がより活発化するなかで、プライベート・エクイティ・ファンドによるバイアウト件数が増加し、市場におけるバイアウト・ファイナンスのエクスポージャー自体も拡大するような時代が到来することを期待します。LBOファイナンスは、本源的には通常の企業与信に比べ負債比率の高いハイリスクなローンであるがゆえに、その残高が銀行セクターのバランスシートにおいて有意な残高となってくるような過程において、銀行のバランスシートによる間接金融から、より直接金融に近い形で、市場全体でそのリスクを吸収するような形になれば、メザニンの投資形態も多様化し、同時にそれは、直接金融であるがゆえに最初から流動性を担保された金融商品にならざるを得ないため、結果としてセカンダリー市場も相乗的に拡大することになろうかと思います。

Profile

草間茂樹氏

野村キャピタル・インベストメント株式会社 ファイナンス・ソリューション部 次長
1995年金沢大学経済学部卒業。1995年株式会社三和銀行（現株式会社三菱東京UFJ銀行）入行。日本および米国にて、キャピタル・マーケット、ローン・シンジケーション、ストラクチャード・ファイナンス業務に従事。2006年野村證券株式会社入社（同年野村キャピタル・インベストメント株式会社出向）。M&Aファイナンス（特にLBO/MBO）におけるシニア・メザニン・ファイナンスなどのオリジネーション、ストラクチャリング、セールス＆シンジケーションに従事。日本証券アナリスト協会検定会員。国際公認投資アナリスト。

第 11 章

メザニン・ファイナンスの特徴

リスク・リターンとそのバランス

トラスト・キャピタル株式会社
投資第一部長 **野村 健**

はじめに

　企業金融の領域において活用されるメザニン・ファイナンスには、大別してバイアウト・メザニンとコーポレート・メザニンが存在する。本章では、バイアウト・ファンドなどのエクイティ・スポンサーがバイアウトを行う際に、買収資金の資金調達の一手段として活用されるバイアウト・メザニン[1]に焦点を当て、その特徴やリスク・リターンの考え方について説明していく。

 バイアウト・メザニンの特徴

(1) バイアウト・メザニンの概要

　バイアウト・ファンドなどのエクイティ・スポンサーがバイアウトを行う場合、その買収資金として、投資対象会社の企業価値相当額と、デューデリジェンス費用、買収関連契約作成費用、融資手数料などの買収関連費用の合計額が必要となる。そして、企業価値は、当該投資対象会社の株式価値と、当該投資対象会社が負っているデットから構成され、株式価値相当額が買収時の株式取得対価として売主に支払われ、投資対象会社のデットが新たな

1　本章では、メザニンの総称を述べる場合を除き、「バイアウト・メザニン」を単に「メザニン」と表記する。

ファイナンスに再組成される。また、買収関連費用は、それぞれの役務提供者に支払われる。

バイアウトが行われる場合、通常、買収資金の資金調達として、エクイティ・スポンサーが自ら拠出するエクイティ、銀行ローンを中心とするシニア・ローン、メザニンの金額バランスや諸条件が各資金提供者との間で交渉され、決定される。こうして組成された買収資金に対する資金調達内訳を、キャピタル・ストラクチャーという。

メザニンは、キャピタル・ストラクチャーのなかで、エクイティとシニア・ローンの中間に位置するミドルリスク・ミドルリターンの資産クラスである。すなわち、シニア・ローンが相対的に適用金利が低い一方、投資対象会社の事業キャッシュフローや資産の売却代金などを最優先で返済に充当できるローリスク・ローリターンの資産クラス、エクイティが他のファイナンスの返済充当後に最劣後に資金化できることになる一方、残存価値がすべて上限なく帰属するハイリスク・ハイリターンの資産クラスであることとの対比において、その中間に位置するリスク・リターンの特性を持っている。

メザニンのリターンは、アップフロント・フィー、現金利息・配当、繰延利息・配当、エクイティ・キッカーの4種類があり、案件ごとにその全部または一部の組み合わせにより構成され、通常、全体でIRRが8〜15%になるように設計されることが多い。

アップフロント・フィーは、投資実行時点で支払われる手数料であり、シニア・ローンに対して支払われるアップフロント・フィーと同程度かやや高めに決められる。

現金利息・配当は、投資期間中定期的に支払われるが、投資対象会社の業績などが一定程度以上当初計画を下回り、シニア・ローンのコベナンツに抵触している状況では、シニア・レンダーとメザニン・ファイナンサー間の債権者間協定書（インター・クレディター）[2]での取り決めにより、当該状況の

2　メザニンが優先株式の投資となる場合、「債権者」ではないため、「関係者間合意書」と呼ぶことがある。以下、本章では「債権者間協定書」と総称して「債権者間協定書など」と表記する。

解消まで支払いが繰り延べられる。

　繰延利息・配当は、PIK（payment-in-kind）と呼ばれ、投資期間中には支払われず、期限時または元本の返済・償還時に、契約で定められた利率・配当率で投資期間中利息・配当が生じたものと計算して、一括で支払われる。

　エクイティ・キッカー（equity kicker）は、投資実行時点で割り当てられる新株予約権で、エクイティ・スポンサーが投資時点で引き受ける普通株式と同一単価で一定数の普通株式を引き受ける権利が付与されたものである。エクイティ・スポンサーが投資のエグジットとして株式公開やトレード・セールにより普通株式を売却する際に、エクイティ・キッカーの権利を行使し、取得した普通株式をエクイティ・スポンサーとともに売却してリターンを得る。このため、スポンサーとしての投資が成功裏にエグジットした場合のみそのアップサイドの一部を享受でき、失敗に終わってもその部分のダウンサイドはなく権利を放棄して終了する、という付加的なリターン要素といえる。

(2)　バイアウト・メザニンの活用ニーズ

　エクイティ・スポンサーは、キャピタル・ストラクチャーにおいて、レバレッジ効果を働かせて投資効率を向上させるために、自らが拠出するエクイティを抑えて、シニア・ローンやメザニンを活用する。ここで、シニア・ローンのみによるレバレッジに加え、メザニンも活用する場合の効用について、三つ例示する。

　一つ目は、エクイティ・スポンサーの投資効率のさらなる向上である。ローリスク・ローリターンの商品特性を持つシニア・ローンは、投資対象会社が有するキャッシュフロー創出力に対して許容できる貸出額に限界があるが、ここにミドルリスク・ミドルリターンの商品特性を持つメザニンを導入すれば、その分エクイティ拠出額を抑えることができる。投資後、投資シナリオ通り、またはそれ以上の企業価値の向上を実現できれば、シニア・ローンとメザニンのレバレッジ効果により、エクイティ・スポンサーはより少ない投資額で高いリターンを享受することができる。ただし、想定通りの企業

価値向上が果たせない場合には、シニア・ローンとメザニンのファイナンス・コスト（利息、配当）負担によりエクイティのリターンを押し下げ、最悪の場合は毀損する事態になることから、レバレッジが過度にならないよう留意が必要である。

図表11－1　キャピタル・ストラクチャー

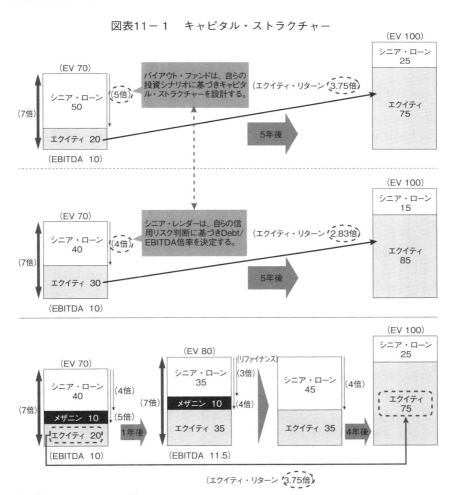

（出所）　トラスト・キャピタル

二つ目は、投資後のシニア・ローンの返済負担の軽減効果である。一般的に、バイアウトにおけるシニア・ローンは5〜7年程度の貸付期間を設け、その一部が分割返済、残りが期限一括返済となる。一方、メザニンはシニア・ローンより1年程度長いファイナンス期間を設け、全額が期限一括返済となるほか、ファイナンス・コストの一部もPIKとして期限まで繰り延べられる。バイアウトにおいては、経営権の交代により業績が不安定になるリスクや、新たな成長戦略、経営効率化など、エクイティ・スポンサーが提供するノウハウが成果を生むまで時間がかかるリスクがあり、特に投資直後においては事業計画を下回るリスクが相対的に高い。このため、シニア・ローンだけでなく、メザニンも組み合わせておけば、分割返済負担を抑えることができ、投資直後の不安定な事態に備えることができる。その後、業績の安定が見極められた段階でメザニンをシニア・ローンに借り換えるリファイナンスが行われるのはそのためである。

　三つ目は、バイアウト・ストラクチャーのなかでのメザニンの柔軟性である。一般的にシニア・ローン、メザニンといったLBOファイナンスは、買収SPCにファイナンスを行い、当該SPCを投資対象会社と合併させることにより、投資対象会社のキャッシュフローで返済していくスキームである。しかしながら、売主、経営陣、共同投資家がおのおのの考えにより過度な借入に難色を示すケースや、投資対象会社のビジネス上、過大な借入金が業績に悪影響を与えるケースなど、エクイティ・スポンサーの投資効率上必要なLBOファイナンスが十分に調達できないことがある。このような場合、その不足分について、メザニンは投資対象会社と合併するSPCのさらに上位の持株会社に対するファイナンス形態となることがある。これをホールド・コ・ファイナンス（holdco finance）といい、投資対象会社のキャッシュフローに直接つながっていないが、当該持株会社レベルでは、スポンサーのエクイティ拠出分がクッションになっていることから、メザニンの一種と考えられ、一部のメザニン・ファイナンサーでは実際に提供されている。

2 リスク・リターンの判断

(1) リスク・リターンのバランス

　メザニンは、ミドルリスク・ミドルリターンの資産クラスであり、エクイティとの対比において、バイアウト投資が成功裏に終わった場合のアップサイドの大部分を放棄する代わりに、各種リスクが顕在化し投資価値が毀損する時、エクイティからその価値が順次失われ、エクイティの価値が残存している限りメザニンの価値が守られる（これを「エクイティ・クッション」という）ことによってバランスをとっている。

　したがって、メザニン・ファイナンサーは、投資判断において、投資案件に潜むリスクの内容、その顕在化の可能性や投資価値に与える影響を考慮し、キャピタル・ストラクチャーのなかでのエクイティ・クッションが十分かどうかを検討のうえ、適正なリターンを要求するプロセスをとっている。

(2) 投資対象会社とスポンサーの投資戦略

　バイアウト投資では、起業から、成長、成熟、衰退、再生または破綻と推移する企業のライフステージのなかで、成長から成熟ステージにある企業が対象となることが多い。このような企業群においては、他のステージの企業群に比べて、事業基盤が確立され、利益やキャッシュフローを創出してきた実績を有しており、その業界内での一定の競争優位性のなかで将来への持続性も予見できることから、投資後におけるシニア・ローン、メザニンの償還能力が認められ、エクイティ・スポンサーがもくろむ株式価値の向上も予測しやすい投資領域ということができる。しかしながら、例えば成長ステージにあっても新規参入企業との競争の激化により単価や売上数量が下がり従来通りの利益を獲得できなくなったり、成長のための過大な設備投資により資金繰りに窮することもある。また、成熟ステージにあっても、代替商品や代替サービスの出現によりかつての競争力を失い、衰退に向かうリスクも存在する。さらには、景気循環や法律・規制の変更が事業に及ぼす影響は、業

種、さらには個別企業のビジネス・モデルにより異なる。

このように、バイアウトの投資対象会社は、安定した利益やキャッシュフローを創出する実績を持ちつつも、その持続性を脅かすリスクに直面していることもあり、重要な投資リスクとなり得る。

次に、エクイティ・スポンサーの投資戦略によっても投資リスクの度合いは異なる。バイアウト投資では、エクイティ・スポンサーは、経営権の取得により従前の株主とは異なる企業経営のプロフェッショナルの目で、成長の障害になっている課題、不採算な事業セグメント、組織の不効率な部分などを抽出し、経営陣、従業員や顧客などのステークホルダーの信頼や納得を得つつ、対策を立案し、不足する人材や資金などのリソースを投入して改革を行っていく。

しかしながら、経営陣の一部の交代や新たな人材の投入、組織の効率化によりかえって組織が混乱し、事業に悪影響が生じたり、成長の注力分野の変更が見込み違いで、かえって売上や利益を落としてしまうこともある。

スポンサーの投資戦略によって、成長が加速、または再成長し、企業価値が向上することで、シニア・ローン、メザニンが償還され、スポンサーも株式価値の向上を享受することが期待できるわけであるが、投資対象会社にとっては従来にない「大手術」であることから、もくろみ通りにいかなかっ

図表11－2　企業のステージとプライベート・エクイティ

（出所）　トラスト・キャピタル

た場合には企業価値が毀損するリスクをはらんでいる。このように、投資戦略の難易度にも留意が必要であり、重要な投資リスクになり得る。

(3) 想定投資期間と投資回収シナリオ

　バイアウトにおいて、スポンサーの想定投資期間は一般的に3～5年である。一方で、契約上のシニア・ローンの期間は5～7年、メザニンの期間は6～8年であるが、スポンサーの投資期間のなかで、投資対象会社の事業キャッシュフローにより順次返済が進み、一定の借入余力が認められた段階でリファイナンスが行われることが期待されている。あるいは、スポンサーのエグジットの局面において、次のスポンサーの資金調達によって返済される。

　つまり、メザニンにおいては、契約上の期限とは別に、事業計画と各種リスクから「想定」投資期間を設定する。例えば、投資対象会社のキャッシュフローが強固でスポンサーの投資戦略の成功可能性も高いと判断すれば、1～3年程度の短い想定投資期間を置き、逆にキャッシュフローに比べ設備投資資金が多額に必要となるような場合や、スポンサーの投資戦略の実現に時間を要すると判断する場合には3～5年程度の比較的長めの想定投資期間を見積もる。一般的に投資期間が長くなれば、景気の変化、事業環境や競争環境の変化は見通しにくくなることから、相対的に投資リスクは高いと認識することになる。

　次に、投資回収シナリオによるリスクの考え方がある。メザニンの投資回収には、大別して、リファイナンスによる投資回収とスポンサーのエグジットに伴う投資回収がある。前者は、事業キャッシュフローによるシニア・ローンの減債の結果、借入余力の発生に伴って生じるものであり、一定の投資の成果が生じれば最も期待できる回収イベントである。この場合、メザニンが劣後ローンや劣後社債で提供されていれば、借入余力の発生を持ってリファイナンスとなるが、優先株式の場合、取得条項による償還となり、借入余力に加えて投資対象会社の資本に分配可能額が十分に蓄えられている必要があるため、リファイナンスが可能な状況は限定され、その分投資リスクは

高くなる。一方、後者は、スポンサーが満足する株式価値の向上が実現できた段階でスポンサーとともにエグジットを迎えるケースであり、メザニンとエクイティの優先劣後関係から回収資金はメザニンが優先されるものの、タイミングとしては一部エクイティのリスクをとっているともいえる。また、ホールド・コ・ファイナンスの形態では、持株会社に事業キャッシュフローが生じないためシニア・ローンによるリファイナンスが生じにくく、エクイティ・スポンサーのエグジットが投資回収のメイン・シナリオとなることから、相対的にエグジットに関する投資リスクは高いといえる。

(4) メザニン・ファイナンスにおけるコベナンツ

　メザニンにおいても、シニア・ローンと同様に、投資価値毀損時のエクイティに対する回収の優先性を確保するために、コベナンツが定められる。主なコベナンツには、作為・不作為義務（オペレーショナル・コベナンツ）と財務制限条項（ファイナンシャル・コベナンツ）の２種類がある。前者は、資産売却や企業買収の制限、追加借入の制限、配当制限など、経営や事業の不安定化を回避し、投資リスクの増加を未然に防ぐ目的のものであり、後者は、レバレッジ・レシオの制限など、減債が想定通りに進まずリファイナンスのめどが立たなくなった場合や財務指標の悪化が顕在化した場合に、スポンサーによる追加投資や株式の売却による投資の終了を促すことで、債権保全を図ることを目的としたものである。

　その点、シニア・ローン、メザニンいずれも投資価値を守るために投資対象会社やスポンサーに制約を課すものであるが、企業価値が縮小していったときに、回収の優先劣後関係によりおのおのの投資価値が毀損するタイミングが異なることから、コベナンツに抵触した場合に投資対象会社やスポンサーに求める対処の判断が異なってくる。このため、回収の優先劣後関係のほか、コベナンツ抵触時の判断権の優先順位を定めるため、シニア・レンダーとメザニン・ファイナンサーとの間で債権者間協定書などが締結される。この権利調整、すなわち、企業価値が縮小し、シニア・ローンの債権保全は図れているが、メザニンの価値毀損が懸念される状況の時、メザニン側

から回収に向けた権利行使がどの程度できるかによって、メザニンの投資リスクは大きく変わってくる。もちろん、メザニンから投資の回収を求める場合にも、優先劣後関係からシニア・ローンの全額回収が前提となるわけであり、権利調整の補完としてメザニン・ファイナンサーによるシニア・ローンの買取権が建て付けられることもある。

(5) 金融環境

これまで、メザニンは、さまざまな投資リスクを抽出してリスク量を見極め、リスク・リターンのバランスを図っていると述べてきた。しかし、メザニンも金融市場のなかに存在している以上、そのバランスは絶対的なものではなく、金融環境の影響を受けている。

リスク面では、金融緩和時には、スポンサーの買収価格は相対的に高くなり、シニア・ローンも相対的に多く提供されるため、メザニンの活用シーンとしては、優先債権をより多く背負った状況となるし、買収価格が高くなる分、スポンサーが満足するエグジットのハードルも高くなり、メザニンの投資回収も制約を受ける。一方、金融収縮時には、その逆の現象が現れることになる。

リターンの面では、優先債権であるシニア・ローンとのバランスにおいて、金融緩和時にシニア・ローンの利率が下がれば、メザニンのリターンにも下方圧力がかかるし、金融収縮時には逆の現象が生じる。また、メザニン・ファイナンサー間の競争環境にも当然影響を受けることになる。

したがって、メザニン・ファイナンサーは、投資案件固有の投資リスクの見極めに加えて、金融環境や競争環境を加味して、一定の幅でリスク・リターンのバランスをとっている。

おわりに

日本では、バイアウト・メザニンが本格的に活用され始めて10年以上が経過し、その間、エクイティ・スポンサーの買収資金調達に大きく貢献してきたほか、メザニンのリスク・リターン検証の高度化によって、メザニン・

ファイナンサーだけでなく、シニア・レンダーやエクイティ・スポンサーとの間で、適正なリスクとリターンの役割分担を成し得てきた。また、その担い手もメザニン・ファンドのほか、銀行を含むさまざまな金融機関も取り組み始めるなど、プレーヤーは確実に増加し、一つのファイナンス形態として一定の存在感を示すに至っている。

しかしながら、欧米のようにバイアウト・メザニンが一つの金融商品として売買されるマーケットが存在しているわけではなく、シニア・ローンのようにシンジケーションが行われるケースも限定的である。このため、限られたプレーヤー自らが取り組んだバイアウト・メザニンなどとの相対比較のなかで、個別の案件のリスク・リターンを検討しているのが実情であり、広く投資家のリスク・リターン目線のスクリーニングを通しているとは言いがたい状況である。

今後、バイアウト・メザニンの適正なリスク・リターンを確立していくためにも、バイアウト・ファンドやシニア・レンダーがバイアウト・メザニンの効果をより理解し、その活用シーンが増えること、売買機会の拡充も含めた投資家層も増えることが期待される。

Interview

エクイティ・プロバイダーから見た メザニン・ファイナンスの活用の視点

メザニンとの協働による新たな投資アングルの創出

株式会社アドバンテッジパートナーズ
プリンシパル
市川雄介氏

株式会社アドバンテッジパートナーズ
ディレクター
西村隆志氏

Q まず、日本のメザニン・ファイナンス市場の変遷についてお話し願います。

市川 2000年代初頭のメザニン・ファイナンスは、現在ほど適合する案件は少なく、理論的な理解にとどまっていました。外資系金融機関や一部の保険会社、ノンバンクが手がけていましたが、プレーヤーの数は限られていました。その頃は、現在よりもM&A案件の獲得競争が激しくなく、価格が著しく高騰することは少なかったため、EV/EBITDAマルチプルは5～6倍が平均でした。したがって、シニア・ローンとファンド・エクイティで賄えることが多かったです。

その後、2000年代半ば頃より、複数のメザニン・ファンドが立ち上がるなどプレーヤーが増え、メザニン・ファイナンスの選択肢が急速に拡大しました。株式市場も好調で、大手金融機関もリスクをとってメザニンを提供していました。弊社がサービスを提供するファンドの案件においても、比較的大型の案件で、メザニンの活用機会が増加しました。

一方、リーマン・ショック後は、メザニンの活用機会は減少しました。これは、買収価格が下がったことと、金融規制が強まり、金融機関系のプレーヤーが減ったことの両面があります。また、メザニンの活用を前提に検討はしたけれども、結果的に投資に至らなかった案件もありました。例えば、バリュエーション

が高騰して、メザニンも入れて全体のファイナンス・パッケージを組成して検討したけれども、それでもオークションで負けてしまった案件というのが典型例です。廉価に買収できる案件では、ファンド・エクイティで賄えてしまってあまりメザニンが活用されない場合も多く、ある程度以上に高い価格になったため、ファイナンス全体のトータルリターンを下げたいケースでの活用が多いという傾向にあるかと思います。ただし、相対案件だからメザニンが必要ないというわけではありません。最初から高い価格を提示したからこそ指名していただけたという案件もあります。

直近は、買収価格の高まりと、メザニン・ファイナンスのプレーヤー増加により、再度活用が増加しています。

Q これまで手がけてきた案件では、どのような理由によりメザニン・ファイナンスが活用されましたでしょうか。

市川 買収総額が大きいためバイアウト・ファンドから投資できる金額に制約があるケースや、買収マルチプルが高い時にファンド・エクイティよりも期待リターンが低いメザニンを必要とするケースがあります。また、この両方に該当するケースもあります。

後者における狙いは、全体としてのファイナンスのトータルリターンを下げることです。期待リターンが、シニア・ローンは2％、メザニンは12％、ファンド・エクイティは20％とすると、買収総額からシニア・ローンでの調達額を引いた残額を、すべて期待リターン20％のファンド・エクイティで調達するよりは、12％のメザニンで一部調達したほうがファイナンス全体としての平均コストが下がります。よって、基本的にはメザニン・プロバイダーが入ったほうが、エクイティ・プロバイダーのリターンが上がりやすくなりますし、メザニンが入ることにより、案件全体で拠出できる金額が増加しますので、オークションで勝ちたいというようなケースには極めて有用です。

また、利益成長とファイナンスとの関係では、メザニン・プロバイダーが12％のリターンを期待するとして、調達がシニア・ローン：メザニンの比率が2：1で、5年間でシニア・ローンを半分返済する想定だと、5年後のシニア・ロー

ン：メザニンの比率は、1：1.76と逆転し、総額はあまり減りません。こういったケースでは、バイアウト・ファンドはリターンの源泉を、デットの返済より対象会社の利益成長に期待することになります。言い換えれば、思ったほど成長がなく、シニア・ローンの返済ペースが遅くて、デット・キャパシティが増えず、リファイナンスが難しい場合だと、エクイティのリターンが出にくいことになります。したがって、積極的にメザニンを使っていきたい案件は、比較的高い利益成長が安定して見込めるような企業になります。このような対象企業は、買収価格も高くなる傾向にあるので、調達の側面でもメザニンの必要性が強まります。一方、低成長だけれど業績は安定しておりLBO適性があるような案件において、オークションが過熱した結果メザニンで調達すると、リファイナンスができず、想定より投資期間が長期化したときに、エクイティのリターンが上がりにくくなります。そのような案件では、シニア・ローンとファンド・エクイティのみで頑張って、何らか事業面で想定が異なったときに投資期間を長めにして、デットの返済でもある程度のリターンを目指す余地を残したほうがよいという判断になることもあります。

西村　買収マルチプルが高い案件では、メザニンが入ることで案件が成立するケースもあります。例えば、買収マルチプルが10倍を超えるような案件において、対象会社のキャッシュフローから拠出可能なシニア・ローンのデット・キャパシティには限界があり、同様にファンドとしてもリターンの観点からエクイティ拠出可能額には限界があり、いわば買収に必要な調達額が不足している状況で、メザニンの活用により案件の実現に必要な全体拠出額が確保できるケースです。

　このように、メザニンの活用意義については、メザニン・プロバイダーとエクイティ・プロバイダーとの関係だけではなく、シニア・レンダーも含めた関係のなかで価値が生まれてきます。シニア・レンダーにとって比較的出しやすい業種・業態と出しにくい業種・業態がある一方、シニア・レンダーとしては積極的に出しにくいけれど、メザニンの見立てでは出せるというケースもあり、メザニン・プロバイダーがシニア・レンダーの不得意分野を埋めるという役割を果たしています。このように、エクイティ・プロバイダーがメザニン・プロバイダーの力をお借りする形で新たな投資アングルが生まれてきています。

Q メザニン・ファイナンスを活用しやすい業種というのはあるのでしょうか。

市川　前述のとおり、利益成長が見込める業種が検討の中心になります。そうすると、業種は必然的に限られてきます。IT系のサービス業はおおむね成長している会社が多いですし、ヘルスケアも安定的に成長する会社が多いです。また、店舗系のビジネスでは、良質なお店のフォーマットが確立していれば出店による成長は比較的見込みやすいので、高い成長性を有する外食チェーンなどは、利益成長率とファイナンスコストとの関係という観点でも、メザニンを活用しやすいです。

　一方、製造業で安定的なキャッシュフローを生み出しているけれど成長性はゼロというケースでは、LBOの適性はありますが、メザニン・ファイナンスの適性は低い場合が多いです。製造業でCAPEXと償却の両方が重いような業態だとフリー・キャッシュフローがあまり創出されないという側面もあります。過去に、製造業でもメザニンを活用したケースがありますが、比較的業績の伸長が見られるケースでした。

Q メザニン・ファイナンスには、優先株式、劣後ローン、劣後社債などの商品類型がありますが、どのような視点でスキームを構築するのでしょうか。

西村　メザニンの「商品性」については、シニア・レンダーの意向も強く働きます。優先株式には、「資本性」があり、エクイティの分類に入ってきますが、シニア・レンダーの立場で考えると、自己資本の厚みが求められるケースがあります。劣後ローンだと負債になってしまいますので、その辺りの要因が大きいと考えられます。また、多額ののれん（営業権）が計上され、のれん償却により自己資本が大きく毀損するリスクがあるケースでも、優先株式が好まれる傾向にあります。

Q バイアウト案件においてメザニン・ファイナンスを調達する際に気をつけるべき留意点は何でしょうか。

西村 対象会社に与える影響という観点では、メザニン・プロバイダーへのキャッシュ・クーポンをどの程度抑えられるかという点は重要なポイントです。トータルコストの議論も当然ありますが、キャッシュフローを勘案して、毎期のキャッシュ・クーポンの部分で対象会社に負荷がかかり過ぎないように設計することが大切です。あとは、優先株式のケースでの転換権の設計について、どのような場合に転換が発生するかを決めておくことは、エクイティ・スポンサー側からすると重要なポイントになります。

　加えて、リファイナンスの実現可能性の見極めも重要なポイントの一つになります。メザニンをExitまで継続して活用するケースもありますが、一般的には一定期間後にリファイナンスを実施することが多く、案件ごとのキャピタル・ストラクチャーや事業計画を踏まえ、一定期間後のリファイナンスの実現可能性をあらかじめ検討しておくことも重要です。

Q 最後に、今後も協業を行うメザニン・プロバイダーへのメッセージをお願いします。

西村 シニア・レンダーの方々も同じですけれど、メザニン・プロバイダーの方々も案件に対して同じ船に乗ってくれる方々であり、案件に対する見立てにおいて同じ目線を持つことが大切です。平時は問題ありませんが、苦しい局面にどのような話し合いができるかというところが結果的には重要になってきます。そのような局面でもきちんと話し合えるような信頼関係を構築するということが重要に感じていますので、今後もお互いを信頼しながら連携を継続したいと考えています。

市川 シニア・ローン、メザニン、ファンド・エクイティの全プロバイダーに共通することですが、とにかく日本のバイアウト市場が発展して、各社が多数の投融資をしているという状態が好ましいと考えます。案件が少なく各社が数社にしか投融資をしていないと、投資においてもExitにおいても引くに引けない状況が

発生しがちで、案件への見方も偏り、当然ポートフォリオの分散もできません。海外のプレーヤーはドライですが、一方で何百件と案件を経験しており、各社得意分野を持ち、相場観ができていて、ビジネスジャッジメントが速い側面があります。投資がうまくいっているときには何の問題も起きませんが、うまくいかないケースも一定の確率で必ず発生します。そういった場合の対応が、案件数が増えれば相場観ができてこなれていきますし、その相場観が投資時の判断や条件にも反映されると、より市場が成熟に向かっていくかなという気がしています。また、各プロバイダーが得意分野を持ち寄ることで、投資アングルが広がると思います。そこに向けて、お互い切磋琢磨して良質な案件を創出していければと思います。

Profile

市川雄介氏
株式会社アドバンテッジパートナーズ プリンシパル
一橋大学法学部卒業。大学卒業後、株式会社日本興業銀行（現株式会社みずほ銀行）入行。在日外資系法人営業を経験した後、金利・為替・原油・天候などの各種デリバティブズのセールス・マーケティング・ストラクチャリング・カスタマーディーリング業務に従事。みずほフィナンシャルグループ誕生後は、株式会社みずほ銀行にてM&Aを中心としたアドバイザリー業務のマーケティング、融資先再建計画の立案などに従事。2003年3月アドバンテッジパートナーズに参画。株式会社日本海水、クラシエホールディングス株式会社、株式会社東京スター銀行、株式会社メガネスーパー、イチボシ株式会社、株式会社ネットプロテクションズなどを担当。

西村隆志氏
株式会社アドバンテッジパートナーズ ディレクター
慶応義塾大学経済学部卒業。大学卒業後、オリックス株式会社投資銀行部門にて、企業投資業務に従事。再生案件やマネジメント・バイアウト案件を担当し、企業価値評価やエグゼキューション業務に加え、投資後の各種タスクフォースの立ち上げやプロジェクト・マネジメントなどの経営改善業務に従事。2007年4月アドバンテッジパートナーズに参画。株式会社クレッジ、ユナイテッド・シネマ株式会社、株式会社レイ・カズン、株式会社ネットプロテクションズなどを担当。

第 12 章

純粋MBOにおけるメザニン・ファイナンス

その意味合いと活用シーン

MCo株式会社
エグゼクティブディレクター　**長田貴男**

はじめに

　経営者の間では、自らが経営する事業をさらに成長させるためにとり得る手段としてMBO（management buy-outs）という選択肢があるという認識は広く知れ渡ってきているように思われる。しかしながら、MBOには、経営陣がバイアウト・ファンドをはじめとするエクイティ・スポンサー（以下、「スポンサー」という）と共同で実施するものと経営陣が単独で実施するものの大きく二つが存在すること、またそれらの特徴には大きな違いがあることに対しては、まだ十分な理解が得られているとは言いがたい状況にあるのではないかと筆者は考えている。

　本章では、まず２種類のMBOの違いを確認するとともに、後者（これを「純粋MBO」と呼ぶ）に焦点を当て、経営者・企業双方にとって純粋MBOを選択することの意味合いの整理を試みるのに加え、実際に行われている純粋MBOの具体的なイメージを紹介する。

「純粋MBO」の意味するもの

(1) MBOの目的と当事者

　企業を取り巻くステークホルダーとしては、経営者、従業員、株主、顧客、取引先などさまざまなものが存在するが、MBOというアクションの当事者となるのは、これらのうち株主と経営者の二つといえよう。

会社を所有するのは議決権を持つ株主、株主から委託を受け企業・事業を運営するのが経営者というのが両者の関係であるが、MBOによって実現されるのは「所有と経営の一体化」だといえる。「会社は誰のものか？」という議論がしばしばなされるが、MBOは「会社は経営者のもの」という状態を生み出す仕掛けであるといってもよい。

❶経営者が抱える悩み

　では、所有と経営の一体化によって何が得られるのか。通常、経営者は株主の期待（大きなものとしてあげられるのは株価の上昇や安定的な配当であろうし、あるいは会社としてのビジョンの実現といったこともあろう）に応えることを究極的な目標として事業運営にあたっているが、局面によっては株主の期待が経営者にとっては事業運営上望ましいものとは言いがたい状況も生じ得る。具体例としては、「将来の成長に向け戦略的な大規模投資が必要であるにも関わらず短期的な利益を重視する株主はそれを望まない」「事業運営にとって不安要素のない安定した株主構成が続いてきたなかで、一部の株主が第三者への株式売却を望んでいる」といったものがあげられる。株主から委託を受けて事業運営に当たる経営者にしてみれば、どこへ向かい、どうかじを切っていくか、大きな悩みを抱えることになる。判断を誤れば事業の行く末が危ういものになりかねず、かといって判断を先送りにすれば競争力を徐々に失ってしまうようなことも起こりかねない。

❷解決策としてのMBO

　このような悩みを抱える経営者にとっては、この局面を打開するうえでとり得る方策の一つがMBOということになる。もちろん選択肢はそれ以外にもあるだろうが、所有と経営の「分離」が悩みの根源である状況においては、その分離している状況そのものを解消し、株主の目指すものと経営者の目指すものを一致させることができるMBOは、本質的、かつ極めてパワフルな解決策であるといえよう。

(2) 経営者・企業にとっての純粋MBO

　MBOは経営者が買収主体になることは先に述べたとおりであるが、経営

者「のみ」で買収資金を調達できるとは限らない。通常、すべての株主から株式を買い取るにあたっては相応の資金調達が必要になるが、その資金の全額を経営者が調達できることはまれで、買収以降に対象会社が創出するキャッシュフローを返済原資とした銀行融資（LBOローン）で調達するのが一般的である。ただし、買収対象企業の業績がどんなに安定的であっても、必要資金のうち全額をLBOローンで調達することは現実的ではない。銀行の融資姿勢は事案によって異なってくるが、一定程度の資本性資金を用意するよう求められるのが一般的である[1]。経営者に十分な資力があれば困らないだろうが、資力に限界のある経営者（いわゆるサラリーマン経営者の場合はほとんどがこれに該当するだろう）は第三者、先に述べたスポンサーからの資金面での支援を要することになる。この不足分を普通株式で調達すれば、当然ながら経営陣の持分はその出資比率に応じたものとなる。MBOを通じて所有と経営を一体化するといっても、資本性資金の出し手の構成によって、経営者が確保できる議決権比率に違いが生じることはご理解いただけるだろう。

　筆者は、自身の議決権の確保に重きを置く経営者は相応に多いとの印象を持っている。弊社では、このような経営者の問題意識に応えるべく、資本性資金の調達の工夫によって経営者が100％の議決権を握るMBOを「純粋MBO」と呼んで区別し、その実現を弊社が運用するメザニン・ファンドからの資金提供を通じてサポートしている。

❶純粋MBOとメザニン・ファイナンスとの接点

　このように、MBOにあたって資本性資金の出し手は必要だが普通株式での出資の受け入れには抵抗がある、といった局面で登場するのが弊社のようなメザニン投資家である。経営者は、必要な資本性資金をメザニン投資家から無議決権優先株式（種類株式の一種、以下、「優先株式」と記す）で調達することで、資本調達（会計上の資本に算入される）と100％の議決権確保とを両

---

[1] 例えば、3割程度など。買収対象企業に豊富な資産があればそれを背景としてより少額で済むこともある。

立する純粋MBOを実現できることになる。

　参考までに優先株式の特徴について触れておくと、この種類株式は文字通り議決権がないことから企業のガバナンスには影響を与えない、すなわち経営者がすべての議決権を確保することが可能となるものである。ただし、普通株式に比べ、配当金を優先的に受領する、あるいは会社が解散したときに残余財産の配分を優先的に受け取ることができるなど、経済的な面で普通株式よりも優先的な分配を得られるという特徴を持つものである。

　もう一点、純粋MBOとメザニン・ファイナンスとの関わりという視点では、優先株式という形態のほか、劣後ローンという形態でのファイナンスも行われる点についても併せてご紹介しておこう[2]。上述のとおり、純粋MBOでは資金調達において資本性資金の調達に工夫を要する局面が多いが、資本性資金を十分に確保できた場合でも、LBOローンの調達のみでは不足するケースがある。その不足を埋めるため、メザニン投資家が劣後ローンを提供することもある。

　このように、純粋MBOにおいては経営者の出資による資本性資金と銀行からのLBOローンのみでは必要資金の調達が難しい局面において、優先株式あるいは劣後ローンで不足分を埋める役割を担うのがメザニン・ファイナンスである。

❷経営者にとっての純粋MBO

　MBO実現のための資本性資金の調達の際に、スポンサーとして頻繁に登場するのがバイアウト・ファンドである。バイアウト・ファンドは普通株式での出資を行う（大半のケースでは9割超の議決権を確保、経営者の出資比率は1割未満となる）にとどまらず、今後の成長に向けさまざまな支援を行い、数年後に保有株式を売却（エグジット）しリターンを得るのが基本的な投資スタイルである。この組み合わせは、例えば抜本的な事業構造改革を進める、これまで不十分であった海外展開を本格化させるなど、自社のみでは推進が容易でない取り組みにおいて、経験豊富なプロフェッショナルの支援の

2　劣後社債の形態がとられることもあるが、その機会は多くない。

必要性を認識している経営者にとっては有用であろうし、エグジットに際しても、バイアウト・ファンドとの関係次第では所望の株主構成を実現できる可能性もある。

経営者のなかには、資金不足ゆえにスポンサーの存在を必要とするものの、既に確立済みの十分な競争力や自らの強いリーダーシップを背景に、経営面に関わる第三者の支援を得ずとも安定した事業運営が可能であると考え、ほとんどの議決権をスポンサーが握ることに対して抵抗感を感じる人たちもいるだろうと思われる。このような経営者たちが、バイアウト・ファンドの出資を得て、議決権をバイアウト・ファンドに委ねながら支援を受ける代わりに、メザニン投資家から出資・融資を受けて経営陣がすべての議決権を確保し事業運営に当たろうという考えを持つに至ることは必ずしも不思議なことではない。

❸ 企業にとっての純粋MBO

前項では、純粋MBOの特徴を、MBOを志向する経営者にとって、「自らが議決権を確保できる」という視点で整理した。では、MBOの対象となる企業にとって、純粋MBOはどのような意味合いを持つことになるのであろうか。

経営陣がスポンサーから普通株式での出資を受けるケースを考えよう。スポンサーの持分が大きければ大きいほど、企業としての意思決定においてスポンサーの意向を強く意識することが求められることは容易に理解いただけることと思う。

また、将来の資本政策についても、スポンサーの意向が大きく影響することへの理解が求められる。スポンサーがファイナンシャル・インベスター（経済的な利益を目的とする金融系の投資家）であれば、一定期間経過後にはそのスポンサーはエグジットのために保有株式を売却する。スポンサーが事業上のシナジーを狙うストラテジック・インベスター（事業目的の投資家）であるとしても、スポンサーの状況次第ではやはり第三者への売却が起こる可能性がある。バイアウト・ファンドの協力次第では将来所望の株主構成を実現できる可能性があるとしたが、MBOを実施した企業にとっては、いずれ

図表12−1　MBOにおける資金調達と議決権比率

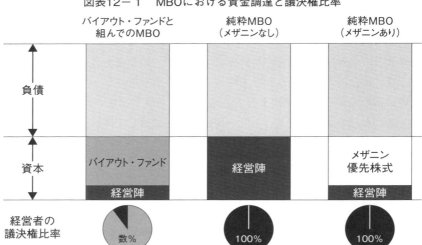

(出所)　MCo

にせよ新たな支配株主が登場する可能性をきちんと認識しておく必要がある。純粋MBOにおいては、すべての議決権を経営者が確保することから、新たな支配株主の登場といった企業の根幹に関わる事態は心配の必要がないことになる。

2 純粋MBOの実際

(1) 純粋MBOに向く企業の特徴と要件

経営陣がMBOに関心を持ったとしても、すべての企業においてMBOが可能なわけではないことは容易に推察できるだろう。先ほど、MBOを検討する経営者のなかには純粋MBOを望むケースがあるとしたが、筆者はもう一歩考えを前に進め、次の点を理解することが重要であると考えている。

・「MBOが可能」であることと「純粋MBOが可能であること」は同義で

はないこと
・純粋MBOが可能であるためには一定の条件を満たすことが必要であること

そこで、これらが理解しやすいように、MBOが可能な要件と純粋MBOが可能な要件について整理することとしたい。

❶MBOが可能な要件

MBOが可能な企業とは、どのような要件を満たす必要があるのか。大半のMBOでは、銀行からLBOローンを調達すると述べた。LBOローンの仕組みは本章では割愛するが、将来のキャッシュフローを返済原資とするローンであるという性質から、5〜7年程度にわたって一定の事業の安定性を期待できることが重視される。

事業環境の変化が生じやすく将来の見通しを立てにくい、売上や利益は確保しやすくとも毎期多額の設備投資を避けられない企業は、返済原資を確保しにくいという点でハードルが高いということになる。

また、対象企業の買収対価が高すぎないことも重要である。LBOローン、経営者自身の出資、スポンサーからの出資・融資（バイアウト・ファンドであれば求めるリターンを得られるだけの成長に導くことができるか、メザニン投資家であれば回収を問題なく見込むことができるか、という視点で投融資の可否を判断する）の組み合わせで調達できる範囲に買収対価を抑えることができれば、MBOが実現できることになる。

❷純粋MBOが可能な要件

純粋MBOはMBOのうちの一形態であることから、純粋MBO特有の要件も存在する。

バイアウト・ファンド主導のMBOとは異なり、純粋MBOでは引き続き経営者のみが対象企業の運営に当たることになる。環境変化が起きにくい事業であるとしても、経営者が外部の支援なしに安定した事業運営を継続できる能力を備えているかどうか、銀行やメザニン投資家はこの点を特に重視して

投融資の可否を判断している。

　もう一つ重要なのは、ガバナンスの仕組みである。議決権のすべてを握る経営者の暴走が起きないよう、合理的な意思決定の仕組みや体制が構築されているかどうかが重視されることになる。

　上記❶❷をまとめると、「純粋MBOに向く企業とは？」との問いに対する解は、次のように整理できることになる。

・安定したキャッシュフローを見込みやすい事業特性であること
・買収価格が高すぎないこと
・安定した事業運営、合理的な意思決定のできる経営体制が整っていること

(2)　純粋MBOの活用シーン

　MBOは会社のありさまを変える取り組みであり、一般には多額の借入金を負うものであることから、経営者にも相応の覚悟が求められる。筆者のこれまでの経験では、経営者によるこのような決断は、例えば次のような局面でなされているように感じられる。

・大株主の保有株式の売却意向を受け、現経営者が当該株式を含むすべての株式を買い取る局面
・オーナー企業において、親から子へ、あるいは非同族の次世代経営者への事業承継を行う際に、承継者に株式の所有を集中させる局面
・企業グループがノン・コア事業を売却しようとする際に、対象企業・事業の経営者が第三者への売却でなくMBOを志向する局面
・事業構造改革など、株主にとって短期的には必ずしもプラスになりにくい打ち手の実行にあたり、意思決定の迅速化を狙い経営者がすべての株式を買い取る局面
・資金調達や知名度向上などのメリットよりも配当負担や内部統制強化な

ど上場していることのデメリットを強く感じている上場企業の経営者が非公開化を選択する局面

このような局面において、経営者が議決権の確保を重視する場合には、純粋MBOが有力な選択肢になるといえよう。

(3) 純粋MBOの活用事例

経営者が純粋MBOを決断するまでには、自身が抱える悩みや課題をいかに解決するかについて、深い逡巡の時期があるものである。ここでは、本書の読者が具体的なイメージを持つことができるよう、二つの事例を紹介する。

❶Ａ社の例（オーナー経営者のMBO）

a．背　景

上場企業の非公開化を伴う純粋MBOである。父親が創業した事業を承継した二代目社長は事業拡大に成功、上場を果たす。その後は複数の大手事業会社から資本参加を受けるなど、安定した株主構成の下で順調な事業運営を続けていた。

b．契　機

契機となったのは、２割ほどを有する大株主からの、株式の売却意向の表明であった。当然ながら、Ａ社にとって、見知らぬ第三者が大株主となることは大きなリスクである。情報開示や内部統制など、上場していることによる負担に対し問題意識を持っていた社長は、この時点で非公開化を伴うMBOを考え始めた。

c．転　機

社長は、自身のみでは不足する資本性資金の調達のため、当初とあるスポンサーと組む想定でいた。ただ、当該スポンサーは普通株式での出資を前提としていたことから、協議の結果社長はこの枠組みでのMBOを断念するに至った。

d．実　現

　第三者の紹介を経て、社長は不足する資本性資金を、無議決権の優先株式で調達するという解決策に到達する。本件では、社長のみが出資する普通株式に加え、優先株式とLBOローンとを組み合わせて公開買付け（TOB）に必要な資金を調達することで、社長がすべての議決権を確保する純粋MBOが実現した。

❷B社の例（サラリーマン経営者のMBO）

　a．背　景

　創業者持分を含む全株式をサラリーマン経営者が取得するMBOである。設立時の創業者メンバーは既に引退、うち株式の過半を持つ1名は既に鬼籍に入り息子が相続、取締役に就任しているほか、他のメンバーは継続保有していた。

　b．契　機

　大株主である取締役が保有株式の売却意向を社長に伝達した。過半の株式が全くの第三者にわたるとなれば、事業面にも大きな影響が生じかねない。社長は漠とした不安を抱えることになりながら、その後特に進展はなく数年が経過した。

　c．転　機

　大株主である取締役から、買手が現れた、ついては株式の譲渡承認を、との申し出が会社になされたところから事態が動き出す。社長は接点のあるアドバイザーへの相談を通じ、MBOによる問題解決の可能性と出会うに至った。

　d．実　現

　経営陣は、外部からの普通株式での出資の受け入れは避けたいとの総意に到達。サラリーマン経営陣の出資のみでの資本性資金の調達は困難であったため、不足分を優先株式で調達、加えて銀行からLBOローンの融資を受けることで、経営陣がすべての議決権を確保する純粋MBOが成立した。

おわりに

　本章では、経営者が事業を次のステージに進めるうえでとり得る選択肢の一つとなるMBOを取り上げ、経営者がバイアウト・ファンドと組んで実施するもの、経営者が単独で実施するもの（純粋MBO）の二つに分類したうえでその特徴や違いを整理した。理解を得たいのは、それらは対立する概念ではなく、MBO対象となる企業・事業が置かれている環境や経営者の意向によって、適宜適切な手法を選択すべきという点である。事業環境の変化がますます速く、大きくなっている昨今、次の一手をどう打つべきか悩みを抱えている経営者にとって、本論文がMBOに対する理解を深める一助になれば幸いである。

参考文献

大畑康寿（2011）「事業再編型MBOと株式上場」日本バイアウト研究所編『事業再編とバイアウト』中央経済社, pp.77-106.

笹山幸嗣（2011a）「MBOとは何か」笹山幸嗣・松村祐土・三上二郎『MBO―経営陣による上場企業の戦略的非公開化―』日本経済新聞出版社, pp.11-39.

笹山幸嗣（2011b）「経営者はMBOをどのように進めるか」笹山幸嗣・松村祐土・三上二郎『MBO―経営陣による上場企業の戦略的非公開化―』日本経済新聞出版社, pp.40-58.

Interview
純粋MBOを実行する企業の特徴
強烈なリーダーシップを持った経営者の存在と事業の安定性

三井住友信託銀行株式会社
企業金融部
次長
古川知貞氏

三井住友信託銀行株式会社
企業金融部
M&Aファイナンスチーム
チーム長
南雲　道氏

Q 日本で純粋MBOを検討する経営者が増えてきた背景についてお話し願います。

南雲　景気が低迷した時期に株価も下落し、PBR（株価純資産倍率）を大幅に下回る上場企業が増えてくるなかで、その企業の資産に着目したアクティビスト・ファンドが株式を取得することがありました。そのようないわゆる「もの言う株主」の登場や敵対的買収リスクにさらされるという上場のデメリットを感じた経営者が非上場化を検討し始めました。また、上場を通じて知名度が上がることにより売上が成長していくようなビジネスではなく、B to Bの企業のように、ある一部の層に知られていれば業績が安定的に推移していくという企業もあり、知名度アップという観点で上場を維持していく必要がないと考える経営者の方々が増えてきたという背景もあります。そして、MBOには、バイアウト・ファンドの出資を受け入れて実施する方法もありますが、経営権を他人に渡したくないと考える経営者も多く、純粋MBOを選択する経営者が出てきたという側面もあります。

古川　やはりアクティビスト・ファンドを含む株式市場からのプレッシャーを排除したいという理由が一番大きいと思います。近年、「日本版スチュワードシップ・コード」や「コーポレートガバナンス・コード」が適用された影響もあり、上場企業の株式の保有に対する考え方が変わってきました。例えば、「コーポレー

トガバナンス・コード」の原則1－4では、上場会社に対し、いわゆる政策保有株式の保有に関する方針を開示するよう求めています。これを嫌って上場企業が保有する株式を売却する圧力が出てきますが、それを吸収する形でアクティビスト・ファンドなどに保有されると困るので、その受け皿となる一つの手段として純粋MBOを利用するということも増えてくると思われます。

Q 純粋MBOに向いている会社とはどのような会社でしょうか。いくつかの要件や属性をお話し願います。

南雲 　財務的な特徴としては、自己資本が厚く、借入余力の大きい企業が実施しやすいと考えられます。これまで実施されたケースでも、借入がないもしくはないに等しい企業が対象となることが多かったと思います。また、キャッシュフローの観点では、リスクをとる成長志向の企業よりも、どちらかというと長期にわたって安定的にキャッシュフローを生み出している企業が向いているのではないかと思います。純粋MBOを実行すると、今までにない有利子負債を抱えるような形になりますので、その有利子負債を返済し得るキャッシュフローを安定的に生み出さなければならないという観点からも事業の「成長性」よりも「安定性」が求められます。

　業種については、これまでの事例を見てみましても、大きな市場で稼いでいる企業というよりは、小さな市場で安定的に稼いでいる企業が多いという気がします。ニッチな産業財の製造業や、サービス業でもメンテナンス事業のように安定した事業の会社が多いのではないかと思います。一方、流行に左右されるようなアパレル専門店や外食チェーンなどのように一般の消費者を相手にする業態やビジネスは、キャッシュフローがブレる可能性がありますので、ブランド力など詳細な検証が必要となります。

古川 　地域的な傾向はないと思いますが、何となく地方企業のほうが純粋MBOに向いている企業が多いような気がします。当然、大都市圏にも業歴の長いものづくり企業はたくさんありますが、大都市圏ですと同じような事業を営んでいる企業が多く、競合が激しいのではないかと思います。一方、地方だと同じような事業を営んでいる企業が数社しか存在しないケースもあり、「安定性」の高い企業

が多いという印象があります。

　経営者の年齢については、若い経営者でも意欲のある方はチャレンジします。やはり経営者のやる気や資質が純粋MBOの重要な要素であり、強烈なリーダーシップを持った経営者がいることが一つの条件になります。MBOは、「所有と経営の一致」といわれるように、株主と経営者が一緒になることを意味しますので、自分で経営するという意欲がない限り、MBOの成立はあり得ません。

Q　純粋MBOの資金調達面に着目すると、優先株式、劣後社債、劣後ローンなどのメザニン・ファイナンスを活用した案件も見られます。ファイナンス・パッケージはどのように組むのでしょうか。

南雲　まず、経営者がエクイティをどれだけ拠出できるかというところから議論が開始されます。経営者が相当な自己資金を拠出できるような場合には、メザニン・ファイナンスは不要で、エクイティと銀行からのシニア・ローンのみでファイナンスが完結します。しかし、経営者が再出資できる金額が限定的なケース、現実的にはこのようなケースが多いとは思いますが、対象会社のキャッシュフローを見ながら、どれくらいのメザニンを入れる必要があるのかが検討されることになります。

　そして、メザニン・ファイナンスを活用する場合には、優先株式か劣後ローンかを選択することになります。キャピタル・ストラクチャーから見て、自己資本に厚みを持たせたほうがよいという判断があれば、優先株式でのファイナンスを検討します。

　リファイナンスや償還に関しては、優先劣後関係がありますので、シニア・ローンを先に返済するという原則があります。ただし、最近の傾向としては、現預金が蓄積されてきた場合や業績が堅調に推移している場合には、メザニンも含めて、シニア・ローンにてリファイナンスが行われるケースが多くなっています。

Q　上場企業の非上場化と伴う案件以外にも純粋MBOの活用の可能性がある局面はありますでしょうか。

南雲　非上場企業で純粋MBOが起こる可能性が高いのは、業績が安定している

社歴の長い会社で、特に株主構成が広く分散しているケースです。具体的には、相続で孫やひ孫にまで株式が分散していくことにより、株主総会で必要な決議を行うことができない可能性があるため対策を講じたい、というような局面です。その意味でも、非上場企業でも所有と経営の分離が進んでいる企業が純粋MBOを実行する可能性はあると考えられます。オーナー企業で、経営の承継は進んでいる一方で、所有が分散しており、現経営陣が経営を主導していく意欲がある場合にMBOを実施したいというケースは今後増えていくと予想します。

古川 加えて、オーナー企業の事業承継の際に次世代に承継させたいというときもMBOの活用が考えられます。MBOの手法を使うことによって、事業承継や相続に絡む問題を解決したいというケースです。そのような場合に外部資本を調達する方法としては、エクイティよりもむしろメザニンがマッチします。

Q 最後に、日本における純粋MBOの今後の展望についてお話し願います。また、どんなプレーヤーと連携して企業経営者のMBOをサポートしていきたいとお考えでしょうか。

南雲 ファイナンスを活用することによって、解決できる経営課題は多いと思います。純粋MBOというのは、経営者自身が資金を拠出することに加えて、外部よりメザニンやシニア・ローンを調達して、会社に有利子負債を背負わせることになりますので、どうしても最初はリスクが高いように見受けられてしまいますが、企業が成長していく余地もあろうかと思いますので、既存の安定的なキャッシュフローだけでなく、将来の成長も織り込んだストラクチャリングが重要です。意欲のある経営者の方々には、ぜひ相談にきていただきたいと考えております。

相談する先ですが、銀行でもいいと思いますし、メザニン・ファンドの方々にもご相談されるとよいと思います。再出資できる金額が少ないからというだけであきらめずに、純粋MBOに関わる方々に相談し、地道に進めていくのがよいと思います。純粋MBOは資金調達に課題があるケースが多いと思いますので、ファイナンス・ストラクチャーを構築できる方々に相談をしたほうがよいと考えられます。

古川 今後は、プライベート・バンキング（PB）のセクションも重要な役割を果たしていくと予想します。プライベート・バンカーを通じて得た情報から、当部のようなファイナンス部隊が手作りで案件を仕上げていく局面も増えてくると思います。純粋MBOは、多様なソリューションがあるなかでの一つの手段にすぎませんが、純粋MBOに魅力を感じた際には、ぜひ選んでいただければと思います。

　私どもが今後どんなプレーヤーと連携したいかについては、地方銀行の方々と協業していきたいと考えています。先ほども少し述べましたが、地方からMBOを実行したいというニーズは今後も出てくると予想します。地方銀行の方々も、中堅・中小企業の事業承継ニーズをくみ取っていろいろ動かれていますので、そのなかで、私どもが黒子に徹して、ファイナンスのストラクチャリングなどをお手伝いさせていただくことにより、純粋MBOを含むバイアウトの案件の創出を行っていければと考えております。

Profile

古川知貞氏
三井住友信託銀行株式会社 企業金融部 次長
慶應義塾大学法学部卒業。1993年住友信託銀行株式会社（現三井住友信託銀行株式会社）入社。営業店部での法人営業業務、本部での店部支援業務・営業企画業務などを経験後、2013年より投資金融部（現企業金融部）にてM&Aファイナンス業務に従事、現在に至る。

南雲　道氏
三井住友信託銀行株式会社 企業金融部 M&Aファイナンスチーム チーム長
青山学院大学法学部卒業。1999年三井信託銀行株式会社（現三井住友信託銀行株式会社）入社。支店業務、不動産業務を経験後、2012年より投資金融部（現企業金融部）にてM&Aファイナンスにかかるストラクチャリング、エグゼキューション、シンジケーション業務に従事。

第 13 章

コーポレート・メザニン・ファイナンスの活用機会とニーズの広がり

特徴と多様性について

みずほキャピタルパートナーズ株式会社
マネージング・ダイレクター　**伊藤　聡**
マネージング・ダイレクター　**田嶌邦彦**

はじめに

　メザニン・ファイナンスはその名称が示すとおり「中二階ファイナンス」であり、ファイナンス形態、使用されるシチュエーション、投資先企業におけるファイナンスの性格など、その切り口により異なる顔を見せる極めて多様性があるファイナンスである。それは非常に面白く使い勝手も良い一方で、投資家の皆さまには投資対象として理解しにくい面もあり、「再生案件に投資するのでしょうか？」「不動産メザニンは？」「エクイティ・リスクではないですよね？」などのご質問をいただくことも多くある。本章では、いわゆる買収案件のファイナンス・ストラクチャーで活用されるメザニン・ファイナンス（「バイアウト・メザニン」と呼ばれる）を除くメザニン・ファイナンスを「コーポレート・メザニン」と総称し、その特徴、活用に至る歴史や背景、メザニン・ファンドの役割について述べる。

コーポレート・メザニンの特徴

(1) ファイナンスの歴史と背景

　日本市場におけるメザニン・ファイナンスは2000年前後に登場したが、決して案件は多くなかった。その後、2005年以降にはバイアウト案件の増加に伴いメザニン・ファイナンスの案件が増加したことで、バイアウト・メザニンに対する認知が進み、それに追随する形でコーポレート・メザニンの実績

と認知度も上がってきた。

　メザニン・ファイナンスは、劣後ローン、社債、優先株式などの形態で、シニアとエクイティの中間でミドルリスク・ミドルリターンを狙う投資であり、買収案件で活用されるバイアウト・メザニンのニーズはシニアとエクイティのファイナンス環境によって、大きな影響を受ける。一方で、コーポレート・メザニンについては、企業のさまざまなステージでの資金需要および事業承継、資本政策などの経営課題解決に向けたニーズで活用されるため、ファイナンス環境の影響を大きくは受けず、比較的安定したニーズが常に存在する。

　コーポレート・メザニンのニーズでは、劣後ローンよりも優先株式が圧倒的に多く、資本性の資金を必要としているが議決権の希薄化を避けたいことが主な背景と考えられる。日本では、本業とは関係のない不動産投資や株式投資の失敗による資本棄損（きそん）への対応がファンド・ビジネスの始まりでもあったが、その後もデリバティブ取引の含み損、海外子会社への出資・貸付金の棄損への対応など、優先株式を活用した資本増強は最も歴史があり、認知度が高いコーポレート・メザニンである。

　また、オーナー色が強い中堅・中小企業では、オーナー一族が運営する別事業やオーナー一族個人に流出した資金が回収不能となり、対応に困った事業会社が第三者であるファンドのほうから資本増強もセットでオーナーへの損切りを提案して「説得してもらえないか」といった相当に踏み込んだ相談を受けることもある。

　このような歴史的背景から、資本増強というとやや後ろ向きの印象があり、コーポレート・メザニンは業績が悪化している企業への救済策のような間違った理解をされている感もあるが、最近の傾向としては事業拡大に向けた成長資金をメザニン単独ではなく、銀行と協働で支援するケースが増えている。具体的な内容については、次節にて説明するが、コーポレート・メザニンの活用手法はニーズの多様化、それに応えるストラクチャーの高度化を通じて、資金調達の選択肢の一つとして中堅・中小企業に対しても新たな資金の出し手としての存在意義が高まっている。

(2) ファイナンスのステークホルダーとプレーヤー

　メザニン・ファイナンスは平時には原則として議決権を持たないため、投資先の株主、経営陣が重要なステークホルダーとなるが、事業の不振や社内の不協和音、予期せぬ相続などで投資期間中に問題が発生する場合もある。

　対象企業の業界あるいは個別企業独特な慣習や習慣、株主構成、オーナー一族間の関係、メイン銀行との取引状況などをあぶりだし、想定されるリスクを早期に察知できるKPI（key performance indicator）の設定とモニタリングを組み立てて、リスク認知の際には早期回収が可能な商品設計を行うことがメザニンとしての一定の手当となるが、そのような手当てにとどまらず投資期間中のモニタリングを通じて、キーマンとの密なコミュニケーションを図ることが重要である。

　さらに、コーポレート・メザニンにおいて最も重要なステークホルダーは、投資先の取引銀行である。コーポレート・メザニンの投資先では既存の銀行構成や取引地位が変わるケースはほとんどなく、現状の銀行構成が維持される。メザニンによる資金は特定のニーズに基づき、有期限でもあるため、通常の運転資金は既存銀行で継続維持されることを前提とした投資となる。したがって、経常的な運転資金を支えるメイン行の支援方針の確認は必須である。

　コーポレート・メザニンは収益による償還を前提とするが、実態としては投資先の業績向上後にメイン銀行によるリファイナンスで償還されるケースも多く、償還のタイミングを把握するうえでも日頃から銀行の対象会社に対する評価や方針、実態債務超過額などの情報を把握しておく必要があり、円滑なリレーションは不可欠である。しかも、このポイントはメガバンクに限らない。地方案件の場合は地元の有力地銀が手厚い支援をしているケースが多く、オーナーやその周辺情報についても実態を把握しており、長年の取引関係から信頼も厚いものである。

　メザニンのプレーヤーについては、黎明期よりバイアウト・メザニンとコーポレート・メザニンの両輪で実績を積んできたメザニン・ファンドは規模も大きくなっているが、ニーズの全国的な広がりや案件規模の小型化の傾

向を受けて、新たに中堅・中小企業向けのコーポレート・メザニンに投資するプレーヤー（官製ファンドも含む）も出てきている。また、昨今では欧米で登場した「ダイレクト・レンディング（銀行やファンドではないノンバンクによるリスク性ファイナンスの提供）」が日本においても徐々に活動を始めている。プレーヤーの増加は認知度の高まりやマーケットの拡大に資するので望ましいことであるが、投資対象の企業規模も小さくなることから相対的にリスク値が高まる一方で、リスクに見合ったリターンをあまり追求しない低利回り、かつ諸条件が破格の条件で投資を行うプレーヤーとの競合も起こっている。

(3) ファイナンス・ニーズと代表的な活用パターン

❶成長戦略における資金調達

事業会社は創業期、成長期、成熟期いずれのステージでも成長戦略に必要な資金調達が発生する。具体的な資金使途は売上増に伴う増加運転資金、生産増強による設備資金、M&A資金などで、企業規模も上場、非上場も含めさまざまである。

なかでも創業期の成長資金は一般的にはメザニンのとるリスクとはならないが、創業からあまり時間をかけることなく事業を軌道に乗せて、早々に業容拡大を図るための設備資金や運転資金が必要となる状況で、メザニンの相談を受けるケースが増えている。取引銀行が企業の成長スピードについていけていない状況で起こるこの種の案件は、メザニンで支援する際にも慎重な見極めが必要となるが、しっかりとしたビジネスモデルを構築し、既に一定程度の収益実績を残している企業であれば、商品設計の工夫で検討し得るケースはある。

急成長している企業に共通しているのは担保となる資産は保有しておらず、収益の蓄積も不十分で過少資本、かつメイン銀行も不在のケースが多い。何よりも業歴が浅いため、いわゆる「信用力」の判定が難しいため、過去実績を超える大型の成長資金の全額を銀行調達するのはハードルが高く、コーポレート・メザニンを活用することは銀行調達の呼び水となるメリット

がある。

　成長資金の特徴として、企業側からするとメザニンを活用する際のコストは利益を蓄積するまでの時間を買うコストという考えがあるため、メザニンの高コストを負担することに抵抗感がない場合が多く、メザニン・ファンドとしてはリスクに見合ったリターンを得られる。しかしながら、おおむね事業計画通りの実績となった場合には、良くも悪くも銀行によるリファイナンスなどにより、早期に償還を受けることにはなる。

　また、成長資金はコーポレート・メザニンのなかでも相対的にリスクが高い投資となるため、やはり通常の運転資金を支える既存銀行のスタンス、取引方針の見極めが特に重要である。

　❷自己資本棄損における資本増強

　ファイナンスの歴史でも触れたが、過去の自己資本の増強ニーズといえば、本業は好調だが本業以外の不動産投資や株式投資、事業多角化の失敗などが原因であったが、最近では海外展開の失敗や在庫評価損、買収のれんの減損など、本業に関わるものが傾向としては多い。本業不振に起因するものは再生色が強く、一般的なメザニンの投資対象にならないが、対象になるとすれば、再生計画が軌道に乗ったタイミングもしくは、確実なコストカットなどでキャッシュフロー改善の蓋然性（がいぜん）が高い場合に限られるだろう。

　本業に大きな問題がない企業であり、バランスシート上の問題を資本性資金の調達で解消することが目的であれば、ファンドによるハンズオンを必要としないであろうし、支援する側も議決権への影響を及ぼす必要がないので、企業側にとってもメザニン活用の意義は大きい。ただし、利益による資本蓄積が必要なため、シニア・デットによるリファイナンスは早期には実施されないだろうから、投資回収までは一定程度の時間は要する。したがって、中長期にわたり安定したキャッシュフローが見込める業種・業態であることの見極めは必要である。

　❸事業承継における資金調達

　企業オーナーの高齢化が進み、ようやく戦後設立された企業オーナーの事業承継に絡む案件がここ数年で活発化している。

かつては事業の承継といえば、次世代の親族への承継が一般的であったが、最近では親族内に後継者が見当たらない、または親族の後継者候補がいたとしても、経営を任せる力量がないと判断されて、外部の第三者への売却を模索するケースも少なくない。

　事業承継に関わるコーポレート・メザニンを活用するケースの一つとして、後継者による純粋MBOと呼ばれるスキームがある。後継者が出資して設立したSPCが資金を調達して、株式を買い取り、その上で対象会社とSPCを合併して、対象会社のキャッシュフローで株式買取資金を返済するスキームで、後継者が準備できる少ない自己資本とシニア・ローンとの足らずを埋める資金が発生した場合にメザニンが活用される。

　後継者が個人で十分な買取資金をエクイティとして準備できるのはまれで、シニア・ローンに加えて、優先株式を活用したファイナンス・ストラクチャーを提案する機会は多い。後継者にとっては少ない自己資金で株式の取得が可能となるメリットがあるが、純粋MBOを実現させるファイナンス・ストラクチャーの構築には、後継者の資質や経営手腕が問われる。

　一方で、純粋MBOの意義や目的については、分散した株式の集約をしたい、経営に関与していない創業家保有の株式を買い取りたい、マイノリティ大株主の売却意向に対応しなければならないなど、不安定な株主構成の下での運営を余儀なくされている状況に起因する目的が多いのが実態である。

　事業承継に絡む案件では関係当事者が多く、資金調達におけるファイナンス・ストラクチャーだけにとどまらず、個人・法人の複数関係当事者の税務面も考慮に入れたスキーム構築が重要である。

2 コーポレート・メザニンの活用事例

(1) A社の事例（成長資金調達）

❶事例の前提

　未上場企業のA社は飲食チェーンを営み、3年後に株式上場を目指し事業展開中である。主幹事証券会社からは、現計画ベースでの上場も可能との提

案を受けるも、オーナー社長としては株式上場時の時価総額の増大を狙い、過去前例のない規模での事業拡大を企図している。業種柄、成長するには店舗出店が必須であり、そのためには出店資金を確保しなければならないが、メイン行は慎重姿勢である。

❷銀行の審査目線

過去業績と著しく乖離(かいり)した計画は蓋然性の判断が難しく、銀行リスクの許容範囲に収まりにくく、対応困難である。

❸メザニン活用による効果（対銀行）

銀行としては優先株式（メザニン）が導入されることにより信用リスク上の大きなクッションができるため、計画の下振れリスクをとりやすくなる。結果、図表13-1のように単独では支援できなかった案件が取り組み可能となる。

❹メザニン活用による効果（対A社）

資金調達コストは高いものの、優先株式を活用することで銀行貸出も含めた資金調達が実現可能になる。本来の実力を鑑みれば、数年かかると推察される規模の資金調達が一括で行えるため、メザニン・コストを対価に「時間を買った」という考え方もできる。また、優先株式は議決権を付けない設計が可能であるため経営権を脅かされる心配がない。

❺Exit

資金調達を実現し、結果、企業成長したことにより得た利益による償還（返済）や、増加したキャッシュフローを前提としたリファイナンスによりExitすることを想定する。メザニンの本来的な機能を鑑みれば、銀行借入の返済が終わった後にメザニンの償還（返済）となるが、実務上はコストの高いメザニンが最初に返されるケースも散見される。ただし、前提として取引銀行の同意を得ることが必須である。

❻ポイント

成長著しい会社は実績に乏しいため、銀行から期待通りの支援が受けにくい。一方で、成長スピードを落としたくない、むしろさらに加速させたいという経営者にとって「時間を買う」という視点からすれば、メザニン・コス

図表13-1　A社のスキーム

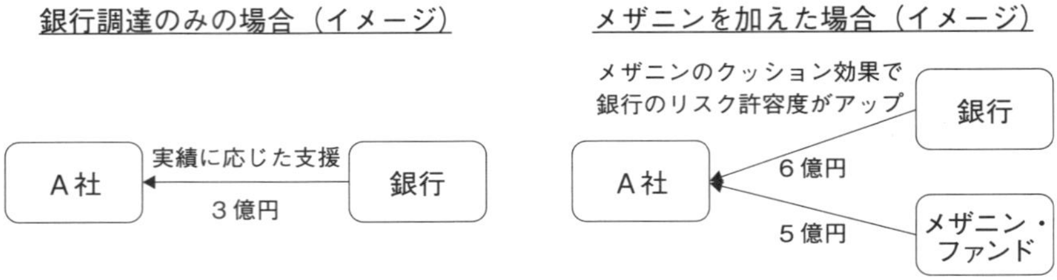

銀行調達のみの場合（イメージ）　　　メザニンを加えた場合（イメージ）

A社 ←実績に応じた支援 3億円— 銀行

メザニンのクッション効果で銀行のリスク許容度がアップ

A社 ←6億円— 銀行
A社 ←5億円— メザニン・ファンド

（出所）　みずほキャピタルパートナーズ

トが必ずしも高くないと判断されるケースもある。なお、本事例では、優先株式を活用しているが、対象会社の自己資本の水準によっては劣後ローンで対応するケースもある。

(2) B社の事例（資本増強）

❶事例の前提

未上場企業のB社は主業の製紙事業が順調ながら、従業の食品事業が不振な上に、過去の過大投資により借入負担が重くリスケ状態が継続中である。このような状況がゆえに、銀行は運転資金の折り返しには応じるものの、与信純増となる新規貸出が困難な状態である。B社は資金繰りをギリギリの水準で回している状況で、予期せぬ事象があると資金繰りが詰まるリスクを常に抱えている。

❷銀行の審査目線

従業の食品事業は恒常的に赤字を垂れ流しているため、食品業に関わる資産の一部は銀行評価上、減損扱いとなる。結果、P/Lは全体では順調に推移するも実質債務超過先と認定されており、格付は要管理先に分類される。財務の安定性に欠けるため、細心の注意を払って取引をしている状況である。

❸メザニン活用による効果（対銀行）

銀行取引を正常化するためには実質債務超過の解消が必須である。優先株式による増資を行うことで自己資本が増加し、実質債務超過は解消する。

P/Lは順調であるため、結果、格付を正常先に変更することが可能となる。以降、通常の取引が可能な状況になる。

❹メザニン活用による効果（対B社）

優先株式増資により、資本・現金ともに増え、苦しかった資金繰りが解消されるとともに銀行取引も正常化する。格付の見直しに伴い貸出金利は低下し、新規借入も徐々に可能となる。滞っていた設備投資にも資金が回るようになるため、食品事業の赤字解消に向けた抜本的な改革の立案・実行もようやく着手できるようになる（図表13－2参照）。なお、成長資金事例と同様、優先株式は議決権をなしの設定とすることで既存株主への直接的な影響は避けられる。

❺Exit

償還後の実質自己資本が償還前を下回らないことが一つの判断基準になると想定される。優先株式のコストを鑑み、銀行借入よりも先に都度償還される場合もあるが、とりわけ既存取引銀行と事前協議が必須である。

❻ポイント

自己資本を増やすには、「税引後利益を積み上げる」「増資する」のどちら

図表13－2　B社のスキーム

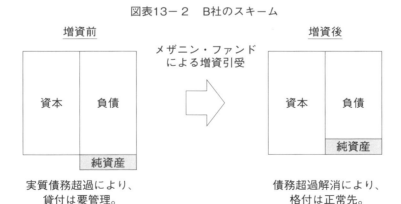

増資前
実質債務超過により、
貸付は要管理。
新規借入が困難な状況

増資後
債務超過解消により、
格付は正常先。
新規借入が可能になり、
貸出金利も低下

（出所）　みずほキャピタルパートナーズ

かしかない。前者はかなり時間を要し、後者は普通株式で行うと既存株主の希薄化リスクが生じる。こうした課題の解決には議決権がない優先株式の活用が有効であり、ケースによっては非常に重宝される。

(3) C社の事例（事業承継）

❶事例の前提

未上場企業のC社は、農薬卸を営むが、業績好調がゆえに相続税上の株価評価額が50億円と非常に高い先である。創業オーナーであるXは、議決権ベースで40％の株式を保有するも、残り60％の株式は同族や社員などの99人が保有しており細かく分散している。Xは、将来を見据え息子のYに相続させる予定だが、相続税が極めて高く、株式が分散しているため会社運営上も大きなリスクを抱える。問題解決策としてYによる買い集めを検討するも、資金調達に関して銀行は難色を示す。

❷銀行の審査目線

株式の買取資金に対する融資は、そもそも銀行は慎重姿勢になりがちである上に、一般的に個人が住宅ローンなどの定型商品以外で多額の資金を銀行から引き出すのは非常に困難である。よって、調達主体をY個人からYが出資するSPC（買取会社）に変更したうえで（MBO形式）、Yが一定以上のエクイティを拠出しなければ銀行の与信はつかない。

❸メザニン活用による効果①（対銀行）

SPCに対するYのエクイティ出資割合は、銀行審査上の重要事項の一つであるが、一方で、資産家といえども10億円単位での現金を準備することは容易ではないことから、結果として出資割合が不十分で案件が成立しないことがよくある。優先株式を活用することで不足しがちなエクイティ部分を補うことができ、銀行の要求する前提条件が充足される。

❹メザニン活用による効果②（対オーナー（X・Y））

通常のMBOでは、個人のエクイティ出資能力の問題もあり、バイアウト・ファンドなどのスポンサーにほとんどの議決権を握られてしまうが、議決権なしの優先株式を活用することでエクイティ出資が少額であってもYは

議決権の100%を掌握することが可能となる(図表13-3参照)。また、MBO形式を選択することで、株式の移動が相続・贈与ではなく売買となるため、Xなどの株主にとっては売却益を得られる機会が創出される。なお、その際の課税は譲渡益課税となる。

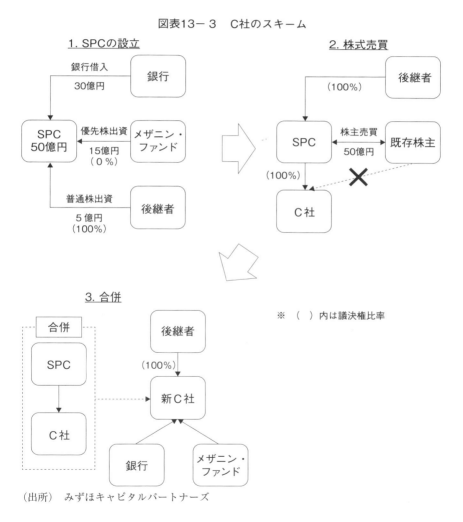

図表13-3　C社のスキーム

※　( )内は議決権比率

(出所)　みずほキャピタルパートナーズ

❺Exit
C社が毎期計上する収益が償還原資となる。
❻ポイント
本件MBO形式のメリットは大きいが、一定の期間内で多額の銀行借入と優先株式の償還を行う必要があるため、相応の収益力が求められる。結果、対象となる会社が限られてしまうため、まだまだ活用事例は少ない。一方、取引金額が少額であるなど、優先株式を活用せず銀行与信のみで対応できる案件も多く存在する。

おわりに

　日本のメザニン・マーケットは、欧米に比べ歴史も浅く、マーケット規模も大きくないが、各プレーヤーが積み上げてきた実績やノウハウによって着実に成長を遂げており、足元では新たなプレーヤーも増えている。
　とはいえ、コーポレート・メザニンの実績はまだまだ多くないといわれており、明らかにメザニンのリスクと思われるファイナンスをリスクに見合わない低コストや、資金使途に合っていない期間、諸条件で他金融機関が対応しているケースが度々見られるのも現在の実態である。
　メザニンの潜在的なニーズは存在していると考えられることから、日本のメザニン・マーケットの健全な拡大、発展を望む者として、その実現に貢献できるよう普段からディールを通じてご関係をいただいている皆さまのお力添えもいただきながら、今後とも努力していきたい。

Interview

近年のメザニン・ファイナンスの投融資機会

投資家の視点からの魅力と活用パターンの多様化

みずほ証券プリンシパルインベストメント株式会社
代表取締役社長
鈴木亮太氏

みずほ証券プリンシパルインベストメント株式会社
戦略投資部長
石原　亮氏

Q 投資家の視点からメザニン・ファイナンスを見た場合には、どのような視点で捉えていますでしょうか。

鈴木　弊社は、メザニン・ファンドの運営会社とは異なり、自己資金で投資を行っており、多様な投資機会に対して柔軟にリスク・マネーを提供するというミッションを持っています。リターンの考え方については、投資期間全体を通じて考えるのが原則ですが、独立した会社ですので毎期のP/Lがどのようになるかにも焦点が当たります。自己資金投資会社としての安定収益維持のためには、インカムゲイン型の属性を強く有している資産が非常に大切だと考えております。

メザニン・ファイナンスについては、LBOを含むコーポレートの世界と不動産証券化のメザニンの両輪で見ています。メザニン商品の何を重視して見ているかというと、まずは投資対象のクレジットに見合ったリスク・リターンです。キャッシュ・クーポンかPIK（payment-in-kind）かについては高いキャッシュ・クーポンが得られたほうがハッピーですが、期中のP/Lという意味においては、勘定科目の処理上はPIKも元本が増えるという形になりますので、それなりに収益に貢献します。弊社は、金融機関グループに属しており、レギュレーションを加味しながらリターンを考えていますので、単純に表面上のキャッシュ・クーポンがよいということ以外の判断基準も入ってきます。

Q 実際にバイアウト案件に対してメザニン投融資を行うと、どのようなタイミングでキャッシュの流入が生じますでしょうか。

石原 メザニン・ファイナンスの商品類型ということでは、優先株式と劣後ローンの両方に取り組んでいます。リスク・リターンのプロファイルを見てレートを決めるというスタンスがありますが、投資時の手数料も含め、なるべく投資時に近い時点でキャッシュインがあることを好んで投融資を実行しています。金利に関しても、なるべくPIKよりもキャッシュのほうが望ましいという基本姿勢があります。ただし、現状の金融環境下では、シニア・レンダーがかなりストレッチした状態でメザニンのお声がけをいただくことも多々ありますので、金利の実払いはなるべく抑えたいというせめぎ合いが非常に多いと感じます。シニア・レンダーの意向も強いですし、バイアウト・ファンドからも、なるべくキャッシュ・クーポンを抑えてくれないかという要請がございます。

過去に取り組んだバイアウト案件において償還がどのようなタイミングで生じたかというと、その多くはリファイナンスのタイミングでの全額償還となります。当初の1〜2年はキャッシュの支払いを抑制しつつ、バリューアップが具現化して軌道に乗る3年目くらいから、そのような動きがあるケースが多いです。

やはりメザニンの金利が高いので早く返済したいという意向があります。また、シニア・レンダーからの提案も活発ななかで、エクイティ・ファンドがエグジットする局面では、既に対象会社とメザニン投資家の関係が切れているケースが多いです。逆に、エクイティ・ファンドがエグジットするまでメザニンが残っているケースは、計画が未達で苦労しているケースが多いかもしれません。

Q バイアウト案件のメザニンにおけるエクイティ・キッカーについてはどのようにお考えでしょうか。

石原 弊社が取り組んだ日本のバイアウト案件において、メザニン投資家がキャピタルゲインを享受できるようなアップサイドを付与するような形でエクイティ・キッカーが付与されたことは少ないです。過去に実績はありますが、昨今の案件で付いているケースは、あまり見かけません。やはりスポンサー・サイド

からすると、スポンサーのIRRを犠牲にするものでもあるという実情が反映されています。シニア・レンダーの立場からしても、担保権を行使するにしても、メザニンがワンクッション入ってしまうので抵抗感があるかと思います。

　御社がこれまでメザニン投融資を検討した案件の規模感やタイプをお聞かせ願います。また、案件のソーシング・ルートについてお話し願います。

鈴木　メザニン・ファンドではありませんので、金額目線で投資家に約束しているような制約はありません。ただし、バランスシートで一つの案件にどれだけのリスクをとれるかという問題がありますので、その観点から投融資金額を見ています。今までの実績では、1件当たり5～20億円の投融資になっています。

どのような属性の案件が多いかは、そのときの市場と相手次第ですが、大企業の事業部門のカーブアウトやMBOのような案件もありますし、オーナー企業の事業承継へのアプローチもあります。また、オーナー経営者が創業者利潤を得つつ、企業を社会の公器にしていくプロセスで創業者の関与を薄めていく際の一つのパーツとしてメザニンが使われることもあります。大型のバイアウト・ファンドが取り組まれる案件でメザニンが必要になるパターンでは、トータルのメザニンの必要サイズが大きく、複数のメザニン投資家でシェアするという形態もあります。

案件のソーシング・ルートに関しては、バイアウト・ファンドからのお声がけがオーソドックスなルートですが、その案件にシニア・デットを提供する金融機関からお声がけがくるケースもあります。あとは、ファイナンス全体を見ているファイナンシャル・アドバイザー（FA）がいて、FAから投資検討機会をいただくケースもあり、多様なルートがあります。

　バイアウト・ファンドの投資先企業のリキャピタリゼーション（以下、「リキャップ」という）でメザニンが活用されるケースが増加する可能性がありますでしょうか。

石原　弊社では、まだ実現していませんが、リキャップでのメザニン投融資を

検討するケースはございます。ご提案させていただく場合もありますし、お声がけいただくケースもあります。ただし、今は、エグジット環境が良好でいろいろな選択肢がありますので、リキャップするよりもあと1～2年の範囲内であればそのままエグジットに進みたいというスポンサーの意向も大きいと感じます。その意味では、金融環境が厳しくて思うようにレバレッジが引けなかった頃に成立した案件で、金融環境が好転してきた局面でリキャップが活用されるケースが多かったように思えます。また、同一のスポンサーによるバリューアップの余地が残されているというシチュエーションで実施されるケースが多いと感じています。

鈴木 弊社では、戦略投資部とは別のチームで不動産の証券化のメザニンも手がけていますが、エクイティ側のIRRを改善する目的でリキャップが実施されるケースが見受けられます。賃借料によるシニアの元利払いが順調に進んでレバレッジが軽減されたものに関しては再度レバレッジをかけ直す形でメザニンを導入することでエクイティの償還原資を作ることができますし、トラック・レコードが蓄積されればレバレッジ自体を深くすることも可能です。隣の似たようなファイナンスのフィールドでリキャップが実施されている実態を見ていると、LBOを含むコーポレートの案件でも活用が進む可能性は高いと考えられます。

  未上場オーナー企業の事業承継でエクイティ・スポンサーが入らないケースや、通常の企業の資金調達においてメザニン・ファイナンスの活用が進む可能性はありますでしょうか。

鈴木 活用の余地は十分あり得ると思います。未上場のオーナー企業でご子息がいて後継者もいてそのうえで何らかのスキームを考案する必要がある場合に、メザニンの商品性がうまく使われる可能性はあります。エクイティ性の資金がほしいけれど、経営権を手放したくないというスペシャルなシチュエーションでは、議決権のない優先株式がマッチします。

また、コーポレートの資金調達に関しては、例えば、本業はよいけれど、非本業のところで大きな損失が出たとか、新たに資金調達する分の返済には少し時間がかかりそうだとか、銀行から調達する資金に限界があるなかでメザニン・ファイナンスを検討する事業会社は一定数出てくると予想します。

最後に、今後の日本のメザニン・ファイナンス市場の課題と展望についてお話し願います。

石原 継続的に案件が出て、一定の市場規模が存在するということが理想です。残念ながらシニア・レンダーの融資姿勢に左右されている部分が多々あるなかで、どうしたらよいかでいうと、メザニン投資家自身が案件のソーシング能力を磨き、積極的に動いて案件を掘り起こして市場を活性化させていくことが必要かなと思っています。

鈴木 機関投資家の立場から見た際に、メザニンが継続的な投資対象になるという市場になるとよいと考えています。今はどうしても個別のディールが単発で発生して、かつそれがいつ期限弁済されるものなのか分からないという状況で、少ない案件にアロケートするのは分散が効かなくなりますのでつらい状況です。欧米のように、もう少しボリューム感があり、常に案件に目を向けられるような市場には育ってほしいと思います。

歴史的に見ると、日本のメザニン・ファイナンスの需要は、シニアやエクイティの事情に左右されて拡縮し、状況次第で条件も変動してきました。セカンダリー市場ができることになれば、プライマリー市場におけるメザニンのプライシングの妥当性も明らかになり、メザニンを活用しようとする機会の拡大につながっていくと思いますので、その辺りが今後の課題なのかなと思います。

Profile

鈴木亮太氏
みずほ証券プリンシパルインベストメント株式会社 代表取締役社長
1989年京都大学法学部卒業。1997年東京大学大学院農学生命科学研究科修了。2006年東京理科大学総合科学技術経営研究科修了。株式会社日本興業銀行（現株式会社みずほ銀行）入行。1999年興銀証券株式会社（現みずほ証券株式会社）出向。日本産業パートナーズ株式会社、ポラリス・プリンシパル・ファイナンス株式会社（現ポラリス・キャピタル・グループ株式会社）設立に関与。2008年みずほ証券・新光プリンシパルインベストメント株式会社（現みずほ証券プリンシパルインベストメント株式会社）に転じ、LBOメザニンおよびコーポレート・メザニン、不動産証券化投資、LP投資などを統括し、2015年4月より現職。

石原　亮氏
みずほ証券プリンシパルインベストメント株式会社 戦略投資部長
1994年長崎大学経済学部卒業。日興證券株式会社（現SMBC日興証券株式会社）入社。財務セクションにて資金調達および資金運用業務全般に従事。2000年日興プリンシパル・インベストメンツ株式会社に転籍。バイアウト投資からPIPEs投資などの幅広い投資案件に対して、投資実行からバリューアップ支援、Exitまでに従事。2009年みずほ証券プリンシパルインベストメント株式会社入社。LBOメザニン、コーポレート・メザニン、エクイティ共同投資などに従事。

第 14 章

コーポレート型メザニン・ファイナンスの設計

日本の上場企業の事例を中心として

長島・大野・常松法律事務所
弁護士　**三上二郎**
弁護士　**小川和也**

はじめに

　上場会社などが有利子負債の削減および資本の増強を主たる目的としてメザニン・ファイナンサーに対して優先株式を発行することにより資金を調達するケースがある。現時点で数はそれほど多くないが、従来、バイアウト・ファンドやMBOにおけるレバレッジド・ファイナンスにおいて資金の提供を行ってきたメザニン・ファイナンサーにとっては、今後発展し得る資金提供例として注目されるべきケースである。本章においては、このようなメザニン・ファイナンサーにとって通常と異なる資金提供方法（以下、「コーポレート型メザニン・ファイナンス」という）の概要およびその設計方法について、公表されている上場会社に対するコーポレート型メザニン・ファイナンスの事例を参考に、論じることとする。

 コーポレート型メザニン・ファイナンスの概要

　コーポレート型メザニン・ファイナンスは、有利子負債の削減および資本の増強を行うことなどを企図する会社が、第三者割当の方法により社債型の優先株式をメザニン・ファイナンサーに対して発行することにより資金の調達を行うものである。
　バイアウト取引のなかで買収資金の一部をメザニン・ファイナンスとして提供するという形でのメザニン・ファイナンサーの活躍は多く見られるが、

有利子負債の削減の必要があるものの、普通株式による資金調達以外の資金調達を志向する会社にとって、ミドルリスク・ミドルリターンの資金調達方法である社債型優先株式の発行は有力な選択肢の一つであり、今後、そのようなコーポレート型メザニン・ファイナンスがメザニン・ファイナンサーにとってもう一つの活躍の場として拡大する可能性は十分あるものと思われる。

　コーポレート型メザニン・ファイナンスに該当するものと思われる最近10年程度の間に行われた上場会社の資金調達の事例は、以下のとおりである。

　コーポレート型メザニン・ファイナンスの設計に必要な各条件については次節で見ていくこととするが、上記の事例における各条件の概要は図表14－2のとおりである。

図表14－1　コーポレート型メザニン・ファイナンスの事例とメザニン・ファイナンサー

発行会社	発行年月日	資金調達方法	メザニン・ファイナンサー
東日本ハウス	2007年2月1日	優先株式	MHメザニン投資事業有限責任組合
ウエストホールディングス	2008年12月25日	優先株式および新株予約権	MHメザニン投資事業有限責任組合
イー・アクセス	2008年12月26日	優先株式	MHメザニン投資事業有限責任組合
日本板硝子	2009年7月1日	優先株式	UDSコーポレート・メザニン3号投資事業有限責任組合、他1組合
ラックホールディングス	2009年11月30日	優先株式	メザニン・ソリューション1号投資事業有限責任組合
USEN	2014年3月28日	優先株式	MCo3号投資事業有限責任組合 MCPメザニン2投資事業有限責任組合 オリックス
ダイヤモンド電機	2014年7月31日	優先株式	UDSコーポレート・メザニン3号投資事業有限責任組合

（出所）　発行会社のプレスリリースに基づき筆者作成

2 コーポレート型メザニン・ファイナンスの設計

　コーポレート型メザニン・ファイナンスの設計を行うためには、優先株式の主要条件である優先配当、金銭対価の取得請求権、普通株式対価の取得請求権、金銭対価の取得条項、普通株式対価の取得条項、議決権、譲渡制限という各条件を検討する必要があり、以下それぞれ見ていくこととする。

(1)　優先配当

　いわゆるキャッシュ・クーポンと呼ばれるもので、各期（または各半期）ごとに現金での支払いがなされることが期待されるものである。

　最も単純な設計としては、一定の固定利率のみを定めるもので、ウエストホールディングス、ラックホールディングスおよびUSENの事例がこれに該当する。

　これに対し、発行会社による早期の優先株式の償還（正確には、金銭対価の取得条項に基づく優先株式の取得）を動機づけることを意図する場合には、優先株式の発行から年数がたつ度に優先配当の率が上がっていくという設計をすべきことになる（これにより発行会社側には、定期的な現金配当をすべき金額が増大するのを避けるために早期に優先株式を償還しようとするインセンティブが働くこととなる）。東日本ハウスおよびイー・アクセスの事例がこれに該当する。

　また、発行会社による優先配当の定期的な実施を動機づけることを意図する場合には、定められたとおりの優先配当が一定回数行われない場合には優先配当の率が上がるという設計をしたり、定められたとおりの優先配当が行われない場合の翌事業年度への累積に際して複利を適用するという設計をすべきこととなる[1]。日本板硝子の事例が前者に、ダイヤモンド電機の事例が

---

[1] 優先配当の定期的な実施を動機づけるための方法としては、上記のほかにも優先配当が一定回数行われない場合に金銭対価の取得請求権の行使ができるようにするという方法も考えられる。

後者に該当する。

(2) 金銭対価の取得請求権

　メザニン・ファイナンサーの側から発行会社に対して優先株式の全部または一部の金銭を対価として取得することを請求することを可能とする権利（メザニン・ファイナンサー側のプットオプション）である。コーポレート型メザニン・ファイナンスにおいては、この金銭対価の取得請求権または後述する金銭対価の取得条項により発行会社に優先株式の取得をしてもらうのが原則的な資金回収の手段となるので、金銭対価の取得請求権を含めることは必須である[2]。

　メザニン・ファイナンスの設計を行うという観点からは、①取得対価をいくらとするのか、②どのような場合に取得請求権の行使ができるようにするのかという点がポイントとなる。

　❶取得対価

　取得対価については、通常、(イ)累積未払優先配当および取得日までの優先配当相当額に払込金相当額に一定の利率を乗じたプレミアム（単利計算）を加える、または、(ロ)優先配当率（または優先配当率に一定のプレミアムを加えた率）で複利計算した金額から支払済優先配当に相当する部分を控除する方法で取得対価を決定している。いずれの方式を用いて取得対価を決定するのか、また、具体的にどのようなプレミアムを乗せるのかはビジネス上の交渉により決定されるものである。これまでの事例では、イー・アクセスおよびウエストホールディングスの事例が(イ)に該当し、日本板硝子およびラックホールディングス、USENおよびダイヤモンド電機の事例が(ロ)に該当する。

---

[2] 普通株式対価の取得請求権の行使により普通株式を取得したうえで、当該株式を市場その他で売却することにより資金回収を図ることもあり得るが、一度に大量の普通株式を市場その他で売却しきるのは通常困難であるため、エグジットが長期にわたり、あるいは、株価変動リスクを負うことになる可能性がある。

❷取得請求権行使の条件

a．期　限

　有利子負債の削減および資本の増強を目的として発行される優先株式であることから、通常、取得請求権は、優先株式の発行日から一定期間が経過した後に初めて行使できるように設計される。これは、いわば社債における償還期限と同様のものである（以下、そのような期限を「優先株式償還期限」という）。

　優先株式償還期限の定め方としては、㈧優先株式の要項自体に取得請求権行使の条件として規定する方法と㈼優先株式の要項自体にはいつでも取得請求権は行使できるとしたうえで、優先株主との間の投資契約のなかで取得請求権は一定期間が経過しないと行使できない旨を債権的な約束として規定する方法の二つがある。イー・アクセス、ウエストホールディングスの事例は㈧に該当し、日本板硝子およびラックホールディングスおよびダイヤモンド電機の事例が㈼に該当する。

　メザニン・ファイナンサーとしては、後述するように優先株式償還期限が到来する前であっても、一定の事由が生じた場合には取得請求権の行使ができるようにするために後者の方法によるほうが望ましいものと思われる。

b．期限到来前の行使条件

　コーポレート型メザニン・ファイナンスとして発行される優先株式は、社債型のものであることから、社債の場合における期限の利益喪失事由と同様に、優先株式償還期限が到来する前であっても一定の事由が生じた場合には、取得請求権が行使できるようにしておくほうがメザニン・ファイナンサーとしては望ましいものと思われる。

　日本板硝子、ラックホールディングスおよびダイヤモンド電機の事例においては、これを達成するために、優先株式の要項上は、いつでも、条件なく金銭対価の取得請求権が行使できるように規定し、優先株主と発行会社の間の投資契約において、当該取得請求権の行使できる条件を定めている。

　具体的には、①投資契約上の義務違反、②投資契約上の表明保証違反、③一定の財務制限条項違反、④発行会社の支配権の移動などを取得請求権の行

使条件として規定しており、コーポレート型メザニン・ファイナンスの実施を行うメザニン・ファイナンサーとしては、これにならって上記の事項を取得請求権の行使事由として投資契約において規定すべきであろう。

　　c．減資および減準備金

　メザニン・ファイナンサーとしては、金銭対価の取得請求権を行使することによるエグジットを現実的なものとするために、発行会社には、十分な分配可能額を確保してもらう必要がある。その観点からは、少なくとも優先株式の発行により増加した資本および準備金の分だけでも減資および減準備金をし、その他資本剰余金に振り替えてもらうことが望ましい。実際の事例においても、日本板硝子、ラックホールディングスおよびダイヤモンド電機の事例においてそのような減資および減準備金が行われている[3]。

(3) 普通株式対価の取得請求権

　メザニン・ファイナンサーとしては、上述したとおり、金銭対価の取得請求権を行使することにより、エグジットすることが原則であるが、発行会社に金銭対価の取得請求権の行使により優先株式を取得するのに十分な分配可能額が存在しない、または、分配可能額は存在するものの優先株式の取得の対価として支払うに十分な現預金がないような場合には、メザニン・ファイナンサーとしては、金銭対価の取得請求権の行使以外の方法でエグジットを探る必要がある。そこで、通常の場合、メザニン・ファイナンサーは、そのような場合などに備え、普通株式対価の取得請求権を保有し、それをもって、上記のような場合に、優先株式を普通株式に転換したうえで当該普通株式を市場その他により売却し、あるいは、即時の売却が難しい場合には、普通株式を保有することにより、発行会社の意思決定に関与し、状況の打開を

---

[3] 東日本ハウスおよびUSENの事例においても、同様に減資および減準備金が行われているが、全額欠損填補(てんぽ)に用いられているため分配可能額は当該減資および減準備金において増えていない（もっとも、欠損がある限り、当該欠損が填補されない限りは分配可能額は生じない以上、広い意味ではこれらの事例における減資および減準備金も日本板硝子などの場合と同様に金銭対価の取得請求権の行使によるエグジットを現実化させるための減資および減準備金といい得る）。

図ることを目指すことになる。実際の事例でも、東日本ハウス、イー・アクセスおよびUSENの事例では規定されていないものの、ウエストホールディングス、日本板硝子、ラックホールディングスおよびダイヤモンド電機の事例においては、規定がなされている。

❶転換率と交付価額の修正

かかる普通株式対価の取得請求権を設ける場合には、いわゆる転換率および交付価額の修正がその設計の主要なポイントとなる。

転換率は、通常以下の算式により決定され、優先株式の基準価額は、通常金銭対価の取得請求権に規定する取得価額と同額とされる。

（優先株式の基準価額）÷（交付価額）

そして、交付価額は、市場価額をベースに決定されるのが通常であるが[4]、具体的にどのように決定するかについては設計時に十分検討する必要があろう。

また、交付価額の修正については、(i)頻度および(ii)下限を設けるかが設計上のポイントとなる。頻度については、通常6カ月に1回の頻度としており、これは後述する金融商品取引所におけるMSCB等規制の観点から、これ以上頻度を上げることは設計上望ましくないものである。また、発行会社からの要請により大幅な希薄化が進まないよう下限を設けるのが通常であり、当該下限は具体的な金額や当初交付価額の一定割合で定めることとなる[5]。

もっとも、発行会社にとっては、普通株式対価の取得請求権を付与することは既発行の普通株式の希薄化を招くことになるので、既存の普通株主との関係からは、普通株式対価の取得請求権が行使できる場合を優先株主との間

---

[4] ウエストホールディングスの事例においては、払込期日の上場金融商品取引所における普通株式の普通取引の終値（気配表示を含む）の90％相当額、日本板硝子の事例においては、発行決議日前の5営業日のVWAP（売買高加重平均価格）の平均値、ダイヤモンド電機の事例においては、発行決議日の前営業日の上場金融商品取引所における終値の95％相当額とされている。

[5] 日本板硝子およびラックホールディングスの事例においては当初交付価額の65％、ダイヤモンド電機の事例においては当初交付価額の50％と設定されている。

の投資契約において制限し、極力希薄化が生じないよう努めようとすることが多いものと思われる。実際の事例でも、日本板硝子、ラックホールディングスおよびダイヤモンド電機の事例においては、普通株式対価の取得請求権が行使できる場合が制限されている。

❷東京証券取引所規則による規制

東京証券取引所（以下、「東証」という）は、上場会社のコーポレート・ガバナンス向上を目的として、上場会社に対し、コーポレート型メザニン・ファイナンスについても留意すべき規制を課している。以下、東証の有価証券上場規程に基づき、かかる留意すべき規制を概観することとする。

a．25％以上の希薄化が生じる場合の規制

東証の有価証券上場規程およびその施行規則において、発行会社が第三者割当による募集株式などの割当を行う場合であって、希薄化率が25％以上となる場合には、(イ)経営陣から一定程度独立した者による第三者割当の必要性および相当性に関する意見の入手または(ロ)株主総会の決議などの株主の意思確認を行うことが求められている（東証有価証券上場規程第432条）。そして、上記希薄化率の算定方法は、(i)当該第三者割当により割り当てられる募集株式などに係る議決権の数（当該募集株式などの転換または行使により交付される株式に係る議決権の数を含む）を、(ii)当該第三者割当に係る募集事項の決定前における発行済株式に係る議決権の総数で除して、100を乗じて算出された値とされており（東証有価証券上場規程施行規則第435条の2）、普通株式対価取得請求権付株式において行使価額の修正条項が設けられている場合には、下限行使価額における潜在株式に係る議決権の数を(i)に含め計算することとされている[6]。

したがって、メザニン・ファイナンサーとしては、かかる規定の適用を受けないよう普通株式対価の取得請求権を設計するか、かかる規定の適用を受ける場合には、上記(イ)または(ロ)のいずれかの手続きを踏むことを発行会社に

---

[6] 伊藤昌夫（2009）「有価証券上場規程等の一部改正の概要―「2008年度上場制度整備の対応について」に基づく改正―」『旬刊商事法務』1878号、商事法務研究会、p.25。

要請することとなる。

　b．MSCB等に関する規制

　また、東証の有価証券上場規程およびその施行規則において、発行会社が「MSCB等」を発行する場合には、「MSCB等」を買い受けようとする者による「MSCB等」の転換または行使を制限するよう一定の措置を講じなければならないものとされている。このうち、コーポレート型メザニン・ファイナンスに関するメザニン・ファイナンサーに特に影響があるものは、1暦月中において、取得請求権の行使の結果取得することとなる株式の数が当該「MSCB等」の発行の払込時点における上場株式の数の10％を超える場合には、当該超過部分の権利行使を行うことができない旨を当該「MSCB等」の買受者および発行会社の間で締結する契約において規定しなければならない点である（東証有価証券上場規程第434条、有価証券上場規程施行規則第436条）。

　もっとも、「MSCB等」に該当する取得請求権付株式は、交付価額が6カ月に一度を超える頻度で、取得請求権の行使により交付される上場株式の価格を基準とした修正が行われるものに限る旨規定されているので、交付価額の修正が6カ月に一度とされている限りにおいては、「MSCB等」に該当せず、上記の規制も受けないこととなる（東証有価証券上場規程第410条、有価証券上場規程施行規則第411条第2項）。

　したがって、取得請求権の行使の自由度を高めるためには、上記規制の適用を受けないよう、交付価額の修正の頻度を注意して普通株式対価の取得請求権の設計（具体的には、6カ月に一度または1年に一度の頻度の交付価額の修正にとどめる）をする必要がある。

(4)　金銭対価の取得条項

　発行会社の側からメザニン・ファイナンサーに対して優先株式の全部または一部の金銭を対価として取得することを請求することを可能とする権利（発行会社側のコール・オプション）である。取得価額相当額の金銭の支払いを受ける形でのエグジットを図ることができるので、基本的にはメザニン・ファイナンサーとしては歓迎すべき条件であり、上記の実際の事例でもすべ

てにおいてかかる条件が付されている。

 ただし、メザニン・ファイナンサーとしては、あまりに早期にかかるコール・オプションを発行会社に行使されてしまうと、想定していただけの投資リターンを得ることができなくなってしまうので、かかるコール・オプションについては、行使不能期間（ノン・コール期間）を設けるべきである[7]。実際の事例においてもイー・アクセス、ウエストホールディングスおよびダイヤモンド電機の事例において１年間の行使不能期間が設けられており、USENの事例においては２年間の行使不能期間が設けられている。なお、かかる行使不能期間を規定する場合には、誤って発行会社により行使されてしまった場合でもコールの効果が発生しないようにするために、（投資契約のなかで規定するのではなく）優先株式の発行要項のなかで規定すべきである。上記４件の事例もそのようにしている。

(5) **普通株式対価の取得条項**
 発行会社の側が強制的に優先株式を発行会社の普通株式に転換することができる権利である。

 金銭の支払いを受けてのエグジットを原則とするメザニン・ファイナンサーとしては、発行会社の普通株式でのエグジットを強制されてしまうかかる取得条項は、特別な事情がない限り、これを設けるという形で設計を行う理由はない。実際の事例においても東日本ハウスの事例においてかかる取得条項が設けられているものの、他の事例においては設けられていない。

(6) **議　決　権**
 社債型の優先株式という形で投資を行うコーポレート型メザニン・ファイ

---

[7] 行使不能期間を設ける代わりに早期のコール・オプションの行使が行われた場合には、早期コール・ペナルティが生じるようにするという設計も考えられる。日本板硝子の事例においては、払込期日から１年以内の取得条項に基づく取得の場合には、取得価額の1.02倍の金額で取得しなければならないと規定されており、上記の早期コール・ペナルティで設計されている。

ナンスにおいては、優先株式に議決権を付すことはメザニン・ファイナンサーの側も想定しておらず、また、発行会社も普通株式の議決権の希薄化を倦厭(けんえん)することから、議決権は通常付されない。実際の事例においても一定回数優先配当がなされなかった場合に議決権が復活するとした（平成13年商法改正前の優先株式に近い設計をした）東日本ハウスの事例以外においては、議決権は付されていない。

(7) 譲渡制限

メザニン・ファイナンサーのエグジットの方法としては、金銭対価の取得請求権または取得条項によるものがメインのものではあるが、もう一つの方法として優先株式を第三者に譲渡するという方法がある。もっとも、発行会社としては、誰が優先株主であるかということは重要であるので、当然優先株式の譲渡については、一定の制限を加えることを要望することとなる。

そこで、どのような形で優先株式の譲渡が制限されるかということが問題となるが、メザニン・ファイナンサーとしては、当該譲渡の制限については発行会社と優先株主との間の投資契約において債権的約束として規定し、当該約束に従って譲渡する限りにおいては、発行会社の機関承認が不要となる形で制限を受けることが望ましいこととなる[8]。実際の事例においても、ラックホールディングスの事例以外においては定款上の譲渡制限は設けられていない。

おわりに

本章では、メザニン・ファイナンサーによる社債型優先株式を用いたファイナンスの事例のみを紹介しているが、一般的なメザニン・ファイナンサー

---

[8] 定款上の譲渡制限を設ける場合には、投資契約において、譲渡が許容される場合には、発行会社は必ず譲渡に必要となる機関承認を付与する旨規定することとなるが、当該債権的約束に従って機関承認がなされるまでは有効に優先株式を譲渡することができないということになるので、やはり、メザニン・ファイナンサーとしては定款上の譲渡制限は避けておきたいところである。

とは異なる属性の投資家に対する上場会社による社債型優先株式の発行事例や、いわゆる社債型とはやや異なるものの一般的なメザニン・ファイナンサーとしても検討可能と思われる設計の上場会社による優先株式の発行事例も散見される。これらの発行事例に鑑みると、メザニン・ファイナンサーによる優先株式を用いたファイナンスへの潜在的な需要は相応にあるように思われる。また、優先株式は、設計次第で、ローンとは異なる形で、発行会社およびメザニン・ファイナンサーの種々の要請を満たすことが可能であり、設計上の工夫や、上場会社などにおいて資金調達の選択肢の一つとしての優先株式に対する認識が高まることにより、その潜在的な需要はさらに広がる可能性もある。コーポレート型メザニン・ファイナンスは、発展途上のメザニン・ファイナンスの形態であり、実例の積み上げがなされ、メザニン・ファイナンスの一形態として定着していくことが強く望まれる。

第Ⅱ部 メザニン・ファイナンスの特徴と市場動向

図表14－2　コーポレート型メザニン・ファイナンスの事例における優先株式の設計

案件名	優先配当（年率）	金銭対価の取得請求権	普通株式対価の取得請求権	金銭対価の取得条項	金銭対価の取得条項に係るノンコール期間	普通株式対価の取得条項	議決権	譲渡制限	減資・減準備金手続
東日本ハウス	当初2事業年度 7％ 次の2事業年度 8％ 5事業年度目以降 9％	○ 1株（払込金額1,000円）につき1,000円 ＋累積未払配当金 ＋取得日までの期間の優先配当金	×	○	なし	○	△（注1）	×	○
イー・アクセス	当初の事業年度 LIBOR＋5％ 次の事業年度 LIBOR＋6％ 3事業年度目以降 LIBOR＋7％	○ 単利　3％ ＋累積未払配当金 ＋取得日までの期間の優先配当金 （実質的には、単利LIBOR＋8～10％）（注3）	×	○	1年間	×	×	×	×
ウエストホールディングス	6％	○ 単利　4％ ＋累積未払配当金 ＋取得日までの期間の優先配当金 （実質的には、単利10％）	○	○	1年間	×	×	×	×
日本板硝子	9.25％ （ただし、2事業年度連続して優先配当が全額など払われない場合には12.25％）	○ 複利 9.25％ （ただし、優先配当が12.25％になった以降は複利12.25％）	○	○	なし （注2）	×	×	○	○
ラックホールディングス	9.8％	○ 複利　9.8％	○	○	なし	×	×	×	○
USEN	5.0％	○ 複利　8.0％	×	○	2年間	×	×	×	○
ダイヤモンド電機	7.1％ （ただし、累積時は複利）	○ 1株（払込金額10,000,000円）につき10,000,000円 ＋累積未払配当金 ＋取得日までの期間の優先配当金	○	○	1年間	×	×	×	○

(注1) 3事業年度連続して優先配当金を支払う旨の議案または優先配当に関する最終処分議案を定時株主総会に提出しない場合または当該議案が定時株主総会で否決された場合、当該3事業年度のうち最終事業年度に係る定時株主総会の終結の時点より累積未払配当金相当額の支払を受ける旨の剰余金処分議案がなされる時まで、株主総会の議決権を有することとされている。
(注2) ノン・コール期間は定められていないものの、払込期日から1年以内に金銭対価の取得条項により優先株式を取得する場合には、取得基準金額の1.02倍の金額を取得金額とするペナルティ条項が付されている。
(注3) 実際には、もう少し複雑な規定となっているが一次的な比較を行うという観点から簡略化して記載している。
(出所) 発行会社のプレスリリースに基づき筆者作成

Interview
コーポレート型のメザニン・ファイナンスの活用パターン

資本増強型から成長資金調達型まで

株式会社日本政策投資銀行
企業ファイナンス部長
本野雅彦氏

Q まず、日本のメザニン・ファイナンスの変遷についてお話し願います。

2000年代初頭に、建設会社や商社などのデット・エクイティ・スワップ（DES）を通じて優先株式の活用が進んだのが最初だと理解しています。当時より、債務の株式化だけでなく、第三者割当増資で真水を入れることもありましたが、金融支援的な色彩が強かったと認識しております。

2000年代半ばに入ると、バイアウト案件の買収価格が高騰していくなかで、金融機関のLBOローンだけでは資金調達ができず、バイアウト案件に対する本格的なメザニン・ファイナンスが登場して一般的になりました。いくつかのメザニン・ファンドが設立されたのもこの時期です。

そして、いくつかのメザニン・プレーヤーは、バイアウト・メザニンのみならず、資本増強型のメザニン・ファイナンスにも取り組みました。この資本増強型のメザニンも、単なる金融支援から脱却し、景況とは関係なく検討が進められるようになり、コーポレート型のメザニン・ファイナンスとして確立されました。また、リーマン・ショック後には、金融市場が機能しないなかでの代替的資本調達手段として、ハイブリッド・ファイナンスも注目されました。

その後、リーマン・ショックから回復し、M&Aやバイアウトが再び盛んになった際には、金融機関の積極的な取り組みにより、シニア・ローンがストレッチしてバイアウト・メザニンを必要とする場面が減少しました。また、このような流

図表1　メザニン・ファイナンスの類型

種類	投資手法	普通株式転換	金銭償還
資本増強①	優先株式が主体。非上場の中小企業は一部資本性劣後ローンもある	権利としてはある場合が多いがメインシナリオではない（一部のDES株は、普通株式転換、売却も行われた）	メインシナリオ
資本増強②（ハイブリッド・ファイナンス）	現在は劣後ローン、劣後社債が主体（格付会社の資本性を重視）	なし	同等以上の資本性資金でのリファイナンスが主体
バイアウト	優先株式・劣後ローンともにあり	権利としてはある場合もあるがメインシナリオではない	スポンサーの売却時、リファイナンスによる償還がメインシナリオ
成長資金調達①（ベンチャー企業向け）	優先株式	IPO時の普通株式転換売却がメインシナリオ	権利としてはある場合もあるがメインシナリオではない
成長資金調達②（グロース・キャピタル、その他）	優先株式、劣後ローン	基本的には想定しないが、新株予約権などのエクイティ・キッカーで一部アップサイドがとれるような設計もあり	メインシナリオ

（出所）　日本政策投資銀行企業ファイナンス部作成

れとは別に、ベンチャー投資の一部では、株式上場（IPO）をエグジットのメインシナリオとしつつも、ダウンサイド・リスクをヘッジする手段として、優先株式の活用が進みました。このようなケースでは、IPOに至らない場合でも優先的に回収できるような設計がなされていました。

　さらに、クロスボーダーM&Aなどのように、企業規模に比して多額の資金調達をする場合に、財務バランスを考慮して一部メザニンにて調達するケースも増えてきており、活用パターンは多様化しています。

Q　コーポレート型メザニン・ファイナンスは多様な局面で活用の余地がありますが、具体的にはどのようなパターンがありますでしょうか。

　コーポレート型メザニン・ファイナンスの類型については、先ほどの変遷でも

少し触れましたハイブリッド・ファイナンスのような形態もありますが、一般的には、資本増強型と成長資金調達型の二つに大別できるのではないかと考えております。

資本増強型のメザニンというのは、何らかの理由で過少となっている資本を将来、償還することを前提とした優先株式で一時的に補うものです。投資期間中の利益の積み上がりがないと償還はできませんので、営業赤字が長年にわたり継続しているような会社では難しく、一時的な要因により資本が毀損した場合や将来収益の改善が見込まれる場合に活用されています。

実際の投融資事例を見てみましても、日本板硝子さんのような大企業から、投融資金額が数億円という中小企業まで多様性に富んでいます。

一方、成長資金調達型は、ベンチャー企業や成長企業向けに資金を投じるケースです。弊行では、ベンチャー投資の部隊が手がけている優先株式が該当します。ベンチャー企業の案件では、IPO時に普通株式へ転換して売却するという回収方法がメインシナリオとなります。さらに、最近では、健全な企業で財務的には問題はないけれど、設備投資やM&Aなどの多額の成長資金が必要という需要にてメザニンが活用されるケースも出てきています。

Q　コーポレート型メザニン・ファイナンスのスキームの特徴と投融資の回収方法についてお話し願います。

メザニン・ファイナンスの商品類型には、優先株式と劣後ローンがあります。劣後ローンについては、劣後性を確保するための債権者間協定がないと建付けできないのですが、多数の銀行のローン契約が別個に締結されているケースでは、どのように優先劣後関係を作るかという難しい問題があり、構造的な観点から優先株式のほうが取り組みやすかったりもします。中小企業では資本性劣後ローンという概念もあり、金融機関の資産査定上は資本にカウントできる方法もありますが、やはり見た目の純資産（資本）というのは、仕入れ先などから見られた際にも重要になりますので、優先株式の活用が進んでいくかもしれません。

コーポレート型メザニン・ファイナンスの優先株式では、部分的な償還が想定されています。厳密には、金銭対価の取得条項と呼ばれます。最初の一定期間で

は償還を禁止する期間が設けられたりもしますが、その後はいつでも償還が可能になります。

　権利としては、普通株式への転換権（厳密には、普通株式を対価とする取得請求権）が規定されるケースがあります。ただし、これは「非常口」とも呼べるもので、本当に金銭償還ができないという非常の場合に、メザニン投資家が普通株式を取得して支配権を掌握できるという設計です。これが行使されると、メザニン投資家は投資先の会社自体を売却することにより投資回収を図ることになりますが、弊行が取り組んできたメザニン・ファイナンスの歴史ではこのような投資回収を行った例はございません。コーポレート型メザニン・ファイナンスの投融資の回収は、やはり金銭償還が一般的なものになるかと思います。

Q　議決権のない優先株式での投資における対象会社とのコミュニケーションのあり方についてはどのようにお考えでしょうか。

　弊行のメザニン投融資案件では、事前承諾事項などを設け、設備投資などの資金使途に一定の制限を加えることもあります。そうすると、日頃からコミュニケーションをして考えを共有できる関係になります。

　議決権がないから何も介入しないと思われてしまうというのはよくないと思っています。メザニン投資家が入ることによって、一定のモニタリングが行われます。場合によっては、非常勤監査役が派遣される場合もありますし、支配株主ではないものの一定のモニタリングを通じて会社のガバナンスの一部を構成していくことになります。コミュニケーションをすること自体がある種のけん制になりますが、何よりも大切なのは、契約上の文言ではなくて向かい会う人の人間性であり、人として信用されるかという点が最も大きいと考えております。

Q　日本のメザニン・ファイナンス市場の課題と今後の展望についてお話し願います。

　昨今のメザニン・ファイナンスをビジネスとして考えれば、現況の低金利は不利になります。しかし、この状況が永続するということはありませんし、借入できるなら全部借入金で調達するのではなく、財務バランスを気にする経営者が増

えてきた印象もありますので、メザニン・ファイナンスの活用も進むと予想します。

課題としては、成長企業への活用（グロース・キャピタル投資）があげられます。資本増強型のメザニンに取り組んできたプロフェッショナルは企業成長の見極めはどちらかというと苦手かもしれません。ベンチャー企業投資はセオリーが確立されていますが、ベンチャーではない成長企業にどのようにファイナンスするかはまだ手探りの状態です。

IFRS対応の優先株式も日本における課題として指摘できます。金銭償還権のある優先株式はIFRSでは負債になりますので、金銭償還権をなくし、配当率のステップ・アップなどで強制償還権（金銭対価の取得条項）を経済的に促すような設計にする必要があると考えられます。

今後のニーズとして出てくると予想されるのは事業会社との共同投資です。事業会社がM&Aを行う際の不足資金をエクイティ的なもので一部出してもらえる先を求めていますので、その不足資金を補う形でメザニン・ファイナンスが活用されるケースが出てくると思われます。しかし、継続保有を前提とする事業会社と一定期間で回収することが求められる金融投資家では同じ投資行動ができませんので、一定期間経過後には事業会社に金融投資家の保有する優先株式を買ってもらうことも想定した設計にならざるを得ないと考えております。

Profile

本野雅彦氏
株式会社日本政策投資銀行 企業ファイナンス部長
一橋大学大学院経済学研究科修士課程修了。新日本監査法人（現新日本有限責任監査法人）を経て、日本政策投資銀行入行。企業ファイナンス部にて主にメザニン・ファイナンスの業務に従事。2017年６月企業ファイナンス部長兼地域投資推進室長就任。2010年よりジャパン・インダストリアル・ソリューションズ株式会社監査役（非常勤）を兼務。公認会計士。

第 15 章

日本のメザニン・ファイナンス市場の動向

案件の多様化と裾野の拡大に向けて

株式会社日本バイアウト研究所
代表取締役　**杉浦慶一**

はじめに

　日本のメザニン・ファイナンス市場は、1990年代後半に日本のバイアウト市場が生成した頃より発展を遂げてきた。当初は、LBO案件やDESを用いた再生案件を中心にメザニン・ファイナンスが活用されたが、資本増強や成長資金調達などの目的で企業の通常の資金調達にも活用されるようになってきた。また、近年は、事業会社が買収主体となる戦略的M&A（コーポレートM&Aとも呼ばれる）案件、バイアウト・ファンドが関与せず経営陣のみでバイアウトが実施される純粋MBO案件、バイアウト・ファンドの投資先企業のレバレッジド・リキャピタリゼーション案件（リキャップ案件）などにおいても活用が進み、パターンが多様化している。

　本章では、日本のメザニン・ファイナンス市場のレビューを行う。具体的には、件数・取引金額の推移に加え、タイプ別・規模別・商品別の分布についてまとめたうえで、近年の主要案件の解説を行う[1]。

1　本稿における個別の案件に関する情報は、金融機関などの当事者が公表したプレスリリース、有価証券報告書、公開買付届出書などの開示資料などに基づいて記述している。

日本のメザニン・ファイナンス市場の変遷

(1) バイアウト・メザニンとコーポレート・メザニン

　日本において、メザニン・ファイナンスの実績が積み上がっていく過程で、「バイアウト・メザニン」と「コーポレート・メザニン」という呼び方が誕生した。2000年代半ば頃までは、バイアウト・ファンドの出資を伴うバイアウト案件にメザニン・ファイナンスが活用されるケースが主流であったが、2000年代後半より、企業の通常の資金調達においてもメザニン・ファイナンスが活用されるケースが増加したことから、これらの分類をする用語として用いられるようになった。

　バイアウト・メザニンは、主にバイアウト・ファンドが関与するLBO案件において活用されるメザニン・ファイナンスを指し、買収対象会社の経営権を取得するための買収資金として活用される。一方、コーポレート・メザニンは、企業が設備投資などの成長資金を調達するケースや資本増強のために通常のコーポレート・ファイナンスの一環として調達されるものである。

　バイアウト・メザニンとコーポレート・メザニンという用語は、日本のLBOファイナンス市場の実務で使用されるようになってきており、またメザニン・ファンドの説明資料などにおいても記載されることがある。しかしながら、事業会社が買収主体となる戦略的M&A（コーポレートM&Aとも呼

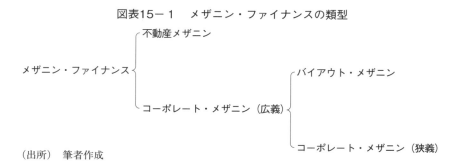

図表15−1　メザニン・ファイナンスの類型

（出所）　筆者作成

ばれる）案件、バイアウト・ファンドが関与せず経営陣のみでバイアウトが実施される純粋MBO案件、バイアウト・ファンドの投資先企業のレバレジド・リキャピタリゼーションでSPCが使用される案件などでメザニン・ファイナンスが活用されたケースにおいては、バイアウト・メザニンとコーポレート・メザニンのどちらに分類するかが実務家の間でも異なっており、線引きが難しいものとなっている。

不動産メザニンとの対比では、広義にはバイアウト・メザニンもコーポレート・メザニンも、企業が活用するという意味ではコーポレート・メザニン・ファイナンスに該当し、狭義の区分として、バイアウト・メザニンとコーポレート・メザニンという区分があると考えるのが自然である。

(2) メザニン・ファイナンスの期待リターン

図表15-2は、メザニン・ファイナンスの期待リターンを示しているが、筆者が2007年2月に実施した「日本におけるLBOファイナンスに関するア

図表15-2　メザニン投融資の期待IRR

15～20%	7～15%
10～18%	7～15%
13～15%	6～15%
12～15%	6～15%
10～15%	8～13%
10～15%	8～12%
10～15%	8～12%
10～15%	6～12%
10～15%	8～10%
10～14%	7～10%（劣後ローンのみ）
8～15%	6～10%
8～15%	5～9%
8～15%	5～9%（劣後ローンのみ）
8～15%	

（注）　サンプル数＝27社。
（出所）　杉浦慶一（2007）「日本におけるLBOファイナンスに関するアンケート調査―調査結果報告―」日本バイアウト研究所編『日本バイアウト市場年鑑―2007年上半期版―』日本バイアウト研究所, p.187.

ンケート調査」において、日本におけるメザニン・プレーヤーが金利換算すると年率何％くらいのIRR（internal rate of return）を期待しているかを尋ねた設問の集計結果である。

　本調査は、日本でLBO案件への投融資業務（シニア・ローンの提供、メザニン・ファイナンスの提供）を手がけている銀行（地方銀行は除く）、投資銀行、投資会社（投融資専門会社、メザニン・ファンド運用会社）、保険会社（生命保険会社、損害保険会社）、ノンバンク（リース会社、クレジット会社）を中心に実施されたが、期待IRRに関する設問では、メザニンを手がけているプレーヤーのうち27社から数値の範囲について回答を得た。結果は、おおむね８～15％の範囲内での回答が目立ったが、劣後ローンを中心に手がけているプレーヤーのなかには、５～10％程度の範囲の回答も存在した。

(3)　件数・取引金額の推移

　図表15－3は、日本におけるメザニン・ファイナンスの金額の推移をバイアウト・メザニンの金額とバイアウト以外のコーポレート・メザニンの金額に区分して示したものである。本統計には、日本のバイアウト市場で活動する銀行、投資銀行、投資会社（バイアウト・ファンド、プリンシパル・ファイナンス会社、メザニン・ファンド、その他の投融資専門会社など）、保険会社、ノンバンク、その他の機関投資家などのメザニン・プレーヤーによる投融資金額を加算しており、対象企業の既存取引金融機関が債権の現物出資により優先株式を取得した金額は含まない。例外的に、売手企業である事業会社が売却して得た資金を元にバイアウトの対象企業に資金を提供するベンダー・ファイナンスや共同投資を行った事業会社が拠出した金額も含めている。

　長い歴史のなかで、日本のメザニン・ファイナンス市場が拡大したのは、2005年からである。2005年からリーマン・ショック前までの間には、ワールド、日本コンラックス、キューサイ、東芝セラミックス（現クアーズテック）、アリスタライフサイエンスなどのバイアウト案件や、銀行のバイアウトにおける持株会社の資金調達において大規模なメザニン・ファイナンスが活用された。一方、バイアウト以外でも、2006年に当時上場していた三洋電

機が資金調達を行うなど多数の大型資金調達案件が成立した。

その後、リーマン・ショック以降は、一定の件数は維持しているものの小型案件が多く、メザニン・ファイナンスの金額は伸び悩んでいる印象がある。

(4) 日本のメザニン・ファイナンスのタイプ別分布

日本のメザニン・ファイナンスの活用場面のタイプは、①バイアウト・メザニン、②上場企業の資金調達、③その他に区分できる。そのうち②〜③はバイアウト以外のシチュエーションでの活用場面である。①は、バイアウト案件で劣後ローン、劣後社債、優先株式が活用されるケースである。②は、上場企業がバイアウト・ファンド、メザニン・ファンド、プリンシパル・ファイナンス会社などを割当先とする第三者割当増資を実施し、優先株式や転換社債型新株予約権付社債の発行により成長資金や再生資金を調達する案件でありPIPEs（private investment in public equities）にも区分される。③

図表15－3　日本のメザニン・ファイナンスの推移（2016年12月末現在）

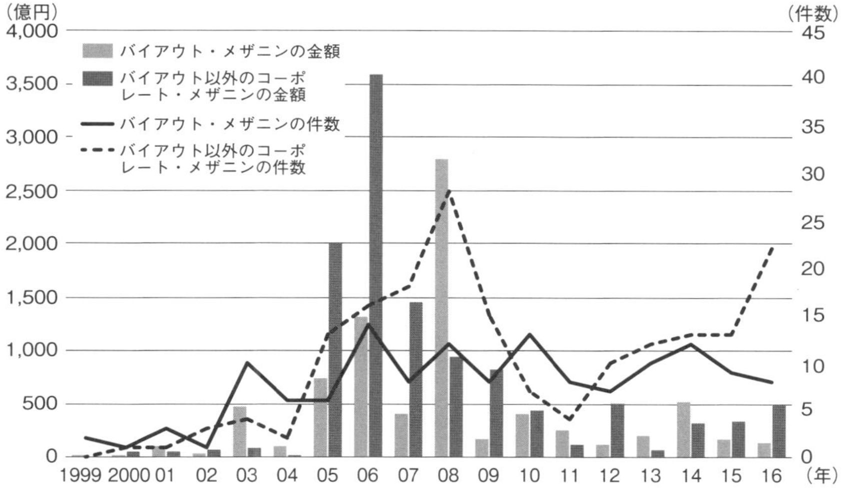

（出所）　日本バイアウト研究所

図表15-4　日本のメザニン・ファイナンスのタイプ別分布（1998年〜2016年）

タイプ	件数	%
バイアウト・メザニン	139	43.3%
上場企業の資金調達	92	28.7%
その他	90	28.0%
合計	321	100.0%

（出所）　日本バイアウト研究所

は、バイアウトを遂行した企業以外の未上場企業が成長資金や再生資金をメザニンの形で調達するケース[2]、バイアウト・ファンドの投資先企業のリキャピタリゼーションやリファイナンスでメザニンが活用されるケースなどが含まれる。

　図表15-4は、日本のメザニン・ファイナンスのタイプ別分布を示している。「バイアウト・メザニン」が139件（43.3%）、「上場企業の資金調達」が92件（28.7%）、「その他」が90件（28.0%）となっている。

(5) 日本のメザニン・ファイナンスの規模別分布

　図表15-5は、日本のメザニン・ファイナンスの規模別分布を示している。まず、バイアウト・メザニンは、「10億円以上50億円未満」が最も多く、65件（46.8%）となっている。近年のバイアウト案件においてメザニン・ファイナンスが活用されるケースにおいても、バイアウトの取引金額が50〜300億円程度の案件に対して10〜50億円程度のメザニン・ファイナンスが活用されるケースが多い。その場合、メザニン・ファイナンスを提供する主体は1社のケースが多い。「100億円以上」の案件は15件（10.8%）存在するが、この大半は、2005〜2008年の市場拡大期に成立した案件であり、近年は極めて少なくなっている。

---

[2] 日本バイアウト研究所の統計データには、ベンチャー・キャピタル・ファンドによる未上場ベンチャー企業への投融資は含まれていない。

バイアウト以外のコーポレート・メザニンについては、「10億円以上50億円未満」が79件（43.4％）と最も多いが、「10億円未満」の案件も多い。上場・未上場を問わず、中堅・中小企業の資本増強や成長資金調達でメザニン・ファイナンスが活用されるケースが増えつつあることが反映された結果となっている。

図表15－5　日本のメザニン・ファイナンスの規模別分布（1998年～2016年）

金額	バイアウト・メザニン		バイアウト以外のコーポレート・メザニン	
	件数	％	件数	％
10億円未満	37	26.6％	61	33.5％
10億円以上50億円未満	65	46.8％	79	43.4％
50億円以上100億円未満	22	15.8％	16	8.8％
100億円以上	15	10.8％	26	14.3％
合計	139	100.0％	182	100.0％

（出所）　日本バイアウト研究所

(6)　日本のメザニン・ファイナンスの商品別分布

図表15－6は、日本のメザニン・ファイナンスの商品別分布を示している。バイアウトとバイアウト以外のいずれのケースにおいても、優先株式が活用されるケースが多くなっている。バイアウト案件で劣後社債が発行されるケースは少なく、かつそのほとんどはバイアウト・ファンドがサブで取得するケースであり、メザニン投資家が劣後社債を取得する案件は極めて少ないのが現状である。一方、バイアウト以外で劣後社債が発行されるケースの典型例は、上場企業がバイアウト・ファンドなどを割当先として「転換社債型新株予約権付社債」を発行して資金調達を行うタイプである。

図表15－6　日本のメザニン・ファイナンスの商品別分布（1998年～2016年）

商品	バイアウト・メザニン		バイアウト以外の コーポレート・メザニン	
	件数	%	件数	%
優先株式	81	54.7%	120	63.2%
劣後社債	21	14.2%	42	22.1%
劣後ローン	46	31.1%	28	14.7%
合計	148	100.0%	190	100.0%

（注）　同一案件に複数のタイプの商品が活用されるケースもあることから図表15－4や図表15－5の合計件数とは一致しない。
（出所）　日本バイアウト研究所

(7)　メザニン・ファンドの動向

　日本のメザニン・ファイナンスの投資家層としては、銀行、保険会社、ノンバンク、メザニン・ファンドなどがあげられるが、メザニン・ファンドの存在が大きい。現在、10社程度のメザニン・ファンドが日本で活動しているが、低金利の影響により機関投資家の人気が集まっており、その最新ファンドの総額は2,000億円を超えている。

　日本で活動するメザニン・ファンドは、2000年代半ば頃より設立が開始された。まず、トラスト・キャピタルの前身の中央三井キャピタル（2012年に三井住友トラスト・キャピタルに商号変更、2015年にトラスト・キャピタルに商号変更）は、2004年にメザニン・ファンドの運営を開始し、バイアウトの領域の投融資実績を着実に積み上げてきている。また、2000年代前半よりMBOファンドに関与してきたみずほキャピタルパートナーズは、2005年にメザニン・ファンドの運営を開始し、その後も、メザニン・ファンドの運営業務の受託を行い、コーポレート・メザニンの豊富な投融資実績を有している。日本政策投資銀行の連結子会社のDBJコーポレート・メザニン・パートナーズが管理・運営するメザニン・ファンドもコーポレート・メザニン分野を中心として2005年に参入を果たしている。

　そして、MCo（エムコ）は、2006年5月より、日本初の本格的な独立系メ

ザニン・ファンドの運営を開始し、これまでLBO、MBO、M&A、資本増強、リキャップ、負債構造の再構築など多様なニーズに対し、着実に投融資件数を伸ばしてきた。再生ファンドや事業承継ファンドの運営を行っていたソリューションデザインは、2008年よりメザニン・ファンドの運営を開始している。

2010年代に入ると、東京海上日動火災保険の完全子会社の東京海上メザニンや、野村ホールディングスとインターミディエート・キャピタル・グループが折半出資で設立した野村ICGが新たにメザニン・ファンドの運用を開始している。

なお、メザニン特化型ファンドではないが、ジャパン・インダストリアル・ソリューションズが管理・運営する事業再生・再編ファンドも、上場企業の資金調達案件に対応し、優先株式での投資を積極的に行っている。さらに、地方銀行系キャピタル会社が地域中小企業へのメザニン投融資も可能なソリューション・ファンドを組成する動きも出てきている。

2 日本におけるメザニン・ファイナンスの活用事例

(1) バイアウト案件におけるメザニン・ファイナンスの活用事例

図表15-7は、近年の公表可能な主要メザニン・ファイナンス案件一覧を示している。既に述べたメザニン・ファンドのほか、プリンシパル投資(自己勘定投資)のメザニン・プレーヤーも一部投融資を行っている。なお、上場企業の資金調達案件では、ハンズオン型のエクイティ・ファンドが優先株式で投資を行うケースも存在するが、図表15-7では、主にメザニン投資家による案件を記している。

❶バイアウト・ファンドの出資を伴うバイアウト案件

バイアウト・ファンドの出資を伴うバイアウト案件で、公開買付届出書などで資金調達方法などの詳細が公表されている近年の案件としては、マーケティングリサーチ事業のマクロミル、住宅ローン事業のSBIモーゲージ(現アルヒ)、調剤薬局チェーンと医療モール開発のアイセイ薬局、結婚式場運

営のノバレーゼなどの案件があげられる。

マクロミルの案件では、MCPM2（みずほキャピタルパートナーズが業務受託）が組成した「MCPメザニン2投資事業有限責任組合」、みずほ証券プリンシパルインベストメント、三井住友トラスト・キャピタル（現トラスト・キャピタル）が管理・運営する「中央三井プライベートエクイティパート

図表15－7　近年の主要メザニン・ファイナンス案件一覧

年月	案件名	類型	メザニン・プロバイダー	金額
2013年10月	ワイズマン	バイアウト・メザニン（純粋MBO）	【劣後ローン】 MCo	5億円
2014年2月	マクロミル	バイアウト・メザニン	【劣後ローン】 MCPM2 みずほ証券プリンシパルインベストメント 三井住友トラスト・キャピタル（現トラスト・キャピタル）	80億円
2014年3月	USEN	コーポレート・メザニン（上場企業の資金調達）	【優先株式】 MCo MCPM2 オリックス	50億円
2014年5月	カンタツ	コーポレート・メザニン（未上場企業の資金調達）	大和PIパートナーズ	30億円
2014年7月	ダイヤモンド電機	コーポレート・メザニン（上場企業の資金調達）	【優先株式】 DBJコーポレート・メザニン・パートナーズ	15億円
2014年8月	SBIモーゲージ（現アルヒ）	バイアウト・メザニン	【優先株式】 東京海上メザニン	50億円
2016年3月	アイセイ薬局	バイアウト・メザニン	【優先株式】 MCo	31億円
2016年10月	ノバレーゼ	バイアウト・メザニン	【劣後ローン】 ソリューションデザイン	20億円
2017年3月	日本板硝子	コーポレート・メザニン（上場企業の資金調達）	【種類株式】 DBJコーポレート・メザニン・パートナーズ ジャパン・インダストリアル・ソリューションズ	400億円

（注）　メザニン・プロバイダーについては、ファンドの運用・助言などに携わるファームなども含めて総称して「メザニン・プロバイダー」と表記している。
（出所）　日本バイアウト研究所

ナーズ第八号投資事業組合」が総額80億円の劣後ローンを拠出している。SBIモーゲージの案件では、東京海上メザニンが運営・管理を行う「東京海上メザニン１号投資事業有限責任組合」が優先株式の出資により50億円を拠出している。アイセイ薬局の案件では、MCoが運用するメザニン・ファンドである「MCo4号投資事業有限責任組合」が優先株式の出資により31億円を拠出している。ノバレーゼの案件では、ソリューションデザインが運営する「メザニン・ソリューション２号投資事業有限責任組合」が20億円の劣後ローンを拠出している。

❷ 純粋MBO案件

メザニン・ファイナンスが活用される純粋MBO案件の典型例は、上場企業の非上場化を伴う案件である。2005年に成立したアパレルのワールドの純粋MBO案件では、500億円を超えるメザニン・ファイナンスが活用されていた。その後もいくつかの案件が登場したが、近年では、2013年10月に、電子カルテ・介護ソフトの開発・販売のワイズマンの案件が成立した。本案件では、経営陣がエクイティを拠出し、「MCo3号投資事業有限責任組合」が５億円の劣後ローンを拠出し、北日本銀行が50億円のシニア・ローンを拠出した。

今後は、未上場企業の純粋MBOでもメザニン・ファイナンスの活用が見込まれる。例えば、バイアウト・ファンドの投資先企業の純粋MBOでメザニン・ファイナンスが活用されるケースが存在する。通常、バイアウト・ファンドは、株式上場（IPO）、M&Aによる株式売却、別のバイアウト・ファンドへの売却などによりエグジットするケースが多いが、経営陣の独立志向が強い場合には、経営陣がSPC（特別目的会社）を設立し、シニア・デットとメザニン・ファイナンスを調達して株式を譲り受けるスキームがとられることもあり、この10年程度の間にもいくつかの事例が確認できる。その他には、未上場のオーナー企業の事業承継や分散している株式の集約化を企図する際に、経営陣がSPCを設立し、シニア・デットとメザニン・ファイナンスを調達したうえで株式の承継を受けるような案件においても活用の余地がある。

❸上場企業のコーポレート・メザニン

上場企業のコーポレート・メザニンは2000年代半ば頃から本格的に登場し、近年では、有線放送サービスを提供するUSEN、自動車エンジン用点火コイルの製造を行うダイヤモンド電機、大手ガラスメーカーの日本板硝子などの案件が登場している。

USENは、「MCo3号投資事業有限責任組合」、「MCPメザニン2投資事業有限責任組合」、オリックスを割当先とする第2種優先株式の発行により、50億円の資金調達を実施した。調達した資金は、既に発行されていた第1種優先株式の償還資金に充当された。また、USENは、新たにみずほ銀行およびドイツ銀行東京支店をリード・アレンジャーとする金融機関との間で金銭消費貸借契約書を締結し、総額280億円のシンジケート・ローンを調達することによってデットの借り換えも実施している。USENは、有利子負債の削減を目指し、財務体質の一層の強化を図っていくとともに、グループの事業構造改革を断行してきた経営再建局面から脱し、堅実な成長軌道への転換を目指すこととなった。そして、2016年3月には、新たなシンジケート・ローンにより調達した資金の一部を利用して、第2種優先株式のすべてが「金銭を対価とする取得条項」の規定に基づき取得・消却された。

ダイヤモンド電機は、DBJコーポレート・メザニン・パートナーズが運営・管理を行う「UDSコーポレート・メザニン3号投資事業有限責任組合」を割当先とするA種優先株式の発行により、15億円の資金調達を実施した。ダイヤモンド電機は、2014年3月期に米国独禁法違反に関する米国司法省との司法取引契約締結に伴い連結ベースで特別損失約20億円を計上したことにより、約11億円の当期純損失を計上して純資産の部が大きく毀損し、早急に財務体質の改善を図る必要があった。調達した資金は、①中国子会社での点火コイル増産ライン、②米国子会社での新規量産設備および金型、③インドネシア子会社での新規工場製造設備（その後、タイ子会社の立ち上げ費用に資金使途が変更されている）、④ハンガリー子会社での点火コイル増産ライン、⑤長期借入金の返済に充当されることとなった。その後、2017年7月には、「金銭を対価とする取得条項」の規定に基づき取得・消却が実施された。

日本板硝子は、ジャパン・インダストリアル・ソリューションズが運営する「ジャパン・インダストリアル・ソリューションズ第弐号投資事業有限責任組合」、DBJコーポレート・メザニン・パートナーズが運営・管理を行う「UDSコーポレート・メザニン３号投資事業有限責任組合」および「UDSコーポレート・メザニン４号投資事業有限責任組合」を割当先とするＡ種種類株式の発行により、総額400億円の資金調達を実施した。財務体質の早期安定化を図ることを検討してきた日本板硝子は、財務サステナビリティの確立、金融コスト削減に向けた好循環を生み出すために、資本性のある資金調達を実施することによる自己資本の増強が必要かつ適切であると考え、また既存の株主への影響に配慮するという観点から、普通株式の希薄化を抑制しつつ必要な資金を調達できる種類株式による増資を行った。調達した資金は、金融機関からの借入金の返済とガラス事業のVA化関連投資に充当されることとなった。

❹未上場企業のコーポレート・メザニン

　近年は、未上場企業が資本増強や成長資金調達を目的としてメザニン・ファイナンスを活用するケースが出てきている。例えば、マイクロレンズ・ユニットの設計・製造を行うカンタツは、大和PIパートナーズを引受先とする第三者割当増資により優先株式を発行し、30億円の資金調達を行った。カンタツは顧客基盤の拡充を計画しており、増資により調達した資金は、事業拡大のための設備投資資金などに充当されることとなった。

(2)　**新たな活用場面への期待**

　近年、メザニン・ファイナンスの活用場面の多様化が顕著である。まず、バイアウト・ファンドの投資先企業のリキャピタリゼーションやリファイナンスでの活用が期待される。バイアウト・ファンドの投資先企業の経営陣がSPC（特別目的会社）を設立し、メザニン・ファイナンスを調達する純粋MBOのスキームは既に述べたとおりであるが、バイアウト・ファンドの投資先企業がレバレッジド・リキャピタリゼーションを実施する際のSPCがメザニン・ファイナンスを調達するケースが出てきている。このような取引で

は、バイアウト・ファンドが引き続きマジョリティを維持するケースが多いが、抜本的に資本構成が変化するため、メザニン・ファイナンスが活用される余地がある。

　また、事業会社が買収主体となる戦略的M&A（コーポレートM&A）案件においても、メザニン・ファイナンスが活用されるケースが出てくると予想される。特に、事業会社がバイアウト・ファンドの投資先企業を高いバリュエーションで買収する際には、SPCを活用して買収資金を調達するという方法が考えられるが、このような取引でも、メザニン・ファイナンスが活用される余地がある。このようなスキームが実現するためには、事業会社側のメザニン・ファイナンスに対する理解が進むことが必要となる。

おわりに

　以上、日本のメザニン・ファイナンス市場の動向と近年の活用事例について述べたうえで、新たな活用場面について指摘した。

　2017年に入り、一定規模以上のバイアウト案件のバリュエーションが高くなってきており、メザニン・ファイナンスの活用の検討機会が多くなってきたとの指摘がある。また、バイアウト・ファンドの1件当たりの投資金額の上限を超えるエクイティが必要なケースなどにおいても、メザニン・ファイナンスが活用されるケースが増えていくと予想される。

　一方、純粋MBOやコーポレート・メザニン分野においては、裾野の拡大のためのさらなる啓蒙・普及活動が必要になると考えられる。特に、企業経営者やファイナンシャル・アドバイザー（FA）に対して、企業が抱える経営課題の解決手段としてメザニン・ファイナンスの活用が有効な場面があることの理解を深めていくことが期待される。また、地域中小企業での活用可能性も踏まえ、地方銀行などにも理解が深まっていくことが期待される。

付　記

　図表15－2で示されたアンケート調査は、平成18年度東洋大学井上円了記念研究助成に基づいて実施されたものである。ここに記して深く感謝したい。また、

ご多忙のなか、アンケート調査に回答いただいた企業の方々や本稿を執筆するにあたり貴重なコメントをいただいた実務家の方々にも、この場を借りて御礼を申し上げたい。

参考文献

笹山幸嗣（2007）「M&Aにおけるメザニン・ファイナンス―プロダクツの概観と今後の展望―」『証券アナリストジャーナル』第45巻第3号，日本証券アナリスト協会, pp.20-27.

笹山幸嗣・村岡香奈子（2006）『M&Aファイナンス』金融財政事情研究会.

笹山幸嗣・村岡香奈子（2008）『M&Aファイナンス（第2版）』金融財政事情研究会.

笹山幸嗣・松村祐士・三上二郎『MBO―経営陣による上場企業の戦略的非公開化―』日本経済新聞出版社.

佐山展生（2007）「株式公開の意味と非公開化―「純粋MBO」におけるメザニン・ファイナンスの活用―」日本バイアウト研究所編『日本バイアウト市場年鑑―2007年上半期版―』日本バイアウト研究所, pp.105-119.

杉浦慶一（2006）「日本におけるゴーイング・プライベートを伴うバイアウト案件の特徴―案件の類型化と買収資金調達」『経営力創成研究』Vol.2, No.1, 東洋大学経営力創成研究センター, pp.171-184.

杉浦慶一（2007a）「日本のバイアウト・ファンドによる公開企業への投資―優先株式による投資の特徴―」日本バイアウト研究所編『日本バイアウト市場年鑑―2007年上半期版―』日本バイアウト研究所, pp.121-173.

杉浦慶一（2007b）「日本におけるLBOファイナンスに関するアンケート調査―調査結果報告―」日本バイアウト研究所編『日本バイアウト市場年鑑―2007年上半期版―』日本バイアウト研究所, pp.175-200.

杉浦慶一（2008a）「日本におけるゴーイング・プライベートを伴うバイアウト―ワールドの戦略的非公開化の事例を中心として―」『年報経営分析研究』第24号，日本経営分析学会, pp.72-79.

杉浦慶一（2008b）「日本のコーポレート・メザニン・ファンドの最新動向」『オ

ル・イン（Alternative Investment）』Vol.9, クライテリア, pp.70-71.

杉浦慶一（2008c）「コバレントマテリアルの社債発行によるリファイナンス」日本バイアウト研究所編『日本バイアウト市場年鑑―2008年上半期版―』日本バイアウト研究所, pp.115-125.

杉浦慶一（2013）「日本における上場企業のメザニン・ファイナンス」『年報経営分析研究』第29号, 日本経営分析学会, pp.58-69.

杉浦慶一（2014a）「上場企業のメザニン・ファイナンス―ウエストホールディングスの事例を中心として―」『年報経営分析研究』第30号, 日本経営分析学会, pp.49-57.

杉浦慶一（2014b）「拡大・多様化するメザニン投融資案件」『オル・イン（for All Institutional Investors）』Vol.32, 想研, p.58.

杉浦慶一（2015）「東日本大震災復興ファンドによるメザニン・ファイナンス―常磐興産の事例を中心として―」『年報経営分析研究』第31号, 日本経営分析学会, pp.91-100.

杉浦慶一（2016）「経営構造改革を推進する上場企業のメザニン・ファイナンス―日本電子の事例を中心として―」『年報経営分析研究』第32号, 日本経営分析学会, 77-84.

谷口研之（2010）「ラックホールディングスのメザニン・ファイナンス―ファンドによる資本増強ニーズへの対応事例―」日本バイアウト研究所編『日本バイアウト市場年鑑―2009年下半期版―』日本バイアウト研究所, pp.104-111.

谷口研之・吉澤淳志（2012）「ラックへの優先株式投資―投資実行から回収まで―」日本バイアウト研究所編『日本バイアウト市場年鑑―2012年上半期版―』日本バイアウト研究所, pp.162-169.

新美正彦（2007）「メザニン・ファイナンスの再生・承継金融への活用」『ターンアラウンドマネージャー』Vol.3, No.3, 銀行研修社, pp.64-70.

新美正彦・北村毅生（2010）「メザニン・ファイナンスの活用事例」日本バイアウト研究所編『日本バイアウト市場年鑑―2009年下半期版―』日本バイアウト研究所, pp.92-103.

新美正彦・富田康之（2006）「メザニン・ファイナンスの投資評価とストラク

チャーの実際」『週刊金融財政事情』No.2705, 金融財政事情研究会, pp.22-26.

松野修（2010）「メザニン・ファイナンスの意義と効用―過去10年の活用事例を振り返って―」日本バイアウト研究所編『日本バイアウト市場年鑑―2009年下半期版―』日本バイアウト研究所, pp.141-160.

松野修（2013）「メザニン・ファンドの特徴―安定したキャッシュフロー収入と早期の投資回収―」日本バイアウト研究所編『機関投資家のためのプライベート・エクイティ』きんざい, pp.146-170.

水谷謙作（2007）「メザニン・ファイナンスの一般論」日本バイアウト研究所編『日本バイアウト市場年鑑―2007年上半期版―』日本バイアウト研究所, pp.95-103.

宮崎直（2010）「MHメザニン投資事業有限責任組合の投資取組状況」日本バイアウト研究所編『日本バイアウト市場年鑑―2009年下半期版―』日本バイアウト研究所, pp.112-122.

宮崎直（2012）「コーポレート・メザニンの投資事例―東日本ハウスとウエストホールディングス―」日本バイアウト研究所編『日本バイアウト市場年鑑―2011年下半期版―』日本バイアウト研究所, pp.156-170.

宮地直紀（2006）「拡大続く本邦レバレッジド・ファイナンス市場の現状と課題―CLO、投信などドラスティックな投資家の拡大を期待―」『週刊金融財政事情』No.2705, 金融財政事情研究会, pp.10-15.

宮地直紀・船山浩一・斉藤陽一（2010）「日本のバイアウト市場におけるメザニン・ファイナンスの役割と将来展望＜座談会＞」日本バイアウト研究所編『日本バイアウト市場年鑑―2009年下半期版―』日本バイアウト研究所, pp.79-91.

Robert S. Kricheff（2012）*A Pragmatist's Guide to Leveraged Finance: Credit Analysis for Bonds and Bank Debt*, FT Press.

Stephen J. Antczak, Douglas J. Lucas, and Frank J. Fabozzi（2009）*Leveraged Finance: Concepts, Methods, and Trading of High-Yield Bonds, Loans, and Derivatives*, Wiley.

参考資料

経済産業省（調査委託機関: 三菱総合研究所）「平成24年度産業金融システムの構築及び整備調査委託事業（国内外のメザニン・ファイナンスの実態調査）報告書」2013年2月.

日本証券業協会「第2回社債市場の活性化に関する懇談会第2部会 議事要旨」2010年10月.

日本証券業協会「第2回社債市場の活性化に関する懇談会第2部会 資料（米国型レバレッジド・ファイナンスの実態と日本の社債市場に対するインプリケーション）」2010年10月.

日本証券業協会「第8回社債市場の活性化に関する懇談会第2部会 議事要旨」2011年6月.

日本証券業協会「第8回社債市場の活性化に関する懇談会第2部会 資料（本邦メザニン・ファイナンスとコベナンツ）」2011年6月.

Interview

LBOファイナンス人材の将来展望

バイアウト市場を支えるキーマンのキャリアと採用

アンテロープキャリアコンサ
ルティング株式会社
代表取締役
小倉基弘氏

アンテロープキャリアコンサ
ルティング株式会社
取締役
山本恵亮氏

Q 日本のバイアウト市場は多様なプロフェッショナル人材によって成り立っていますが、主なカテゴリーについてお話し願います。

小倉 大きく4カテゴリーに分けてお話ししますと、①バイアウト・ファンドなど企業に投資を行うファイナンシャル・スポンサー、②そのファンドの活動をアドバイザーとして支援する日系外資系投資銀行を含むM&Aアドバイザリー・ファームや監査法人系FAS、コンサルティング・ファーム、③買収資金を提供するメガバンクなどのLBOファイナンスの供給者（デット・プロバイダー、メザニン・プロバイダー）、そして、④バイアウト・ファンドにLP出資を行っている機関投資家やファンド・オブ・ファンズなどのプレーヤーが、日本のバイアウト市場で活動を行っています。そして、これらのカテゴリーでそれぞれの専門性を持ったプロフェッショナルの方々が活躍をされています。

　弊社は、それらのプロフェッショナル人材の採用依頼を数多く受けておりますが、その主な職種の募集件数と全体に占める割合を円グラフで示したものが図表1です。

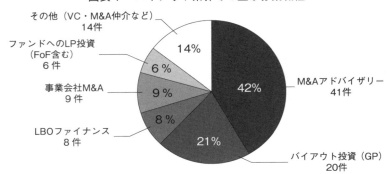

図表1　バイアウト業界での主な募集職種

（注）　2017年3月15日現在でアンテロープキャリアコンサルティングに寄せられているバイアウト業界での主な職種の募集件数と全体に占める割合。
（出所）　アンテロープキャリアコンサルティング

Q　日本で金融機関がLBOファイナンス人材を中途で採用する動きやメザニン・ファンドが陣容を強化する動きが出てきたのは、いつ頃でしょうか。また、求人が行われる場合には、どのような業務の募集が行われるのでしょうか。

山本　LBOファイナンスを提供するプレーヤーは、主には銀行やメザニン・ファンドなどです。銀行であれば、LBOファイナンスを担う専門部署がバイアウト案件やコーポレートM&A案件にシニア・ローンやメザニン・ファイナンスを提供しています。また、銀行以外では、本格的な独立系のメザニン・ファンドが2000年半ば頃から活動を開始し、M&AやMBO、資本増強など多様な資金ニーズに対して、銀行だけでは対応が難しい資金調達を手がけてきました。そして、シニア・ローンとメザニンともに、2000年代半ばより求人が増えてきました。

　LBOファイナンスは、事業会社の将来のキャッシュフローに依拠したファイナンスであることから、貸し付けた資金を回収できるのかどうか、リスク面を精緻に分析してファイナンスの可否を検討していくことになります。このため、銀行のLBOファイナンス人材も、メザニン・ファンドの投資担当者も、基本的にはこのようにリスク面をしっかりと分析して、ファイナンスの実行可否を決めていく

という視点が極めて重要になります。

　業務内容について、メザニン・ファンドを例にとって述べますと、仕事の全体的な流れは、オリジネーション→初期検討→提案→案件の精査→事業計画作成→投資委員会での投資検討→合意すれば契約書作成→ファイナンス実行、となります。銀行のシニア・ローンの場合は、オリジネーションでなく営業部隊からの紹介であることや、案件審査は審査部門が実施することなど異なる部分がありますが、大きな流れについてはおおむね同様です。ただし、シニア・ローンよりもリスクをとるメザニン・ファイナンスの場合は、ファイナンスをして回収できるかどうかは事業の見極めが肝ですので、シニア・ローンの業務以上に、将来に起こり得るさまざまなイベントを想像して、それでも回収できるのか、リスク面を相当深く分析して検討していきます。求人が行われる場合は、これらの業務を遂行するプロフェッショナルの募集がなされます。

Q LBOファイナンスやメザニン・ファイナンスのプロフェッショナルには、どのようなスキルが求められることが多いのでしょうか。

山本　まず、テクニカルな側面として、ファイナンスのスキルとドキュメンテーションのスキルが必要とされます。

　ファイナンスのスキルについては、LBOモデルの構築やバリュエーションのスキル、高度なコーポレート・ファイナンスの知識です。リスク面を深く検討していくためには精緻なLBOモデルをエクセルで構築して分析をするスキルが必要ですし、また、バリュエーションについては、買収価格が適切かどうかを検討することや、得られるリターンが適正かどうかを分析するために必要なスキルです。ただし、ジュニア・スタッフの中途採用においては、これらのスキルを完璧に備えていることが求められているわけではなく、入社後に迅速に修得できる能力があると判断されれば採用される可能性があることが多いです。

　また、ドキュメンテーションのスキルも高いレベルで求められます。LBOファイナンスやメザニン・ファイナンスは契約で細かい権利関係を抑えています。よって、論理的な文章能力や読解力が求められるとともに、法律の知識も必要になります。

それから、テクニカルなスキル以外にも、地頭の良さ、創造力、対人能力などのスキルも、この分野で長く経験を積む人々に共通した必要スキルと認識しているようです。地頭の良さは、複雑で大量の作業を正確に早くこなせるということです。創造力は、特にメザニン・ファイナンスの専門家の人々の口からよく出てきます。メザニン・プロダクツは、商品設計の自由度が高く、難しいシチュエーションでも、今の目線を少し変えて工夫すると使えるようになることがあるため、固定概念で思考停止して無理だと決めつけず、常に自分で考えて仕事に取り組むことが望ましいとされています。

　対人能力は、多くの職業で必要なことですが、LBOファイナンスの仕事でも極めて重要な要素です。例えば、メザニン・ファイナンスで、スポンサーが関与しない独自の案件を手がける場合に、企業オーナーに直接プレゼンテーションを行うことになります。企業オーナーの大きな決断については、信頼できる相手からの話ではないと検討すらしてもらえません。また、銀行のLBO担当者にとっても同じことがいえ、シニア・ローンの出し手は当該企業に対して強い立場にありますが、債権者だからと偉そうにすることは控え、何かイベントが起きた際にも真摯に相談してもらえる信頼関係を構築しておくことが必要です。

　最後に、同じLBOファイナンス人材でも、銀行のシニア・ローンの専門家とメザニン・ファンドの投融資担当に必要なスキルの違いを述べたいと思います。例えば、シニア・ローンからメザニンに転職をする際に、スキル面のギャップがあるかというと、結論からいえばあまりないそうです。違いは、メザニンの創造力です。将来の事業がこうなったらどうするか、ドラスティックに変わってしまうことは起きないのか、そのような際にとり得る打ち手はあるのか、など繰り返し考えて議論しますが、メザニンの場合は、銀行のシニア・ローン業務よりも、はるかに多様な事態やイベントを考えて、それらの事態が起きたとしても資金を回収できるのか、リスク面を非常に深く検討することが多いようです。この姿勢については、エクイティのバイアウト・ファンドが企業に投資をする際に検討するのと同じくらい深く考えている印象を持っております。

Q 今後は、大型案件が増加していく可能性もあり、投資家層の拡大が必要とされています。パティシパントとしてLBOファイナンスに参加する投資家層として、保険会社、ノンバンク、地方銀行などが期待されていますが、各機関のチームの立ち上げや陣容の強化はどのように行っていけばよいでしょうか。

小倉 　新たにチームを立ち上げる場合や陣容を大きく強化する場合は、当該業務の経験を豊富に持つ人材を外部から登用することが最も効果的です。これらの業務は専門性が高くチームを率いる人材や中核となる人材を育てるには数年の時間が必要になります。外部から人材を登用することでチームの立ち上げに必要な時間を買うことを考えてもよいかもしれません。部署異動によって人材を賄うこともあると思いますが、その際には既に述べたスキルを備えた人材を配属し、実務経験豊富なプロフェッショナルの指導を受けながら独り立ちを目指すのがよいでしょう。また、自社の社員を大手銀行のLBOファイナンス部門などに一定期間出向させることも効果的です。

Q 最後に、今後も日本のバイアウト市場で重要な役割を担うデット・プロバイダーやメザニン・プロバイダーの方々へのメッセージをお願いします。

山本 　LBOファイナンスは、転職市場でも、新卒の採用市場でも人気の職種ではありますが、実は華やかな世界というよりも、地道な努力を重ねていくことに対して抵抗がないことが求められています。これらの業務を志す方々は、仕事の内容をしっかりと理解して、自分自身が本当にやりたいことかどうかをよく考えて門をたたくことをお勧めします。

　また、大手銀行、信託銀行などのLBOファイナンスのアレンジャーの方々は、バイアウト・ファンドの活動を成り立たせるキーマンです。数多くの価値ある企業の事業承継を成功させることや企業を再生させるためには、バイアウト・ファンドとデットやメザニンのプロバイダーが協力することが不可欠であり、そして、その協力が事業承継や企業再生を成功させて、ひいては産業の発展につながる大

変意義のある仕事だと思います。

　最後に、新たにこれらの仕事に就く若手の方々もおられると思いますが、LBOファイナンス業務やメザニン・ファイナンス業務は上述のように大変意義のある仕事です。厳しい審査や投資委員会での検討を経てファイナンスが実行される時には大きな達成感を感じるともお聞きしますので、ぜひ頑張ってください。

小倉　　山本も述べたように日本のバイアウト市場の成長にはLBOファイナンス、メザニン・ファイナンス市場の発展が不可欠です。現在、マーケットでは地方の中小企業の事業承継案件が増加しており、今後、こういった企業へのバイアウト案件に地方銀行が果たす役割も多くなってくると推測されます。既にいくつかの地方銀行にはM&Aチーム、LBOチームが組成されており外部から人材を採用する動きも出ています。チーム・ビルディングの当初はメガバンク、独立系メザニン・プロバイダーにて経験を積んだシニア・クラスが地元に戻るＵターン転職によりノウハウを伝授する役割を果たす方もいるでしょう。従前より、日本の金融業界は、最先端の金融ノウハウが中央の金融機関に集中し、地方金融機関に知識、情報が流れない傾向がありましたが、こういった形で地方にも存在するニーズに対応すべく人材の移動が起こることは重要なことであると思います。これらはデット・プロバイダーやメザニン・プロバイダーの方々の新しいキャリアパスになるかもしれません。

Profile

小倉基弘氏
アンテロープキャリアコンサルティング株式会社 代表取締役
上智大学法学部卒業。日興證券株式会社(現SMBC日興証券株式会社)を経て1990年、建築関連のビジネスを起業。約7年のベンチャー経営後、プロフェッショナルのキャリア形成に関連するビジネス創造を目指して、人材エージェントにてコンサルタントを4年間経験。2002年、「野心と向上心を持ったプロフェッショナル」に対してチャレンジングな機会提供を行う目的でアンテロープキャリアコンサルティング株式会社を設立。

山本恵亮氏
アンテロープキャリアコンサルティング株式会社 取締役
同志社大学商学部卒業。大手人材サービスにて、金融とテクノロジー業界を担当後、渡米。在米のコンサルティング会社において、人事コンサルティング、人事・財務経理分野のコスト削減と業務効率化支援、人材採用支援などを事業開発マネジャーとして推進し、事業基盤を確立させる。2004年4月アンテロープキャリアコンサルティング株式会社参画。バイアウト・ファンド、投資銀行、経営コンサルティング・ファームなどに対して、プロフェッショナル人材の採用を支援している。

第Ⅲ部

座談会

日本のLBOファイナンス市場の回顧と展望
〜投資家層の拡大と実務の高度化に向けて〜

株式会社三井住友銀行
ストラクチャードファイナンス営業部 副部長
藤間正順氏

株式会社三菱東京UFJ銀行
フィナンシャルソリューション部
M&Aファイナンス室 次長
神野　淳氏

株式会社みずほ銀行
M&Aファイナンス営業部 次長
三澤雄治氏

〈司会〉
MCo株式会社 代表取締役
笹山幸嗣氏

座談会

日本のLBOファイナンス市場の回顧と展望
～投資家層の拡大と実務の高度化に向けて～

株式会社三井住友銀行 ストラクチャードファイナンス営業部 副部長　藤間正順氏
株式会社三菱東京UFJ銀行
　　フィナンシャルソリューション部 M&Aファイナンス室 次長　神野　淳氏
株式会社みずほ銀行 M&Aファイナンス営業部 次長　三澤雄治氏

（司会者）MCo株式会社 代表取締役　笹山幸嗣氏

LBOファイナンス業務の組織
～市場の成長とともに陣容を拡大～

笹山　日本のLBOファイナンス市場が生まれてから、もうすぐ20年がたとうとしているなかで、多様な案件が出てきていますが、一方で課題もあると感じています。本日は、シニア・ローンおよびメザニン・ファイナンスの両面でLBOファイナンス市場に関与してきたという中立的な立場から司会を務めさせていただきます。まずは、各行におけるLBOファイナンス業務の歴史を振り返るというところからスタートさせていただきます。最初に、いつ頃から業務を開始し、どのような体制で取り組まれてきたかについてお話し願います。

笹山幸嗣氏

神野　元々旧UFJ銀行と旧東京三菱銀行でもそれぞれ手がけていましたが、2006年1月にUFJ銀行と東京三菱銀行が合併し、三菱東京UFJ銀行が誕生した後に、ストラクチャードファイナンス部内に買収ファイナンスを手がける専門チームを組成しました。そのチームが2007年にレバレッジド・ファイナンス室として格上げされまして、20名程度の組織になりました。その後、さらに人員を拡充し、現在のM&Aファイナンス室となり、LBOローン、コーポレートM&Aローン、ファンドへのLP出資を行う3グループからなる50名体制となっています。

第Ⅲ部　座談会

2006年から本格的にスタートし、2007〜2008年頃には、いくつかの大型案件のアレンジャーを務めまして、その頃から一貫してこのビジネスを拡大させていこうという方針の下、取り組んできました。私はもともと旧UFJ銀行に在籍していましたが、当時は案件も少なく、LBOファイナンスの担当は4名程度しか在籍していませんでした。旧東京三菱銀行のほうでも数名程度でしたので、その当時と比較すると、今は50名体制であり、随分と業務が拡大したと認識しております。

藤間　チームの歴史という意味での起源は、2001年10月に投資銀行営業部に専任者を配置したのが始まりです。当時はプロジェクト・チームのような組織で、5名程度でスタートしましたが、2002年にグループに格上げされ、MBO/LBOグループという名称になりました。最初は本当に案件がありませんでしたが、ワールドやポッカコーポレーションの案件が登場した2005年頃から市場が拡大しました。また、日本企業のクロスボーダーM&A案件が増加してきましたので、業務の範囲をコーポレートM&Aファイナンスへも拡大し、チームの名称も2011年からM&Aファイナンスグループへ変更しました。人数については、チーム発足から徐々に増員を重ね、現在は25名程度のチームとなっています。当行の特徴としては、ファンドへのLP投資を投資営業部、バイアウト案件のM&Aオリジネーションを法人戦略部フィナンシャルスポンサーグループという別チームが手がけており、それらの陣容を含めれば50名程度の人員になります。

三澤雄治氏

三澤　1980年代の半ばには、米国を中心に旧三行（第一勧業銀行、日本興業銀行および富士銀行）それぞれがLBOファイナンスを手がけておりましたが、アレンジャー業務への本格参入という意味では、1988年に富士銀行がロンドンに専門部隊を配置したのが一つのきっかけです。国内での第一号案件はその10年後の1998年になります。国内大手ベンチャー・キャピタルによるバイアウト案件に富士銀行がLBOファイナンスを提供しました。周辺ビジネスということでは、1999年にスリーアイ興銀バイアウツ、2000年に富士キャピタルマネジメント（現みずほキャピタルパートナーズ）を設立し、エクイティ・スポンサーとしても市場参入を果たしています。2002年のみずほフィナンシャルグループの統合・再編後は、みずほコーポレート銀行の投資ファイナンス営業部にて事業再生を含む専門部として30名強の陣容でLBOファイナンス業務を手がけるようになりました。また、船舶ファイナンスなどとの兼任ではありましたが、みずほ銀行にも別にLBOファイナンスを提供する機能がありました。その後、投資ファイナンス営業部は、レバレッジドファイナンス営業部、

日本のLBOファイナンス市場の回顧と展望　297

M&Aファイナンス営業部へと名称を変え、また、みずほ銀行との合併も経まして、現在は50名体制(ファンドへのLP出資を行う部隊も含む)で業務を執り行っております。

笹山 チームの皆さまはだいたいどれくらいの業務経験があるのでしょうか。若手の人材にLBOファイナンス業務というのは、人気がありますでしょうか。

神野 長いメンバーで5～6年でしょうか。ただ、銀行では、一般的に異動サイクルは短く、3年程度たつと人事異動で転出という可能性も出てきます。プロ人材の育成という観点からは、できるだけ長くいてほしいと思っています。実際、3年やってようやくバイアウト・ファンドの方から顔を覚えてもらって、相談してもらえるようになるビジネスですし、本人にとってもそこから仕事の面白さが増していきますので。一方で、幅広い経験や知見を有するメンバーがチームにいることも重要ですので、いったん転出して、海外や他のプロダクトを経験して将来また戻ってきて活躍してもらうというローテーションも必要だと思っています。

LBOファイナンス業務については、行内でも有数の人気部署と聞いたことがあります。この仕事の存在を知っている人たちや在籍していたメンバーにとっては非常に人気のある業務です。実際、バイアウト・ファンドや弁護士、会計士といったプロフェッショナルの方たちと一つのM&Aプロジェクトを仕上げていくという仕事は非常に醍醐味があり、魅力的な業務だと思

神野　淳氏

います。転出したくないというメンバーも多いですし、転出の発令が出て泣かれたことも何度かあります。ほとんどの室員が「仕事が楽しい」といっています。

三澤 在籍して数年たつと人事ローテーションによって転出していくという流れは弊行も同様です。多くの職員がまた戻ってきたいといってくれているようで、私を含めて「出戻り組」が既に複数おりまして、ある程度、人材は循環しています。

若手ということですと、みずほフィナンシャルグループの場合、「武者修行」と称して、希望する部署で若手が数日間から数カ月間の職場体験を積むプログラムがあります。当部もプログラムに参加しておりまして、毎年十数名の若手が当部を希望してエントリーしてくれているのですが、このエントリー数は社内でもトップレベルということで、グループのなかでも人気のある部署だといって構わないと思います。プログラム参加者のなかから、その後、実際に正式配属される職員も出てきており、若手のキャリア形成という観点でも面白い試みだと思っています。

参加者のエントリーの動機は多様で

すが、新聞に載るような仕事をしてみたいという漠然とした「大きな仕事」への憧れのようなものを抱いている人が多いように思います。必ずしも新聞に載る仕事が立派な仕事、あるいは目指すべき仕事とイコールということではないと思いますが、承認欲求みたいなものは理解できますし、実際に世間からの注目度が高い案件も少なくありませんから、それがモチベーションになるのであれば、悪いことではないかなと思っています。

藤間 LBOファイナンスについて、「究極のコーポレート・ファイナンス」と呼んだ若手がいました。これはなかなか的を射た表現だと思って私自身もその後使っているのですが、対象会社に対していくらまで長期与信を行うかを検討する際に、マーケットやビジネスの見極めを含めたキャッシュフロー分析が必須であることはもちろん、一部のアセットを見合いとしたアセット・ファイナンスの側面、リスクシナリオの際のエンタープライズ・バリュー議論など、行内の総力を結集して短期間で多額の与信判断を行っていくプロセスは、何度経験しても痺れます。昨今は大型案件も多く、新聞に出ることも多いので、必然的に行内の注目度も高まっています。

当行のチームでは、チーム発足直後から「Yes but」というモットーがあります。これは、ある案件や課題に直面した際に、常に「やるために何をすべきか」という観点で物事を捉えると

いうことで、当チームのDNAのようなものです。「No because＝できない理由を並べる」の反対ですね。これを貫

藤間正順氏

くのはなかなか大変ではありますが。

笹山 LBOファイナンスが行内で注目されていたり、人気のある仕事ということを皆さまから聞いて、このマーケットの草創期から関わってきた一人として素直にうれしく思います。組織全体としては、チームとしての専門性や経験をいかに維持し、高めていくかというところと、人事のローテーションとの兼ね合いをどう図るかという辺りに工夫が必要そうですが、今後もどんどん若手人材にこの仕事に挑戦してほしいです。そして、そうした動きがメガバンクを中心とする大手銀行だけでなく、地域金融機関にも広がっていくとマーケットは格段に大きくなりそうな気がします。

さて、銀行としてLBOファイナンス検討を進める際の審査の体制について教えてください。また、営業店の関与はどのようになっていますでしょうか。

神野 LBOファイナンスの審査体制は、以前よりあまり変わっておらず、専担の人材が審査を行うということで、通常のコーポレート融資の審査とは異なり、投資銀行審査部という部署が審査業務を行っています。既存の貸出先がLBOの対象となる際には、

案件によっては、既存のコーポレート融資の審査部と共同で見るような体制をとっています。情報管理の問題もありますので、通常の案件においては、営業店が絡むということはありません。

三澤 弊行でもLBOファイナンス専門のラインが審査する体制を採用しています。この仕組みは、みずほフィナンシャルグループの統合・再編以来、大きく変わっていません。

営業店の関与については、バイアウト・ファンド発の案件か、営業店発の案件かによって違いますが、バイアウト・ファンドからのファイナンスに係る相談が起点となるようなファンド発の案件の場合、神野さんがおっしゃるように情報管理というコンプライアンス上の観点から、案件のオリジネーションの段階では営業店と情報を共有しないことが一般的です。この場合、われわれは営業店とコンタクトせずにバイアウト・ファンドから得た情報をベースに検討を進めていきますので、営業店からすると、ある日突然案件の情報が事後報告的にもたらされることになります。逆に、企業オーナーから営業店が受けた事業承継に係る相談が起点となるような営業店発の案件の場合は、対象会社およびそのオーナーのご了解の下、最初から営業店と一緒になって案件を作り上げていくことになります。

藤間 当行の特徴かもしれませんが、LBO専門の審査部はなく、通常のコーポレート審査部がLBO案件を含めて見ています。一方、営業店との関係については、当行も営業店とは情報遮断し、原則バイアウト・ファンドの動きなど買収者側の情報は共有せずにプロセスを進めることになります。基本的にはバイアウト・ファンドとM&Aファイナンスグループが話をしてプロセスを進め、M&Aがまとまって関係者のご了解を得たうえで初めて営業店に情報開示を行う流れです。

レバレッジド・ファイナンスの活用場面の多様化
～コーポレートM&A、レバレッジド・リキャピタリゼーション、純粋MBO～

笹山 バイアウト・ファンドがエクイティを拠出するLBO案件へのファイナンスがメインだと思いますけれど、この20年近い歴史のなかでは、事業会社が買収主体となるコーポレートのM&A、バイアウト・ファンドの投資先企業のレバレッジド・リキャピタリゼーション、バイアウト・ファンドなどのファイナンシャル・スポンサーの出資を伴わない純粋MBOなどにおいても、ファイナンス機会が多くあったかと思いますが、この辺りの取り組みについてお教え願います。

三澤 コーポレート・スポンサーに

よるM&A案件へのレバレッジド・ファイナンス提供の取り組みも、バイアウト・ファンドの本邦での活動が本格化した時期とそれほど前後せずに始まっていたとの理解です。ソフトバンクが日本テレコム（その後、ソフトバンクテレコムに商号変更、後にソフトバンクモバイルに吸収合併）を買収したM&A案件やボーダフォン（その後、ソフトバンクモバイルに商号変更、現在はソフトバンク）を買収したM&A案件におきまして、買収ファイナンスをアレンジさせていただきましたが、当時は、マーケティング上の戦略的な視点でコーポレートM&Aに力を入れていたというよりも、お客さまの事業戦略を実現すべくベストなソリューションを探すなかでLBOファイナンスやWBS（whole business securitization）といった買収ファイナンスに行き着いたというものでした。最近の傾向としては、日系企業が海外企業を買収するクロスボーダーM&Aの際にレバレッジド・ファイナンスを活用するケースが増えてきています。弊行としても体制を強化し、これに対応しようとしています。

神野 弊行では、2011年より、M&Aファイナンス室にて、LBOに限らず、事業会社によるM&A案件を支援しようということで、コーポレートM&Aのファイナンスをサポートするチームを組成しました。LBOと違うのは、LBOは当室が案件のオリジネーションからクロージングや事後管理までのすべてを手がけていますが、コーポレートM&Aのほうは、買手の事業会社を担当する取引店を支援するサポート部隊としての機能がメインとなっていることです。コーポレートM&Aはクロスボーダーも多く、LBOとは異なった難しさがありますが、M&Aファイナンス室内にLBO、コーポレートM&Aの双方の機能を持つことで、室員のプロ度を多角的に向上させ、より優れたサービスを提供できることを目指しています。

藤間 2010年前後から本邦大手企業によるクロスボーダーM&Aが活発化し、案件数が増加、かつ当行のRM部隊からもLBOで培ったM&Aファイナンスの知見をもっと活用したいとの要請あり、M&Aファイナンスグループで、コーポレートM&Aファイナンスへもカバレッジを拡大していきました。

笹山 レバレッジド・ファイナンスの一つのビジネス・チャンスとしてのリキャピタリゼーションについてはいかがでしょうか。昔は、日本では全く行われなかったと思いますし、「デッド・ファースト、エクイティ・ラストという鉄則があるなかでのリキャップは考えられない」というような風潮もありました。しかし、今は日本でも普通に行われるようになってきましたが、銀行としてはどのようなスタンスをとられているのでしょうか。

三澤 リキャップが一般化してきたこととメザニンが一般化してきたことには、相関性があるという認識を持っ

ています。メザニンも当初のストラクチャリング時は、「デット・ファースト」と「エクイティ・ラスト」との間で「メザニン・ミッド」と整理されるのですが、そもそもメザニンは必ず必要なパーツというわけではありませんから、約定返済の進行や対象会社業績の伸長などによってレバレッジ・レシオが低下し、メザニンの部分まで含めてシニア・ローンをストレッチしても良いと思えるような状況になれば、引き続き自己資本も相応の水準が確保できるという前提で、メザニンの弁済を目的とするリキャップを検討することが可能になります。審査の視点でも、エクイティ・スポンサーにキャッシュが渡るわけではなく、事後のエクイティ・スポンサーのモチベーションの変化に係る議論も必要ありませんので、この手のリキャップは比較的受け入れやすいのだと思います。

今ではどの金融機関も、メザニンをリキャップすることについて、それほど抵抗感はないと思います。一方で、スポンサーのエクイティ部分については、以前に比べれば金融機関の理解も進んできているとは思いますが、「さすがにエクイティの100％をリキャップするのはやり過ぎ」と考える人もいれば、「キャッシュフローが回るのであればエクイティが先に全額返ろうが関係ない」というアグレッシブな人もいて、多少意見が割れているように思います。

藤間 リキャップに関しては、海外のチームでは以前から参加案件を含めて一般的に行われていました。これは与信を営業店がとるのか専門部がとるのか、という議論とも似ていますが、日本市場においては、当行は商業銀行の側面が強く、リキャップ案件の際に対象会社のバランスシートがフォーカスされることが多いのは事実です。海外においては、LBOやリキャップの対象になる企業のキャッシュフローや成長性に応じたクレジット判断を行いやすい環境にあるといえます。

日本でのバイアウト・ファンドの存在ですが、事業再編の起爆剤として、さらに対象会社に対して真のバリューアップができ、それを通じて日本の経済活性化に貢献しているという認知度が、この十数年で飛躍的に向上しました。行内でも、その辺りの認知度は向上しており、それにつれてリキャップへの理解度も向上していると感じます。それは行きつくところ、バイアウト・ファンドがこれまで実施してきたバリューアップの貢献が認められてきたことに尽きると思います。

神野 日本の場合は、商業銀行の発想が強く、ファンドさんは大切なお客さまですけれど、一方で対象会社のほうもメインバンクとしての大切なお客さまです。LBOローンをアレンジする時点で、この対象会社さんをメインバンクとしてサポートするという覚悟がないとできないと思います。そのような考え方もあるなかでのリキャップは、対象会社の財務を傷め過ぎないと

いう視点がすごく重要になってきます。昔であれば、どの銀行さんでもリキャップは「ノー」という話だったと思いますが、その辺は一定の目線や基準を満たせば実施してもよいという流れに変わってきています。例えば、バイアウト・ファンドが参画して非常にEBITDAも伸びて、明らかにバリューアップしており、これだけ収益も改善したのだから、この程度はリキャップしても財務を過度に傷めないという目線を持つということです。あるいは、リキャップをしても、そのファンドさんが対象会社に対し、引き続き強くコミットしているかどうかも重要な判断基準になり得ます。

笹山 やはりファンドさんが入っている間だけではなく、銀行のお取引先として、長くゴーイング・コンサーンでお付き合いしていくという発想ですね。かつて、海外でリキャップが行われるときというのは、エクイティ・ファンドがエグジットできていないという理由でリキャップが行われるというパターンもありました。米国では、特に日本と違ってキャッシュフローが回っていれば債務超過は必ずしも気にしませんので、会社にデットを押し付けてエクイティが抜けるということが行われていました。日本では、皆さまの今のお話からすると、そのような取引は認められないということですね。

三澤 そうですね。ただやはり「デット・ファースト」の議論とは別に、対象会社に過度の負担を強いていないかというのも気になるところです。例えば、CAPEXが重い会社にレバレッジをかけ過ぎてしまうとその後の経営の自由度を奪ってしまうという議論は必ず出てきます。これはリキャップに限らず、最初にLBOスキームを組む際にも議論の対象になります。

藤間 バイアウト・ファンドの意識も、だいぶ変わってきていると感じます。20年の歴史のなかでそれなりに淘汰も起きて、レンダーを含めた市場でのレピュテーションを皆さまとても気にされています。設備投資が必要な業態で成長投資の余力を残しておく必要があるということで、過度なレバレッジをかけないように自制するファンドもいます。

まだまだ案件が少ない日本では、事業承継案件におけるオーナー経営者や、カーブアウト案件における対象会社マネジメントと対話を図る際に、きちんと成長プランを含めて真のビジネスのバリューアップができることを示さないと、そもそも対話が続かず、結果としてそのバイアウト・ファンドは案件がとれません。銀行側もそのような要請をしますし、バイアウト・ファンドもそれを怠ると、市場のレピュテーションが悪化してその後の案件への影響が甚大ですので、その辺りのディシプリンも重要です。

笹山 バイアウト対象企業がまたバイアウトされるセカンダリー案件のときにもLBOファイナンスが再度活用

されますが、必ず営業権（のれん）の問題が生じます。のれんが膨らんでいくと、減損リスクがありますので、買手候補の事業会社が抵抗感を示す場合もあるようです。また、対象会社の方々から見れば、いったんレバレッジ・レシオが下がったのに、再びレバレッジが高くなり嫌な思いをされることもあります。この辺りは、どのようにお考えでしょうか。

神野　セカンダリー案件が良かったかどうかは、一連のバリューアップの結果を振り返ってみて判断されると思います。振り返ってみて、最初のファンドさんが入って大してバリューアップできなかった先でも別のファンドさんが買ったからできるということはあります。実際の事例を見ていても、後から参画してもう一段成長させているファンドさんも存在し、あるいはロールアップで数倍の規模に拡大させている案件もあります。確かに、デットは増えますが、役職員の皆さまの処遇も改善していたり、ビジネスが拡大しモチベーションが向上していたり、ハッピーになる人たちが多いので、そういう成功事例を見ると、必ずしもセカンダリー案件が悪いという考えにはなりません。

藤間　最近は日本でもM&A（トレード・セール）市場やIPO市場が好調で、一時期ほどセカンダリー案件が多いとは感じていませんが、2回目・3回目とバイアウトの回数が増えれば増えるほど、のれんが積み上がって難易度が上がります。銀行の審査のほうも、しっかりエグジットできていないとも捉えます。そうするとビジネスの成長性への疑義の目も向けられかねませんので非常に難しい側面があります。

　海外では、アドオン（ロールアップ）がバリューアップの有効な手段になっています。昨年ロンドンに行った際に、欧州チームのポートフォリオ企業の社長さんが来て講演をしてくれたのですが、「ファンドには日々のオペレーションには口を出さないでほしい」「しかし、彼らはM&AのプロであるのでシナジーのあるM&A案件を探して成約させ、PMIを通じてバリューをもたらしてほしい」といっていました。例えば、EBITDA100億円程度の会社が10億円くらいの会社をこまめにアドオンしてPMIを通じて成長モデルを実現していく姿は、バイアウト・ファンドならではのバリューアップであると考えられます。日本においても一部の案件でアドオンが出てきてはいますが、これだけ事業承継のM&Aニーズがあるなか、バイアウト・ファンドにも一層期待が向けられていると思います。

三澤　セカンダリー案件の場合は成長ストーリーが重要です。新たなスポンサーが単なるエクイティ投資家以上の付加価値をもたらすことができないのであれば、対象会社にはスポンサー・チェンジによるメリットがありませんので、「企業転がし」的なマネーゲームのような印象を周囲に与え

ることになります。逆に、前のバイアウト・ファンドが提供できなかったものを次のバイアウト・ファンドが提供できるということであれば、意義のあるセカンダリー案件であるといえると思います。国内系ファンドからグローバル・ファンドが引き継いで対象会社のグローバル展開を手伝うというのは典型的なパターンだと思います。

　また、ロールアップへの期待ということでは、LBOファイナンス市場の成熟度合いについても触れておくべきかと思います。昔の本邦金融機関は、ロールアップを企図したアクイジション・ファシリティなどはあり得ないというスタンスでしたが、10年くらい前から国内でも徐々に普及しはじめ、今では対応できる金融機関もかなり増えています。この普及に伴って、かなり柔軟性に富んだファイナンス・スキームを組むことが可能になってきていますので、バイアウト・ファンドが中長期的にバリューアップに取り組むための選択肢も広がってきているように思います。

藤間　2005年のワールドの案件以降、デット型のMBOつまり純粋MBOへのファイナンス供与の取り組みが本格化しました。2000年代後半から2010年代初頭の株価が低い時代には、PBRが1倍を切る公開企業がいわゆる負ののれんを活用して純粋MBOを積極的に行っていました。敵対的買収への脅威、抜本的なビジネスモデルの転換、第二の創業など、動機はさまざまですが、バイアウト・ファンドのいないスポンサーレスMBOとなるため、財務の悪化（負債増加）を補って余りある目的の明確化と、市場やバイアウト・ファンドからの規律に代わるガバナンスの構築が重要です。

シンジケーションにおける投資家層の拡大に向けて
～地方銀行、保険会社、ノンバンクに期待～

笹山　LBOファイナンスにおけるシンジケーション・マーケットについて皆さまのお話をうかがいたいと思います。市場参加者としては、アレンジャーとパティシパントが存在するわけですが、アレンジャーはメガ3行さん中心、パティシパントも金額を大きくとれるということで、やはりメガ3行さんを含む大手銀行中心という印象があります。最近では地域金融機関などのなかにもこのマーケットへの参入意欲が高いところがあるという話を聞くことがありますが、実際のところはいかがでしょうか。

藤間　バイアウト・ファンドが関与するLBO案件でどこがアレンジャーを務めているかについて調べてみると、件数ベースでは、メガ3行以外の

大手銀行や信託銀行や地方銀行がアレンジャーを務めるケースも増えています。特に、ミッドキャップやスモールキャップの案件を中心に、LBOファイナンスをアレンジできる銀行の数は少しずつ拡大しています。パティシパントについては、地方銀行さん、保険会社さん、リース会社さんが多いです。地方銀行さんについては、LP出資をされているケースも多く、バイアウト・ファンドの方々から、「LP出資で参画している地方銀行さんには優先的に声をかけてください」との要請があるケースもあります。対象会社の既存取引先も優先的に招聘されるケースが多いです。

三澤　パティシパントとして参加する地方銀行の数は、徐々にではありますが増えてきています。マイナス金利政策が継続され、長期化してきておりますので、多くの地方銀行が相対的に高い利回りに魅力を感じるようになってきているのだと思います。

　また、地方企業の事業承継案件なども相応に出てきており、地方銀行として検討しやすいであろう投資機会が増えてきていることも興味を持たれる方が増えてきている一因ではないかと思っております。われわれのところにも「勉強したいので教えてほしい」という要望が多く寄せられるようになってきており、地方銀行のフロントや審査部門向けの勉強会に出向くことも増えてきました。

　地方銀行以外では、保険会社やリース会社も関心を持たれているということに異論はありませんが、リース会社については、そのターゲットとされる絶対的な利回り水準から、シニア・デットよりも、ホールド・コ・ファイナンス（holdco finance）を含めたメザニン・ファイナンス（mezzanine finance）への参加を志向されているような印象があります。

神野　弊行も地道に啓蒙をしていく必要があると思っており、地方銀行向けにLBOセミナーを実施しています。どのように審査を見ているかという視点で審査担当者がセミナーに来た地方銀行の方々に説明するという機会を設けると、かなり関心を持っていただけます。地方銀行さん以外ですと、生損保、リース会社の関心が高いですが、将来的には、日本にも、LBOローン専門に投資する資産運用会社が出てきてくれることを期待しています。

笹山　今までのLBO案件は首都圏が主流でしたが、地方にも拡大していくと必然的に地方銀行が関与する案件も増えてくると思います。さて、少し視点を変えますが、アレンジをされていて、需給関係についてはどのように感じますでしょうか。案件にもよるとは思いますが、投資家層が足りないと感じますでしょうか、それとも十分と感じますでしょうか。

藤間　案件が二極化しているという側面もあるかと思います。本格的なカーブアウト案件を中心とするラージキャップの領域と、ミッドキャップや

スモールキャップの領域があり、後者の案件に関して今の市場で投資家さんが足りなくて困るということはないと思います。

神野 確かに、数千億円クラスのラージキャップの案件がたくさん出だすと、途端に投資家層が足りなくなります。しかし、欧米と比較して、市場規模が一桁小さいので、今の状況だと大手銀行のバランスシートで受けきれてしまいます。そこが溢れ出るようになって初めて本格的なセルダウンが行われるようになり、投資家も育っていくという好循環が生まれるのだと思います。

三澤 案件によっては投資家が足りているということであれば、一般的には案件のほうが足りないという状況なのでしょう。一方で、グローバル企業をターゲットとする案件が増えていくなかで、貸出通貨が外貨となる案件もそれなりに出てきています。この外貨という切り口で考えると、依然として市場参加者は不足しているという感触を持っています。

笹山 案件数増加、案件規模拡大などによりマーケット全体の組成金額が大きくなっていけばおのずとより多くの投資家が必要とされ、投資家層も拡大していきそうですね。LBOファイナンス市場はまだまだ成長余地がありますので、投資家層や投資家数という観点でも発展が期待できそうです。

リスク・リターンのバランスのとれたプライシングを維持
～規律を効かせたレバレッジ水準での案件組成～

笹山 昨今、LBOファイナンス市場でもレバレッジ水準が上がってきているなかでプライシングが低下する流れとなっており、リスク・リターンのバランスをどのようにとっていくかがファイナンサーにとって大きな課題となっていると思います。この辺りについて皆さまのお考えをお聞かせください。

三澤 調達コストと倒産確率に市場参加者間であまり違いがないのだとしたら、適正なプライシングというのは共通で、そこから無理をするかしないかというビジネスジャッジになるのだと思います。市場参加者がこの日本のLBOファイナンス市場を持続的に支えていこうとディシプリンを持って取り組んでいくのであれば無理なダンピングはしないはずですので、まさに市場参加者がこのマーケットをどうしていきたいと考えているのかに尽きると思っています。短期的な収益を追うためにむちゃなプライシングや条件を提示する市場参加者もいるのだろうとは思いますが、当然、そのような判断は中長期的な視点では合理的なものでは

ありませんので、どこかで不幸な事態に陥るはずで、結果的には市場からの退場を余儀なくされるのだろうと考えています。もしかするとこういった不幸な事態が繰り返されることで、市場全体が正しい方向に向かっていくのかもしれません。

　結局のところ、ハイ・レバレッジでは想定される返済期間が延びるはずで、その期間リスクをとり続けるということになりますので、それを合理的に考えると、マージンは相対的に高くてしかるべきで、無理をすればそこにひずみが生じるということかと思います。

神野　業容の大きな会社さんであれば、ハイ・レバレッジのローンを背負ったとしても、この経費はこうしようああしよう、これは処分はしようとか、いろいろと工夫して経営していく余地もありますが、業容が小さな会社だと、そうした余地は限られます。また、不況期でも一定のCAPEXが必要な製造業と、ある程度CAPEXをコントロールできるサービス業では、背負えるレバレッジ水準は異なるはずです。それにも関わらず、その辺りがある意味一緒くたになって何倍というレバレッジの数字が標準のように語られているのは不健全な感じがします。小規模な案件で、激しいビッドの結果、多額の借入金を背負ってしまい、その後の経営の足かせとなったということが現実として起こってしまうと、LBOビジネス自体にブレーキがかかるかもしれません。

藤間　当行では、日本のLBOファイナンスと認識できるポートフォリオのまとめを年1回実施しているのですが、通常のコーポレート・ファイナンスと比較してもLBOファイナンスのリスク・リターンは良いパフォーマンスを維持しています。レバレッジの高さは企業価値が評価されていることの証左でもあり、実績としては必ずしも「ハイ・レバレッジ＝高劣化率」に直結するものではないとのレッスンを得ています。ただし、例えばリーマン・ショックまでさかのぼれば劣化率はやはり高く、マクロのダウントレンドにも耐えられるポートフォリオをいかに作るか、頭を悩ませているところです。

　プライシングもここ数年のスパンで見れば下落傾向にありますが、個別案件のリスクに見合ったリターンをいかに確保するか、ディシプリンを効かせて取り組むようにしています。

笹山　今、レバレッジやプライシングについて議論しましたが、それ以外のタームの観点でこの20年間で変化してきたことやお感じになったことはありますでしょうか。例えば、コベナンツに関してはいかがでしょうか。

藤間　コベナンツに関しては、レバレッジの上がり具合とプライスの下がり具合に比べ、日本市場ではまだ比較的踏みとどまっていると感じます。確かに、案件固有の事情で緩いものもありますけれど、一般的には日本のほう

がレバレッジは高くてコベナンツは少し厳しく、欧米のほうが、レバレッジが低くてコベナンツはライトという状況にあるかもしれません。

　背景としては、銀行と対象会社、あるいは銀行とスポンサーとの関係性が考えられます。日本ではファンドや対象会社との対話を重視しており、コベナンツは対話のきっかけの側面もあります。

　欧米では、コベナンツに抵触するとかなりドライな関係になりますので、コベナンツをセットされること自体への恐怖感というものが日本よりあるという事情があるのかもしれません。コベナンツヒットしてテーブルに着きましょうという日本と、コベナンツヒットしたらトリガーを引きかねない欧米との違いというものもありそうです。もちろん、セカンダリー市場の有無・投資家層の違いも背景としては大きいと思います。

神野　コベナンツについては、契約書上のトリガーは広くなっていますけれども、やはり基本的には対話を開始するためのアラームみたいな位置づけだと思います。ウェットな信頼関係がありますので、抵触して即どうこうという話ではないです。コベナンツは緩くても仕方がないと思う案件は、エクイティがすごく積んであって、レバレッジが低い案件です。この業種は難しい業種だからレバレッジは抑えてエクイティも積んで、コベナンツを緩くするという考え方はあり得るかもしれ

ません。ただし、そのような考え方に合意したファンドさんに別の案件で、あのときの案件で緩くなったので今回もといわれてしまうのはちょっと違うと思います。

三澤　コベナンツに関しても、対象会社をメインバンクとして支えていくのか、いかないのかという議論が影響してくるように感じます。支えていく気があれば、いたずらにコベナンツに抵触していろいろな債権者が発言力を強めるような状態になるのは好ましくないというメインバンクの立場を重視するケースもあるでしょう。

　また、スモールミッドキャップ向けのMBOファイナンスであれば、経営者が暴走しないようにガバナンスを効かせるため、わりと早めに交渉のレバレッジを手に入れられるようにしておいたほうが良い、という判断もあり得ます。中小企業では、決算作業を含め、内部統制が十分でないケースがほとんどですので、ローン実行後にもいろいろな問題が出てきたりします。スモールキャップの案件はラージキャップ以上に細かく丁寧に検討していかなければいけないと感じています。

藤間　あと、バイアウト・ファンドが関与する案件と純粋MBOとでは、コベナンツの位置づけが異なるような気がします。バイアウト・ファンドがエクイティを拠出する案件では、過去の実務も加味しながらファンドと交渉をします。一方、純粋MBOの場合には、経営陣が自分で決断されて実施さ

れ、多くの場合借入にコベナンツが規定されるということは初めてのご経験です。バイアウト・ファンドがいるLBOの場合には、レンダーとしてもバイアウト・ファンドによるエクイティ・ガバナンスに期待するわけですが、純粋MBOの場合には、レンダーというステークホルダーとして一緒にこのビジネスをモニタリングしていくためのアラート機能として、コベナンツを設定することが多いと思います。デット・ガバナンスを利かせるための一つの手段ですね。あるMBO案件の経営陣の方からは、「コベナンツの意味がやっと分かりました。銀行が会社を見守ってくれるための目安なんですね」との言葉をいただいたことがあります。この会社はMBO後も非常に順調な経営を継続されています。

笹山 今までうかがっていないところで、何か市場の健全な発展に向けて重要な視点と皆さまがお考えになられることはありますでしょうか。

神野 すごくベーシックなところですけれども、適正なレバレッジという視点は重要です。レバレッジが過度になってしまうと、問題案件が発生した際に、「LBOはけしからん」というような議論が出てくるような気がします。そうなってくると、プロダクトとしての「LBOファイナンス＝悪」みたいに捉えられ、市場全体にとってよくないなと思います。だから、そのような案件を創出しないように、努力をしていきたいと考えております。

三澤 その意味では、適正なバリュエーションというのも重要です。大企業の案件では、既に市場で値が付いているので、高過ぎると感じることはあっても、それはそれでやむを得ないと思いますが、非上場のスモールミッドキャップの案件で、売手となるオーナー経営者に対して実績がほしいM&Aブティックが「こんなに高く売れます」と意識的に高過ぎるプライシングで提案している姿を見ると、マーケットの持続的な発展という観点で非常に残念な気持ちになります。

先ほども申し上げましたが、オーナー系の中小企業については、内部統制が十分なレベルに達していないケースが多く、大企業向けと同程度の深度のデューデリジェンスでは発見できないような瑕疵が事後にたくさん発見されるケースが少なくありません。このままいたずらにバリュエーションを引き上げ、ディールを成立させるためにハイ・レバレッジなLBOローンを使っていくと、いつか取り返しのつかないことになるのではないかと危惧しています。

笹山 バイアウト・ファンドのLBOには常にシニア・ローンが必要ですので、案件が増えればLBOファイナンスもそれに伴って増えていきます。それ以外のコーポレートの案件の市場を大きくしていくためにはどのような課題がありますでしょうか。

藤間 チームとしてコーポレートM&Aファイナンスにも積極的に対応

しており、相応の規模になってきています。ファイナンス・ストラクチャーとしては、通常のコーポレート・ファイナンスで組成するものもありますが、レバレッジド・ファイナンスのスキームの案件もあります。今、少し問題になりつつあるのが、過去の日本企業による海外買収の失敗例が目立ち始めているということです。そうすると、案件が持ち込まれた場合に、当然のことではありますが、審査の観点でも、この買手企業にこの対象会社を経営する能力があるのか、そもそもの買収の意義は何かなどを一層厳しく問われるケースが増えてきています。銀行として案件を成約に導くお手伝いをすることにとどまらず、PMI（post-merger integration）についても、金融機関としてお役に立っていく必要があると痛感しています。まだまだ事例は少ないですが、PMIの観点からグローバル・プライベート・エクイティ・ファンドや政府系ファンドを共同投資家として招聘したうえでの海外買収を検討することも一案かと思っています。共同投資による海外買収の事例では、レバレッジド・ファイナンスが活用されることもあります。

三澤　コーポレートM&Aに限ったレバレッジド・ファイナンスの市場規模は、国内M&A向けよりも、クロスボーダーM&A向け（特にIn-Out案件）のほうが大きいと感じています。特に中堅企業においては、ビジネスがグローバル化していくなかで、やや背伸びして大きめの海外企業を買収する必要性に迫られているケースも見受けられ、レバレッジド・ファイナンスの活用余地も増えてきているように感じています。一方で、クロスボーダーM&A案件では、ファイナンシャル・アドバイザー（FA）の方々も含め、関係当事者の負担も国内案件よりも大きくなりますし、コストもかかりますので、一定程度以上のサイズの案件でないと手がけにくいということもいえると思っています。

業況悪化時の対応
〜時間をかけて回復を待つ〜

笹山　LBOファイナンスの歴史を振り返りますと、うまくいく案件が多かったとはいえ、なかには業況的に厳しくなる融資先が出てくることもあったかと思います。そのようなときにはどのような対応をされているのでしょうか。スポンサーであるバイアウト・ファンドとの交渉や協議がどのように行われるのか、状況によっては、海外のようにセカンダリーで売却ということもあるのでしょうか。

三澤　悪化時の対応については、

ケース・バイ・ケースだと考えておりますが、邦銀の場合は、対象会社について、どちらかというと、「お客さまであるファンドの単なる投資物件」というよりは、「ファンドの出資を受けているお客さま」と見なしている側面が強いと思いますので、その対象会社の今後についてどう考えているかというところが判断の鍵になると思っています。存続していくと思えば、一般論としては、条件を緩和してでも時間をかけて支援していくということだと思います。逆に、これは無理だなということになれば、法的整理に持ち込むこともあるかとは思いますが、基本的にはお客さまとしての対象会社と向き合うことになりますので、セカンダリーで売却ということにはなりにくいと考えられます。

神野 基本的には、メインバンクとしての視点も持って、一定期間スポンサーと協力して何らかの手当てをしながら様子を見ていくことになるかと思います。今の日本では、セカンダリーで売却して「さようなら」という発想にはならないと思います。

藤間 日本では、セカンダリー市場が未発達なので、打てる手が非常に限られていると感じることもあります。一方で、その厳しい状況に陥ったときにバイアウト・ファンドと話をする際に、そのときの対応のされ方で、そのバイアウト・ファンドのレピュテーションが銀行内で醸成されてくるということは事実です。しっかり時間をかけて要因分析をされコンティンジェンシー・プランを作成し、また時には財務コベナンツへの抵触を追加増資などで治癒するなど、一つひとつ丁寧に対応して行動に移されるバイアウト・ファンドも存在します。ただ、そのときのコンティンジェンシー・プランといっても、CAPEX（設備投資）を削減したりとか、コスト削減したりとか、余剰資産を売却したりとか、打てる手が限られていることもあります。当行の拠点網と顧客ベースを活かして、そうした際のスポンサー候補を当行でご紹介するケースもあり得ます。

笹山 これも過去と現在とでは異なるかもしれませんが、状況が悪化したときの審査の対応はどうなっているのでしょうか。コベナンツというのは、まさにイエロー・フラッグを立てるためのものですが、市場創生期には少し抵触しただけで大騒ぎになっていたかと思います。今は、以前と比較して冷静に見られるようになったというようなことはありますでしょうか。

神野 数年間の猶予期間のうちに回復したケースを何回も経験していくと、予想に反して悪くなった場合でも、このパターンを試してみようかと対策を練りやすくなります。確かに、失敗経験が少ないときには、状況悪化の際には大騒ぎになりました。でも今思うと実はたいしたことではないこともあったりして、その意味でも、何件か乗り越えたケースが積み上がってくれば、コベナンツに抵触したくらいで

は大騒ぎにはならなくなると思います。こんな際にはこんな手を打ってみようかとか、過去のいくつかの事例を振り返ることができれば、慌てなくて済みます。

　実際に、日本のLBO案件というのは、良質な案件が多いので、おそらく通常のコーポレート融資より引当率は低いのではないかと思います。もともとLBOの対象となる会社は、キャッシュリッチな無借金企業というのが典型的なパターンで、優良企業が多いので、LBOファイナンスの市場参加者は恵まれています。リセッションなどで一時的な業況悪化を迎えても、時間を与えれば回復するケースが多いです。

セカンダリー市場
～市場規模のさらなる発展とともに創生～

笹山　新規ローンを提供するプライマリー市場に対して、既存ローンを値付けして売買するのがセカンダリー市場ですが、日本ではLBOファイナンスのセカンダリー市場はほとんど存在していないというのが現状だと思います。欧米では、バンク・ローンがコモディティ化していて、ボンドと同じようにセカンダリー市場の取引も活発ですが、将来、日本でもそのような時代がくるのでしょうか。

三澤　1年未満でリファイナンスされてしまう案件もあるなかでは、なかなかセカンダリー取引という発想は生まれてこないと思います。LBOファイナンスの実質的な融資期間が長期化する局面というのは、もう少し景気が低迷していて、金融環境がタイトになっているとか、対象会社の業績も低迷してしまって短期間での回復が見込まれないとか、リファイナンスが容易ではない状況のときだと想定されます。セカンダリー市場が育つとすれば、そのようなネガティブな環境になってからではないかという気がしています。

神野　日本の銀行のLBOファイナンス案件では、お客さまである対象会社との長い歴史的な背景もあり、お客さまのほうもバイアウトを実行するといいながらも、期待されていることはメインバンクだったりもします。その期待値もありますので、セカンダリーですべて売却するということは難しいです。しかし、例えば、LBOファイナンスの市場の規模が10倍に育つと、1行では受けきれる量が限られますので状況は異なってくると考えられます。そんな際には、それを機会と捉えてセカンダリーで参加する投資家も増えてくるということだと思います。

藤間　世界的な金融規制の流れが強

まっていくなかで、LBOファイナンスは、リファイナンスも早く、比較的アセット・リサイクルの間隔が短いので、今のところはまだセカンダリーの必要性はそれほどフォーカスされていませんが、あまりにもテイク・アンド・ホールドし過ぎていると、ポートフォリオとしての抵抗力は落ちますので一定の分散が必要です。元々ローンのセカンダリー市場は米国のLBOから始まったとも聞きますし、市場の拡大とポートフォリオの分散の観点で、早晩セカンダリー市場の議論が日本でも本格化してくると見ています。

笹山 あらゆるファイナンスについていえることだと思いますが、プライマリー市場とセカンダリー市場は車の両輪です。ローンがセカンダリー市場で活発にトレードされていると適正な値付けがされるので、高くても安くてもプライマリー市場でミスプライスしているとセカンダリー市場でそれがプライスに反映されてしまいます。結果として良い意味でのけん制が効いて、プライマリー市場のプライスも適正水準に保たれるというのが本来の姿です。日本のLBOファイナンス市場においても、セカンダリー市場の発展に期待したいところです。

メザニン・ファイナンス
～多様な局面での活用可能性～

笹山 LBOファイナンスにおけるメザニンの位置づけや役割についても少し議論できればと思います。メザニン・ファイナンスの必要性は、市場環境によっても異なりますし、案件によっても異なると思いますけれど、皆さまが日頃ストラクチャーを検討していてお感じになられていることをお話し願います。買収価格が上昇するなかで、あいた隙間を埋めるためにメザニンが必要になるというのは分かるのですが、大型案件のほうがメザニンの活用が検討されるケースは多いのでしょうか。

神野 昨今、大型案件の検討機会も増えて、メザニンの需要が増えているような気がします。また、シニアがストレッチしきれないようなレベルの案件が多数出てきている感覚があります。バリュエーションも上昇しており、EBITDAの1倍から1.5倍くらいのメザニンが入ってくれることにより、やっとストラクチャーが組めるというような案件が典型的な例です。また、多数の買手候補が参加する入札案件では、先にメザニン・プロバイダーを確保しておかないと、ファイナンス・ストラクチャーが組めなくなるということも起こり得ます。シニア・デット・プロバイダーが取り切れない

ようなリスクをとっていただいており、メザニン・プレーヤーは市場でも貴重な存在です。

藤間 一般的には大型案件のほうが、入札が厳しくなるので、バリュエーションが上昇しがちのような気もします。ラージキャップの領域ですと、エクイティ・チケットの実額が非常に大きくなりますので、バイアウト・ファンドも頑張りきれないという背景があります。つまり、メザニンがデットの部分においてシニアで足りない部分を補うという案件もありますが、エクイティの不足する部分を補うという案件もあります。

メザニン・ファイナンスの活用場面は多様で、バイアウト・ファンドの投資先企業のプレIPO段階でのホールド・コ・ファイナンスなどで活用されるケースもあります。また、オーナー企業の経営者がバイアウト・ファンドではなく、メザニン・ファンドと組んでMBOを実施するケースも存在します。さらに、近年では、日本の大手の事業会社とプライベート・エクイティ・ファンドが組んで、海外企業を共同で買収するクロスボーダーM&Aも存在し、政府系金融機関が優先株式などのメザニン・ファイナンスを拠出するケースがありました。

三澤 過去の日本市場、あるいは海外市場を振り返ってみても、シニア・ローンがここまでストレッチしたことはなかったのではないかと思っています。神野さんもおっしゃっていましたが、もうこれ以上はシニアがストレッチしきれない限界まで来ているイメージです。言い換えると、キャッシュフローをベースにしたクレジット判断として、とれるリスクは取り切ってしまっているという状態になっているのだと思います。そこで藤間さんがおっしゃるようにエクイティ・ライクなメザニンが求められるようになってきていると感じます。したがって、求められているメザニン・プレーヤーも、銀行のように主に対象会社のキャッシュフローでクレジットを判断する人々ではなく、対象会社のEVにベットできるプレーヤーになってきていると思います。

また、本来はスポンサーがとるようなリスクを限定的なリターンでテイクしていくことが求められるわけで、リスク管理としては小口分散を図っていくというのが常道でしょうから、昨今の大型案件でのニーズを見るに、相応の数のメザニン・プレーヤーが必要な時代になってきているといってよいのかもしれません。すなわち、複数のメザニン・プレーヤーによる共同投資というスタイルが増えてくるということなのでしょうが、一方で、日本のメザニン・プレーヤーはファンド型のプレーヤーが多く、裏側にいるLP投資家にとっては（共同投資するGPの組み合わせによっては）必ずしも分散が図れていないというケースも出てくるわけで、その辺りが今後の課題になってくるのかもしれません。

将来展望
～バイアウトの成功事例の積み重ね～

笹山 次の20年もディシプリンを効かせながら日本のLBOファイナンス市場は発展を遂げていくと思いますが、最後に将来展望と市場参加者へのメッセージをいただきまして、この座談会の締めくくりとしたいと思います。

神野 バイアウト・ファンドの傘下に入ってうまくいった成功事例が増えることが鍵になると思います。日本人のメンタリティとして、過去の事例でハッピーになっているというケースが多いほど、取り組みやすくなります。実際に、以前よりもロールアップやバリューアップに成功しているケースが増えています。また、事業会社のオーナーも横のつながりもありますので、「あのファンドさんはうまく取り組んでいる」となると、そのファンドさんに相談しようということになります。成功事例も多くなり、バイアウト・ファンドの知名度も向上していることは、市場拡大の追い風になってくれると思います。

M&Aが企業の事業戦略の柱として完全に定着し、かつ事業承継ニーズも増加していくなかで、LBOファイナンスは、そのソリューションの一つとして、ますます重要なプロダクツになってくると思います。LBO自体、まだまだ、日本では歴史が浅い分、「伸びしろ」は大きくありますし、前述したとおり、とても面白い仕事なので、若いバンカーの皆さまにもどんどんトライしていただきたいと思っています。地方銀行をはじめとする投資家の皆さまにも、優良アセット積み上げだけでなく、醍醐味のあるプロジェクトへの参画の機会として、ぜひ積極的に市場へ参加していただきたいと思っています。

藤間 バイアウト・ファンドの活躍は明らかに大企業のトップ・マネジメントの方々や経営企画部門の方々に浸透してきていると思います。バイアウト・ファンドの皆さまとお話ししていても、経営企画部門の担当者に電話して面談に進める確率は格段に上がっていると聞きます。また、1回目のごあいさつから2回目の本当の面談につながる確率も飛躍的に増加していると聞きます。当行の役員やRM部隊が事業会社の役員とバイアウト・ファンドの活用を含めて話をして興味を持たれるケースも増加しています。さらに、未上場のオーナー企業の方々にも、バイアウト・ファンドが買手候補の選択肢の一つとして確実に捉えられるようになってきていると実感しています。

そもそも私がこの世界を志したのは、M&A自体の社会的意義に加えて、プライベート・エクイティ・ファ

ンドの果たす役割にも大きな社会的意義があると感じたからです。それからはや15年がたちましたが、諸外国とのGDP比やM&A市場比で見ても、まだまだLBOファイナンスを含めたプライベート・エクイティ・ビジネスの成長余地はあると見ており、世界的なプライベート・エクイティ・ファンドへの資金流入、ドライパウダー（投資待機資金）の残高を勘案すれば、現状の本邦LBOローン供給に限界が来る日も近いのではないかと思います。

三澤　アベノミクスによって、昨今、日本経済は上向いてきているという声も聞かれますが、この勢いを殺さないためにもM&Aはもっと活発に行われるべきだし、われわれのような金融機関は、啓蒙活動を含め、M&Aについてもっと積極的に企業をサポートしていくべきだと思っています。

日本では「産業」や「事業」、「企業」を混同して議論が展開されることが少なくなく、総じて「新陳代謝が進んでいない」、「だから問題だ」というイメージが世間に広まっているような気がしていますが、私はこの混同が問題だと思っています。混同しているがゆえに、「産業」を育成するつもりがベンチャー「企業」の保護にとどまってしまったり、「企業」の成長を後押しするつもりが寿命を終えつつある「事業」にしがみつく「企業」の延命策に終わってしまったりしているのではないかと思います。

「産業」や「事業」には時代や経済の発展段階に応じて「旬」があるものだと思っていますが、「企業」は「事業」などの「旬」とは別に永続的に活動を続けられるものだと思っています。すなわち、「企業」はその抱える「事業」ポートフォリオを適切に入れ替えていけば永続できるものであり、それをマネジメントしていくのも経営者の重要な役割の一つだと考えています。

例えば、東レといえば、日本を代表する素材産業の雄ですが、現在、その祖業であるレーヨンを作っているかというと、そんなことはないと思います。ソニーもテープレコーダーが現在も主力事業というわけではありませんよね。

また、GEがかつての中核事業である金融事業を売却したのは記憶に新しいところかもしれません。変化の激しい世の中にあって、世界有数の企業も生き残りを図るべくM&Aを活用しています。日本の企業であっても例外ではないはずです。経営者は、まだ事業価値があるうちに売却し、その対価を将来有望な事業に投資していくというようなことも考えていくべきなのだと思います。

そして、われわれ金融機関は、お客さまの永続的な発展に資するよう、経営のツールとしてのM&Aが円滑に執り行えるように市場、環境を整備していくべきだと思いますし、LBOファイナンスというプロダクツは、企業などがM&Aを検討する際の選択肢を確

実に広げてくれるものだと確信しておりますので、そのような業界に携わる中で日本の経済、産業の発展に貢献していければと思っています。

笹山　20年後、日本のLBOファイナンス市場がどこまで大きく発展しているか大変楽しみですね。バイアウトを含むM&A全般ではもちろんのこと、もっと広い範囲で日本企業の多様なニーズに応えて活用されているでしょうし、市場参加者も一層拡大して、銀行はメガバンクから地域金融機関まで、その他の金融機関も証券会社、生損保、リース会社などさまざま、ファンドもメザニン・ファンドだけでなくシニア・デット・ファンドなども活躍の場を得ているかもしれません。そうした明るい将来に思いをはせつつ、座談会を終わらせていただきます。本日はお忙しいところ、ありがとうございました。

Profile

藤間正順氏
株式会社三井住友銀行 ストラクチャードファイナンス営業部 副部長
慶應義塾大学経済学部卒業。一橋大学商学研究科経営学修士コース修了（MBA）。1995年株式会社さくら銀行（現株式会社三井住友銀行）入行。2003年より三井住友銀行ストラクチャードファイナンス営業部にてLBO/MBOファイナンスアレンジ業務に従事。2007〜2011年にかけて、香港・シンガポール拠点にて同行豪亜地域の買収ファイナンスビジネスの実質的な立ち上げに関与。2011年に東京へ帰任後、プライベート・エクイティ・ファンド向けLBOファイナンス、純粋MBOファイナンス、コーポレートM&Aファイナンス、DIP/再生ファイナンスなどの買収ファイナンス関連案件を幅広く手がける。2015年同行ストラクチャードファイナンス営業部M&Aファイナンスグループ長。2017年同部副部長（現任）。

神野淳氏
株式会社三菱東京UFJ銀行 フィナンシャルソリューション部 M&Aファイナンス室 次長
慶応義塾大学経済学部卒業。1993年株式会社三和銀行（現株式会社三菱東京UFJ銀行）入行。1995年より企業調査、1999年よりM&Aのアドバイザリー業務に従事。2002年よりLBOファイナンスビジネスに従事し、現在に至る。LBOのオリジネーションからエグゼキューション、事後管理、エージェントまで一貫して行い、市場の黎明期から現在に至るまで多くの案件をアレンジ。M&A関連ビジネス経験18年。

三澤雄治氏
株式会社みずほ銀行 M&Aファイナンス営業部 次長
青山学院大学国際政経学部卒業。1994年株式会社富士銀行（現株式会社みずほ銀行）入行。1990年代後半より日系大手総合商社担当RM（営業担当者）として、商社系テレコム関連子会社の外資系ファンドによるカーブアウト、商社系航空機関連子会社の経営陣によるMBOなどのバイアウト案件を組成。2003年より株式会社みずほコーポレート銀行投資ファイナンス営業部（後レバレッジドファイナンス営業部、現M&Aファイナンス営業部）にて、ソフトバンクグループによるボーダフォン株式会社（現ソフトバンク株式会社）買収など、多数のバイアウト案件に係るファイナンスをアレンジ。その後、グループ人事部（現グローバルキャリア戦略部）、アジアソリューション営業部（シンガポール駐在）などを経て、2015年より現職。

笹山幸嗣氏
MCo株式会社 代表取締役
慶応義塾大学経済学部卒業。コーネル大学ジョンソン経営大学院修了（MBA）。1984年株式会社日本長期信用銀行（現株式会社新生銀行）入行。1989年よりクロスボーダーM&Aのアドバイザリー業務に従事。1995年よりニューヨークでLBO/MBO関連の買収ファイナンスとプライベート・エクイティ・ファンドへのLP投資に従事。1999年株式会社日本興業銀行（現株式会社みずほ銀行）入行。買収ファイナンスビジネスを立ち上げ、日本における同ビジネスのパイオニアとして、ソーシングからストラクチャリング、シンジケーションまで含めたワンストップのアレンジを多数行う。2006年株式会社メザニン（現MCo株式会社）代表取締役に就任。日本初の本格的な独立系メザニン・ファンドを運営し、現在に至るまで総額1,300億円を超える四つのファンドから、バイアウト、M&A、MBO、資本増強など多様なニーズに対応したメザニン投資を実行。

あとがき

　本書では、実務家へのインタビューを実施したが、いずれも示唆に富んだ内容となった。LBOファイナンスは、通常のコーポレート・ファイナンスとは異なり、複雑な取引で手間のかかるファイナンスであるが、日本企業の多様な局面を支える社会的意義のある仕事に「やりがい」を感じて取り組んでいるプロフェッショナルが多いと感じた。今後も、バイアウトの手法が日本の大企業の事業再編や中堅・中小のオーナー企業の事業承継の一手段として定着していく過程で、LBOファイナンスは、ますます重要な役割を果たしていくと予想される。また、市場の健全な発展に向けて、規律ある投融資姿勢が求められていることも強く感じた。

　さて、リーマン・ショック直後には低迷した時期もあった日本のバイアウト市場が回復基調にある。2017年に入り、取引金額が1,000億円を超える大型案件が複数成立しており、市場が急拡大する気配を見せている。日本を代表する大企業が、事業の「選択と集中」を目指すなかで、子会社・事業部門の売却先の受け皿としてバイアウト・ファンドを活用し、大規模なLBOファイナンスが組成されるケースが増加している。

　本書の座談会でも指摘がなされたように、ラージキャップの案件が多数登場し、大型LBOファイナンスのシンジケーションの本格的なセルダウンが行われるようになり、投資家が育つという好循環が期待される。日本においても、一部の保険会社、ノンバンク、地方銀行などがLBOファイナンスの投資家として市場に参加しているが、この層のさらなる拡大が必要となる。そして、欧米のようなCLO（collateralized loan obligations）やローン・ファンドが登場したり、年金基金がLBOファイナンスの投資家として参加したりするようなドラスティックな変化も期待される。

　もう一つの期待は、日本の地方銀行の役割である。地方銀行が、大型LBOファイナンス案件のシンジケーションに参加するという動きが定着していく一方で、地方の中小企業のバイアウト案件のLBOファイナンスで主

体的に関与するケースが増加すると予想される。近年、大手銀行が関与しないような小型のLBO案件も着実に増加しており、地方銀行にも期待が集まっている。地方銀行がLBOファイナンスに参入するには、組織・体制の強化と人材の育成などの課題の克服が必要となるが、この点は、アレンジャー主催により勉強会やセミナーが開催されたり、大手金融機関が出向・トレーニーの受け入れを行っていたりもするので、連携を図ってスキルの取得を行っていくことが望ましいと考えられる。また、シンジケーションに参加行として参加する経験を積むということでもLBOファイナンスのプロセスを知ることができるであろう。

　大手金融機関を中心とするLBOファイナンスの実務家の方々からは、日本のLBOファイナンス市場を客観的に俯瞰できるデータの充実を図るとよいという助言をいただくことが多い。日本バイアウト研究所としては、このような要望に応えられるように、今まで以上に正確かつ意義のある情報発信ができるよう心がけていきたい。また、これまで日本バイアウト研究所では、全国各地でシンポジウムの開催を継続してきたが、地域金融機関の方々にも引き続きお役に立てるような企画を立案して、多様な情報を発信していきたい。そして、日本のバイアウト市場が大きく発展し、10年後・20年後に振り返ってみる機会があれば、本書の続編の刊行も検討したい。

　今回の編集の過程では、インタビューの日程調整を行っていただいた各社の秘書の方々、資料の作成を担当いただいた企画担当・広報担当の方々にも大変お世話になった。また、巻末に収録した「LBOファイナンス用語集」の編集委員の方々には、限られた時間のなかで原稿に目を通していただいて、経験豊富な立場から貴重なコメントをいただいた。本書の刊行に携わったすべての方に感謝の意を表したい。

　最後に、本書の企画から編集に至るまでの随所で的確な助言をいただいた株式会社きんざいの出版センター部長である石川和宏氏にも深くお礼を申し上げたい。

株式会社日本バイアウト研究所
代表取締役　**杉浦慶一**

執筆者略歴（執筆順）

第Ⅰ部

〔第 1 章〕
加藤　拓（かとう・たく）
アント・キャピタル・パートナーズ株式会社
プライベート・エクイティ投資グループ パートナー

慶應義塾大学法学部卒業。1997年アンダーセンコンサルティング（現アクセンチュア株式会社）入社。テクノロジー関連を担当。1999年大手通信会社入社。事業企画部にてIT・情報通信関連の海外企業に対するプリンシパル投資と日本での事業化推進および社内事業改革を担当。2000年株式会社メディアシーク入社。事業開発業務に加え同社の東証マザーズ新規上場サポートを担当。2002年アメリカのソフトウェアベンチャー会社の日本法人に入社し、上級管理職を務め、事業開発および営業を担当。2006年日興アントファクトリー株式会社（現アント・キャピタル・パートナーズ株式会社）入社。チェッカーモータース株式会社（取締役）、株式会社ジャパン・リリーフ、株式会社ウイルプラスホールディングス、バリオセキュア・ネットワークス株式会社（現バリオセキュア株式会社）、株式会社Casa（取締役）、株式会社マルホン（代表取締役）などにおいて投資実行、ハンズオン支援、Exit交渉を担当。

川野裕介（かわの・ゆうすけ）
アント・キャピタル・パートナーズ株式会社
プライベート・エクイティ投資グループ ディレクター

東京大学工学部卒業。東京大学大学院情報理工学系研究科修了。2007年JPモルガン証券株式会社入社。投資銀行本部にて、テクノロジー・テレコム、運輸、鉄鋼、製薬、コンシューマー、金融業界など、広範な業界におけるM&Aアドバイザリーおよび資金調達業務に従事。また、大手企業の財務戦略および経営計画立案もサポート。2013年アント・キャピタル・パートナーズ株式会社入社。株式会社Casa、株式会社壮関（取締役）、株式会社マルホン（取締役）、株式会社ニューオークボ（代表取締役）において投資実行、ハンズオン支援、Exit交渉を担当。

〔第2章〕
佐山展生（さやま・のぶお）
インテグラル株式会社　代表取締役パートナー

1976年京都大学工学部卒業。1994年ニューヨーク大学大学院ビジネススクール（STERN）MBA取得。1999年東京工業大学大学院社会理工学研究科博士後期課程修了（学術博士）。1976年帝人株式会社へ入社し、ポリエステルの重合関連業務に従事。3年間現場で三交替勤務後、工場の増設、能力アップ、自動化、新品種のポリマー開発を担当。1987年株式会社三井銀行（現株式会社三井住友銀行）に入社しM&A関連業務に従事。1998年ユニゾン・キャピタル株式会社共同設立代表取締役、380億円の当時日本初の大型バイアウト・ファンドを組成し、7社に投資。2004年GCA株式会社共同設立代表取締役、2005年株式会社ワールドの純粋MBOを担当。2005年株式会社メザニンを共同設立。2007年インテグラル株式会社を共同設立、2008年代表取締役。2015年スカイマーク株式会社代表取締役会長就任。一橋大学大学院国際企業戦略研究科教授。京都大学経営管理大学院客員教授。

水谷謙作（みずたに・けんさく）
インテグラル株式会社　取締役パートナー

1996年慶應義塾大学理工学部卒業。1998年慶應義塾大学大学院理工学研究科修了（工学修士）。2006年一橋大学大学院国際企業戦略研究科修了（MBA）。1998年三菱商事株式会社入社。機械グループにてプラント輸出業務、資源案件への投資、ODA業務などを担当。2003年より同社金融事業本部M&Aユニットにて社内外顧客向け国内・クロスボーダー案件のM&Aアドバイザリー業務を担当。2005年モルガン・スタンレー証券会社（現三菱UFJモルガン・スタンレー証券株式会社）入社。2006年GCA株式会社へ入社。2006年株式会社メザニンへ出向し、国内初の独立系メザニン・ファンドのファンドレイズ業務および投融資業務を担当。2007年インテグラル株式会社を共同設立、同年12月より現職。2017年ホリイフードサービス株式会社代表取締役会長就任、その他現在まで複数の投資先の取締役を兼務。

〔第3章〕
中里弘樹（なかざと・ひろき）
株式会社あおぞら銀行　事業ファイナンス部 担当部長

1992年日本大学法学部卒業。株式会社日本債券信用銀行（現株式会社あおぞら銀行）に入行。大阪営業第一部、営業第四部、営業第三部にて自動車、自動車部品、電気、鉄鋼、非鉄金属などのコーポレート・ファイナンス業務全般を担当したほか、途中、金融商品開発部にてシンジケート・ローンのオリジネーション業

務を担当。2012年に事業ファイナンス部に配属以降、ファンド・カバレッジ、バイアウト・ファイナンスに従事。大和証券グループとの合弁会社である大和あおぞらファイナンス株式会社にてシニア・ローン、メザニン・ファイナンスの融資委員を兼任。

野上稔久（のがみ・としひさ）
株式会社あおぞら銀行　国際営業部 担当部長

1995年大阪外国語大学（現大阪大学）インドネシア語学科卒業。株式会社日本債券信用銀行（現株式会社あおぞら銀行）入行。高松支店配属後、営業第八部にて法人向け融資の新規開拓を担当。2003年に投資銀行部（現事業ファイナンス部）に配属以降は、ファンド・カバレッジ、バイアウト・ファイナンスのほか、オフショア・ファイナンス、ホテル・ファイナンスを担当。2012年には事業ファイナンス部内においてプロジェクトファイナンスチームを立ち上げ、エネルギー関連のノン・リコース・ファイナンス業務を兼任。

〔第4章〕
宮地直紀（みやじ・なおき）
株式会社東京スター銀行　法人金融部門 執行役

慶応義塾大学経済学部卒業後、株式会社富士銀行およびみずほ証券株式会社にて不良債権売買、M&A・再生アドバイザリーおよびストラクチャード・ファイナンス業務に従事。ローン・トレーディング、船舶の流動化、日本初の著作権の流動化案件などを手がける。2002年にクレディ スイス ファースト ボストン証券会社（現クレディ・スイス証券株式会社）に入社。投資銀行本部にてレバレッジド・ファイナンス業務に従事し、シニア・ローン、メザニン・ファイナンス、シェア・ファイナンスの組成アレンジ・引受などを手がける。2007年にJPモルガン証券株式会社レバレッジドファイナンス部長に就任。2009年に株式会社東京スター銀行に入行後は投資銀行部長としてLBOファイナンスの成長を牽引するとともにM&Aアドバイザリー、シンジケーション、事業再生ビジネス、富裕層取引などのビジネスを立ち上げた。国際金融部長兼務を経て、2015年6月より執行役に就任し、法人金融部門を管掌。

米田和紀（よねだ・かずき）
株式会社東京スター銀行　投資銀行部 コーポレート&アクイジションファイナンス 次長

1993年南カリフォルニア大学経営学部卒業後、株式会社大和銀行（現株式会社りそな銀行）入行。ロスアンゼルス支店にて非日系コーポレート、ストラクチャー

ド・ファイナンス・ビジネスなどに従事。株式会社日本債券信用銀行（現株式会社あおぞら銀行）、株式会社住友銀行、株式会社さくら銀行（現株式会社三井住友銀行）ロスアンゼルス支店にて同業務に従事後、1999年に帰国。株式会社あおぞら銀行、株式会社新生銀行、Royal Bank of Scotland、Merrill Lynchなどで一貫してレバレッジド・ファイナンス業務に従事。2009年より株式会社新銀行東京にて、債券、証券化商品、不良債権、ストラクチャード・デット、エクイティなどのクレジット投資業務を統括。2014年4月株式会社東京スター銀行に入行。2015年10月よりコーポレート＆アクイジションファイナンスのチームヘッドに就任。20年超の国内および海外レンディング業務において、大型LBO、プロジェクト・ファイナンス、メザニン、シェア・ファイナンスなどのストラクチャーを数多く提案し実行。

横尾好則（よこお・よしのり）
株式会社東京スター銀行　ファイナンシャル・ソリューション部 シンジケーション 次長

1985年一橋大学商学部卒業。1990年London Business School修士課程終了（MBA）。1985年株式会社三和銀行（現株式会社三菱東京UFJ銀行）入行。プロジェクト・ファイナンス、不動産ノン・リコース・ローン、米国企業取引（含むLBO案件）などの業務に携わり、コーポレートファイナンス部次長としてシンジケート・ローンのオリジネーション業務に従事。2005年株式会社新生銀行に入行。キャピタル・マーケット部部長としてシンジケート・ローンのアレンジ業務専門部署を立上げ。2014年株式会社東京スター銀行入行。シンジケート・ローンのアレンジ業務に従事。

〔第5章〕
宮﨑　隆（みやざき・たかし）
長島・大野・常松法律事務所　弁護士

2001年早稲田大学法学部卒業。2002年弁護士登録。2009年デューク大学ロースクール卒業（LL.M.）。2009年～2010年Duke University School of Law客員研究員。主な業務分野は、企業買収（M&A、バイアウト）取引、買収ファイナンスを中心とする企業法務全般。主な著作に「実践LBOローンの最新実務」『旬刊経理情報』No.1325（共著、中央経済社、2012年）、「バイアウト後のエグジットを見据えた新しいストック・オプションの設計（上・下）」『旬刊商事法務』2010号・2011号（共著、商事法務研究会、2013年）、『買収ファイナンスの法務』（共著、中央経済社、2014年）がある。

下田祥史（しもだ・よしふみ）
長島・大野・常松法律事務所　弁護士

2006年慶應義塾大学法学部卒業。2007年弁護士登録。2013年デューク大学ロースクール卒業（LL.M.）。2013年～2014年Kramer Levin Naftalis & Frankel LLP (New York) 勤務。2015年～2017年株式会社三菱東京UFJ銀行フィナンシャルソリューション部勤務。主な業務分野は、買収ファイナンス、ソリューション・ファイナンスを中心とする企業法務全般。

〔第6章〕
林　邦充（はやし・くにみつ）
株式会社新生銀行　スペシャルティファイナンス部長

1989年慶応義塾大学経済学部卒業。同年株式会社日本長期信用銀行（現株式会社新生銀行）入行。名古屋営業第一部（大企業営業）、長銀証券株式会社資本市場部（引受、引受審査）、広島支店（大企業、公共法人営業）、本店営業第二部（IT、通信、電気）、コーポレートアドバイザリー部長、営業第一部長を経て2017年よりLBO、船舶・航空機ファイナンス業務に従事。

渡辺明彦（わたなべ・あきひこ）
株式会社新生銀行　スペシャルティファイナンス部 統轄次長

1997年慶応義塾大学経済学部卒業。同年株式会社日本長期信用銀行（現株式会社新生銀行）入行。本店法人営業第一部、名古屋営業部、本店営業第二部にて電力・ガス・鉄道・IT・電機業界、および中小企業向け法人融資業務を経て、不動産法人営業部にて不動産・REIT（海外含む）ファイナンス業務を担当。2016年よりLBOファイナンス業務に従事。

植坂謙治（うえさか・けんじ）
株式会社新生銀行　プロジェクトファイナンス部 副部長

1992年学習院大学経済学部卒業。同年株式会社日本長期信用銀行（現株式会社新生銀行）入行。名古屋支店（浜松、豊橋地域の大手～中小企業担当）、本店営業部（大手百貨店担当）にて法人融資業務を担当した後、企業再生部にて業況不振先、破綻先などに対するDIPファイナンス、事業再生アドバイザリー、投資業務に従事。2006年よりスペシャルティファイナンス部にてLBOファイナンスを担当し、数多くのシニアおよびメザニン・ローン、シェア・ファイナンスの案件に携わり、2011年以降は同部部長としてプライベート・エクイティ・ファンドを中心としたスポンサーとの間で多くのアレンジ案件を手がけた。2016年よりLBOファイ

ナンスと共に船舶・航空機ファイナンスを担当。2017年よりプロジェクトファイナンス部にて再生エネルギーを中心とした国内プロジェクト・ファイナンス業務に従事。

〔第7章〕
澄川　徹（すみかわ・とおる）
株式会社 KPMG FAS　執行役員 パートナー

1992年一橋大学経済学部卒業。株式会社日本興業銀行（現株式会社みずほ銀行）および株式会社みずほコーポレート銀行（現株式会社みずほ銀行）にて主に審査部門に在籍、企業再生案件や買収ファイナンス案件におけるフィージビリティの調査を担当。その後、ゴールドマン・サックス証券の投資銀行部門にてM&Aアドバイザリー業務およびファイナンシング業務に従事。2009年に株式会社 KPMG FASに入社、コーポレートファイナンス部門にてM&Aアドバイザリー業務、バリュエーション業務、モデリング業務などを担当。

山下恭平（やました・きょうへい）
株式会社 KPMG FAS　マネジャー

2006年慶應義塾大学商学部卒業。監査法人にて監査業務を経て、財務デューデリジェンスおよび各種評価業務に従事。2013年に株式会社 KPMG FASのコーポレートファイナンス部門に入社し、財務モデリング、各種評価業務を中心としてM&A案件に関するアドバイザリー業務に従事。総合商社およびプライベート・エクイティ・ファンドに対して、投資案件に係る財務モデリング業務を多数提供。

〔第8章〕
大久保涼（おおくぼ・りょう）
長島・大野・常松法律事務所（Nagashima Ohno & Tsunematsu NY LLP）弁護士

1999年東京大学法学部卒業。2006年 The University of Chicago Law School卒業（LL.M.）。2006年～2008年Ropes & Gray LLP（BostonおよびNew York）勤務。2017年秋より長島・大野・常松法律事務所ニューヨークオフィス（Nagashima Ohno & Tsunematsu NY LLP）共同代表。主な業務分野は、M&A、プライベート・エクイティ、企業組織再編、買収ファイナンス、金融商品取引法などの企業法務全般。特に、買収ファイナンス、クロスボーダーM&Aにおけるレバレッジド・ファイナンスのほか、レバレッジド・リキャピタリゼーション取引の経験が豊富である。主な著作に『M&Aの契約実務』（共著、中央経済社、2010年）、『買収ファイナンスの法務』（共著、中央経済社、2014年）などがある。

服部紘実(はっとり・ひろみ)
長島・大野・常松法律事務所　弁護士

2005年慶應義塾大学法学部卒業。2007年東京大学法科大学院修了。2014年Columbia Law School卒業(LL.M.)。2014年～2015年Ropes & Gray LLP(New York)勤務。主な業務分野は、M&A、プライベート・エクイティ、買収ファイナンスなどの企業法務全般。主な著作に『買収ファイナンスの法務』(共著、中央経済社、2014年)がある。

〔第9章〕
杉浦慶一(すぎうら・けいいち)
株式会社日本バイアウト研究所　代表取締役

2002年東洋大学経営学部卒業。東洋大学大学院経営学研究科博士前期課程に進学し、M&A、バイアウト、ベンチャー・キャピタル、事業再生に関する研究に従事。2006年5月株式会社日本バイアウト研究所を創業し、代表取締役就任。2007年3月東洋大学大学院経営学研究科博士後期課程修了(経営学博士)。第1回M&Aフォーラム賞選考委員特別賞『RECOF特別賞』受賞。事業再生実務家協会会員。日本経営財務研究学会会員。東洋大学経営学部非常勤講師。オルタナティブ運用の最新潮流が分かる季刊運用専門誌『オル・イン』にプライベート・エクイティ関連の記事を連載。

第Ⅱ部

〔第10章〕
渡邊健司(わたなべ・けんじ)
三井住友ファイナンス&リース株式会社　投融資部長

1986年青山学院大学法学部卒業。同年株式会社日本リースに入社し、リース営業部店、営業推進部にて主に国内リース営業に従事。2003年住商リース株式会社(現三井住友ファイナンス&リース株式会社)入社。ファイナンス営業部を経て、2017年より現職。国内、アジアにおけるバイアウト・ファイナンス、プロジェクト・ファイナンス業務を担当。

有馬正悟(ありま・しょうご)
三井住友ファイナンス&リース株式会社　投融資部 部長代理

2006年法政大学経済学部卒業。同年住商リース株式会社(現三井住友ファイナン

ス＆リース株式会社）入社。財務部にて資金調達およびALM業務、東京営業第三部にてホールセール業務に従事し、2016年より現職。バイアウト・ファイナンス、プロジェクト・ファイナンスの投融資業務を担当。日本証券アナリスト協会検定会員。

陳　億（ちん・い）
三井住友ファイナンス＆リース株式会社　投融資部 副主任
2014年慶応義塾大学経済学部卒業。同年三井住友ファイナンス＆リース株式会社入社。入社以来、投融資部にてバイアウト・ファイナンス、プロジェクト・ファイナンス業務に従事。

〔第11章〕
野村　健（のむら・けん）
トラスト・キャピタル株式会社　投資第一部長
1991年早稲田大学商学部卒業。同年三井信託銀行株式会社（現三井住友信託銀行株式会社）入社。大企業、中堅・中小企業取引業務、行政対応業務、企業提携関連業務、LBOファイナンス業務に従事し、2006年中央三井キャピタル株式会社（現トラスト・キャピタル株式会社）に出向。以後、同社にて、メザニン・ファンドなどの投資チーム責任者として、多種多様な投資案件において、ソーシング、投資設計、契約交渉から投資回収までの一連の投資プロセスに関与。2007年より現職。2016年よりメザニン・ファンドの投資委員会メンバー。

〔第12章〕
長田貴男（ながた・たかお）
MCo株式会社　エグゼクティブディレクター
1995年東京大学工学部卒業後、株式会社コーポレイトディレクションにて経営コンサルティングに従事。2000年からベンチャー・キャピタルにて投資業務ならびに投資先企業の経営に関与の後、2003年からは製造業にフォーカスした経営コンサルティング・ファームであるアーサー・D・リトル・ジャパン株式会社にて、戦略立案、実行支援のほか、M&Aに絡むビジネスデューデリジェンスを主導。2007年に株式会社メザニン（現MCo株式会社）に参画して以来、MBOをはじめとする数多くのメザニン投資案件に関与。

〔第13章〕
伊藤　聡（いとう・あきら）
みずほキャピタルパートナーズ株式会社　マネージング・ダイレクター
1992年明治大学工学部卒業。株式会社三菱銀行（現株式会社三菱東京UFJ銀行）入行後、法人営業、融資部でのコーポレート審査を経験後、三菱UFJ証券株式会社（現三菱UFJモルガン・スタンレー証券株式会社）でM&Aアドバイザリー業務に従事。銀行復籍後はストラクチャードファイナンス部レバレッジドファイナンス室の立ち上げに携わり、多数の買収ファイナンスをアレンジ。2015年みずほキャピタルパートナーズ株式会社へ参画。メザニン専管で投資活動に従事。

田嶌邦彦（たじま・くにひこ）
みずほキャピタルパートナーズ株式会社　マネージング・ダイレクター
2001年上智大学外国語学部卒業。株式会社東京三菱銀行（現株式会社三菱東京UFJ銀行）入行後、個人・法人融資業務を担当。その後、ワトソンワイアット株式会社（現タワーズワトソン株式会社）にて企業年金などに対する運用コンサルティング業務に従事。2007年みずほキャピタルパートナーズ株式会社へ参画。バイアウト、メザニンに係わる投資・発掘・モニタリングなどに幅広く関与。2015年からメザニン専管。コーポレート・メザニン案件を中心に活動を展開。

〔第14章〕
三上二郎（みかみ・じろう）
長島・大野・常松法律事務所　弁護士
1995年東京大学法学部卒業。1997年弁護士登録。2002年ニューヨーク大学ロースクール卒業（LL.M.）。2002年〜2003年Clifford Chance US LLP（New York）勤務。主な業務分野は、買収ファイナンス、プロジェクト・ファイナンス、ストラクチャード・ファイナンス、アセット・マネジメント、金融コンプライアンス、J-REIT、事業再生・倒産、M&A・企業再編などの企業法務全般。主な著作に、『MBO—経営陣による上場企業の戦略的非公開化—』（共著、日本経済新聞出版社、2011年）、『ニューホライズン　事業再生と金融』（共著、商事法務、2016年）などがある。

小川和也（おがわ・かずや）
長島・大野・常松法律事務所　弁護士
2001年一橋大学法学部卒業。2005年弁護士登録。2011年ボストン大学ロースクール卒業（LL.M.）。2011年〜2012年Paul, Weiss, Rifkind, Wharton & Garrison LLP

(New York）勤務。主な業務分野は、買収ファイナンス、キャピタル・マーケット、M&A・企業再編を中心とする企業法務全般。

〔第15章〕
杉浦慶一（すぎうら・けいいち）
株式会社日本バイアウト研究所　代表取締役
第9章参照

LBOファイナンス用語集

編集委員・執筆者一覧	334
用　語　索　引	339
用　語　集	344

編集委員・執筆者一覧 （五十音順）

●編集委員（五十音順）
飯沼良介（アント・キャピタル・パートナーズ株式会社 代表取締役社長）
小倉基弘（アンテロープキャリアコンサルティング株式会社 代表取締役）
川村治夫（キャス・キャピタル株式会社 代表取締役）
清塚徳（CLSAキャピタルパートナーズジャパン株式会社 マネージング ディレクター 日本総責任者）
駒走祐治（トラスト・キャピタル株式会社 業務部長）
佐々木康二（東京海上キャピタル株式会社 取締役社長 マネージング・パートナー）
笹沼泰助（株式会社アドバンテッジパートナーズ 代表パートナー）
笹山幸嗣（MCo株式会社 代表取締役）
佐山展生（インテグラル株式会社 代表取締役パートナー）
神野淳（株式会社三菱東京UFJ銀行 フィナンシャルソリューション部 M&Aファイナンス室 次長）
杉浦慶一（株式会社日本バイアウト研究所 代表取締役）
知野雅彦（株式会社 KPMG FAS 代表取締役パートナー）
野沢勝則（みずほキャピタルパートナーズ株式会社 代表取締役社長）
藤間正順（株式会社三井住友銀行 ストラクチャードファイナンス営業部 副部長）
細井博（株式会社刈田・アンド・カンパニー 取締役 代表パートナー）
丸山哲夫（ライジング・ジャパン・エクイティ株式会社 代表取締役社長）
三上二郎（長島・大野・常松法律事務所 弁護士）
三澤雄治（株式会社みずほ銀行 M&Aファイナンス営業部 次長）
三村智彦（エンデバー・ユナイテッド株式会社 代表取締役）
宮地直紀（株式会社東京スター銀行 法人金融部門 執行役）
安田和裕（アイ・シグマ・キャピタル株式会社 代表取締役社長）
安田和浩（株式会社あおぞら銀行 事業ファイナンス部長）
渡辺明彦（株式会社新生銀行 スペシャルティファイナンス部 統轄次長）
渡邊健司（三井住友ファイナンス&リース株式会社 投融資部 部長）

●執筆者（五十音順）
青海孝行（エンデバー・ユナイテッド株式会社 マネージングディレクター）
赤牛俊文（トラスト・キャピタル株式会社 投資第一部 チーフマネージャー）
秋吉孝寛（株式会社三菱東京UFJ銀行 フィナンシャルソリューション部 M&Aファイナンス室 調査役）
浅川知広（株式会社新生銀行 スペシャルティファイナンス部 営業推進役）
淺野航平（長島・大野・常松法律事務所 弁護士）
阿部森國（株式会社三菱東京UFJ銀行 フィナンシャルソリューション部 M&Aファイナンス室 調査役）
粟谷翔（長島・大野・常松法律事務所 弁護士）
飯岡靖武（東京海上キャピタル株式会社 プリンシパル）
飯塚敏裕（エンデバー・ユナイテッド株式会社 マネージングディレクター）
石井利明（株式会社 KPMG FAS パートナー）
石井秀幸（株式会社 KPMG FAS マネージングディレクター）
石神俊彦（アント・キャピタル・パートナーズ株式会社 ディレクター）
石川誠（MCo株式会社 アナリスト）
伊藤尚毅（アント・キャピタル・パートナーズ株式会社 マネージングパートナー）
井上恵太（株式会社三井住友銀行 ストラクチャードファイナンス営業部 M&Aファイナンス第一グループ）
猪熊英行（株式会社アドバンテッジパートナーズ チーフ・アドミニストレーティブ・オフィサー）
今井麻央（株式会社みずほ銀行 M&Aファイナンス営業部 調査役）

LBOファイナンス用語集

今治博文（MCo株式会社 チーフマーケティングオフィサー）
岩城淳（株式会社アドバンテッジパートナーズ ディレクター）
印東徹（株式会社アドバンテッジパートナーズ プリンシパル）
上田研一（アント・キャピタル・パートナーズ株式会社 マネージングパートナー）
上原進（キャス・キャピタル株式会社 ディレクター）
内田慶太郎（株式会社三菱東京UFJ銀行 フィナンシャルソリューション部 M&Aファイナンス室 調査役）
内野健二（東京海上キャピタル株式会社 プリンシパル）
王辰（株式会社三井住友銀行 ストラクチャードファイナンス営業部 M&Aファイナンス第二グループ 部長代理）
大川克寿（三井住友ファイナンス&リース株式会社 投融資部 部長補佐）
大岸崇是（東京海上キャピタル株式会社 プリンシパル）
大野貴裕（株式会社新生銀行 スペシャルティファイナンス部）
大橋秀俊（株式会社あおぞら銀行 事業ファイナンス部 次長）
大橋史明（長島・大野・常松法律事務所 弁護士）
大宮伸巧（アント・キャピタル・パートナーズ株式会社 ディレクター）
大村龍太朗（株式会社新生銀行 スペシャルティファイナンス部）
岡竜司（長島・大野・常松法律事務所 弁護士）
岡島雄（株式会社三井住友銀行 ストラクチャードファイナンス営業部 M&Aファイナンス第一グループ 部長代理）
岡田光（株式会社 KPMG FAS 取締役パートナー）
岡野賢二（株式会社三井住友銀行 ストラクチャードファイナンス営業部 M&Aファイナンス第一グループ 部長代理）
岡山佳寛（株式会社みずほ銀行 M&Aファイナンス営業部 調査役）
小木尊人（アント・キャピタル・パートナーズ株式会社 プリンシパル）
小口毅史（エンデバー・ユナイテッド株式会社 アソシエイト）
長竹次弘（株式会社東京スター銀行 ファイナンシャル・ソリューション部 シンジケーション アソシエート）
尾竹恭介（株式会社みずほ銀行 M&Aファイナンス営業部 調査役）
鬼澤弘基（株式会社東京スター銀行 投資銀行部 コーポレート&アクイジション ファイナンス アシスタントヴァイスプレジデント）
小野祐己（アイ・シグマ・キャピタル株式会社 エグゼクティブ・ヴァイス・プレジデント）
尾又康介（アント・キャピタル・パートナーズ株式会社 ディレクター）
柿沼宏軌（三井住友ファイナンス&リース株式会社 投融資部 部長補佐）
笠原康弘（長島・大野・常松法律事務所 弁護士）
片倉康就（インテグラル株式会社 ディレクター）
角佳彦（長島・大野・常松法律事務所 弁護士）
加藤嘉孝（長島・大野・常松法律事務所 弁護士）
金丸真二（株式会社刈田・アンド・カンパニー パートナー）
金子敦（株式会社 KPMG FAS ディレクター）
金子幸太郎（株式会社みずほ銀行 M&Aファイナンス営業部 調査役）
上村日名子（株式会社三井住友銀行 ストラクチャードファイナンス営業部 M&Aファイナンス第二グループ 部長代理）
亀谷裕一（アント・キャピタル・パートナーズ株式会社 パートナー）
刈田直文（株式会社刈田・アンド・カンパニー 代表取締役 代表パートナー）
河相早織（長島・大野・常松法律事務所 弁護士）
河合俊毅（長島・大野・常松法律事務所 弁護士）
川瀬高宏（株式会社三井住友銀行 ストラクチャードファイナンス営業部 M&Aファイナンス第二グループ 上席部長代理）
菅野幸浩（株式会社三菱東京UFJ銀行 フィナンシャルソリューション部 M&Aファイナンス室 上席調査役）
岸孝達（インテグラル株式会社 ヴァイスプレジデント）

喜多慎一郎（株式会社アドバンテッジパートナーズ シニア パートナー）
倉増銀一（CLSAキャピタルパートナーズジャパン株式会社 シニア アソシエイト）
栗原寛人（みずほキャピタルパートナーズ株式会社 マネージング・ディレクター）
車将之（東京海上キャピタル株式会社 プリンシパル）
桑木翔太（CLSAキャピタルパートナーズジャパン株式会社 ディレクター）
小中村政宗（CLSAキャピタルパートナーズジャパン株式会社 アソシエイト）
小林寛之（株式会社東京スター銀行 投資銀行部 コーポレート&アクイジション ファイナンス アシスタント ヴァイスプレジデント）
小林優太（株式会社新生銀行 スペシャルティファイナンス部）
小堀優井（株式会社東京スター銀行 投資銀行部 コーポレート&アクイジション ファイナンス アシスタント ヴァイスプレジデント）
小森一孝（東京海上キャピタル株式会社 パートナー）
権藤和哉（株式会社三井住友銀行 ストラクチャードファイナンス営業部 M&Aファイナンス第二グループ 部長代理補）
最勝寺美美（株式会社みずほ銀行 M&Aファイナンス営業部 調査役）
齋藤聖（株式会社三井住友銀行 ストラクチャードファイナンス営業部 M&Aファイナンス第二グループ 部長代理）
斉藤遼太（長島・大野・常松法律事務所 弁護士）
坂口将馬（長島・大野・常松法律事務所 弁護士）
坂本謙太郎（CLSAキャピタルパートナーズジャパン株式会社 シニア アソシエイト）
笹崎智寛（株式会社東京スター銀行 投資銀行部 コーポレート&アクイジション ファイナンス アシスタント ヴァイスプレジデント）
佐藤翔（株式会社三菱東京UFJ銀行 フィナンシャルソリューション部 M&Aファイナンス室 調査役）
佐藤正秀（みずほキャピタルパートナーズ株式会社 マネージング・ディレクター）
佐野友亮（株式会社三井住友銀行 ストラクチャードファイナンス営業部 M&Aファイナンス第二グループ 部長代理）
重村英輔（東京海上キャピタル株式会社 取締役 ジェネラルパートナー）
設樂英孝（株式会社あおぞら銀行 事業ファイナンス部 部長代理）
侍留啓介（CLSAキャピタルパートナーズジャパン株式会社 バイス プレジデント）
柴山芳徳（三井住友ファイナンス&リース株式会社 投融資部 部長代理）
清水比佐雄（野村キャピタル・インベストメント株式会社 ファイナンス・ソリューション部 次長）
下田真依子（長島・大野・常松法律事務所 弁護士）
下村祐光（長島・大野・常松法律事務所 弁護士）
朱暁迎（株式会社新生銀行 スペシャルティファイナンス部）
上瀧英司（株式会社三菱東京UFJ銀行 フィナンシャルソリューション部 M&Aファイナンス室 調査役）
白川恵莉子（株式会社三井住友銀行 ストラクチャードファイナンス営業部 M&Aファイナンス第一グループ）
末野祐樹（株式会社あおぞら銀行 事業ファイナンス部 シニア・アソシエイト）
菅又瞳（株式会社三菱東京UFJ銀行 フィナンシャルソリューション部 M&Aファイナンス室 調査役）
杉浦慶一（株式会社日本バイアウト研究所 代表取締役）
杉澤博之（株式会社あおぞら銀行 事業ファイナンス部 部長代理）
杉山真太郎（株式会社みずほ銀行 M&Aファイナンス営業部 調査役）
杉山裕紀（株式会社三菱東京UFJ銀行 フィナンシャルソリューション部 M&Aファイナンス室 調査役）
鈴木昭彦（アイ・シグマ・キャピタル株式会社 ヴァイス・プレジデント）
鈴木健太（東京海上キャピタル株式会社 ヴァイスプレジデント）
鈴木俊平（株式会社三井住友銀行 ストラクチャードファイナンス営業部 M&Aファイナンス第一グループ 上席部長代理）
鈴木洋子（東京海上キャピタル株式会社 プリンシパル）
諏訪部慎太郎（株式会社みずほ銀行 M&Aファイナンス営業部 調査役）
大東真理子（株式会社三菱東京UFJ銀行 フィナンシャルソリューション部 M&Aファイナンス室 調査役）

LBOファイナンス用語集

髙木聡（アイ・シグマ・キャピタル株式会社 エグゼクティブ・ヴァイス・プレジデント アイ・シグマ事業支援ファンド2号副代表）
鷹巣健太郎（株式会社三井住友銀行 ストラクチャードファイナンス営業部 M&Aファイナンス第二グループ グループ長）
高梨壮夫（株式会社 KPMG FAS パートナー）
髙橋禎宣（株式会社三菱東京UFJ銀行 フィナンシャルソリューション部 M&Aファイナンス室 調査役）
高原徳守（株式会社アドバンテッジパートナーズ ヴァイス プレジデント）
田口貴之（株式会社みずほ銀行 M&Aファイナンス営業部 参事役）
田口英樹（株式会社東京スター銀行 ファイナンシャル・ソリューション部 シンジケーション ヴァイスプレジデント）
竹中幹雄（エンデバー・ユナイテッド株式会社 ディレクター）
立川勝大（アント・キャピタル・パートナーズ株式会社 パートナー）
田中恒一郎（株式会社 KPMG FAS パートナー）
谷合昌之（トラスト・キャピタル株式会社 業務部 課長）
谷本芳朗（長島・大野・常松法律事務所 弁護士）
田畑文淳（株式会社新生銀行 スペシャルティファイナンス部）
千葉健人（株式会社みずほ銀行 M&Aファイナンス営業部 参事役）
津久井康太朗（長島・大野・常松法律事務所 弁護士）
辻口誠一（株式会社 KPMG FAS ディレクター）
都築啓（インテグラル株式会社 アソシエイト）
間山陽子（アント・キャピタル・パートナーズ株式会社 マネージャー）
富永有香（株式会社みずほ銀行 M&Aファイナンス営業部 調査役）
中真人（エンデバー・ユナイテッド株式会社 マネージングディレクター）
長井健（長島・大野・常松法律事務所 弁護士）
中川俊一郎（東京海上キャピタル株式会社 パートナー）
中桐紀子（三菱UFJリース株式会社 ストラクチャードファイナンス室 室長）
永澤洋（株式会社三井住友銀行 ストラクチャードファイナンス営業部 M&Aファイナンス第一グループ グループ長）
中戸亮介（東京海上キャピタル株式会社 ヴァイスプレジデント）
中野志織（株式会社三菱東京UFJ銀行 フィナンシャルソリューション部 M&Aファイナンス室）
中野真美子（株式会社三菱東京UFJ銀行 フィナンシャルソリューション部 M&Aファイナンス室 調査役）
中野亨奈（株式会社みずほ銀行 M&Aファイナンス営業部 調査役）
中野豊（株式会社あおぞら銀行 事業本部 上席部長代理）
中原慎一郎（エンデバー・ユナイテッド株式会社 シニアマネージャー）
永見隆幸（キャス・キャピタル株式会社 取締役パートナー）
中村究（トラスト・キャピタル株式会社 投資第一部 シニアマネージャー）
中村大介（アイ・シグマ・キャピタル株式会社 エグゼクティブ・ヴァイス・プレジデント）
中本明宏（株式会社みずほ銀行 M&Aファイナンス営業部 調査役）
中山茜（株式会社アドバンテッジパートナーズ ヴァイス プレジデント）
二井矢聡子（インテグラル株式会社 パートナー）
西内一平（長島・大野・常松法律事務所 弁護士）
野中多聞（株式会社アドバンテッジパートナーズ プリンシパル）
野呂瀬和樹（アント・キャピタル・パートナーズ株式会社 プリンシパル）
羽嶋優（アント・キャピタル・パートナーズ株式会社 プリンシパル）
林雅之（株式会社みずほ銀行 M&Aファイナンス営業部 調査役）
早瀬純（ライジング・ジャパン・エクイティ株式会社 パートナー）
早瀬真紀子（インテグラル株式会社 ディレクター）
原海乃（株式会社三菱東京UFJ銀行 フィナンシャルソリューション部 M&Aファイナンス室）
平野倫太郎（長島・大野・常松法律事務所 弁護士）

福井亮人（MCo株式会社 プリンシパル）
藤原祥史（長島・大野・常松法律事務所 弁護士）
船山浩一（野村ICG株式会社 代表取締役）
古川徳厚（株式会社アドバンテッジアドバイザーズ ディレクター）
星野恵理子（アイ・シグマ・キャピタル株式会社 エグゼクティブ・ヴァイス・プレジデント）
星野寛人（株式会社格付投資情報センター ストラクチャードファイナンス本部 スペシャライズドファイナンスグループ兼CDOグループ シニアアナリスト）
細野光史（MCo株式会社 アナリスト）
前野泰典（CLSAキャピタルパートナーズジャパン株式会社 ディレクター）
前野龍三（エンデバー・ユナイテッド株式会社 シニアマネージングディレクター）
前原達也（株式会社東京スター銀行 投資銀行部 コーポレート＆アクイジション ファイナンス アシスタントヴァイスプレジデント）
正村祐介（株式会社アドバンテッジパートナーズ ディレクター）
松浦洋二（株式会社あおぞら銀行 事業ファイナンス部 上席部長代理）
松尾博憲（長島・大野・常松法律事務所 弁護士）
松坂亮佑（株式会社三菱東京UFJ銀行 フィナンシャルソリューション部 M&Aファイナンス室 調査役）
松下裕己（株式会社三井住友銀行 ストラクチャードファイナンス営業部 M&Aファイナンス第二グループ 部長代理補）
松野修（MCo株式会社 マネージングディレクター）
松本茂（東京海上キャピタル株式会社 パートナー）
松本直人（株式会社三井住友銀行 ストラクチャードファイナンス営業部 M&Aファイナンス第二グループ 部長代理）
眞鍋崇（株式会社三井住友銀行 ストラクチャードファイナンス営業部 M&Aファイナンス第二グループ 上席部長代理）
三浦裕之（MCo株式会社 アソシエイト）
三木聖司（株式会社アドバンテッジパートナーズ ヴァイス プレジデント）
皆川亮一郎（CLSAキャピタルパートナーズジャパン株式会社 マネージング ディレクター）
三原恵衣（株式会社新生銀行 スペシャルティファイナンス部）
宮崎孝裕（株式会社アドバンテッジパートナーズ ディレクター）
宮崎直（みずほキャピタルパートナーズ株式会社 マネージング・ダイレクター）
宮本達彦（株式会社みずほ銀行 M&Aファイナンス営業部 調査役）
村上大輔（株式会社アドバンテッジパートナーズ プリンシパル）
望月直樹（長島・大野・常松法律事務所 弁護士）
茂中美幸（株式会社三菱東京UFJ銀行 フィナンシャルソリューション部 M&Aファイナンス室 調査役）
森谷健（株式会社 KPMG FAS パートナー）
矢作真美（みずほキャピタルパートナーズ株式会社 マネージング・ダイレクター）
山内俊信（株式会社東京スター銀行 ファイナンシャル・ソリューション部 シンジケーション ヴァイスプレジデント）
山口龍平（CLSAキャピタルパートナーズジャパン株式会社 シニア バイス プレジデント）
山崎壮（インテグラル株式会社 ディレクター）
山下健次郎（キャス・キャピタル株式会社 取締役パートナー）
山本一毅（長島・大野・常松法律事務所 弁護士）
横山章子（株式会社みずほ銀行 M&Aファイナンス営業部 調査役）
吉澤佑介（株式会社三菱東京UFJ銀行 フィナンシャルソリューション部 M&Aファイナンス室 調査役）
頼末晃（アイ・シグマ・キャピタル株式会社 シニア・ヴァイス・プレジデント）
和田真理子（株式会社あおぞら銀行 事業ファイナンス部 部長代理）
渡邉泰彦（アイ・シグマ・キャピタル株式会社 執行役員 アイ・シグマ事業支援ファンド2号副代表）
ワンサイ・サンティ（株式会社みずほ銀行 M&Aファイナンス営業部）

用語索引 （五十音順）

〔ア〕

アーン・アウト条項	344
相対案件	344
アクイジション・ファイナンス	344
アクイジション・ファシリティ	344
アセットクラス	344
アセット・ファイナンス	345
アップフロント・フィー	345
アドミニストレーション・エージェント	345
アファマティブ・コベナンツ	345
アメンドメント	346
アメンドメント・フィー	346
アモチゼーション	346
アレンジメント・フィー	346
アレンジャー	347
アロケーション	347
アンダーライティング	347
意思結集	347
インカムゲイン	347
インスティテューショナル・トランシェ	348
インスティテューショナル・ローン	348
インターカンパニー・ローン	348
インタレスト・カバレッジ・レシオ（ICR）	348
インディカティブ・プロポーザル	348
インディケーション・レター	348
インフォメーション・メモランダム（IM）	349
ウエーバー	349
ウォーターフォール	349
営業権	349
エージェント	349
エージェント・フィー	350
エクイティ・キッカー	350
エクイティ・キュア	350
エクイティ・ファイナンス	351
エクイティ・プロバイダー	351
エグジット	351
エグゼキューション	351
オークション案件	351
オーナー企業の事業承継	351
オーバー・サブスクライブ	352
オリジネーション	352

〔カ〕

カーブアウト	352
会社更生法	352
会社分割	352
価格調整条項	353
格付	353
貸金業法	353
株式型優先株式	353
株式上場（IPO）	353
株式譲渡	354
株式譲渡契約書（SPA）	354
株式の希薄化	354
株式の公開買付け	354
株式の譲渡制限	354
株主間契約	354
関係者間合意書	355
議決権	355
期限の利益の喪失	355
期限前弁済	356
希薄化	356
基本合意書（LOI）	356
キャッシュ・スイープ	356
キャッシュフロー・スイープ	356
キャピタルゲイン	357
キャピタル・コール（要求払込）	357
キュア・ピリオド	357
吸収分割	357
競業避止義務	357
強制期限前弁済	357
協調融資	357
金銭を対価とする取得条項（強制償還）	357
金銭を対価とする取得請求権（償還請求権）	358
クラブ・ディール	358
クリア・マーケット	358
クリーン・ダウン・ピリオド	358
グレース・ピリオド	359
クレジット・クランチ（信用収縮）	359
クレジット・パーティ	359
クレジット・リスク	359
クロージング	359
クロスボーダーM&A	359

コ・アレンジャー	359	新株予約権付社債	367
公開買付け	360	新株予約権付ローン	367
公開買付届出書	360	シンジケーション	367
ゴーイング・プライベート	360	シンジケート・ローン	367
コーポレートM&A	360	新設分割	367
コーポレート・メザニン	360	信用リスク	367
コーポレート・ローン	360	スイートナー	367
コベナンツ	360	スクイーズ・アウト	367
コベナンツ・ライト・ローン	361	ステープル・ファイナンス	368
コミットメント・フィー	361	ステップ・アップ金利	368
コミットメントライン（融資枠）	361	ステップ・イン	368
コミットメント・レター	361	ストラクチャリング	368
コラテラル・エージェント	362	ストラテジック・バイヤー	368
コンティンジェンシー・プラン	362	ストレッチ	368
コンプス	362	スプレッド	369
		スポンサーズ・サブ	369
〔サ〕		請求喪失事由（請求失期事由）	370
債権者間協定書	362	セカンダリー市場	370
債権者間合意方式	363	セカンダリー取引	370
再生ファンド	363	セカンダリー・バイアウト	370
サイト・ビジット	363	セキュリティ・エージェント	370
財務制限条項	363	絶対劣後	370
逆さ合併	363	設備投資	370
作為義務	363	セルダウン	370
参加型優先株式	363	センシティビティ分析	371
残余財産分配	363	相対劣後	371
シェア・ファイナンス（株式担保ローン）	364	ソーシング（案件の発掘）	371
ジェネラル・シンジケーション	364		
ジェネラル・パートナー（GP）	364	〔タ〕	
シェル・カンパニー	364	ターム・シート	371
事業承継	364	ターム・ローン	371
事業譲渡	365	ターム・ローンA	372
シニア・レバレッジ・レシオ	365	ターム・ローンB	372
シニア・レンダー（シニア貸付人）	365	第三次バイアウト	372
資本業務提携	365	第三者割当増資	372
社債	365	第二次バイアウト	
社債型優先株式	365	（セカンダリー・バイアウト）	372
ジャンク債	365	第四次バイアウト	372
出資法	365	タグ・アロング条項	372
守秘義務契約（CA）	366	短期プライムレート	372
種類株式	366	担保権者間協定書	372
純粋MBO	366	チェンジ・オブ・コントロール	373
償還	366	調整後EBITDA	373
上場廃止	367	停止条件方式	373
新株予約権	367	デット・オークション	373

デット・サービス・カバレッジ・レシオ（DSCR）	373	
デット・ファイナンス	373	
デット・プロバイダー	373	
デッド・ロック条項	373	
デフォルト	373	
デューデリジェンス	374	
転換社債型新株予約権付社債	374	
テンダー・オファー	374	
倒産法	374	
投資事業有限責任組合	374	
投資倍率（マルチプル）	375	
当然喪失事由（当然失期事由）	375	
ドキュメンテーション①（LBOファイナンスのドキュメンテーション）	375	
ドキュメンテーション②（ファンドのドキュメンテーション）	375	
ドキュメンテーション・エージェント	376	
独占交渉権	376	
特別目的会社	376	
トップライン	376	
ドラッグ・アロング条項	376	
トラック・レコード	376	
トランシェ	376	
トランチング	376	
トレード・セール	377	

〔ナ〕

内部収益率（IRR）	377	
日本ローン債権市場協会（JSLA）	377	
入札案件	377	
任意期限前弁済	378	
ネガティブ・コベナンツ	378	
のれん（営業権）	378	
のれん償却（営業権償却）	378	
ノン・コア事業	378	
ノン・コール期間	379	
ノン・リコース・ローン	379	

〔ハ〕

パーティシペーション・フィー	379	
パートアウト	379	
パートイン	379	
パーマネント・ローン	379	
バイアウト	379	
バイアウト・ファイナンス	380
バイアウト・ファンド	380
バイアウト・メザニン	380
ハイ・イールド債	380
買収ファイナンス	381
買収目的会社	381
パイプライン	381
バスケット	381
パティシパント	381
パリパス	381
バリューアップ	381
バリュエーション	382
バンク・ブック	382
バンク・ミーティング	382
ハンズオフ	382
ハンズオン	382
非参加型優先株式	382
ビッド	382
秘密保持契約	382
表明保証（レプワラ）	383
非累積型優先株式	383
ファイナンシャル・アドバイザー（FA）	383
ファイナンシャル・コベナンツ（財務制限条項）	383
ファイナンシャル・スポンサー	383
ファイナンシャル・スポンサー・カバレッジ	383
ファイナンシャル・バイヤー	384
ファイナンス・ビッド	384
ファシリティ・エージェント	384
ファシリティ・フィー	384
ファンドレイジング（ファンド募集）	384
フィクスト・チャージ・カバレッジ・レシオ	384
フェアネス・オピニオン	385
不作為義務	385
普通株式	385
普通株式を対価とする取得条項（強制転換・一斉取得条項）	385
普通株式を対価とする取得請求権（転換請求権）	385
プライシング・グリッド	386
プライベート・エクイティ	386
プライベート・エクイティ・ファンド	386
プライマリー市場	386
フリー・キャッシュフロー	386
ブリッジ・ローン	387

プリペイメント・フィー	387
フル・エクイティ	387
ブレーク・ファンディング・コスト	387
プロジェクト・ファイナンス	388
プロ・フォーマ	388
プロ・フォーマ調整	388
プロラタ	388
プロラタ・トランシェ	388
プロラタ・ローン	388
分配可能額	388
ペイイング・エージェント	389
ベイシスポイント	389
ベスト・エフォート	389
ベンダー・ファイナンス	389
ポートフォリオ企業	389
ホールド・コ・ファイナンス	389
ボトムライン	389
ボロワー（借入人）	389

〔マ〕

マーケット・フレックス	390
マジョリティ投資	390
マネジメント・インタビュー	390
マネジメント・バイアウト（MBO）	390
マンデーテッド・リード・アレンジャー（MLA）	390
マンデート	390
マンデート・レター	390
みなし利息	391
未払優先配当	391
民事再生法	391
無限責任組合員	391
メザニン・ファイナンス	391
メザニン・ファンド	391
メザニン・プロバイダー	392
メザニン・レンダー（メザニン貸付人）	392
モニタリング① （貸付人による借入人に対するモニタリング）	392
モニタリング② （バイアウト・ファンドによる投資先企業に対するモニタリング）	392

〔ヤ〕

約定劣後倒産債権方式	392
ヤンク・ザ・バンク条項	392
有限責任組合員	393
融資証明書	393
優先株式	393
優先交渉権	393
優先配当	393
優先劣後関係	393
余剰キャッシュフロー・スイープ	394

〔ラ〕

リード・アレンジャー	394
リキャップ	394
リキャピタリゼーション	394
リコース・ローン	394
リスケジューリング（リスケ）	394
利息制限法	395
リファイナンス	395
リボルバー	395
リボルビング・クレジット・ファシリティ	395
リミテッド・パートナー（LP）	395
累積型優先株式	396
劣後社債	396
劣後ローン	396
レバレッジ	396
レバレッジド・ファイナンス	396
レバレッジド・リキャピタリゼーション	396
レバレッジド・ローン	396
レバレッジ・レシオ	396
レポーティング （借入人から貸付人へのレポーティング）	397
レンダー（貸付人）	397
レンダー・ビッド	397
ロールアップ	397
ローン・トレーディング	397
ローン・ポートフォリオ	397

〔ワ〕

ワンストップ・アレンジ	397

〔アルファベット・数字〕

APLMA	398
CA	398
CAPEX（設備投資）	398
CFADS	398
CLO	398
DA	399

LBOファイナンス用語集

Debt/EBITDA倍率	399	LOI	401		
D/Eレシオ	399	LP	401		
DSCR	399	LSTA	401		
EBITDA	399	M&A	401		
EV	399	M&Aファイナンス	401		
EV/EBITDA倍率	399	MAC	401		
FA	400	MBO	402		
FCCR	400	MLA	402		
GP	400	MOU	402		
ICR	400	NDA	402		
IM	400	Net Debt/EBITDA倍率	402		
IPO	400	NewCo（ニューコ）	402		
IRR	400	PDCAサイクル	402		
Jカーブ	400	PIK	402		
KPI	400	PIPEs	403		
LBO	400	SPA	403		
LBOファイナンス	400	SPC	403		
LBOローン	401	TIBOR	403		
LIBOR	401	TOB	403		
LMA	401	100日プラン	404		

この用語集の使い方

➡は、➡の先の用語のなかで説明されているのでそちらの用語を参照されたいということで示している。

関連用語→は、その用語を参照することでより理解が深まるということで示している。

本編関連ページ→は、第1章～第15章の論文・インタビューおよび座談会の内容のなかに関連する部分があるということで示している。

英語表記については、主に海外の実務でも使用されている用語を中心に記載し、和製英語などの一部では表記していないケースもある。

〔ア〕

アーン・アウト条項〔earn out clause〕
　アーン・アウト条項とは、株式譲渡契約において、譲渡実行後所定の条件が充足された場合に、買手が売手に追加の譲渡対価を支払うことを約する条項のことである。「所定の条件」としては、定量的な業績目標の達成を規定することが典型的だが、定性的な売手の義務の履行（例：キーパーソンの留任）など、ビジネスや企業価値に影響を与える重要な条件が設定される。
　アーン・アウト条項は、将来の事業展開やリスクについて売手と買手の認識が相違し、買手の希望価格が売手の希望に満たない場合に、その相違を埋める手段として活用される。これにより、売手は事業の将来の可能性をより正しく評価され、買手としても将来のリスクを過度に負担することなく、双方にとって一層納得感のある対価に合意することが可能となる。
　従来は、将来業績が見極めにくいビジネス（特定の新事業・新技術に依存度の大きい事業など）のM&Aにおいて用いられることが多いとされてきたが、近年では、企業の業種や成長ステージを問わず活用されている。また、バイアウト・ファンド、事業会社、創業オーナーなど、M&Aの当事者にかかわらず適用されている。
　　　　　　　　　　　　　　　　（野中多聞）

相対案件〔exclusive deals, proprietary deals〕
　相対案件とは、売手が買手候補一社を選び、当事者間の直接交渉で決定される投資案件をいう。相対案件の対義語として「入札案件」があげられる。買手が、売手をして相対案件とする信頼関係を構築するには、一般的に時間がかかる。ただし、相対案件は当事者間でスケジュールを調整でき、買手は投資実行前に検討時間を確保しやすい。そのため、相対案件は成立までに時間を要する一方、買手主導での交渉を行いやすく、質の高い投資案件につながる可能性が高い。なお、売手との交渉が相対案件であっても、LBOファイナンスも相対案件になるとは限らない。むしろ、買手は、買手にとって最適なLBOファイナンスを組成すべく、別途ファイナンス・ビッドを行うことが一般的である。ただし、例えば、銀行から投資案件が持ち込まれた場合など、相対案件の組成に金融機関が深く関与している場合は、当該金融機関からのLBOファイナンスが前提となる場合も多い。また、過去から対象会社を知る既存取引行は、LBOファイナンスの検討をスムーズに行えること、また、対象会社にとっての安心感が高まることが期待されるため、既存取引行がLBOファイナンスに参加することも多い。
　近年、地方での事業承継ニーズは引き続き増加する傾向にあり、今後、地元企業に密接なネットワークを有する地方銀行を核とした相対案件が増えることも予想される。
　　　　　　　　　　　　　　　　（永見隆幸）
▶関連用語→入札案件
▶本編関連ページ→第11章212頁

アクイジション・ファイナンス〔acquisition finance〕
　➡LBOファイナンス（400頁）参照

アクイジション・ファシリティ〔acquisition facility〕
　ボロワーによるロールアップ戦略の一環として設計される、追加買収用のコミットメント期間付きターム・ローンのこと。特定の買収ターゲット先が存在する場合や、追加買収が対象会社の主要な成長戦略であるなど、明確な理由がある場合に設定されることが一般的である。ドローダウンに際しては、買収先に関する各種デューデリジェンス資料やその他レンダーが検討に必要とする資料をドローダウン予定日より相応に前もってレンダーに提示するなど、一定の貸出先行条件を充足することが求められる。
　　　　　　　　　　　　　　　　（杉山真太郎）
▶関連用語→ロールアップ
▶本編関連ページ→座談会305頁

アセットクラス〔asset class〕
　アセットクラスとは、LBOファイナンスの分野においては、LBOの資金調達に関するリスク・リターンの特性に応じたファイナンス手法の区別を指し、大別して、エクイティ、シニア、メザニンの三つのグループに分けて呼称することが多い。
　エクイティは、一般的には議決権のある普通株式による投資を指し、三つのクラスのなかで残余財産の分配や清算時の配当順位が最も劣後するため、リスクが高い反面で期待リターンは最も高い。一般的にバイアウト・ファンドはこの部分に投資を行う。
　シニアは、銀行などが供給する担保付きのローンを指す。対象企業やスポンサーの主要な資産と将来

LBOファイナンス用語集

生み出すキャッシュフローに担保権を設定することから、三つのアセットクラスのなかで償還順位は最も高くリスクも低いが期待リターンは低くなる。ただし、LBOのシニア・ローンは一般的な企業向け融資(コーポレート・ローン)と比べると相対的に厚いスプレッドが設定されることが多い。

メザニンは、「中二階」という語源からも分かるとおり、シニアとエクイティの中間的なリスク・リターン特性を持ち、一般的には劣後ローンや優先株式といった法形式で設計されるが案件に応じて手法は多様である。バイアウト・ファンドと同様に「メザニン」への投資を専門とするファンドも存在し、一般的には案件の資金調達規模が大きい場合に需要が発生する。 (鈴木健太)

▶関連用語→エクイティ・ファイナンス、デット・ファイナンス、メザニン・ファイナンス

アセット・ファイナンス〔asset finance〕

対象資産(アセット)の換価価値やキャッシュフロー創出力を裏付けに行う資金調達手段のことで、代表的な資産として、債権・有価証券・不動産・動産・知的財産などがあげられる。

対象資産を持つ企業やSPCへのABL(asset based loan)や、その信用力を裏付けに証券化したABS(asset backed security)・ABCP(asset backed commercial paper)などの商品設計が可能で、住宅ローンなどの金銭債権の流動化や、各種リパック・ローン以外に、不動産ノン・リコース・ローン、シェア・ファイナンス、航空機ファイナンス、船舶ファイナンスなど、多様な形態のシニアおよびメザニンに対して、銀行やノンバンクが取り組んでいる。

狭義には対象資産を裏付けとしたノン・リコース・ファイナンスを指すが、広義には資産を持つ企業のより有利な調達方法としての売掛債権・在庫担保ローンなども含まれると考えられ、コーポレート・ファイナンスとの間で明確な線引きが難しくなってきている。

資金調達側としては、当該アセットを持つ企業のオフバランスや、企業の自己の信用力を補完して有利な条件での調達を企図する場合などの多様なニーズがある。 (清水比佐雄)

▶関連用語→ノン・リコース・ローン
▶本編関連ページ→第3章54頁、第5章77頁・90頁

アップフロント・フィー〔up-front fee〕

借入人が貸出人に対してローン実行時に一括支払いする手数料の総称であり、シンジケート・ローンのアレンジメント・フィーもこの一つ。主にストラクチャリング、ドキュメンテーション、シンジケート・ローンのアレンジメントなどの役務に対する対価としての性質を持つ。LBOのような難易度の高い案件のシンジケート・ローンの場合に、参加金融機関に対して、クレジット・リスク分析などに対する対価、参加へのインセンティブを高めるスィートナーとしてアレンジャーから支払われることもある。シニア・ローンならびにメザニン・ローンともに支払われ、水準もおおむね同水準であることが多い。 (田口英樹)

▶関連用語→アレンジメント・フィー、シンジケート・ローン、ストラクチャリング、ドキュメンテーション
▶本編関連ページ→第5章83頁、第6章101頁、第7章118頁、第10章182頁、第11章201頁

アドミニストレーション・エージェント〔administration agent〕

➡エージェント(349頁)参照

アファマティブ・コベナンツ〔affirmative covenants〕

LBOファイナンスのローン契約上で定められる借入人の義務(コベナンツ)は作為義務、不作為義務、情報提供・報告義務、期限前弁済義務など、非常に多岐にわたるが、アファマティブ・コベナンツとは借入人が融資期間中に実施、対応すべき義務(作為義務)の意味。貸付人の与信保全、期中モニタリングなどのために、借入人および保証人に一定の行為の作為を要求するものである。一定の行為を制限または全く禁止する不作為義務と違い、作為義務は、大別して①事前合意のストラクチャー通りに買収を進める義務、②融資期間を通じて常時対応を行う義務、③一定事象が発生した場合に対応する随時履行義務、および④定期的に履行する義務に分けられる。

あくまで例示として、①は、買収受け皿会社と対象会社の合併を促し、資金提供する主体(買収SPC)とキャッシュフローを創出する主体(対象会社)の一定期限内での合併完了や、これに伴う買収資金支払、TOB決済の完了や既存借入金の完済、

用語集 345

保証提供や担保設定および対抗要件の具備などがあげられる。②の例としては、スポンサーの借入人への出資維持、借入人の対象会社への出資維持などの資本関係を縛るもの、現預金水準やキャッシュフローを補足するためにクレジット・パーティ内で資金集中義務を課すもの、法令順守や許認可の維持など。③と④は報告義務が中心で、③は例として訴訟その他事業に影響を与える事象が発生した場合の報告義務など、④は例として業績モニタリングのための各種情報開示義務（財務諸表、税務申告書の提出など）などがあげられる。　　　　　（松下裕己）

▶関連用語→コベナンツ、ネガティブ・コベナンツ、ファイナンシャル・コベナンツ（財務制限条項）

▶本編関連ページ→第3章47頁

アメンドメント〔amendment〕

アメンドメントを直訳すると「修正」または「修復」になる。

ボロワーとレンダーで締結・合意済みのローン契約書を部分的に変更し、当該変更を変更日以降、契約期間満了まで適用させる効果がある。アメンド対象として議論になる項目の例として、当初のファイナンス検討時点では情報不足のため保守的に規定された条項の削除、買収対象会社が海外に保有する資産・子会社の担保対象・保証人からの除外などがある。また、返済条件や金利水準を変更（アメンド）することにより、実質的にリファイナンスの効果を創出することも可能であるが、借入人の信用力が良好かつ全既存貸付人が同意することが前提となる。

類似の効果を持つ行為としてウエーバー（免責）があるが、アメンドメントとウエーバーの相違点は、その効力が一時的なものか否かにある。ウエーバーはあくまでも一時的にボロワーが果たすべき義務を免責するのみであるが、アメンドメントはボロワーが果たすべき義務の内容を修正・変更し、その後も当該修正・変更が効果を持つ。レンダーの立場からすると、ボロワーの状況が当初想定から変化し、ある部分の義務を果たすことが継続的には困難ではあるが、与信判断上許容できる場合には、ウエーバーではなくアメンドとしたほうが、その後の事務負担などを勘案するとよい場合もある。

レンダーはアメンドの要請に対して、アメンドメント契約書を締結し、当該アレンジメントの役務提供に応じてフィーを収受する。これを、アメンドメント・フィーという。　　　　　（松本直人）

▶関連用語→ウエーバー

▶本編関連ページ→第3章48頁、第6章104頁

アメンドメント・フィー〔amendment fee〕

➡アメンドメント（346頁）参照

アモチゼーション〔amortization〕

ローンにおける約定弁済のこと。略してアモチと呼ばれる。LBOファイナンスにおいては、一般的に複数のファシリティが設定され、主に買収資金および対象会社の既存借入金の弁済に充当されるターム・ローン、運転資金用のコミットメントラインなどがある。

ターム・ローンは弁済方法に応じて、アモチゼーション（約定弁済）が定められるターム・ローンAと、ブレッド（期日一括弁済）が定められるターム・ローンBという二つのターム・ローンに区分される。アモチゼーションは期中均等などの場合や、事業計画に従いテールヘビーに設定されるケース、期中の各種資金需要などに対応するために変則的に設定されるケースなど、ローン期間中に想定されるキャッシュフローに応じた設定となる。ある程度のリファイナンスが前提となるLBOファイナンスにおいて、アモチゼーションが定められるターム・ローンAを導入する効果としては、リファイナンス時に必要な調達額を減らすこと、事業計画に従いローン期間中に創出されたキャッシュフローを弁済に充て、対象会社の金利負担を効率的に減らすことなどがあげられる。

なお、ローン期間にわたって、借入金額を完済する弁済方法をフル・アモチという。　（小堀優井）

▶関連用語→ターム・ローン

アレンジメント・フィー〔arrangement fee〕

シニア・ローン、メザニン・ファイナンスにおけるシンジケーション組成に関し、①アレンジメント業務（ストラクチャリング、ドキュメンテーション、シンジケーション参加者の招聘・交渉など）の対価、および②ファイナンス引受の対価（アンダーライティング・フィー）を含めて、ボロワーからアレンジャーに対し、原則初回ファイナンス実行日に支払われる手数料のこと。マーケットにおける需要予測や案件特性などを加味し、ボロワーとアレンジャー間の交渉の結果として決定される。一般に、

LBOファイナンス用語集

組成総額に対する一定の料率で金額が計算され、ボロワーとアレンジャー間で締結するアレンジメント・フィー・レターにより規定される。なお、シニア・ローンとメザニン・ファイナンスの比較において、おのおののマーケット規模やアレンジャーを含む参加プレーヤーの顔ぶれが異なることから、料率は変わり得る。アレンジャーはシンジケーション参加者の需要を測りながら、シンジケーション参加の対価としてシンジケーション参加者に対して支払うパーティシペーション・フィー（一般に、参加金額に一定の料率を乗じて計算）を検討する。

(宮本達彦)

▶関連用語→アレンジャー、ストラクチャリング、ドキュメンテーション
▶本編関連ページ→第3章46頁、第5章83頁

アレンジャー〔arranger〕

アレンジャーとは、借入人よりマンデートを付与され、ファイナンス・ストラクチャーの構築や融資契約書の作成および締結に関する業務などのほか、シンジケート・ローンになる場合には参加金融機関の招聘や利害調整などのアレンジメント業務を遂行するものをいう。

マンデートの付与は、アレンジャーが借入人よりマンデート・レターを受領することによるのが一般的であり、これによりアレンジャーと借入人との間で準委任の関係が成立すると考えられており、アレンジャーは当該レターに基づきアレンジメント業務を遂行する。アレンジャーは、LBOローンの組成において中心的役割を果たすことが求められるため、一定の経験と能力を有する単独または少数の金融機関が任命され、そのタイトルとしてはアレンジャーのほか、マンデーテッド・リード・アレンジャー（mandated lead arranger）やリード・アレンジャー（lead arranger）などが用いられる。また、アレンジャーに準ずる位置づけのものとしてコ・アレンジャー（co-arranger）が設置されることもある。

金融機関は、アレンジメント業務の対価として借入人より支払われる手数料収入やLBOマーケットにおけるプレゼンス向上を目的として、アレンジャーの獲得を目指す。

(永澤洋)

▶関連用語→アレンジメント・フィー
▶本編関連ページ→第2章20頁、第4章61頁・62頁、第5章81頁、第9章168頁、座談会305頁

アロケーション〔allocation〕

アロケーションとは、シンジケート・ローン参加行における、ローンの割当金額・割当割合のことをいう。アロケーションは、シンジケーションによるセルダウンが必要なLBOファイナンスの場合、スポンサーや対象会社、アレンジャー行との間の協議を経て決定される。アロケーションに影響を与える要素としては、参加行によるコミットメント回答額、スポンサーと参加行との取引関係、対象会社の既存の銀行取引関係などがあげられる。

(内田慶太郎)

▶関連用語→シンジケート・ローン、セルダウン
▶本編関連ページ→第3章37頁

アンダーライティング〔underwriting〕

引受という証券用語からの派生・流用語で、シンジケート・ローン組成時の組成形態の一つ。組成形態は大きく二つに大別され、ローン全額を引き受けるアンダーライティング方式と必要金額の達成に向けて努力義務を負うベスト・エフォート方式がある。

LBOファイナンスにおいてはマンデート取得時点において資金調達額が確定するため、借入人にとっては有用な方法であることからアンダーライティング方式が一般的であり、ローン金額が確定しないベスト・エフォート方式は資金調達の確実性を担保する観点から採用されない。

通常の案件では1行（1社）による総額引受を意味するフル・アンダーライトで進められることが多いが、大型案件などの場合、複数行（複数社）でのアンダーライトを行うこともある。

(大橋秀俊)

▶関連用語→シンジケート・ローン
▶本編関連ページ→第4章60頁、第5章81頁

意思結集
〔clarification of the intention of the lenders〕

➡バンク・ミーティング（382頁）参照

インカムゲイン〔income gain〕

インカムゲインとは、債権、株式および不動産などの資産を保有することで投資期間中に得られる収益をいい、これに対してキャピタルゲインとは、資産の売却によって生じる売買差益をいう。また、売買差損のことをキャピタルロスという。

バイアウト・メザニンにおいては、劣後ローンの

用語集 347

場合は金利による収益、優先株式の場合は配当による収益によりインカムゲインを獲得できる。また、エクイティ・キッカーとして新株予約権を保有する場合などは、エグジット時に新株予約権の行使により取得した普通株式を売却することなどによりキャピタルゲインを獲得できる。　　　　（柴山芳徳）
▶本編関連ページ→第10章197頁、第13章245頁

インスティテューショナル・トランシェ
〔institutional tranche〕

レバレッジド・ローンのトランシェのうち、機関投資家・ノンバンク向けに発行されるトランシェのこと。元本の期中返済がない期限一括型の長期のトランシェであり、運転資金を資金使途とするリボルビング・クレジット・ファシリティおよび約定返済が付くトランシェ対比、高めの金利水準が設定されることが一般的である。主に機関投資家がこのトランシェを選好するため、この名が付いた。「ターム・ローンB」と類似する概念であり、欧米市場で発行されることが多い。日本市場においては、レバレッジド・ローンにおける機関投資家層が薄く、このトランシェに相当する部分も含めてファシリティ全体を銀行がファイナンスすることが多いことから、実質的にはあまり普及していない概念である。
　　　　　　　　　　　　　　　　（鈴木俊平）
▶関連用語→ターム・ローン、トランシェ

インスティテューショナル・ローン
〔institutional loan〕
　➡インスティテューショナル・トランシェ（348頁）参照

インターカンパニー・ローン
〔inter-company loan〕
　➡クレジット・パーティ（359頁）参照

インタレスト・カバレッジ・レシオ（ICR）
〔interest coverage ratio〕

企業の通常の活動から生じる利益が、負債の金利である支払利息をどの程度上回っているかを示す指標であり、「EBITDA（もしくはフリー・キャッシュフロー）÷支払利息」で定義される。通常、対象企業の利益（キャッシュフロー）で負債の返済を行うLBOファイナンスにおいては返済能力の観点から、この指標が高いほうが望ましいとされ、1を切ると年間の利益で支払利息を賄えないことになり、かなりリスクが高いといえる。また、LBOファイナンスでは一般的には毎期一定額の弁済を求められるため、期間の経過とともに、負債の減少、それに伴う支払利息の減少が想定されることから、当該指標は高くなっていくのが好ましいといえる。
　　　　　　　　　　　　　　　　（飯塚敏裕）
▶本編関連ページ→第3章48頁、第7章112頁

インディカティブ・プロポーザル
〔indicative proposal〕
　➡インディケーション・レター（348頁）参照

インディケーション・レター〔indication letter〕

LBOファイナンスを検討する金融機関が、買収を検討するスポンサーに対し提示する、主要なファイナンス条件案を記載した書面のことをいう。一般的に、守秘義務契約締結後にスポンサーから開示される初期的検討材料を基に、貸付人がファイナンスの各種条件（金額、利率、期間、財務コベナンツ、手数料など）を記載し、ファイナンスを検討する意思があることを表明する。本レターは法的拘束力があるものではなく、一般的に、各種前提条件（①社内所管審査セクションによる最終承認、②事業計画、関連契約などの内容が満足できるものであること、③デューデリジェンスの結果、与信判断上問題のないことが確認されること、など）も本レター上に明記される。

スポンサーは各金融機関から提出されたインディケーション・レターを参考に調達できるファイナンス条件の相場観を形成し、暫定事業計画を調整の上、入札参加を意思決定する社内の投資委員会などに諮る。その後、インディケーション・レターを基にさらに詳細な融資条件を記載したターム・シートでスポンサーとの協議を進め、合意した暁には貸付人はスポンサー（またはスポンサーが設立した買収用SPC）に対してコミットメント・レターを提供し、スポンサーは貸付人にマンデート（融資取りまとめの委託）を与える。なお、インディケーション・レターは、インディカティブ・プロポーザルとも呼ばれる。　　　　　　　　　　（王辰）
▶関連用語→コミットメント・レター

348

LBOファイナンス用語集

インフォメーション・メモランダム（IM）
〔information memorandum〕
　買収案件のファイナンシャル・アドバイザー（FA）などが作成する初期的な検討用資料をいい、一般に被買収企業の財務情報や市場環境などの非公開情報を含む内容が記載される。インフォメーション・メモランダムの記載内容には濃淡があるものの、総じて情報開示者にとってポジティブな情報が多い。このほか、LBOファイナンスの参加検討に関して、アレンジャーから配布される書類をインフォメーション・メモランダムやバンク・ブックなどと呼ぶことがある。
（中野豊）
▶関連用語→ファイナンシャル・アドバイザー（FA）
▶本編関連ページ→第3章38頁、第4章62頁

ウエーバー〔waiver〕
　ウエーバーとは、融資契約書における貸付人の権利の放棄、または一時的な権利の停止のことをいう。融資契約書の規定への違反が生じ、当該違反によって貸付人が期限の利益喪失の請求権などの権利を得た場合でも、一時的にないしは短期間の違反で、その状態が早期に解消されることが見込まれ、かつその後の規定の遵守に懸念がない場合には、貸付人がウエーバーを行う場合がある。なお、違反の解消が困難ないしは長期間に及ぶ場合はアメンドメントにて対応がなされることが通常である。例えば、融資契約書の財務制限条項に抵触した場合に、その理由が一過性の特殊要因であり、債権保全の観点から懸念がないと貸付人が判断した場合などは、ウエーバーで対処することが実務上は多い。
（岡島雄一）
▶関連用語→アメンドメント
▶本編関連ページ→第3章48頁、第6章104頁

ウォーターフォール〔water fall〕
　ウォーターフォールとは、広義では債務の弁済における充当順序に関する約定をいうが、狭義では分野によって異なる意味で用いられる。例えば、ウォーターフォールという用語が使われることが最も多いプロジェクト・ファイナンスや証券化においては、多数の支払費目間の優先劣後関係に従った支払を確実にするための特定の預金口座に集中させた金銭の引落順序に関する約定を指す用語として用いられており、バイアウト・ファンドやメザニン・ファンドなどのプライベート・エクイティ・ファンドの組成においては、リミテッド・パートナー（LP）とジェネラル・パートナー（GP）の間の投資利益の分配の順序に関する約定を指す用語として用いられている。
　LBOファイナンスにおいては、シニア貸付人とメザニン投資家間の利払い・優先配当・元本弁済・償還などにおける充当順序に関する債権者間協定書または関係者間合意書における約定をウォーターフォールと呼ぶことがある。
（松尾博憲）
▶本編関連ページ→第7章122頁、第10章183頁

営業権〔goodwill〕
　➡のれん償却（営業権償却）（378頁）参照

エージェント〔agent〕
　シンジケート・ローン（「協調融資」と呼ばれることもある）とは、借入人の資金調達ニーズに対し、複数の金融機関で協調融資団（シンジケート団）を組成し、同一の契約書（同一条件）で信用供与を行う融資形態を指し、借入人から指名を受け協調融資団の組成を行うアレンジャー、調印から契約終了までの期中管理を行うエージェントという役割がある。エージェントの法的位置づけおよび役割は①②のとおり、LBOファイナンスと一般的なシンジケート・ローンにおける違いはない。ただし、LBOローンは、契約上の貸出前提条件、コベナンツ、ストラクチャー、担保などが、一般的なシンジケート・ローンと比べ複雑な契約内容であるため、事務を受託するエージェント業務にも高度な専門性が必要とされる。

①法的位置づけ……貸付人（参加金融機関）の事務受託者。民法上の委任契約に該当し（民法第643条）、善管注意義務を負う（民法第644条）。
②主な役割……貸付人の代理人として、調印後の貸付・元利金・手数料などの資金決済業務、お客さまおよび貸付人への契約関連事項に関わる情報の入手および還元、意思結集（貸付人の意見集約）手続、債権または地位の譲渡に関連する事務手続、担保に関する期中対応などの事務を一括して行う。

　なお、エージェント業務は、ファシリティ・エージェント（資金デリバリーに関する通知、契約条項に従った案件管理など担当）、ペイイング・エー

ジェント（ファシリティ・エージェントの通知に基づき実際の資金デリバリーを担当）、セキュリティ・エージェント＝コラテラル・エージェント（担保管理を担当）、ドキュメンテーション・エージェント（期中の契約書などの作成を担当）のように細分化され、これらを総称してアドミニストレーション・エージェント業務と呼ぶ場合もある。

(中野真美子)

▶関連用語→アレンジャー、シンジケート・ローン
▶本編関連ページ→第3章47頁、第4章62頁、第6章98頁

エージェント・フィー〔agent fee〕

エージェント・フィーとは、エージェントが、エージェント業務の対価として借入人より受領する手数料をいう。

シンジケート・ローンでは、借入人および貸付人双方の事務手続の省力化によるコスト削減を目的として、貸付人を代理して融資実行時や期中管理における事務を主に担当するエージェントが設置される。一般的なエージェント業務の内容としては、融資契約書の規定にのっとった案件管理、通知、資金決済事務および担保管理業務があげられ、融資契約書においてエージェント業務の内容のほか、エージェントの権限や免責に関する条項が規定される。なお、エージェントの種類は、案件管理や通知を担当するファシリティ・エージェント、資金決済事務を担当するペイイング・エージェントおよび担保関連業務を担当するセキュリティ・エージェントなどに分けることができ、そのすべてを単独のエージェントが担当するケースや複数の種類の異なるエージェントが設置されるケースがある。 (井上恵太)

▶関連用語→エージェント、シンジケート・ローン
▶本編関連ページ→第3章46頁、第7章113頁

エクイティ・キッカー〔equity kicker〕

エクイティ・キッカーとは、デットや種類株式に付加される、新株予約権（株式をあらかじめ定めた価格で取得できる権利）や転換権のことを指す。金利や配当などの確定リターンに追加的に付与され、投資としての魅力を高めるものであり、スイートナー（「甘味料」の意）とも呼ばれる。文字通り、株式価値に左右される不確実なリターンであり、行使・転換時点の株価が行使・転換価格を下回る場合は、リターンは実現しないこととなる。

バイアウト・ファイナンスにおいては、メザニン・ファイナンスの調達時に活用される例が見られる。資金調達者であるエクイティ・スポンサーにとっては、PIKと同様に投資中のキャッシュ・アウトを抑える効果がある。一方、投資家（資金提供者）にとっては、現金利息やPIKによる確定的なリターンを一定程度確保しつつ、企業価値が大きく向上した場合のエクイティ・リターンの一部をアップサイドとして享受することができるという効果があり、グロース案件、再生案件のような、一般的に確実性はやや見劣りするがより大きなキャピタルゲイン（投資倍率）が期待できる投資案件において、リスク・リターンの調整のために導入される。

(赤牛俊文)

▶関連用語→新株予約権付ローン、メザニン・ファイナンス、PIK
▶本編関連ページ→第10章189頁、 第11章204頁、 第13章248頁

エクイティ・キュア〔equity cure〕

ローン契約上で規定された財務コベナンツに違反が生じた場合や生じることが見込まれる場合に、スポンサーが借入人（買収SPC）に追加出資するか、または既存シニア・ローンおよびメザニン・ローンないし優先株式（もしあれば）よりも劣後する株主ローンの提供を行えば、その追加拠出額を財務コベナンツの計算に考慮し、コベナンツ違反をキュア（治癒）することを許容する条項のこと。

エクイティ・キュアが無制限に発動された場合、対象会社の正常収益力が落ち、業績不調のまま財務コベナンツの抵触が回避され続け、債権回収が手遅れになる可能性があるため、通常はローン契約において、融資期間中に発動できる回数・頻度の制限などを取り決めることが一般的である。なお、エクイティ・キュアによる出資金または劣後ローンは、当初想定の投資額の増額となることから期待リターンを押し下げるため、スポンサーとしても容易に発動できるものではない。また、貸付人としても、エクイティ・キュアは対象会社の業績悪化という本質的な問題を解決するものではないことから、対象会社のトップライン増強やコスト削減などの業績改善を図る施策も併せて確認する必要がある。(権藤和哉)

▶関連用語→ファイナンシャル・コベナンツ（財務制限条項）

エクイティ・ファイナンス〔equity finance〕

新株式、CB（転換社債）、ワラント債（新株予約権付社債）などの発行により株主資本（エクイティ）を増加させる資金調達のこと。返済期限のあるデット・ファイナンス（銀行ローン、普通社債など）と異なり、発行体（資金調達する企業）は基本的に返済する必要がないため、自己資本の増強、財務体質の強化に有効である。一方、発行株式数が増加することにより、一株当たり利益が希薄化したり、調達資金が中長期的な企業成長のため適切に投資に向けられなかった場合、配当政策や支配権などに影響を及ぼすリスクもあり、発行体は投資家に対し十分な説明が必要である。なおCB（転換社債）、ワラント債（新株予約権付社債）が転換、権利行使し新株となった場合も同様である。

エクイティとデットの中間的な特色を持つメザニン・ファイナンス（劣後ローン、優先株式など）は発行体にとっては支配権や株式の希薄化の影響を緩和する補完的で有効な調達手法であり、投資家にとっては返済順位などのリスクは上るが、優先配当などリターン水準も高いなど、多様なリスク・リターン性格を持つ投資対象となる。

LBOでは、一般的にエクイティ・プロバイダーであるバイアウト・ファンドや事業会社など戦略的投資家が旧株取得の際、買取資金を一部デット（銀行ローンなど）で調達し投資効率を上げる（レバレッジ）。また、投資対象の企業規模や業績の状況などにより適宜劣後ローンや優先株式などメザニン・ファイナンスを活用することもある。

（亀谷裕一）

▶関連用語→デット・ファイナンス、メザニン・ファイナンス

エクイティ・プロバイダー〔equity provider〕
➡エクイティ・ファイナンス（351頁）参照

エグジット〔exit〕

バイアウト・ファンドのエグジットとは、保有株式の譲渡により投資回収することである。主なエグジット方法としては、株式上場、事業会社への譲渡、他のバイアウト・ファンドへの譲渡、自己株式取得などがあげられる。実際には左記のうち複数の手法を組み合わせるケースや、配当による回収を組み合わせるケースも存在する。

エグジット方法について譲渡先が多数か否かの観点から大別すると、株式上場は証券市場を通じて不特定多数の投資家に譲渡することを想定しているが、それ以外の方法は通常一社ないし少数の買手に対する譲渡となりバイアウト・ファンドに代わる新たな大株主に株式が移動する。

また、投資先企業の財務に対する影響の観点では、株式上場ではバイアウト・ファンド持分の売出しに加えて新株発行を行うことにより資金調達することもあるが、他のバイアウト・ファンドへの譲渡などでは株式取得資金としてLBOローンを用いることによる借入負担が発生することがある。

エグジット方法を決定する際は、バイアウト・ファンドにおける投資収益は判断軸の一つになるが、それ以外に投資先企業におけるエグジット後の経営の独立性や新たな株主構成における成長の可能性、エグジットに伴う財務への影響などを総合的に勘案して、バイアウト・ファンドと投資先経営陣との間で決定する。

（栗原寛人）

▶関連用語→株式上場（IPO）、トレード・セール
▶本編関連ページ→第1章7頁、第2章25頁、第7章128頁

エグゼキューション〔execution〕
➡オリジネーション（352頁）参照

オークション案件〔auction deals〕
➡入札案件（377頁）参照

オーナー企業の事業承継
〔family business succession〕

創業者や創業家一族が、株式の相続や後継者不足などの理由をもって事業を承継することを指す。そのなかでも一定の独立性を保ちつつ、外部の資本を入れることにより会社の業績を拡大させたい場合においてバイアウト・ファンドが活用される。

大企業における子会社のカーブアウト案件においては買手候補の選定が価格をはじめとした売手への条件面が中心であることと比較して、事業への理解や熱意、ストックオプションを中心とした既存従業員に対する処遇改善といったその他の要素が重視されることも多い。

また、LBOファイナンスの活用により対象会社が多額の借入金を背負うことに抵抗感があるオーナーは少なくないため、対象会社の事業運営の支障にならない借入水準の見定めと、丁寧な説明が求められる。

（山口龍平）

▶本編関連ページ→第9章158頁・175頁

オーバー・サブスクライブ〔over subscribe〕

シンジケーションにおいて、組成（販売）目標金額に対して、参加検討金融機関の参加希望金額の合計額が上回ること（超過応募）をいう。反対に下回ることをアンダー・サブスクライブという。

この場合の対応としては、組成金額を増額して組成（プライマリー・シンジケーションの場合）することや販売額の増額（アレンジャーの譲渡金額増額）、参加希望額をおのおの減額（カットバック）し、当初組成目標額に収めるなどの対応をアレンジャーおよび借入人間で協議して行うが、LBOファイナンスの場合は、アレンジャーが全額引受をしていて、セルダウンするケースがほとんどであり、カットバックを行うことが多い。

オーバー・サブスクライブする案件は一般的に、投資家にとって借入人のクレジット対比のローン条件が良いことや、取り組みの意義が十分に見いだせる案件など、多数の投資家が検討できるまたは多額の金額にて検討可能な案件が多い。

また、バイアウト・ファンドのファンドレイズの際に、同様の状態（投資家の出資希望金額の合計金額が募集額を上回っている状態）となることをオーバー・サブスクライブということもある。

（山内俊信）

オリジネーション〔origination〕

オリジネーションとは、一般的に案件の組成のことをいい、案件の発掘を行うソーシングとは区別される。LBOファイナンスにおけるオリジネーションは、デット・プロバイダーによる買収ストラクチャーに関するスポンサーへの助言、ファイナンス・ストラクチャーの構築、融資条件のスポンサーとの交渉、貸付人が複数になる場合には各金融機関の取りまとめなど、LBOファイナンスのストラクチャーおよび基本条件を借入人とLBOレンダーが合意するまでの一連の行為を指す。基本条件合意後に行われるローン契約書その他関連契約書などの作成や、引受行が参加金融機関に一部ローンを譲渡するシンジケーションを含む、エグゼキューションと対比されることが多い。

（川瀬高宏）

▶本編関連ページ→座談会300頁

〔カ〕

カーブアウト〔carve out〕

LBOファイナンスの文脈においては、ローン契約などにおけるネガティブ・コベナンツ、表明保証その他の規定に対する（主として借入人にとって有利な）除外規定を設けることまたは当該除外規定そのものを指す用語として用いられることが多い。ネガティブ・コベナンツを例にとると、LBOファイナンスにおいては、対象会社の信用力のみに依拠して資金が供与されるため、モニタリングの観点から厳格なコベナンツが設けられることが多いが、これに対して借入人は、対象会社の事業活動に対する制約の度合いを適切な水準に設定するため、一定の除外規定（カーブアウト）をあらかじめ設けることを要求し、カーブアウトの具体的内容について貸付人との間でしばしば交渉が行われる。英文契約の文脈においては、カーブアウトのうち、一定の限度（金額で表現されることが多い）まではコベナンツによる制限を受けない旨の除外規定を設ける場合を指してバスケット（basket）という用語が用いられることもある。

なお、日本では、M&Aや事業再生の文脈において、ある企業の特定の事業部門を切り出して売却することを指す用語としても「カーブアウト」が用いられるため、注意する必要がある。　（望月直樹）

▶関連用語→ネガティブ・コベナンツ
▶本編関連ページ→第8章141頁

会社更生法〔Corporate Reorganization Act〕

➡倒産法（374頁）参照

会社分割〔company split〕

会社分割とは、株式会社または合同会社がその事業の全部あるいは一部を法の定める手続きにより他の会社に移転する会社法上の組織再編行為の一手法である（会社法2条29号、30号）。

多角化した企業が事業部門をスピン・オフする場合など、バイアウトにおいても頻繁に用いられる。事業譲渡と同様の目的で行われるが、事業譲渡のように関連する権利義務について個別の移転手続を必要とせず、株主総会の特別決議、債権者保護手続などの法定手続を踏むことにより包括的に権利義務を移転することができるなどメリットのある手法であるが、一方で、労働者保護の観点から分割事業に関

352

連する従業員に対して別途の保護手続（会社分割に伴う労働契約の承継等に関する法律）が必要になるなど、買収対象とする事業範囲の決定には一定の制約が生じることもあるため留意が必要である。

会社分割の形態として、分割対象とする事業を「既存の会社」に承継させる場合（吸収分割）と「新しく設立した会社」に承継させる場合（新設分割）がある。LBOの場合でも、新設分割後にSPC経由で分割承継会社の株式を取得する場合と、SPCに対して事業を吸収分割させる場合の両方が考えられる。
（石井利明）
▶関連用語→SPC

価格調整条項〔completion adjustment〕

株式譲渡契約において、買収対象会社における、サイニングとクロージングの間のバランスシートの変動を株式取得価格に反映させる条項のこと。サイニング時のバリュエーションの基準となった財務諸表と、クロージング時の財務諸表を比較し、運転資本や、純有利子負債などの変動をどのような計算式をもって、株式取得価格に反映するのかを株式譲渡契約上に明記する。サイニングとクロージングの間に一定の期間がある場合に用いられることがある。
（倉増銀一）
▶関連用語→株式譲渡契約書（SPA）
▶本編関連ページ→第3章37頁

格付〔rating〕

信用リスクを判断するための指標として、企業・政府または金融商品などの信用状態に対して付与される等級のこと。アルファベットや記号、数字を用いて表示する。BBB－（トリプルBマイナス）以上を投資適格、それ未満を投資不適格と評する。国内では、日本格付研究所（JCR）や格付投資情報センター（R&I）が、海外ではS&P（Standard & Poor's）やMoody'sが主な格付機関としてあげられる。

日本のLBOファイナンスにおいては、リスク分析の専門性が高く、特定のシニア・メザニン・プレーヤー以外に投資家はいないため、格付を取得することは一般的ではない。一方で、欧米においては、市場は成熟し、ローンだけでなくボンドの発行も多くセカンダリー市場も発達していることから、機関投資家など投資家層が厚く、格付が付与されている案件も多い。日本においても今後、欧米同様に

市場の成長が期待される。
（三原恵衣）
▶関連用語→クレジット・リスク
▶本編関連ページ→第7章131頁

貸金業法〔Money Lending Business Act〕

貸金業者の業務の適正な運営の確保および資金需要者などの利益の保護を目的とする法律である（1条）。貸金業法は、規制対象たる「貸金業」の要件を大要①「金銭の貸付け」を②「業として行うもの」と広く一般的に定めている（2条1項）ため、LBOファイナンスにおいても、ローンの貸付人は貸金業登録を受けた貸金業者である必要がある（ただし、貸金業法以外の法律に基づき金銭の貸付を業として行うことが認められている者（銀行など）は貸金業登録を受ける必要はない）。例えば、メザニン貸付人が劣後ローンの貸付を行う場合には、貸金業登録を受けていることが必要である。さらに、貸付契約の締結前および締結時には、借入人に対し、法定の記載事項が記載された書面を交付するなど、貸金業者は各種の行為規制を遵守する必要がある。

なお、貸金業登録を受けるには、貸金業を的確に遂行するための純資産要件や必要な社内体制の整備が求められるなど、登録のための時間的・手続的コストは小さくない。
（河合俊哉）

株式型優先株式
➡優先株式（393頁）参照

株式上場（IPO）〔initial public offering〕

株式上場とは、証券取引所において自社の株式の売買を可能にすること。バイアウト・ファンドのエグジット方法の一つであるが、日本においてはトレード・セールによるエグジットが大半を占めており、事例としては少数である。株式上場によるエグジットは、トレード・セールに比べて回収期間が長期にわたるため、投資リターン（IRR）を重視するファンドの姿勢と相反することが要因と考えられる。また、中堅・中小企業が株式を上場するためには、事業成長性が重要な要素になるため、コストカットによる利益改善のアプローチだけでは上場を実現できないことも理由である。一方、バイアウト・ファンドによるエグジット後、他社の傘下入りではなく、自立した会社経営を志向する企業にとって、株式上場はその志向を達成する最有力手段であるため、株式上場によるエグジットを期待する投資

先企業の声は根強い。IPOに合わせてバイアウト・ファンドが持分の大半を売却する場合は、チェンジ・オブ・コントロール条項への対応が必要になる。　　　　　　　　　　　　　　　（佐藤正秀）
▶関連用語→エグジット、チェンジ・オブ・コントロール、トレード・セール
▶本編関連ページ→第8章152頁

株式譲渡〔stock purchase〕
➡株式譲渡契約書（SPA）（354頁）参照

株式譲渡契約書（SPA）
〔stock purchase agreement〕
　株式の売主と買主との間で、株式の譲渡に関する諸条件についての「最終契約書」として締結される契約書のこと。SPA（stock purchase agreement）とも呼ばれる。交渉経過の確認や中間的な合意を約する書面であるLOI（letter of intent）に対して、SPAは最終的な合意内容を記したDA（definitive agreement、「最終契約」あるいは「正式契約」の意）として締結される。取引の基本的内容（譲渡対象、価格など）以外に、その前提となる「表明保証」「クロージング実行の前提条件」「損害賠償・補償」などの条項によって構成される。当該取引のために設立されたSPC（special purpose company）が、LBOファイナンスで買収資金を調達する場合、売主は買主であるSPCに対し、取引の実行性を高めるために、SPAの「表明保証」条項において必要資金の調達に関する何らかの確約を求めることが一般的である。買主はこれを担保すべく、SPA締結時点においてレンダーから融資証明書（あるいはコミットメント・レター）を入手することが多い。
　　　　　　　　　　　　　　　（金丸真二）
▶関連用語→基本合意書（LOI）
▶本編関連ページ→第3章36頁・40頁

株式の希薄化〔equity dilution〕
　発行済みの普通株式数に対し、新株予約権や転換型優先株式といった普通株式に転換可能な証券が発行されている、もしくは新たに発行される場合、一定の条件が満たされたときに普通株式への転換権が行使された結果として普通株式が発行されることにより、既存普通株主の普通株式保有割合が減ること。
　バイアウト・ファンドの案件においては、経営陣に対する業績連動報酬の一環として新株予約権を付与することは一般的であるとともに、レバレッジド・ファイナンスを組成する際にメザニン・ファイナンスの一形態として普通株式への転換型優先株が発行されるケースもある。　　　　　（村上大輔）
▶本編関連ページ→第14章257頁

株式の公開買付け〔take-over bid〕
➡TOB（403頁）参照

株式の譲渡制限
〔restriction on transfer of shares〕
　株主は株式を自由に譲渡することができるのが原則（会社法127条）だが、譲渡の結果、当該会社の事業に無関係の者が株主となることが、経営上問題となる場合もあり得るため、会社は、定款においてすべての株式または一部の種類の株式の譲渡に会社の承認を要する旨を定めることで、株式の譲渡を制限することできる（会社法107条1項1号、108条1項4号）。譲渡の承認は、取締役会設置会社では取締役会、取締役会非設置会社では株主総会で行うのが原則だが、定款で異なる定め（例えば、代表取締役が承認するなど）とすることも可能（会社法139条1項）。バイアウト・ファンドやメザニン・ファンドが保有する投資先の株式は、通常LBOローンの担保として供されるが、担保権者（レンダー）は、万一の場合の迅速な担保権実行を企図し、あらかじめ譲渡制限規定を廃止（あるいは変更）するよう、会社へ要求することが多い。
　　　　　　　　　　　　　　　（刈田直文）
▶本編関連ページ→第14章261頁

株主間契約〔shareholders agreement〕
　会社の株主の間で締結される契約をいう。バイアウト・ファンドによる取引では、複数のバイアウト・ファンドによる共同投資の場合だけでなく、投資先株式の一部取得取引でバイアウト・ファンドが売主と締結する場合や、バイアウト・ファンドが優先株式を持つメザニン投資家（優先株主）と締結する場合などがある。一般的には、会社の事業運営・ガバナンスに関する規定と、各株主が保有する株式の取り扱いに関する規定が中核となる。
　事業運営・ガバナンスについては、株主間契約がなければ会社法や定款に基づく株主総会・取締役会での多数決原理による意思決定がなされる。このような原則ルールでは実現できない当事者間の適切な

権限分配を図るため、株主間契約で各当事者の役員指名権や拒否権事由を定めるのが通例である。拒否権事由に関して当事者の意見が対立した場合の処理方法を定めたデッド・ロック条項が置かれる例も多い。

株式の取り扱いに関しては、株式の売却に関するドラッグ・アロング条項やタグ・アロング条項が重要である。ドラッグ・アロング条項は、ある株主が保有株式を売却する際に、他の株主が保有する株式についても強制的に売却することを可能にするものである。基本的には多数派株主が要求する権利であり、少数株主が存在する場合でも100％買収を希望する売却先への円滑なトレード・セールを可能とする効果がある。タグ・アロング条項は、他の株主が第三者に株式を売却しようとする場合に、自らが保有する株式を同じ売却先に同一条件で売却するよう請求することを可能とする条項である。他の株主のエグジット機会に便乗する権利と言い換えることもでき、特に少数株主にとっての投資回収手段として重要な意味を持つ。　　　　　　　　　　（粟谷翔）

関係者間合意書

関係者間合意書は、優先株式方式のメザニン・ファイナンスが存在する場合に、一般にシニア貸付人、シニア・エージェント、メザニン投資家および借入人間で締結される。

関係者間合意書の目的は、シニア貸付人とメザニン投資家の間の利害関係の調整である。すなわち、メザニン・ファイナンスが優先株式の方式をとる場合、シニア貸付人の債権との間での回収上の優先劣後関係は、会社法や倒産法の規定により当然に確保されるのが原則である。しかし、配当の場面や、金銭対価の取得請求権が行使された場合のように、優先株主が借入人に対して金銭債権を取得する場合が存在し、かかる金銭債権は特段の合意なしにシニア貸付人の債権に対して劣後するわけではない。また、優先劣後関係に反した支払いが優先株主に対してなされた場合、シニア貸付人が優先株主に対して直接請求できる権利は当然には存在しない。そこで関係者間合意書における調整が必要となる。

関係者間合意書中の主な条項としては、①優先配当などに係る支払いの劣後化、②関係者間合意書に違反して受領した金銭のシニア貸付人への引渡義務、③取得請求権の行使制限、④取得条項による取得の制限、⑤シニア貸付人による担保権実行時の優先株式の共同売却請求（drag along）権、⑥ローン契約および投資契約上競合するシニア貸付人とメザニン投資家の各承諾事項についてのシニア貸付人の判断の優先権（メザニン投資家独自の判断権とその制限）などがある。

　　　　　　　　　　　　　　　（藤原祥史）

▶関連用語→優先劣後関係

▶本編関連ページ→第5章77頁、第11章201頁

議決権〔voting rights〕

株主総会での決議に参加、票を入れる権利。普通株式は1株に対し一つの議決権がある（単元株制度を導入している会社においては1単元株に対し一つの議決権）が、優先株式は完全無議決権である場合や、特定の議案には参加できないような議決権制限が付される場合など、議決権が普通株式に比べ劣後するのが一般的である。なお、制度上は議決権数の異なる株式とすることも可能。メザニン投資家による優先株式は、完全無議決権となる場合がほとんどである。ただし、普通株式転換権が付されているケースでは一定の場合に優先株式は普通株式に転換され、メザニン投資家が他の普通株主と同様の議決権を保有することが生じ得る。

　　　　　　　　　　　　　　　（細野光児）

▶関連用語→普通株式、優先株式

▶本編関連ページ→第2章17頁、第10章185頁、第12章218頁

期限の利益の喪失

「期限の利益」とは、期限の到来までは債務の履行をしなくてもよい、という債務者の利益を指す（民法136条に規定）。また、「期限の利益喪失」とは、債務者の期限の利益を喪失させることによって、期限到来前に債務の履行を請求することができる状態にすることを指す。

「期限の利益喪失」は、民法137条に定められているが、当該規定では極めて限定的な状況でしか期限の利益を喪失させることができない。そのため、当事者の合意によって、契約書に期限の利益が喪失する条件を特約として追加することが一般的である。追加される条件は、債務者が債務不履行になると想定される事由（差押など）を列挙する形で記載されるが、当該記載事由を「期限の利益喪失事由」という。「期限の利益喪失事由」のうち、発生後直ちに期限の利益が喪失する事由を「当然喪失事由（当然失期事由）」、発生後に債権者からの請求があった場合に限り期限の利益が喪失する事由を「請求喪失事

由（請求失期事由）」という。債務の履行に重大な影響を与えかつ緊急的な対応を要する事由（取引停止処分、倒産など）を「当然喪失事由」、緊急性は高くないものの債務履行に影響を与える事由（表明保証や義務の違反など）を「請求喪失事由」として記載することが一般的である。　　　　（菅野幸浩）
▶本編関連ページ→第3章40頁、　第4章68頁、　第5章84頁、第6章97頁、第8章141頁、第10章189頁、第14章255頁

期限前弁済〔prepayment〕

約定上の弁済期日が到来する前に、元本債務の全部または一部を返済すること。任意期限前弁済は、ボロワーの裁量により、任意のタイミングで債務の弁済を行うことであり、通常はボロワーからレンダーへの一定期間前の通知などが要件となる。強制期限前弁済は、一定の事由が発生した場合に、あらかじめ決められたタイミングで債務の弁済を行うことが義務づけられるものであり、強制期限前弁済の返済原資は主に①被買収企業の営業活動により創出された余剰キャッシュと、②資産売却、保険金受取、新規借入、新株発行、売買契約上の最終買収価格調整などによる営業活動以外による臨時キャッシュに大別される。

一般的にLBOファイナンスは、コーポレート・ファイナンスに比してレバレッジが高いファイナンスであり、また被買収企業の将来キャッシュフローがその返済原資となることから、被買収企業の事業が不調に陥った場合に債務の弁済が受けられなくなるリスクが高いファイナンスである。レンダーにとって期限前弁済は、当初スケジュールよりも前倒しで債務の弁済を受けることにより、早期の債権回収を行うことができるメリットがある。ボロワーおよびスポンサーにとっても、債務の弁済を促進し、将来のデット・サービスの負担を軽減することで財務コベナンツなどの制約がクリアしやすくなるなど、将来の財務上の自由度を高めることができる一方、足元で大規模な設備投資などの資金ニーズがある場合には、かかる事業機会を逸するデメリットも生じ得る。　　　　　　　　　　　　（田口貴之）
▶関連用語→キャッシュフロー・スイープ
▶本編関連ページ→第6章103頁、　第7章123頁、　第8章141頁

希薄化〔dilution〕
➡株式の希薄化（354頁）参照

基本合意書（LOI）〔letter of intent〕

基本合意書とは、取引の諸条件を最終的に確定する譲渡契約書の締結に先立って、売手と買手が交渉の中途段階で、協議内容を互いに確認するために締結する合意書をいう。基本合意書は、LOI（letter of intent）、MOU（memorandum of understanding）とも呼ばれる。基本合意書には、一般的に、買収ストラクチャーや譲渡価額、取引実行の前提条件、デューデリジェンスの実施内容、基本合意書の有効期間、法的拘束力の有無などに加え、交渉状況によっては独占交渉権の付与などが盛り込まれる。ただし、基本合意書は交渉途上で締結されることから、交渉状況や当事者間の意思、締結目的に応じて、記載内容は異なってくる。なお、買手からすると、デューデリジェンスの実施前に、取引実行に対して法的な義務を負うことは困難なため、実務上、基本合意書は法的拘束力を伴わないことが一般的である。買収ファイナンスの返済は対象会社自身が行うため、買手がどのような条件、プロセスで対象会社の株式を取得するかは、レンダーにとって重要な内容である。そのため、通常、基本合意書の内容はレンダーに適宜共有され、レンダーも納得し得る条件で、最終的な譲渡契約締結に向けて交渉を進めていくのが一般的である。　　　　（山下健次郎）
▶本編関連ページ→第3章37頁

キャッシュ・スイープ〔cash sweep〕
➡キャッシュフロー・スイープ（356頁）参照

キャッシュフロー・スイープ〔cash flow sweep〕

キャッシュフロー・スイープとは、買収対象会社から生じた余剰キャッシュを原資に、ローン契約で規定された約定弁済とは別に強制期限前弁済の形で、LBOローンの返済を行うことをいう。LBOファイナンスは通常のコーポレート・ファイナンスと異なり、買収対象会社が将来にわたって生み出すキャッシュフローを担保とした貸出手法であるため、金融機関としては融資金額の確実な回収を進めるためにも、買収対象会社に余剰なキャッシュが生じた場合、それに一定の掛け目を乗じた金額をキャッシュフロー・スイープとして返済に回すことが一般的である。融資案件ごとに異なるが、一般的

LBOファイナンス用語集

に余剰キャッシュはキャッシュフロー計算書における営業キャッシュフローから、設備投資などの投資キャッシュフローを引いたフリー・キャッシュフローに、LBOローンの約定弁済額、利息支払額、買収関連費用などをさらに差し引くことで求められ、これに50～75％を乗じた金額がキャッシュフロー・スイープの対象として強制期限前弁済に充当される。その際、期日一括返済型のターム・ローン（ターム・ローンB、トランシェBなどと呼称される）返済に充当されるのが一般的である。これは金融機関にとって、期日まで約定弁済がないターム・ローンのリスクを軽減させることが目的である。

(前原達也)

▶関連用語→期限前弁済
▶本編関連ページ→第3章44頁、 第4章67頁、 第10章183頁

キャピタルゲイン〔capital gain〕
➡インカムゲイン（347頁）参照

キャピタル・コール（要求払込）〔capital call〕

　一般的にバイアウト・ファンドやメザニン・ファンドなどのプライベート・エクイティ・ファンドでは、組合契約で全組合員の出資約束金額を規定し、以後ファンドによる投資や組合費用、管理報酬の支払いなどの資金が必要になるたびにジェネラル・パートナー（GP）がリミテッド・パートナー（LP）に対して出資要請を行う。この払込要求をキャピタル・コールといい、原則としてキャピタル・コールを受けたすべてのリミテッド・パートナーは、組合全体の出資約束金額のうち各自の出資約束金額の割合に応じてファンドに資金を払い込む義務を負う。あらかじめファンドに資金を払い込むのではなく資金需要が発生する都度キャピタル・コールが行われる理由は、投下資金に対する利回りを極大化するためである。

　投資案件に係るキャピタル・コールは、通常、投資実行の確度がかなり高まってから実施されることが多い。実務的には、案件のクロージング予定日の数日前を払込日として設定し、この払込日から逆算して（組合契約で定められた通知期間など、必要な日数を置いて）キャピタル・コールの通知日を決定する。LBO案件でSPC（買収目的会社）を活用する場合、キャピタル・コールによって組合口座に払い込まれた資金は、案件のクロージング直前に組合口座からSPCの口座に出資として払い込まれ、SPCに対するLBOローンとほぼ同じタイミングで、クロージングまでに資金手当てが完了するように手配される。

(飯岡靖武)

▶関連用語→投資事業有限責任組合
▶本編関連ページ→第8章142頁

キュア・ピリオド〔cure period〕
➡デフォルト（373頁）参照

吸収分割〔absorption-type split〕
➡会社分割（352頁）参照

競業避止義務
〔non-competition obligation, non-compete clause〕

　競業避止義務とは、M&Aの売買契約書において、売主はM&A取引で売却した後、取引後一定期間については、売却した事業と競合する事業を行ってはならないとする契約条項（売主の義務）を指す。売主が売却した会社のノウハウや人脈を利用して同内容の事業を展開した場合、買主が買収した会社・事業の顧客を奪うことにつながる可能性があり、買主にとってはM&Aにより得た事業の価値が毀損される懸念が生じるためこれを未然に防止するのが目的である。特に事業承継案件では、引退するオーナーが会社のノウハウや人脈に誰よりも精通していることが多く競業避止義務の重要性は高い。同様の目的で売主は売却した会社の人材を後日ヘッドハントしないといった条項を置くこともある。

　なお、事業譲渡の場合には会社法21条に明文規定があり、当事者の別段の意思表示がない限り、事業を譲渡した会社は、同一市町村および隣接市町村の区域内において、事業譲渡の日から20年間、同一の事業を行うことができないこととされている。

(内野健二)

強制期限前弁済〔mandatory prepayment〕
➡期限前弁済（356頁）参照

協調融資
➡シンジケート・ローン（367頁）参照

金銭を対価とする取得条項（強制償還）

　株式の内容として定められる、一定の事由が生じた場合に発行会社が強制的にその株式を取得できる

用語集　357

旨の条項（会社法108条1項6号）のうち、その取得の対価が金銭であるもの。発行会社の定款に取得事由および取得価額またはその算定方法を定める必要がある（会社法108条2項6号、107条2項3号）。

メザニン・ファイナンスとして優先株式が用いられる場合、発行会社がリファイナンスや早期償還を行う途を確保する目的で設けられることが多いが、会社法上の財源規制により、行使が制限される可能性がある（会社法170条5項）。発行会社にコール・オプションが付与される点でメザニン投資家にプット・オプションが付与される取得請求権と対をなす条項であるが、シニア貸付人からは、シニア・ローンが完済されるまでオプションを行使しないことを求められる点では同様である。取得価額は通常投資元本と未払配当額（未払期間中複利計算されることが多い）の合計額とされるが、プレミアムが付されることもある。特に、優先株式発行後短期間での償還を禁止しない場合には、メザニン投資家のリターン確保の観点からは、取得価額にプレミアムを付すことが検討される。
（長井健）

▶関連用語→償還、優先株式
▶本編関連ページ→第10章189頁、第14章259頁

金銭を対価とする取得請求権（償還請求権）

株式の内容として定められる、株主が発行会社に対してその株式の取得を請求することができる会社法上の権利（会社法108条1項5号）のうち、その取得の対価が金銭であるもの。

メザニン・ファイナンスとして優先株式が用いられる場合、通常、金銭を対価とする取得請求権が付される。メザニン投資家からみると金銭の償還と引き換えに優先株式を売る権利（プット・オプション）であり、メザニン投資家主導で投資を回収する機能を有するが、会社法上の財源規制により、行使が制限される可能性がある（会社法166条1項）。取得価額またはその算定方法は発行会社の定款で定める必要があり（会社法108条2項5号、107条2項2号）、一般的には想定投資リターンを踏まえて決定される。行使の条件や行使可能期間は発行会社の定款には規定せず、発行会社との間の契約で定めるのが通常であり、ローンの場合の期限の利益喪失事由に相当するものが規定され、かかる事由が発生した場合または行使可能期間が到来した場合にのみ行使が可能とされる。シニア貸付人からは、シニア・ローンの最終返済日から一定のバッファ期間が経過した後の時点を行使可能期間の開始時とし、シニア・ローンの完済までは取得請求権を行使しないことを求められる。
（西内一平）

▶関連用語→償還、優先株式
▶本編関連ページ→第10章189頁、第14章254頁

クラブ・ディール〔club deal〕

クラブ・ディールとは、被買収企業の既往取引金融機関やマンデートを取得した限られた金融機関で組成するシンジケーションのことであり、これに対し、被買収企業と既存取引がない金融機関を幅広く募集するシンジケーションはジェネラル・シンジケーションと呼ばれる。クラブ・ディールにおいて招聘される金融機関は、被買収企業の既存取引金融機関が多い。加えて、買収を検討しているバイアウト・ファンドが運用するファンドにLP出資している金融機関が招聘されることもある。

なお、買収ファイナンスにおいて、複数のバイアウト・ファンドがコンソーシアムを組んで行うバイアウトのことをクラブ・ディールと呼ぶこともある。
（ワンサイ・サンティ）

▶関連用語→ジェネラル・シンジケーション、シンジケート・ローン
▶本編関連ページ→第4章61頁、第10章196頁

クリア・マーケット〔clear market〕

➡コミットメント・レター（361頁）参照

クリーン・ダウン・ピリオド〔clean down period〕

コミットメントラインの借入人が、定期的に、契約上定められた一定の期間、かかるファシリティに基づく借入残高をゼロとすべき義務またはかかる期間をいう。コミットメントラインは、一般的に運転資金をその資金使途とするもので、特定の使用使途を明示することなく借り入れることができ、いったん借入が行われた場合には、その後も借り換えを繰り返すことができるので、設備投資など運転資金以外の目的で用いられていないことを確認する目的で導入される。ゼロとすべき借入残高については、実際の借入残高とする場合もあるが、借入残高から現預金額を差し引いた金額とする場合もある。
（斉藤遼太）

▶関連用語→コミットメントライン（融資枠）
▶本編関連ページ→第3章44頁

グレース・ピリオド〔grace period〕
➡デフォルト（373頁）参照

クレジット・クランチ（信用収縮）〔credit crunch〕
　クレジット・クランチとは、金融システム全体が信用不安に陥り、一般企業に資金需要があっても、金融機関が貸出を抑制する状態をいう。
　このような状況下では、借り手である一般企業は信用力低下に加え、採算以上の高金利を支払っても資金調達が困難になるため、資金繰りに支障をきたすことになる。一方、金融機関は不良債権の負担による自己資本の毀損に反応し、貸出供給を調節することで対処するようになる。よって、経済活動が全体的に失速し、さらなる信用不安を招くという悪循環に陥る。
　LBOに関していえば、買収資金の大半を担う高リスクのレバレッジド・ファイナンス市場は縮小し、マーケット参加者は減少する傾向にある。新規案件は組成困難となり、金利上昇やマルチプル低下など融資条件は急激に厳格化する。一方で、セカンダリー市場が活性化する側面がある。　（鬼澤弘基）
▶本編関連ページ→第10章193頁

クレジット・パーティ〔credit parties〕
　貸付人が借入人のクレジット・リスクを判断する上で重要と考える借入人のグループ会社の範囲を指す。一般的には借入人、保証人、対象会社のグループ会社のうち重要な会社が含まれる。通常、デューデリジェンスやLBOローン契約のドキュメンテーションの過程でその範囲が決定される。クレジット・パーティ間では、LBOローン契約上でインターカンパニー・ローンや相互の保証差入が許容される一方、借入人とほぼ同等の表明保証や担保提供および各種義務を負うこととなる。一方で、クレジット・パーティ外のグループ子会社へキャッシュが流出することを回避するため、当該子会社に対するインターカンパニー・ローンや保証行為などは一定の制限が設けられる。　　　　　（秋吉孝寛）
▶本編関連ページ→第3章51頁（インターカンパニー・ローン）

クレジット・リスク〔credit risk〕
　信用リスクとも呼ばれ、債務者の倒産などによる元本、利息の回収不能や、債務者の財務状態の悪化による貸倒引当金などの計上といった事象に陥る危険性を指す。なお、金融機関ではクレジット・リスクに応じた信用格付を付与しているが、LBOファイナンスは多額の借入のために企業の負債比率が高まることや、営業権（のれん）償却負担が重いことによる赤字計上などから、コーポレート・ファイナンスに比べ、信用格付が低く評価される傾向がある。　（吉澤佑介）
▶本編関連ページ→第3章46頁

クロージング〔closing〕
　買収対象企業の株式譲渡が株式購入代金の決済によって行われること。LBOファイナンスでは、ローン実行の前提条件（通常、買手によるエクイティの払い込みを含む）を充足し、ローン実行が行われ、当該資金をもって株式譲渡代金が決済されることを指す。　　　　　　　　　　　（松浦洋二）
▶本編関連ページ→第3章37頁、第5章93頁

クロスボーダーM&A〔cross-border M&A〕
　国外企業とのM&A（企業・事業の譲り受け、会社・事業の譲り渡し、JV設立、資本業務提携など）のこと。一般に、日本企業の場合、日本国外の企業・事業を譲り受ける場合はIn-Out（インアウト）型、海外の企業に日本国内の会社・事業を譲り渡たす場合はOut-In（アウトイン）型と呼ばれる。なお、日本企業が海外の大型企業・事業を譲り受ける場合、LBO（レバレッジド・バイアウト）のスキームを用いることもある。In-Out型では、大企業を中心に特定事業領域でグローバル・プレーヤーとなることを目指すケース、バイアウト・ファンド傘下で海外企業・事業のロールアップや海外企業・事業の譲り受けによる海外展開を推進・加速するケースなどがあり、Out-In型では、日本企業が海外資本に救済を求めるケース、海外資本・経営ノウハウを活用してさらなる飛躍を目指すケースなどが存在する。その目的も、海外進出・撤退、海外販路獲得、事業補完、グローバル再編対応、企業・事業再生など多種多様である。　　　　　　　　（尾又康介）
▶本編関連ページ→第14章265頁、座談会297頁・301頁・311頁・315頁

コ・アレンジャー〔co-arrangers〕
➡アレンジャー（347頁）参照

公開買付け〔take-over bid〕
　➡TOB（403頁）参照

公開買付届出書〔tender offer statement〕
　公開買付届出書とは、金融商品取引法第27条の3第2項に規定する書類および添付書類をいい、公開買付者は公開買付開始公告を行った日に、EDINETを通じてこれを財務局長に提出する。公開買付届出書には公開買付けの目的、価格、買付予定株券等の数、買付期間、買付条件および方法などが記載され、添付書類として定款、資金証明書および公開買付代理契約書の写しなどが求められている。
　添付書類につき、第三者からの資金調達を前提とする買取目的会社（SPC）やバイアウト・ファンドなどの場合には、資金調達につき相当程度の確度をもって裏付けられることが求められ、融資実行前提、ファンド契約に関する事項および投資家に関する情報など財務局との十分な事前協議が必要になる点に留意する必要がある。　　　　　（岸孝達）
▶関連用語→SPC、TOB
▶本編関連ページ→第5章79頁・82頁

ゴーイング・プライベート〔going private〕
　ゴーイング・プライベートとは、上場企業が主体的に非上場化を行うことをいう。具体的には、上場会社の経営陣・投資ファンド・大株主などの買手が、特別目的会社（SPC）を通じて上場企業の発行済み株式を全株取得することを目的とした株式公開買付け（TOB）を行い、3分の2以上の株式取得後にスクイーズ・アウト手続を経て上場廃止を申請し、非上場化を行う。株式公開買付けのための資金調達としては、買手の自己資金に加え、多くの場合LBOファイナンスが利用される。
　ゴーイング・プライベートの目的としては、上場維持に伴う法定開示・IR・監査などの費用の削減、四半期開示などに伴う短期的な株価の変動に左右されずに経営改革を円滑に進めること、敵対的買収者に対する防衛策などがあげられる。特にMBO方式をとるゴーイング・プライベートは、買手となる経営陣が資金の出し手となるLBOファイナンス・レンダー、バイアウト・ファンドと事前に事業計画の内容について合意し、不特定多数の一般株主を伴う上場企業では実行が難しい中長期的視点にたった経営改革を目的とする場合が多い。（山崎壯）
▶関連用語→公開買付届出書、SPC、TOB

コーポレートM&A
　➡M&A（401頁）参照

コーポレート・メザニン
　➡バイアウト・メザニン（380頁）参照

コーポレート・ローン〔corporate loan〕
　➡リファイナンス（395頁）参照

コベナンツ〔covenants〕
　コベナンツとは、融資契約において借入人に義務や制限などを遵守すること求める特約条項である。コベナンツを規定する目的は大きく二つあり、一つ目は、銀行取引約定書の適用外となるシンジケート・ローンにおいて、借入人の遵守すべき内容を明確化することである。二つ目は、遵守状況のモニタリングによる管理を通じて各種リスクの軽減を図り債権保全を実現することである。
　LBOファイナンスはコーポレート・ファイナンスに比べて借入比率が高いことを背景に、キャッシュフローをローンの返済に優先的に充当するストラクチャーとなっているが、当該ストラクチャーの維持や事業計画遂行のモニタリングのために各種コベナンツは重要となる。
　具体的には、コベナンツとして、「財務制限条項」「報告・情報提供義務」「設備投資制限」「投融資制限」など、多様な義務が定められる。コベナンツへの抵触（義務違反）は期限の利益喪失事由として規定されることが多く、これにより、抵触を回避しようとする借入人の自発的行為を促す効果も期待される。ただし、「トリガー」となるコベナンツの内容については、その意義、目的、抵触判定方法（計算方法・計算式）などについて、借入人との間で十分な協議を行い、認識を共有しておくことが必要である。以上を踏まえると、コベナンツに抵触するということは、各種リスクが顕在化している状態といえる。そのような場合、関係主体は債権保全のために必要な救済措置をとることや、さらなる悪化を避けるための対応策を協議することとなる。
　　　　　　　　　　　　　　　　　（髙橋禎宣）
▶関連用語→アファマティブ・コベナンツ、コベナンツ・ライト・ローン、ネガティブ・コベナンツ、ファイナンシャル・コベナンツ（財務制限条項）
▶本編関連ページ→第1章5頁・7頁、第3章47頁・54頁、

LBOファイナンス用語集

第4章60頁・74頁、第6章97頁・107頁、第7章112頁・133頁、第10章184頁、第11章208頁、座談会308頁

コベナンツ・ライト・ローン〔covenant-lite loan〕

コベナンツ・ライト・ローンとは、借り手に対する財務制限条項（コベナンツ）を緩和したローンのこと。コベナンツ・ライト・ローンは、財務健全性の確保といった、本来借り手に課すべき条件の一部を軽減しているため、通常のローンに比べて貸出リスクは高いといえる。

2006～2007年に米国で一時期流行し、リーマン・ショック後に激減したものの、その後米銀の貸出基準の緩和、プライマリー市場における、主に機関投資家の増加による市場参加者の広がり、借り手優位のマーケット環境などの影響から、需給の不均衡がコベナンツ・ライト・ローンの増加を促した。また、欧米間の競争が高まった結果、欧州の貸し手にも米国のコベナンツ・ライト・ローンを取り入れる動きが広がり、欧州市場にも広まった。

日本においては、欧米と同義のコベナンツ・ライト・ローンというカテゴリーは存在しないが、個別案件ごとの事情を反映し、一部の条件を緩和するケースは見られる。　　　　　　　　　（大東真理子）

▶関連用語→コベナンツ

コミットメント・フィー〔commitment fee〕

コミットメント・フィーとは、あらかじめ契約した期間・融資枠の範囲内で、借入人からの借入申込時に貸付人が融資の実行を約束（コミット）する対価として、借入人から貸付人に支払う手数料のこと。未使用貸付融資枠に対して発生し、契約に定められた期間・タイミングに応じて支払う。未使用貸付融資枠は日々変動するため、後払いが前提となる。

なお、コミットメント・フィーの類似用語であるファシリティ・フィーは、融資枠の使用・未使用に関わらず融資枠全体に対して発生する手数料で、支払額を事前に確定できる点が異なる。

コミットメント・フィーおよびファシリティ・フィーともに、一般的なコーポレート・ローンとLBOファイナンスの違いはない。　　　（菅又瞳）

▶本編関連ページ→第3章46頁、第7章113頁・120頁

コミットメントライン（融資枠）〔commitment line〕

一定期間にわたり一定の融資枠を設定・維持し、極度額の範囲であれば何度でも資金の借入・返済ができる融資形態のこと。リボルビング・クレジット・ファシリティやリボルバーとも呼ばれる。LBOファイナンスでは、原則として買収完了後の追加借入を禁止するため、買収完了後の運転資金枠として設定されることが多い。資金使途の明確化のため、原則として買収完了日当日での引き出しは許容されない。また、ローン期間中においても、一定期間コミットメントライン残高をゼロとする義務をボロワーに課すクリーン・ダウン・ピリオドと呼ばれる条項をローン契約に規定することが多い。

　　　　　　　　　　　　　　　（横山章子）

▶関連用語→クリーン・ダウン・ピリオド
▶本編関連ページ→第1章7頁、第2章23頁、第3章43頁

コミットメント・レター〔commitment letter〕

コミットメント・レターとは、スポンサー宛てに、アレンジャーがファイナンスを確約する書面のことである。「コミレター」と略称されることが多い。通常は、スポンサーが売主と対して、最終入札や株式譲渡契約締結などの拘束力の強い提示をする前に、アレンジャーがスポンサーに対して提出する。なお、ファイナンス組成ができない際には売買契約が解除できる案件では、コミレター提出を要しない場合もあるが最近では少ない。

公開買付けなどに際しては、売主に対して、ファイナンス実行の確実性を示すために、コミレターの要約版である融資証明書を提出することもある。融資証明書の内容は、貸付実行前提条件が中心となる。コミレター提出までに、主要なファイナンス条件（金額、期間、金利、財務コベナンツ、メザニンが存在する場合には債権者間の権利関係など）を合意し、それを踏まえたターム・シートをコミレターに添付する。

日本では、コミレター提示までにアレンジャーが決定され、コミレターを提示した当日に正式なファイナンス組成を委託（マンデート付与）されるのが通例となっているため、クリア・マーケット条項（スポンサーが他社にファイナンス組成を委託していないことを保証する条項）の有無による実態的な影響は少ない。また、アレンジャーの要販売額に至らない場合に備え、投資家にとっての投資妙味を増

すために、コミレターに金利引き上げなどの条件変更を再協議できる条項（マーケット・フレックス条項という）が設定されることがある。シンジケート組成の難易度が高い案件やローン市場の流動性が低い時局においては設定されることが特に多い。

(千葉健人)

▶関連用語→インディケーション・レター
▶本編関連ページ→第3章37頁、第5章80頁

コラテラル・エージェント〔collateral agent〕
➡エージェント（349頁）参照

コンティンジェンシー・プラン〔contingency plan〕

コンティンジェンシーとは不測の事態や最悪の事態の意であり、コンティンジェンシー・プランとは危機管理計画のこと。

対象会社が業績低迷ないしは突発的な事態にさらされた場合にもローン返済が可能かどうかを確認・検証することを目的として策定される行動計画のことである。ファイナンスにおける不測の事態の例としては、スポンサーが対象会社を買収した後、主要取引先との取引解消など（不測の事態）が発生し、または当初スポンサーが想定していたバリューアップ・シナジー効果が十分に実現されず、計画通りに買収先の業績が推移しなかった場合などが想定される。この場合スポンサーは、今後具体的にどのような対応を実施するかを定めた計画（コンティンジェンシー・プラン）を金融機関に対し説明を求められるケースが多い。プランの内容としては、失った主要取引先の損失を埋める代替案やその実現性、人員削減などのコストカット策や生産合理化策またその余地がいかに見込まれるかなどがあげられる。金融機関としては、これらが発動された場合でも、貸金が返済され得るだけのキャッシュフローを生み出す余力が対象会社に存在するかを検証する。

(岡野賢二)

▶本編関連ページ→座談会312頁

コンプス〔comps〕

類似企業比較法の意。評価対象企業と類似する上場／公開企業を選定し、当該類似企業の株価と財務諸表をベースに対象企業の価値を算定する手法である。価値算定に使用される指標（マルチプル）は数多くあり、いずれも企業の価値が財務数値の何倍に当たるかを評価するものであることからマルチプル法ともいわれる。マルチプルは主に企業価値ベースのもの、株式価値ベースのものの二通りあり、企業の買収価格の適否を評価する必要があるLBOファイナンスにおいては前者を使用するのが一般的である。最も代表的な企業価値ベースのマルチプルはEV/EBITDAであるが、評価対象企業の属する業界、収益構造などに応じて都度適切なマルチプルを選択する必要がある。また、類似企業の抽出にあたっても評価対象企業の事業内容・規模、成長率、財務構造、市場などに留意する必要があり、そうして抽出された類似企業群（コンプス（comps）企業、ピア（peer）企業などともいう）のマルチプルから異常値を除外し企業価値算定に使用するマルチプルを決定する（各マルチプルの平均値もしくは中央値を採用することが多く、どちらを採用するかは抽出された企業の数や各企業のマルチプルのバラつき状況に応じて決定する）。

(岡山佳寛)

▶関連用語→EV/EBITDA倍率

〔サ〕

債権者間協定書〔intercreditor agreement〕

債権者間協定書は、劣後ローン方式のメザニン・ファイナンスが存在する場合に、シニア貸付人、シニア・エージェント、メザニン貸付人および借入人間で締結される。

債権者間協定書の目的は、シニア貸付人とメザニン貸付人の間の利害関係の調整である。すなわち、メザニン・ファイナンスが劣後ローンの方式をとる場合、シニア貸付人の貸付債権とメザニン貸付人の貸付債権とが競合するため、その優先劣後関係の具体的内容を明らかにするとともに、ローン契約上競合するシニア貸付人とメザニン貸付人の各承諾事項についてのシニア貸付人の判断の優先権（メザニン貸付人独自の判断権とその制限）、メザニン貸付人のシニア貸付人に対する誓約事項などを規定することで、シニア貸付人とメザニン貸付人の間の利害関係が調整される。

債権者間協定書中の主な条項としては、①劣後ローンに係る支払いの劣後化、②債権者間協定書に違反して受領した金銭のシニア貸付人への引渡義務、③期限の利益喪失の制限、④シニア貸付人による担保権実行時のメザニン貸付債権の共同売却請求（drag along）権、⑤メザニン貸付人の独自判断権

などが規定される。　　　　　　（加藤嘉孝）
▶関連用語→優先劣後関係
▶本編関連ページ→第11章201頁

債権者間合意方式
　➡優先劣後関係（393頁）参照

再生ファンド
〔turnaround fund, corporate recovery fund〕
　プライベート・エクイティ・ファンドの一形態であり、投資対象は、慢性・継続的な赤字計上などのP/L上の問題、脆弱な自己資本などのB/S上の問題、運転資金や設備投資資金不足などの資金繰り上の問題、など重大な問題に直面した企業や、私的整理・法的整理の対象となった企業である。

　投資対象企業は、過剰債務状態にある場合が多く、レバレッジド・ファイナンスを用いて買収を行う形態ではなく、第三者割当増資に応じる形態が一般的である。対象企業はガバナンスに問題を抱えていることも多く、通常投資実行後には社外取締役やスタッフを対象企業へ派遣し、ハンズオンスタイルで対象企業とともに経営改善を行う。具体的には、事業戦略や計画の策定・モニタリング体制の構築などの経営管理レベルの向上、B/Sのスリム化や事業撤退・拠点統廃合・人員削減などのリストラクチャリング、営業戦略の構築や販促支援を通じた黒字化支援と多岐にわたり、M&Aによるロールアップを志向する場合もある。　　　　　　（中真人）
▶本編関連ページ→第4章70頁

サイト・ビジット〔sight visit〕
　サイト・ビジットとは、スポンサーが対象会社の買収を検討する段階で、デューデリジェンスの一環として、対象会社の事業現場を往訪して現地視察を行うことをいう。
　スポンサーが実施するサイト・ビジットに、LBOファイナンスのプロバイダーが同行することもあり、例えば、製造業の場合には工場の設備の状態や稼働状況に加えて従業員の労働状況などが確認され、小売業の場合には店舗の立地や施設・サービスの状況などが確認され、与信判断の一助とされる。なお、対象会社の従業員の多くは、自身の会社の買収が検討されていることを知らされていない場合が通常であり、機密性の確保や従業員の混乱を回避するために、サイト・ビジットを行う者の素性を

明らかにせず、少人数で視察するなどの対応がなされることが多い。　　　　　　（白川恵莉子）
▶関連用語→デューデリジェンス

財務制限条項〔financial covenants〕
　➡ファイナンシャル・コベナンツ（財務制限条項）（383頁）参照

逆さ合併〔reverse merger〕
　逆さ合併とは、一般的に、規模の小さい企業が存続会社となって規模の大きい企業と合併することを指す。逆さ合併が選択される背景には、繰越欠損金の控除や合併差損の回避など税務会計上の理由がある場合や、上場企業のステータスの確保（規模の大きい企業が非上場会社、規模の小さい上場企業を存続会社として合併する場合）などがある。
　LBOにおいては、買収者が設立したSPCと被買収会社が合併することになる。これには逆さ合併的な要素のある事例もあり得るが、あくまでLBOの一連のプロセスにおいて金融技術上必要な手続きにすぎず、合併の事例としての一般的な議論（戦略的な意義、株主にとってのメリットなど）の対象とはなりにくい。　　　　　　（石井秀幸）
▶関連用語→SPC

作為義務〔affirmative covenants〕
　➡アファマティブ・コベナンツ（345頁）参照

参加型優先株式
〔participating preference shares〕
　➡優先配当（393頁）参照

残余財産分配〔distribution of residual assets〕
　残余財産とは、株式会社が解散する際に、すべての債務を完済した後に残存する財産（＝解散価値）を指す。残余財産の分配にあたっては、清算人が会社法の定めにのっとって、残余財産の種類（原則的には、金銭）や株主に対する残余財産の割り当てに関する事項などを決定する。また、残余財産分配請求権とは、株主の権利の一つで、株式会社の解散にあたって、残余財産の請求を行うことができる権利であり、一株当たりの解散価値を示す指標が、一株当たり純資産（BPS）である。なお、種類株式による投資を行う際の残余財産の分配方法は、その定款によって定められる。　　　　　　（小口毅史）

▶関連用語→優先株式
▶本編関連ページ→第10章188頁

シェア・ファイナンス（株式担保ローン）〔share finance〕

シェア・ファイナンスとは、投資先企業の株式価値、および株式の生み出すキャッシュフローを担保にしたノン・リコースによる資金調達の方法をいう。投資先企業の配当や、株式売却時の売却資金を返済原資とするため、投資先企業のクレジット・リスクに加えて、マーケット・リスク（株価変動リスク、エグジット・リスク）をとるところに特徴がある。

シェア・ファイナンスは、バイアウト・ファンドなどの投資企業がエクイティを拠出する投資ビークル（ホールド・コ）で調達されるため、ホールド・コ・ファイナンスとも呼ばれる。

ホールド・コ・レベルで調達された資金は、投資エクイティの一部や、投資済みエクイティの一部回収（リキャップ）として利用され、投資ビークルにおいて投資効率の向上や最終エグジット時のマーケット・リスクの軽減を図ることができる。また、シニアLBOローンに株式担保を差し入れている場合など、株式に担保を設定せずに資金調達を行うこともあり、このような形でのファイナンスも便宜的にシェア・ファイナンスと呼ぶ。この場合、スポンサーの実績、および信用力、またキャッシュ・ウォーターフォールの制限などにより、キャッシュフローをコントロールしての取り組みとなる。加えて、シェア・ファイナンスは、投資先企業に訴求できないため、投資先企業の債権者との比較で構造劣後性を有しており、メザニン・ファイナンスの一種として位置づけられている。　　　　　（小林寛之）

▶本編関連ページ→第2章19頁、第11章204頁（ホールド・コ・ファイナンス）

ジェネラル・シンジケーション〔general syndication〕

ジェネラル・シンジケーションとは、マーケットに参加している金融機関を幅広く招聘し、組成するシンジケーションの方式のこと。一般的に大型案件で採用されることが多く、これに対し、アレンジャーや被買収企業の既往取引金融機関など、限られた金融機関で組成するシンジケーションの方式は、クラブ・ディールと呼ばれ、中小型案件に多い とされるが例外も少なくない。

招聘先は、実質的にはスポンサーや被買収企業と協議をして、最終的にはアレンジャーの裁量で決定される。招聘先としては、被買収企業の経営陣の意向先や既往取引金融機関、そのスポンサーにLP出資をしている金融機関、被買収企業の地場の金融機関が優先的に選定されることが多い。　（今井麻央）

▶関連用語→アレンジャー、クラブ・ディール、シンジケート・ローン
▶本編関連ページ→第4章61頁

ジェネラル・パートナー（GP）〔general partner〕

バイアウト・ファンドやメザニン・ファンドなどのプライベート・エクイティ・ファンドにおいて、リミテッド・パートナーである投資家から出資を受け、組合財産の運用・管理・処分などの業務を執行し、その対価として組合財産から管理報酬および成功報酬を受け取る業務執行組合員をいう。「GP」と略称され、パートナーシップの負担する債務について無限責任を負うことから、日本では投資事業有限責任組合法で「無限責任組合員」と定義される。

ジェネラル・パートナーは、ファンドのために、投資先企業を発掘し投資プロセスを主体的にリードするほか、投資後は企業価値向上のために各種施策を講じて資金回収も実行して損益を分配する。この一連のプロセスのなかで、バイアウト・ファンド特有のプロセスが買収資金の一部を借入金で調達するLBO（leveraged buy-outs）スキームである。ジェネラル・パートナーは、投資案件実行の準備段階から、投資後の事業計画をもとにLBOのストラクチャーの原案を策定し、銀行などのシニア・デットやメザニン・ファンドなどのファイナンス関係者に働きかけてファイナンス・スキームを完成させるのが通例である。　　　　　　　　　（重村英輔）

▶関連用語→投資事業有限責任組合、リミテッド・パートナー（LP）
▶本編関連ページ→第2章31頁

シェル・カンパニー〔shell company〕
➡SPC（403頁）参照

事業承継〔business succession〕
➡オーナー企業の事業承継（351頁）参照

事業譲渡〔transfer of business〕

事業譲渡とは、会社が営む事業（通常は一部の事業）を切り出して譲渡する取引行為である。

大企業によるノン・コア事業の譲渡や、中小規模会社の事業承継などにしばしば用いられる。権利・義務の特定承継であるため、譲受側は、譲渡契約において特定した債務以外の債務は引き継がず、簿外債務を遮断できるというメリットがある。一方、債務の承継や契約上の地位の移転について、相手方（移籍する従業員も含む）の個別の同意が必要となるため、債権者や契約の相手方が多数に上る場合は手続きが煩雑になることが予想される。

一部事業を切り出して譲渡を行う別の手法として吸収分割があるが、吸収分割は、分割承継会社が分割会社の権利・義務を包括承継するため、相手方の個別の同意は不要であるが、債権者保護手続や労働者保護手続が必要となる。

事業譲渡においては、有利子負債を承継するケースはまれであるため、承継する事業において借入余力があれば、譲受資金をLBOにより調達することも考えられる。
（田中恒一郎）

▶関連用語→会社分割、ノン・コア事業

シニア・レバレッジ・レシオ
〔senior leverage ratio〕

➡レバレッジ・レシオ（396頁）参照

シニア・レンダー（シニア貸付人）
〔senior lender〕

➡レンダー（397頁）参照

資本業務提携〔capital and business alliance〕

資本業務提携とは、純粋な業務提携に資本参加による提携関係を加えることで、より強固な提携関係を築く手法である。資本参加の手法としては、第三者割当増資による資本増強や既存株主から発行済み株式の一部を譲渡する手法がとられることが一般的であり、提携当事者の片側からの資本参加にとどまる場合と両側から互いに資本参加を実施する場合が存在する。直近の例としては、2017年8月公表のトヨタ自動車とマツダの資本業務提携が記憶に新しい。

また、バイアウト・ファンドがオーナー企業に投資する際、オーナー経営者が再出資して続投する場合に資本業務提携という表現がなされることが多い。これは、バイアウト・ファンドとオーナーの関係はあくまでも対等なビジネス・パートナーであり、バイアウト・ファンドが「買収」したというニュアンスではないことを強調したいという意図がある。

再出資のスキームとしては、オーナー経営者が保有株式を売り切らず継続保有する場合と、すべて売り切ったうえで売却対価の一部を再出資に回す場合とに大別される。いずれの方式をとった場合においても、バイアウト・ファンドが投資をする際にはレバレッジを活用することから、オーナー経営者は当初よりも少ない出資額で希望する持分比率を取得可能となる。
（小中村政宏）

▶関連用語→第三者割当増資

社債〔bond〕

➡劣後社債（396頁）参照

社債型優先株式

➡優先株式（393頁）参照

ジャンク債〔junk bond〕

➡ハイ・イールド債（380頁）参照

出資法
〔Act Regulating the Receipt of Contributions, the Receipt of Deposits, and Interest Rates〕

正式名称は「出資の受入れ、預り金及び金利等の取締りに関する法律」であり、出資金の受け入れ、預り金および高金利などに関して刑事的規制を定めた法律である。LBOファイナンスとの関係では主に、高金利規制（5条）および金銭貸借等の媒介手数料の制限（4条）が問題となる。高金利規制については、利息制限法とともに、ローン契約における利率の上限を画する規制となるほか、ローン契約に関連して貸付人に対して支払われる各種フィーが「みなし利息」（5条の4第4項）に該当することにより、本規制に抵触しないかという点が問題となる（詳細は「みなし利息」の項参照）。金銭貸借などの媒介手数料の制限については、アレンジメント・フィーが「金銭の貸借の媒介」の手数料たる性質を有することが多いと考えられるため、貸借金額の100分の5に相当する金額がその上限となる。また、4条1項の「媒介に係る貸借の金額」は、一般に「媒介によって成立した貸借の金額」と解されて

いるため、ローン契約が成立しないのにアレンジメント・フィーを収受してよいかには疑問が残り、実務上は、少なくともローン契約成立を待って収受するのが安全であると考えられている。　（坂口将馬）
▶関連用語→アレンジメント・フィー、みなし利息

守秘義務契約（CA）〔confidentiality agreement〕

　一般に、機密性の高い情報を他者に開示する際に、当該情報の第三者への漏えいなどを防止するために開示先との間で締結される契約をいう。英語の別称であるnon-disclosure agreementの頭文字をとり、NDAと呼ばれることもある。

　LBOファイナンスでは、LBOファイナンスの供与を受けようとする者（M&A取引における買手）がLBOファイナンスを供与しようとする金融機関に買収目的会社の社名や案件内容などの秘密情報を開示する際に締結され、当該金融機関が秘密情報を第三者（当該金融機関から委任を受けた専門家など一定の者が除かれる）に開示しないことや、秘密情報をLBOファイナンスの供与に係る検討目的以外で利用しないことなどを内容とする。

　M&A取引の買手が売手との間で締結する守秘義務契約においては、通常、当該買手が金融機関との間で同内容の守秘義務契約を締結することを条件として金融機関に対する秘密情報の開示が許容される場合が多いため、LBOファイナンスの局面でも、M&A取引における守秘義務契約と同内容の守秘義務契約が締結されることになる。締結方法としては、買手および金融機関が双務的な契約を締結する合意方式と、金融機関が買手に対して差し入れ一方的に義務を負う差入方式がある。　（淺野航平）
▶本編関連ページ→第3章37頁、第5章78頁

種類株式〔class shares〕
　➡優先株式（393頁）参照

純粋MBO
〔sponsor-less management buy-outs, non-sponsored management buy-outs〕

　MBO（management buy-outs）の形態の一つ。バイアウト・ファンドに代表される金融投資家がスポンサーとなるMBOと区別して用いられる。金融投資家がスポンサーとなるMBOの場合、結果的に経営陣は少数株主となり、スポンサーが過半以上の議決権を保有することが大半である。対照的に、買収後に経営陣（management）が議決権の100％を保有する形態のMBO取引のことを総称し、純粋MBOと呼んでいる。「スポンサー・レスMBO」や「デットMBO」と同義。純粋MBOの実施にあたっては、経営陣の議決権比率を保ちつつ不足する資本性資金を補うためにメザニン（優先株式、劣後ローンなど）調達を同時に行うケースもあるが、MBO実施に際しての経営陣の出資額や買収対象会社の財務状況によっては、メザニン調達は行わずにシニア・ローンと経営陣によるエクイティ出資のみで資金調達が完結する場合もある。　（福井亮介）
▶関連用語→MBO
▶本編関連ページ→第4章74頁、第9章163頁・164頁、第12章217頁・228頁、第13章238頁、第15章279頁、座談会305頁

償還〔redemption〕

　メザニン・ファイナンスの回収はシニア・ファイナンスと同様に「償還」によるが、劣後ローンと種類株式では契約形態が異なる。前者はローン契約書で「約条返済」として規定され、定められた期日での返済となる。後者は定款、要項と投資契約で「取得条項」か「取得請求権」として規定され、発行者（借主）による取得条項の行使（コール）か、引受人（株主）による取得請求権の行使（プット）での償還となり、行使可能日がローンの「期日」に近い考え方となる。

　劣後ローン、種類株式ともに収益はキャッシュ（通常金利／配当）とPIK（後払い金利／償還プレミアム）で構成され、キャッシュは一定期間ごとに元本残高に対して計算され、PIKは償還元本に対して元本償還時に投資実行から回収までの全期間に計算される。キャッシュやPIKが上昇する場合に借主の早期償還のインセンティブが付くが、PIKを単利計算とするか複利計算とするかでIRRが異なる。

　コーポレート・メザニンは資本増強を目的に種類株式を使うことが多く、償還原資は投資先の配当可能利益であり、毎期の決算確定後に都度コールにより一部償還されるのが一般的である。また、バイアウト・メザニンの償還はシニア・ローン完済が前提となるため、シニア・ローンの残高減少、投資先の収益増加、あるいはレバレッジ増加により期限前の一括リファイナンスで償還されるのが一般的である。

　なお、「償還」はローン以外に社債や種類株式の

「回収行為」全般に使われるため、「返済」よりも使用範囲が広い。　　　　　　　　　　（宮崎直）
▶関連用語→金銭を対価とする取得条項（強制償還）、金銭を対価とする取得請求権（償還請求権）、優先株式、PIK
▶本編関連ページ→第13章235頁

上場廃止〔delist〕
➡ゴーイング・プライベート（360頁）参照

新株予約権〔subscription rights to shares〕
➡エクイティ・キッカー（350頁）参照

新株予約権付社債
〔bonds with subscription rights〕
➡劣後社債（396頁）参照

新株予約権付ローン
〔loan with stock acquisition rights〕
　LBOファイナンスにおいて提供されるメザニンの一形態をいう。メザニンの提供者から見ると、ローンの金利収入だけではリスクに応じた期待リターンに満たない場合があり、これを補うためエクイティ・キッカーとして新株予約権をローンに付加してもらうことによって、将来の株式価値上昇時の新株予約権の行使によりリターンの向上が期待できる。バイアウト案件の場合、メザニンの提供者とバイアウト・ファンドとの間で契約をして、メザニンの投資家はバイアウト・ファンドがエクイティを売却する際に一緒に新株予約権を売却する権利を行使するという仕組みがとられることが多い。バイアウト・ファンドとしては、シニア・ローンによるレバレッジだけでは目標とする資金調達額に満たない場合、不足額はエクイティだけでなく新株予約権付ローンを組み合わせることで調達額を増やすことができる。
　なお、新株予約権付ローンは、バイアウト・ファンドによるLBOスキーム以外でも用いられることもある。新株予約権の権利行使に際して出資される財産として金銭債権が選択できるようになったことに伴い、銀行が企業に貸付を実行する際、信託の仕組みを活用して転換社債類似の貸付を実行する事例もある。　　　　　　　　　　　　　　　（松本茂）
▶関連用語→エクイティ・キッカー、メザニン・ファイナンス

シンジケーション〔syndication〕
➡シンジケート・ローン（367頁）参照

シンジケート・ローン
〔syndicate loan, syndicated loan〕
　複数の金融機関が協調してシンジケート団（シ団）を組成して、一つの契約書に基づき、同一の条件で行われるローン形態。一般的には主幹事であるアレンジャーが内容を借入人などと調整したうえで参加者を招聘し、シンジケート・ローン実行後はエージェントが元利払いや担保などの事務を借入人に代行して行う。なお、シンジケート・ローンは協調融資と呼ばれることもあるが、シンジケート・ローン普及前からの協調融資と混同しやすく注意が必要である。厳密にいえば、借入人や幹事銀行などが複数の金融機関と調整し、各金融機関が個別におのおのの契約書に調印する「協調融資」はエージェント機能もなくシンジケート・ローンとは大きく異なる。　　　　　　　　　　　　　　　（杉澤博之）
▶関連用語→アレンジャー、エージェント
▶本編関連ページ→第2章20頁、第3章46頁、第4章58頁

新設分割〔incorporation-type company split〕
➡会社分割（352頁）参照

信用リスク〔credit risk〕
➡クレジット・リスク（359頁）参照

スイートナー〔sweetener〕
➡エクイティ・キッカー（350頁）参照

スクイーズ・アウト〔squeeze out〕
　スクイーズ・アウトとは、株式取得によるM&Aにおいて一部の株主が売却に応じない場合に、かかる株主の個別同意を得ることなくその保有する株式の全部を取得することをいう。取得の対価として金銭が交付されるスクイーズ・アウトをキャッシュ・アウトという。
　上場会社のMBO方式によるM&Aや完全子会社化のケースにおいて、先行するTOBで応募しなかった株主からその意思を問わず株式を取得するために行われる。スクイーズ・アウトの手法としては、全部取得条項付種類株式の取得という従来型に加え、平成26年会社法改正により、株式併合や総株主の90％以上を有する特別支配株主による株式等売渡請

求を利用したスクイーズ・アウトも可能となった。

スクイーズ・アウトに係る資金もLBOファイナンスで調達できる仕組みとなっているが、スクイーズ・アウトされる少数株主が対価の公正性を裁判所で争い、大株主が想定していた価格よりも高い価格であることが判断された場合の増額部分に関しては、当然にLBOファイナンスで調達できる仕組みになっているとは限らない。ただし、これまでに価格が増額となった事例は少なく、たとえ増額となった場合でもかかる増額により調達しなければならない金額は僅少であることが多い。　　（二井矢聡子）

▶関連用語→TOB

▶本編関連ページ→第4章67頁、第5章85頁

ステーブル・ファイナンス
〔staple finance, stapled finance〕

　M&Aにおける資金調達は、買手が全額自己資金の拠出を行うケースを除き、ディールの期間中に買手側が金融機関や協調投資家などと協議を行うケースが通例である。

　一方、このプロセスに売手が主体的・積極的に関わるケースも存在する。具体的には、売主がディール・プロセス開始前に買手の資金調達のために金融機関と調整・交渉し、買手宛てに金融機関の想定融資条件を提示するといったアレンジである。この結果、提示される想定ファイナンス・パッケージ（融資金額、コスト、コベナンツなど）をステーブル・ファイナンスと呼ぶ。ホチキスは英語でステープラーというが、買手から売手に提示される書面にホチキスで止められて提示されるというのが語源であるとされている。

　ステーブル・ファイナンス活用の売手のメリットとしては、①バンカブルなアセットであることを買手に早期にアピールが可能、②金融機関と協議した条件次第では買手の買収価格目線を引き上げることができる、③ディールのプロセスを速めることが可能の3点があげられる。デメリットとしては、①手間とコストがかかる、②ファイナンスの目線次第では潜在買手に対して価格目線が知られてしまう可能性がある、といった点があげられる。　（高原徳守）

ステップ・アップ金利〔step-up〕

　特定の金利計算期間以降に適用される金利に一定の利率が加算されること。支払利息を増加させることで、借入人に元本の一部または全部の返済を促し、貸付人が与信期限の到来前に元本回収できる可能性が高まる。ただし、ステップ・アップ金利が適用される時点での借入人のキャッシュフロー創出能力が低下している場合には、デット・サービス・カバレッジ・レシオなどの財務コベナンツに抵触するリスクが増加するという副作用を伴う。LBOファイナンスでは、ブリッジ・ローンにおいて、返済原資となる資産の早期の売却を借入人に促すために、ステップ・アップ金利が利用されることがある。

（浅川知広）

▶関連用語→デット・サービス・カバレッジ・レシオ（DSCR）

▶本編関連ページ→第14章270頁

ステップ・イン〔step in〕
➡普通株式を対価とする取得請求権（転換請求権）（385頁）参照

ストラクチャリング〔structuring〕

　融資金額をはじめとする経済条件、コベナンツ条件、担保保証範囲、メザニンの利用有無などの諸条件を、レンダーにとってローン提供可能かつスポンサーにとって受入可能な形に総合的に仕立てること。例えば、安定的なキャッシュフローが見込まれる業種・案件については、高レバレッジを許容する一方で、コベナンツ（特にレバレッジ・レシオのヘッドルームや設備投資制限）を厳しく設定し、スポンサーケースを下回る場合には早期にアクションが取れる形としたり、事業構造上フレキシブルな設備投資対応が必要な業種・案件については、低レバレッジに抑える一方で、設備投資制限などのコベナンツに自由度を付与するなど、総合的にレンダーが与信判断上受入可能な形に仕立てること。

（富永有香）

▶本編関連ページ→第2章20頁、第3章46頁、第6章101頁

ストラテジック・バイヤー〔strategic buyer〕
➡バイアウト（379頁）参照

ストレッチ〔stretch〕

　対象会社の業績や今後の見通しを基に通常算出されるローン総額や出資金額に比べて、レンダーやスポンサーが金額を上積みすること。ローンによるレバレッジ比率を上げたり、株式譲渡価額を増額させ

たりする効果がある。

　業況や業界環境から見て、対象会社のキャッシュフローが継続的に安定しているときや、今後の成長が見込めるときに見られる。また、金融市場が緩んでいるときも、各社の投融資意欲が旺盛になり、レンダーやスポンサーの競合環境も厳しくなることから発生する。

　対象会社の実際の業績や成長スピードに比べて、当初ファイナンス時のストレッチが過ぎた場合、期間中、LBOローン契約に定められたレバレッジ・レシオやDSCRなどの財務コベナンツ条項に抵触したり、キャッシュフローが足りずに約定弁済が滞ったりする可能性がある。また、スポンサーによるエグジット検討時に、金融市場やM&A市場、業界環境が悪化していると、予定株式譲渡価額ではLBOローンの残額一括弁済資金が不足したり、スポンサーが当初見込んでいた投資リターンに届かなかったりする可能性がある。　　　　（星野恵理子）

▶本編関連ページ→第13章246頁、第14章264頁、座談会314頁

スプレッド〔spread〕

　LBOファイナンスにおいて、適用金利を算出する際に基準金利に上乗せする、基準金利と適用金利の差のこと。基準金利（全銀協TIBOR、LIBOR、短期プライムレートなど）は調達コストであり、それに上乗せするスプレッドは案件のリスク評価に応じたリターンを示している。

　LBOファイナンスにおけるリスク評価は、対象会社のクレジット・リスクにストラクチャー・リスク（レバレッジ比率、D/E比率、貸出期間）が加わる。

　理論的にはリスクが高まればリターンも高まる必要があることから、相対的にレバレッジの高い案件、エクイティが少ない案件、期間が長い案件などはスプレッドが高く設定される。一方で、最終的な決定要素としては需給が加わることから、レンダーによる貸出意欲の強い局面においては、スプレッドは低下する。

　日本においてはターム・ローンA（アモチ付）、ターム・ローンB（期限一括）にトランチングされ、ターム・ローンBの金利のほうが25〜50bps高く設定されるのが一般的である。　　　　（朱暁迎）

▶関連用語→短期プライムレート、ベイシスポイント、TIBOR

▶本編関連ページ→第1章14頁、第3章45頁・54頁、第4章72頁、第5章79頁、第10章187頁

スポンサーズ・サブ

　スポンサーズ・サブとは、買収者（「スポンサー」、事業会社および金融スポンサーを含む）が対象会社を買収する際に、その投資資金として、普通株式に加えて、劣後貸付や優先株式などのいわゆるメザニン・ファイナンスでも一部拠出する形態のことである。

　買収側の意図としては、主に以下の4点があげられる。

①投資回収の主たる手段：対象会社への投資検討の際に、対象会社のキャッシュフローからの回収を主たる投資回収の手段と位置づけること

②投資回収の促進・IRR向上：対象会社に資金的な余剰が出た際に速やかに回収でき、よって投資のIRRを向上させられる仕組みをストラクチャー上確保すること

③議決権のコントロール：一般に優先株式に対しては普通株主総会での議決権付与は行わないため、既存株主との議決権比率などの調整弁としてメザニン・ファイナンスを活用すること

④市中金融機関との交渉：スポンサーとしては極力小さい金額での買収を目指すものの、市中金融機関からバイアウト・ファイナンスなどを調達する際に、買収後のスポンサーケースなどの条件によって、市中金融機関から追加的な資金拠出が条件となることがあり、その際に上記①〜③を総合的に判断してメザニン・ファイナンスの形態で供与すること

　上記の意図は、上場会社・非上場会社の別なく、スポンサーの投資判断において検討され、決定される。また、いわゆるPIPEs投資においてもスポンサーはその投資の一部をメザニン・ファイナンスの形態で供与することがあるが、その際の意図もおおむね上記①〜④の意図の組み合わせで意思決定される。ただし、PIPEs投資の場合には、①の派生形として、証券市場での株式売却での投資回収が可能であるため、対象会社のキャッシュフローないしは株式市場での売却を投資回収の主たる手段と位置づけることとなる。　　　　（前野龍三）

請求喪失事由〔請求失期事由〕
➡期限の利益の喪失（355頁）参照

セカンダリー市場〔secondary market〕
➡セカンダリー取引（370頁）参照

セカンダリー取引〔secondary transaction〕
　ローンのセカンダリー取引とは、ローン債権の売買取引を指す。ローン債権の流通市場であるセカンダリー市場で行われる取引であり、ボロワーに対してローンの組成を行う、プライマリー市場における取引に相対する用語である。なお、LBOファイナンスの場合、時限性や秘匿性の観点からいったんアレンジャー行のみで資金実行した後、ボロワーとあらかじめ合意したシンジケーション期間内で招聘活動を行い、アレンジャー行から参加行に対して債権譲渡を実施する場合も多い。ただし、このような債権譲渡は、「シンジケート組成目的譲渡」と呼ばれ、プライマリー取引の一環と見なされ、セカンダリー取引とは区別される。
　セカンダリー取引は、譲渡人と譲受人の相対取引を基本とするが、相対取引の場合、売買を希望する金融機関は、条件の合致する取引の相手方を自ら探さなければならない。そこで、「ローン・トレーディング」（「ロントレ」と略称される）と呼ばれるローン売買の仲介取引を行う金融機関を介して取引を行う事例もある。これにより、取引の相手方が見つかり、売買が成立する可能性が高まる。
　プライマリー市場とセカンダリー市場は車の両輪の関係にあり、セカンダリー市場における投資家層が金額・リスク許容度の両面で拡大すれば、プライマリー市場においてもアレンジャー行が積極的に引き受けを行うことが可能となる。結果として、案件が成約する確度が高まり、プライマリー市場の拡大につながることが期待される。　　　　　（林雅之）
▶本編関連ページ→第9章168頁、座談会313頁

セカンダリー・バイアウト〔secondary buy-outs〕
　バイアウト・ファンドが別のバイアウト・ファンドの投資先企業の株式を取得し、経営権を新たに掌握する取引である。この取引を通じて、売手のバイアウト・ファンドはエグジット（投資の回収）を達成する。キャッシュフローの創出力を有し、さらなる「伸びしろ」が期待できる企業が主な対象となる。スキームとしては、再びLBOファイナンスを

活用した資金調達が行われるため、レバレッジ・レシオが上昇する。
　対象企業の視点では、異なるスキルを有するバイアウト・ファンドから支援を受けられるという点が最大の優位点であると考えられる。最初に、国内系のバイアウト・ファンドの支援のもとで内部管理体制の構築や人材の育成を図り、その後、外資系のバイアウト・ファンドのネットワークを活用し、海外の事業展開の拡大を目指すというシナリオを描くことも可能である。
　バイアウト・ファンドの視点では、第二次バイアウトも重要な案件のソーシング源泉の一つである。日本のバイアウト市場の特徴として、活動しているバイアウト・ファンドの数に比べて成立するプライマリー案件の数が少ないということが指摘されることが多い。このような状況では、魅力的な先があれば第二次バイアウトは十分検討に値する。コミットメント枠を大きく余らせておくよりは、良質な第二次バイアウトの案件があれば投資をして、少しでもリターンの確保を目指したほうが効率的な資産運用が可能となるという見方もできる。なお、大型案件ほど、セカンダリー案件の比率が高いのも特徴である。
　近年は、日本でも、第三次バイアウト（tertiary buy-outs）が成立するようになってきており、今後もバイアウト・ファンドからバイアウト・ファンドに引き継がれる案件が継続的に出てくると予想される。海外では、第四次バイアウト（quaternary buy-outs）も複数成立しており、日本でも将来成立する可能性がある。　　　　　　　　　（杉浦慶一）
▶本編関連ページ→座談会305頁

セキュリティ・エージェント〔security agent〕
➡エージェント（349頁）参照

絶対劣後
➡優先劣後関係（393頁）参照

設備投資〔capital expenditure〕
➡CAPEX（設備投資）（398頁）参照

セルダウン〔sell down〕
　金融機関が保有するローン債権を他の金融機関に債権譲渡することをセルダウンという。LBOファイナンスでは、時間的な制約、アンダー・サブスク

ライブ（目標組成額未達）が許されないこと、情報管理の問題などから、シンジケート・ローンの場合であっても、当初はアレンジャーが全額引き受けてローン実行し、その後セルダウンによりシンジケーションが行われることが多い。

そのため、一般のシンジケート・ローン契約にある債権譲渡の規定に加えて、シンジケーション期間において生じた譲渡関連費用を借入人が負担するなど規定されることが一般的である。

セルダウンにより国内のLBOファイナンスに参加する金融機関は、国内外の銀行、生損保、リースなどの金融機関であるが、プライマリー・シンジケーションに比して参加検討期間を長めに設定できるため、LBOファイナンスに不慣れな金融機関の参加を促しやすいというメリットもある。

なお、シンジケーションのためのセルダウンをアレンジャーから見て「パートアウト」、参加金融機関から見て「パートイン」という。　　　　　（長田次弘）

▶関連用語→シンジケート・ローン

▶本編関連ページ→第4章60頁、第9章166頁、座談会307頁

センシティビティ分析〔sensitivity analysis〕

センシティビティ分析とは、LBOローン採り上げの可否を検討するにあたって金融機関内部で行う分析の一つ。金融機関は、スポンサーから提示される事業計画（返済計画）に対して、業界動向や対象会社の事業力分析を踏まえたうえで、複数のシナリオ（楽観シナリオ、悲観シナリオなど）を想定。各シナリオごとに、製品別の売上（単価、数量）や利益率、各コスト項目などのパラメーターを変動させ、当該変動が事業計画（返済計画）に与える影響の度合いを分析する。　　　　　　　（杉山裕紀）

相対劣後

➡優先劣後関係（393頁）参照

ソーシング（案件の発掘）〔deal sourcing〕

ソーシングとは、バイアウト・ファンドにとって投資機会を発掘する諸活動を意味する。ソーシング活動は、①有望な投資機会を求めて潜在的な候補先企業・事業を選定しアプローチする活動と、②候補先企業に対して提案を行いバイアウトに対するニーズを引き出して具体的な検討に進める活動、に大別される。バイアウト・ファンドのメンバーが単独でソーシング活動を行うこともあるが、M&A仲介者（証券会社、銀行、M&A仲介会社など）との協業でソーシング活動を行うことが多い。例えば、①においてバイアウト・ファンドが選定した候補先へのアプローチをM&A仲介者に依頼する場合や、M&A仲介者が①の活動を行った潜在案件の紹介を受けバイアウト・ファンドが②の提案活動を行う、などの連携が行われている。　　（印東徹）

▶本編関連ページ→第1章3頁、第9章175頁

〔タ〕

ターム・シート〔term sheet〕

ターム・シートとは、本契約書作成の前に、借入人と貸付人との間で主要なファイナンス条件（含む担保条件）についてなされた合意を書面に落としたものを指す（T/Sとも記される）。主な記載内容としては、貸付形態・貸付金額・返済期限・金利条件（基準金利やスプレッド）・実行前提条件・表明保証・コベナンツなどがあげられる。M&Aのプロセスにおいては、買主が売主に対し、買収資金の調達めどがついていることを示す必要があるため、貸付人にファイナンスのコミットメント・レターを要求するが、ターム・シートは当該コミットメント・レターの添付資料となる。　　　　　（佐藤翔）

▶関連用語→コミットメント・レター、ドキュメンテーション①（LBOファイナンスのドキュメンテーション）、ドキュメンテーション②（ファンドのドキュメンテーション）

▶本編関連ページ→第3章39頁、第5章82頁

ターム・ローン〔term loan〕

ターム・ローンとは、借入金額、金利、期間、返済条件をはじめとする各種融資条件などを規定した金銭消費貸借契約書を交わして行う証書貸付のことを指す。主に返済条件の違いにより複数のトランシェに細分化され、一般的に対象会社のキャッシュフロー計画に応じて約定弁済が設定されるトランシェをターム・ローンA、満期に資産売却やリファイナンスなどの非経常的なキャッシュフローにより一括弁済されるトランシェをターム・ローンBと呼ぶ。

LBOファイナンスにおけるターム・ローンは、対象会社株式の買収資金、対象会社および対象会社グループ会社の既存借入金の返済資金、および買収

にかかる諸費用を資金使途とすることが一般的である。

なお、LBOファイナンスはターム・ローンのほか、買収直後に予定されている資産売却などからの代わり金を返済原資とした短期間のブリッジ・ローンや、融資期間中の運転資金需要を手当てするコミットメントラインなどと併用することも多く、これらを総称してファイナンス・パッケージと呼ぶことも多い。　　　　　　　　　　　（鷹巣健太郎）

▶関連用語→トランシェ

▶本編関連ページ→第3章43頁、　第7章120頁、　第9章161頁

ターム・ローンA〔term loan A〕
　➡ターム・ローン（372頁）参照

ターム・ローンB〔term loan B〕
　➡ターム・ローン（372頁）参照

第三次バイアウト〔tertiary buy-outs〕
　➡セカンダリー・バイアウト（370頁）参照

第三者割当増資〔allocation of new shares to a third party〕
　第三者割当増資とは、会社の資金調達の一手段であり、役員や取引先、利害関係者など特定の第三者に対して新株を引き受ける権利を割り当てる形態の増資を指す。通常は、支配権獲得を目的としない持分の取得や、取引先との資本提携の手段として用いられることが多いが、バイアウトの局面においても、買収対象会社の財務基盤が脆弱で、その再建が買収の目的である場合や、今後の成長資金を供給する必要がある場合などは、株式譲渡などとの組み合わせで実施されることがある。発行会社が会社法上の公開会社である場合は、有利発行でなければ原則として株主総会の特別決議は不要で、機動的な資金調達が可能である。一方、既存株主保護の観点から、第三者が対象会社の過半数の株式を取得する増資や、既存株主の希薄化率が高い（25％以上）場合などは、会社法や証券取引所のルールの規制などを受けることになる。なお、当該第三者割当増資に際しては、増資金額の1,000分の7（30,000円が最低額）の登録免許税がかかる。　　　　　　（金子敦）

▶関連用語→資本業務提携

▶本編関連ページ→第9章174頁、第14章264頁、第15章273頁

第二次バイアウト（セカンダリー・バイアウト）〔secondary buy-outs〕
　➡セカンダリー・バイアウト（370頁）参照

第四次バイアウト〔quaternary buy-outs〕
　➡セカンダリー・バイアウト（370頁）参照

タグ・アロング条項〔tag-along right〕
　➡株主間契約（354頁）参照

短期プライムレート〔short-term prime rate〕
　短期プライムレートは、信用力の高い企業向けの最優遇貸出金利である。期間は1年以内であり、1年を超える場合は長期プライムレートが適用される。金利水準については、各銀行の判断で決定されており、過去・足元の金利水準については各行、日本銀行のWebサイトなどにて確認できる。金利の完全自由化以降、TIBORなどの市場金利を基準としたファイナンスが増えており、LBOファイナンスにおいても例外ではないが、短期プライムレートは市場金利基準のファイナンスと違い、期限前返済の時期にかかわらず解約コストが発生しないという理由からブリッジ・ローンの基準金利として使用されることが多い。　　　　　　　　　（諏訪部慎太郎）

▶関連用語→スプレッド、TIBOR

担保権者間協定書
　担保権者間協定書は、LBOファイナンスにおいてメザニン・ローンが存在する場合に、担保目的物の上に競合するシニア担保権とメザニン担保権の規律などを目的として、シニア担保権者（シニア貸付人）、シニア・エージェント、メザニン担保権者（メザニン貸付人）および担保権設定者（借入人および物上保証人）の間で締結される。

　担保権者間協定書には、主に担保目的物の取り扱いとして、担保権者に対する交付が担保権の効力発生または対抗要件具備の要件となる担保目的物の引き渡しに関する規定（指図による占有移転（民法184条）の方法による）やシニア担保権が消滅した場合のメザニン担保権者への担保目的物の引き渡しに関する規定などが設けられる。また、担保権の実行について、メザニン担保権者に対し、シニア担保権者の判断による担保権の実行などについて異議を

述べずに必要な協力を行うこと、また、シニア・ローンの完済までは、シニア担保権者の事前の承諾なくメザニン担保権を実行しないことなどを義務づける規定が設けられる。そのほか担保権の譲渡について、貸付人から貸付契約上の地位や貸付債権の譲渡を受けた者の担保権者間協定書への参加に関する手続きが規定される。　　　　　　　　（下村祐光）

▶本編関連ページ→第5章77頁

チェンジ・オブ・コントロール〔change of control〕

　チェンジ・オブ・コントロール条項とは、一般的には、契約の当事者に経営（支配）権に変更が生じた場合に、他方の当事者が契約の解除をすることができるものとした規定である。企業買収の実務においては、買収予定先が締結している重要な契約を精査し、同契約に当該規定がある場合、契約の相手方の承諾を取得する必要がある。したがって、これらの契約上の義務を正確に履行せしめるため、買収に際しての株式譲渡契約において、同承諾取得をクロージングの前提条件とすることが多い。一方、ファンド買収時のLBOファイナンスにおいては、ファンドの経営管理能力やバリューアップ能力が融資判断の重要なポイントであることから、ファンドによる議決権が一定率を下回らないことをコベナンツとして規定し、ファンドExit時にはLBOファイナンスを償還させるような仕組みとすることが一般的である。　　　　　　　　　　　　　　（矢作真美）

▶関連用語→ネガティブ・コベナンツ

▶本編関連ページ→第6章99頁

調整後EBITDA〔adjusted EBITDA〕

　➡EBITDA（399頁）参照

停止条件方式

　➡優先劣後関係（393頁）参照

デット・オークション

　➡ファイナンス・ビッド（384頁）参照

デット・サービス・カバレッジ・レシオ（DSCR）〔debt service coverage ratio〕

　デット・サービス・カバレッジ・レシオ（DSCR）とは、元利金弁済カバー率のことで、借入金の返済余裕度を見る指標である。計算式は、各期の元利金弁済前のキャッシュフロー÷デット・サービス（約定弁済額＋支払利息）で示され、数値が大きいほど返済の余裕度があるといえる。DSCRが1を切っている場合は、デット・サービスをカバーできるキャッシュフローが生み出されておらず、借入金の返済能力に疑義がある状況といえる。LBOファイナンス時の財務制限条項の一つとして通常設定されるものであり、ボロワーにとっては財務制限条項に抵触しないように細心の注意を払って事業運営を遂行する必要がある。　　（小野祐己）

▶関連用語→ファイナンシャル・コベナンツ（財務制限条項）

▶本編関連ページ→第3章48頁、　第6章108頁、　第7章112頁

デット・ファイナンス〔debt finance〕

　主に金融機関からの借入（シニア・ローン、劣後ローン）、社債などによる資金調達のこと。負債の増加を伴うもので、エクイティ・ファイナンスが株式の発行などによって資金を調達し、資本の増加を伴うものとは異なる。デット・ファイナンスは調達構造上、最も期間が短く、返済が最優先される。また、一般的には調達コストが最も低いため、投資家はデット・ファイナンスで資金を調達し、投下する自己資金を抑制することで、投資効率を高めることが可能となる。　　　　　　　　　　（設樂英孝）

▶関連用語→エクイティ・ファイナンス、メザニン・ファイナンス

デット・プロバイダー〔debt provider〕

　➡デット・ファイナンス（373頁）参照

デッド・ロック条項〔deadlock provisions〕

　➡株主間契約（354頁）参照

デフォルト〔default〕

　デフォルトとは、借入人が元金・利息などの支払不能（いわゆる、債務不履行事由）の状態を指し、「期限の利益喪失」とほぼ同じ意味で使用されることが多い。債務不履行事由（期限の利益喪失事由）が発生した場合でも、期限の利益を喪失させることができない一定の治癒期間（いわゆる、グレース・ピリオド。キュア・ピリオドと呼ばれることもある）を規定することがあり、借入人がグレース・ピリオドに債務不履行事由を治癒する権利を持つ。グ

レース・ピリオドにも債務不履行事由が解消されず、貸付人がデフォルト宣言をする場合、一般的なLBOファイナンスでは貸付人は担保実行などにより債権回収を図ることになる。　　　（阿部森國）
▶本編関連ページ→第6章103頁、第7章132頁、第8章148頁、第10章183頁

デューデリジェンス〔due diligence〕
　デューデリジェンスとは、バイアウト投資の関連では、バイアウト・ファンドによる投資の意思決定の前提として、投資先候補企業の経営実態を多面的かつ詳細に調査し、事業上のリスクや問題点を把握するプロセスを指す。
　バイアウト・ファンドは、一般的に段階を経て投資判断を行うので、案件検討の初期段階でもデータベースや専門家のヒアリング調査などを通じた検討を行うが、狭義のデューデリジェンスは売手との間で買収条件などに基本合意に至った後、M&A実務に精通した弁護士・公認会計士・税理士などの専門家に依頼して実施するのが通例である。調査内容は、企業規模、事業内容、時間的制約などによって異なるが、一般的には財務・税務、法務、ビジネス、環境、ITなどを対象とする。バイアウト・ファンドはデューデリジェンスの結果を受けてあらためて投資を検討し、定量的なデューデリジェンスの分析結果については、事業計画に反映してレバレッジド・ファイナンスの償還能力の検証や投資リターンの試算を行い詳細な買収価格を決定する一方、ビジネス・法務・環境などの定性的なデューデリジェンスの分析結果については、買収契約や買収ストラクチャーに反映して売主との最終交渉に進むのが通例である。
　なお、投資がLBOのストラクチャーで行われる場合、シニア・デットやメザニンの提供者である銀行やメザニン・ファンドも審査にあたってデューデリジェンスを行うが、別のデューデリジェンス・プロセスを同時並行で進めることはまれで、通常はエクイティ・スポンサーと協調し、エクイティ・スポンサーが行うデューデリジェンスのプロセスの一部に参加したり、エクイティ・スポンサーから提供されたデューデリジェンス結果をベースとして独自の分析や調査も加えて審査することが多い。（車将之）
▶関連用語→サイト・ビジット
▶本編関連ページ→第1章4頁、第2章32頁、第3章36頁、第4章66頁、座談会310頁

転換社債型新株予約権付社債〔convertible bond〕
　➡劣後社債（396頁）参照

テンダー・オファー〔tender offer〕
　➡TOB（403頁）参照

倒産法〔insolvency laws〕
　債務者が弁済期の到来したその債務を一般的に履行することが著しく困難な経済的状態にある場合に、かかる状態を処理することを目的とする諸法令をいう。日本における主な倒産法としては、破産法、民事再生法および会社更生法があるが、債務者の清算を目的とする破産法（いわゆる清算型）と、債務者の再建を目的とする民事再生法および会社更生法（いわゆる再建型）とに大きく分かれ、また再建型も、債務者が財産管理処分権を失わないDIP（debtor in possession）型を原則とする民事再生法と管財人が財産管理処分権を持つ管理型を原則とする会社更生法に分かれる。
　倒産法に基づく手続き（「倒産手続」）が開始された場合、LBOファイナンスのレンダーはその貸付債権について倒産手続外で弁済を受けることはできず、倒産手続における配当や再生計画に従って債権を回収することになるが、対抗要件の具備された担保権を有する場合には、かかる担保権を別除権として倒産手続外にて行使して弁済を受けることができる。ただし、会社更生法に基づく会社更生手続においては、担保権は別除権としては取り扱われず、担保目的物により担保されている範囲の被担保債権が更生担保権として取り扱われるだけで、会社更生手続外にて行使することが原則としてできないため、更生担保権として一定の優先性は維持されるものの、更正計画に従って弁済を受けることになる。
　LBOファイナンスにおいて劣後ローンまたは劣後社債の形式で供与されるメザニン・ファイナンスについても同様であるが、優先株式の形式で供与されるメザニン・ファイナンスについては、その優先株主は債権者ではなく株主となるため、既に具体化している配当請求権を除き、倒産手続における債権の弁済を受けることはできない。　（大橋史明）

投資事業有限責任組合
〔investment limited partnership〕
　事業者に対する投資事業を行うため、投資事業有限責任組合契約によって成立する無限責任組合員

LBOファイナンス用語集

（ジェネラル・パートナー＝ファンド運営者）および有限責任組合員（リミテッド・パートナー＝ファンド投資家）からなる組合をいう。

バイアウト・ファンドやメザニン・ファンドなどのプライベート・エクイティ・ファンドの場合、契約締結段階では各組合員の出資約束金額を定めるにとどめ、新規投資を行うときなどジェネラル・パートナーが通知したときに出資金額を支払うキャピタル・コール方式をとることが多く、ジェネラル・パートナーは投資ガイドラインに従い当該出資を対象企業に投資し、投資による利益を組合契約に定めたウォーターフォール（出資元本への充当、優先分配、キャッチアップ、キャリード・インタレストなど）に従い分配する。また、プライベート・エクイティ・ファンドの場合、ファンドの存続期間は10年程度、リミテッド・パートナーがキャピタル・コールに応じる義務を負う出資約束期間は5年程度としつつ、1年ごとの延長を複数回認めるなど、必要に応じて延長できるように組合契約に規定するものが多い。 （下田真依子）

▶関連用語→キャピタル・コール（要求払込）、ジェネラル・パートナー（GP）、リミテッド・パートナー（LP）

▶本編関連ページ→第1章3頁

投資倍率（マルチプル）〔multiple〕

投資倍率（マルチプル）とは、投資活動の評価尺度の一つであり、投資原価に対してどれだけの投資回収を実現できたかを倍率によって表示する。単位は「倍」となる。個別投資対象企業ごとに算出される投資倍率を「グロス投資倍率」、ファンド全体の投資活動を評価するために算出される投資倍率を「ネット投資倍率」と区別する場合がある。一般的なグロス投資倍率は、「(個別企業の投資回収額＋投資期間中に収受した投資対象企業の株式配当金総額－投資・投資回収に要した費用）(以下、カッコ内の数式で算定された額を「個別投資回収額」という)÷投資原価」で算出され、ネット投資倍率は、「(ファンドポートフォリオの個別投資回収額の総和－ファンドの管理コストの総額)÷ファンドへの払込総額」で算出される。

投資倍率のほか、内部収益率(IRR)、組入比率など、ファンドを評価するパフォーマンス指標のなかで、投資家に最も重視される指標の一つで、短期売却でIRRが高くても投資倍率が低いと投資家に評

価されないこともある。 （上田研一）

▶関連用語→内部収益率（IRR）

▶本編関連ページ→第1章5頁、第2章27頁

当然喪失事由（当然失期事由）

➡期限の利益の喪失（355頁）参照

ドキュメンテーション①（LBOファイナンスのドキュメンテーション）〔documentation〕

ドキュメンテーションとは、ターム・シートの作成からローン契約書などのLBOファイナンスに関わる諸契約を作成し、合意に至るまでの、一連のプロセスを指す。通常の流れとしては、ターム・シート交渉→ターム・シート合意（ターム・シート・コミット）→本契約（ローン契約書、担保契約書）交渉→調印→融資実行の流れとなる。ターム・シートで本契約の主要条件を合意するため、内容の合意に1カ月程度を要することが一般的である。また、合意したターム・シートをベースに、本契約書がドラフトされるが、担保契約も含めて、相当なボリュームとなること、かつ、より細部にわたった交渉が行われることから、最終合意（調印）まではさらに1カ月から1カ月半程度の時間を要する。（上瀧英司）

▶関連用語→ターム・シート

▶本編関連ページ→第3章37頁、第5章77頁・88頁、第6章108頁

ドキュメンテーション②（ファンドのドキュメンテーション）〔documentation〕

ドキュメンテーションとは、一般的にはさまざまな情報を体系的に書面化することをいうが、投資事業有限責任組合の形をとるプライベート・エクイティ・ファンドの場合、ローンチからファイナル・クロージングまでの一連の過程において無限責任組合員であるマネジャーと投資家との間で議論され、決定されるファンドのストラクチャー、投資条件、運用方針などに関する事項を目論見書、ターム・シート（目論見書の一部である場合も含まれる）、投資事業有限責任組合契約書その他の書類に書面化する行為全般を指す。

ここでターム・シート（term sheet）とは、組合契約に規定される諸条件に関する議論を円滑に進めるための作業用の書面であり、ファンドの名称、投資対象、投資方針、投資制限、ファンド規模、投資期間、存続期間、クロージング時期、最低出資金

用 語 集 375

額、無限責任組合員、投資運用者、アドバイザリー・ボード、分配方法、管理報酬などの重要条件が記載され、議論の進展に伴って改訂される。ターム・シートの内容が最終的に合意できた時点で調印版の組合契約作成作業に移行するが、組合契約の骨組みである主要項目は既にターム・シートで合意されているので、それを前提に契約内容の詳細を詰める作業となる。

なお、ドキュメンテーションという言葉自体は、ほかにLBOファイナンスや株式譲渡契約のドキュメンテーションやターム・シートを指す場合がある。

(中山茜)

▶関連用語→ターム・シート

ドキュメンテーション・エージェント〔documentation agent〕
➡エージェント（349頁）参照

独占交渉権〔exclusive negotiation right〕
➡優先交渉権（393頁）参照

特別目的会社〔special purpose company〕
➡SPC（403頁）参照

トップライン〔top line〕

トップラインは、売上高のことを指し、損益計算書の一番上（トップ）に記載されている項目（ライン）であることからそのようにいわれることが多い。一方で、損益計算書の一番下（ボトム）に記載されている項目である税引後当期純利益のことを「ボトムライン」という。バイアウト投資においては、投資先の経済活動地域の拡大、商品やサービスのラインナップの拡充、販売単価またはサービス単価の適正化などを通じてトップラインを伸ばすことを模索するとともに、原材料の調達先や購買条件の見直しを通じた原材料単価の低減、作業工数効率化による労務費の削減、その他経費の合理化などを通じてボトムラインの改善を図る。

(羽嶋優)

ドラッグ・アロング条項〔drag-along right〕
➡株主間契約（354頁）参照

トラック・レコード〔track record〕

トラック・レコードとは、バイアウト・ファンドやメザニン・ファンドの投資・運用実績のことであ

る。過去の投資利回り（ファンド全体および個別投資先のパフォーマンス）や投資先情報のほか、ファンド運営会社の業績の変化や経営改革活動の実績など、経営内容なども含まれる。

機関投資家などのプロフェッショナルから資金を受託して運用を続けていくには、トラック・レコードやしっかりとした運営体制が必要となる。その背景として、質の高い取引案件、人脈、情報、資金調達といったファンド運営に関するネットワークの確立体制が整い、その結果として評判や交渉の優位性を有することが選定の鍵となるからである。

(問山陽子)

▶本編関連ページ→第1章12頁

トランシェ〔tranche〕

トランシェとは、フランス語で「一切れ」の意味。主に証券化商品を、リスクの高低や金利スプレッドの差異などの条件で区分したものをいう。また、そのように複数のトランシェに区分することを「トランチング」という。

欧米で組成されるLBOファイナンスにおいては、シンジケーションを実施し他の金融機関や投資家に貸金などを譲渡する際、投資家のリスクとリターンに対する嗜好性の違いを前提に、証券化の手法なども用いながら、担保設定の有無や債権回収の優先度、収益性などに応じて細かく複数のトランシェを設定し、LBOアセットに機関投資家の参加を広く促すことが一般的に行われている。国内LBOファイナンスにおいては、主に返済条件と金利スプレッドのみに基づき、約定返済付のターム・ローンAと期限一括弁済のターム・ローンBの2トランシェに分けられることが多く、参加する金融機関は両トランシェ共通であることが多い。

ターム・ローンAは、与信期間中に約定返済により残高が漸減するトランシェであり、期日まで返済のないターム・ローンB対比、リスクが低いと考えられることから、金利水準も低く設定される傾向にある。

(眞鍋崇)

▶関連用語→インスティテューショナル・トランシェ、ターム・ローン

▶本編関連ページ→第3章42頁、第9章160頁、第10章186頁

トランチング〔tranching〕
➡トランシェ（376頁）参照

トレード・セール〔trade sales〕

バイアウト・ファンドなどのプライベート・エクイティ・ファンドが、投資先企業の保有株式を第三者の事業会社に譲渡すること。シナジー効果が見込める戦略的バイヤーへの売却となることから、ストラテジック・セール（strategic sales）と呼ばれることもある。この取引を通じて、当該ファンドはエグジット（投資の回収）を達成する。一社の事業会社に経営権を掌握されてM&A（mergers & acquisitions）になるケースが大半であるが、日本では、ごくまれに複数の事業会社に分散して株式が譲渡されるケースもある。

M&Aによるエグジットは、株式上場と比較すると、一度の取引ですべての株式の現金化が可能になるという優位点があり、投資から回収までの期間も短い。なお、株式上場の前の資本政策の段階で、取引先の事業会社に一部株式を譲渡する取引も、トレード・セールの一種である。　　　　（杉浦慶一）

▶関連用語→エグジット
▶本編関連ページ→第8章138頁・152頁、　第10章187頁、第11章202頁、座談会304頁

〔ナ〕

内部収益率（IRR）〔internal rate of return〕

内部収益率（IRR）は、複利計算に基づいた、投資に対する収益率（利回り）を表す。IRRは、投資額とその投資から得られるキャッシュフローの現在価値が等しくなる割引率として求められ、投資額が同じ場合、回収額が多いもしくは回収期間が短いほどIRRは高くなる。

また、IRRは、運用期間中のキャッシュフローの影響を完全に反映させて算出した収益率で金額加重収益率ともいう。一方、運用期間中のキャッシュフローの影響を排除して算出し、運用機関の運用能力や運用実績の評価に適した収益率を時間加重収益率という。

投資ファンドは、投資家からの出資金の受け入れや投資家への分配を投資案件ごとに複数回に分けて行うので、利回りの計算にはIRRが利用される。

例）
3年で2倍になる投資のIRRは、26.0%
3年で3倍になる投資のIRRは、44.2%
5年で3倍になる投資のIRRは、24.6%

投資に際しては原則として、IRRが資本コストまたは期待（目標）利回りを上回ることが見込まれることが、投資実行の前提条件となる。また、投資家がファンドに払い込んだ出資金と、ファンドにかかった費用や手数料を控除したうえで投資家に分配されたキャッシュフローから算出したものを「ネットIRR」といい、ファンドが投資案件に払い込んだ投資額と回収したキャッシュフローから、かかった費用や手数料を控除しないで算出したものを「グロスIRR」という。一般的にバイアウト・ファンドが目標としているIRRはグロスで20〜30%である。

（立川勝大）

▶本編関連ページ→第2章26頁、　第7章128頁、　第8章137頁、第10章187頁

日本ローン債権市場協会（JSLA）〔Japan Syndication and Loan-trading Association〕

日本ローン債券市場協会（JSLA）は、プライマリー市場およびセカンダリー市場での取引における標準的な契約書の整備や約定方法・決済方法を整備する団体であり、2001年に設立された。JSLAが制定している契約書は、日本のシンジケート・ローンにおけるひな形契約書として用いられている。

なお、海外にも同様の業界団体があり、クロスボーダー案件では所在国の業界団体が整備しているひな形契約書を使用することが一般的である。具体的には、米国のシンジケート・ローン業界団体であるLSTA（Loan Syndications and Trading Association、1995年設立）、欧州・中東・アフリカのシンジケート・ローン業界団体であるLMA（Loan Market Association、1996年設立）、LMAのアジア・オセアニア版であるAPLMA（Asia Pacific Loan Market Association、1998年設立）が存在。LSTAは、Thomson ReutersやS&Pと連携してマーケットデータの収集および分析も実施している。

（茂中美幸）

入札案件〔auction deals〕

入札案件とは、複数の買手候補が売手に対して取引条件を提示し、売手がそのなかから最も有利な内容を提示する買手を選ぶ投資案件をいう。入札案件は「ビッド（bid）案件」「オークション（auction）案件」とも呼ばれる。また、入札案件の対義語として「相対案件」があげられる。入札案件は、入札手

続を通じて買手候補の間で競争が発生するため、売手からすると、買手に対する交渉力が高まるだけでなく、売却手続の透明性を高めることができる。また、事前に買手候補に提示した入札手続に沿って売却プロセスが進むため、取引完了時期の見通しが立ちやすい。ただし、入札案件は相対案件に比べて関係者が多くなるため、情報の管理が難しい。

　一般的に、守秘義務の観点から、落札可能性や過去からの取引関係などを考慮して、レンダーは買手候補一社を選んで入札手続に参加するのが通例である。しかしながら、投資規模が大きくかつ買手候補も多い案件では、買手候補の数に比べてレンダーの数が不足する場合がある。こうした需給ギャップを埋める場合のほか、レンダーが対象会社の既存取引行となっている案件などで、ファイナンス実行の蓋然性を高めるために行われることがあるが、レンダー内でウォール（壁）を引いて複数のチームを組成し、買手同士のコンフリクトを回避しながら複数の買手候補に付くこともある。　　　　（上原進）
▶関連用語→相対案件

任意期限前弁済〔voluntary prepayment〕
　➡期限前弁済（356頁）参照

ネガティブ・コベナンツ〔negative covenants〕
　禁止事項、制限事項に関するコベナンツのことであり、キャッシュフローに関するものからイベントに対応するものまで多岐にわたる。代表的なものとして、キャッシュインに関する事項（追加借入制限など）、キャッシュ・アウトに関する事項（役員報酬制限、配当制限、サービスフィー制限、支払条件の変更制限など）、債権者保護のための事項（担保提供制限、保証提供制限、重要な変更の禁止（定款など））、その他（反社会的取引の禁止、破産などの申し立ての禁止）などが存在する。　（中本明宏）
▶関連用語→アファマティブ・コベナンツ、コベナンツ、ファイナンシャル・コベナンツ（財務制限条項）
▶本編関連ページ→第3章47頁

のれん（営業権）〔goodwill〕
　➡のれん償却（営業権償却）（378頁）参照

のれん償却（営業権償却）〔amortization of goodwill〕
　のれん（営業権）とは、企業の買収・合併の際に発生する、被買収企業の時価評価純資産と買収価額の差のことを指し、一般的には、被買収企業の信用力、ブランド価値、人的資源などの無形資産からもたらされる、将来の超過収益力を帳簿上に反映させたものといえる。

　バイアウト・ファンドによる企業買収においては、買収目的会社（SPC）が活用されるケースが多く、SPCと被買収企業の合併後、のれんは合併後存続会社のBS（無形固定資産）に計上されるとともに、PL（販管費）では20年以内ののれんの効果が及ぶ期間にわたって規則的に償却される。

　バイアウト・ファンド間での買収（第二次バイアウト案件など）では多額ののれんが積み上がるケースもある。このように多額ののれんを抱えた企業において、経営環境悪化などにより収益力が著しく低下した場合、のれんの減損（特別損失として一括計上）が発生する可能性がある点には留意が必要である。

　なお、上記は日本基準による会計処理であり、国際会計基準（IFRS）導入企業においては処理が異なる（のれんの定期償却はなく、減損の兆候が認められた場合に都度損失が計上される）。　（中川俊一郎）
▶関連用語→SPC
▶本編関連ページ→第1章14頁、第4章65頁、第6章101頁、第7章111頁

ノン・コア事業〔non-core business〕
　大企業が行う複数の事業のうち、市場競争力を有し、収益的な貢献度も高い中核的事業（コア事業）以外の事業をノン・コア事業という。企業の投入可能なリソースには限界があるため、コア事業が優先され、ノン・コア事業には十分な配分が行われないことが多い。選択と集中の観点から、近時はノン・コア事業を売却し、売却資金をコア事業や将来有望な分野に投下することでさらなる成長を目指す傾向が見られる。一方で、ある企業グループにおいてノン・コアであった事業も、異なる投資家にとっては魅力ある事業である場合も多い。特にバイアウト・ファンドによる買収の場合、資金・経営人材・戦略面でのバックアップや同業他社の買収支援など通じて、成長や競争力の強化が図られ、売却対象となるノン・コア事業にとってもメリットとなることも多

LBOファイナンス用語集

い。バイアウト・ファンドによる買収においては、買収目的会社（SPC）を設立し、対象会社のキャッシュフローや資産をよりどころとした外部借入（LBOファイナンス）が行われることもある。

(高梨壮夫)

▶関連用語→事業譲渡
▶本編関連ページ→第12章224頁

ノン・コール期間〔non-call period〕

劣後ローンや優先株式などのバイアウト・メザニンは、買収実行から一定期間経過後、シニア・ローンによるリファイナンス時にキックアウトされる（エグジットする）ケースが多い。かかるリファイナンスによる早期エグジットの可能性を見越して、メザニン・プロバイダーが一定のリターンを確保する目的で、劣後ローンの場合は早期弁済の禁止期間を、優先株式の場合は取得条項の行使について禁止期間を設定することがある。これらの期間をノン・コール期間という。ノン・コール期間の設定に加え、劣後ローンにおいては早期弁済にかかる早期弁済手数料、また優先株式においてはかかる早期弁済手数料に相当する価額を上乗せした取得価額を設定することで、メザニン・プロバイダーのリターンを確保することも可能である。

(柿沼宏軌)

▶関連用語→事業譲渡
▶本編関連ページ→第14章263頁

ノン・リコース・ローン〔non-recourse loan〕

責任財産の範囲に制限を加えた貸付方法のこと。非遡及融資とも呼ばれる。借入人は特定の責任財産から発生するキャッシュフローのみを返済原資とし、責任財産の範囲を超える返済義務を負わない。通常、リコース・ローン（遡及融資）では、責任財産を換価しても借入を全額返済できない場合、不足分は一般債権として存続するが、ノン・リコース・ローンでは存続しない。借入人の返済義務が限られている一方で、貸付人にとってはリスクの高い貸付方法であるため、リコース・ローンよりもスプレッドが高水準となる。主に、安定したキャッシュフローが期待できる不動産・動産・事業などへの投資や保有資産のオフバランス化などを行う際に利用される。責任財産の範囲を制限するにあたって、一般的には、特別目的会社（SPC）を組成して借入人とするスキームが用いられる。LBOファイナンスは、対象企業・事業を責任財産とするノン・リコース・ローンである。

(小林優太)

▶関連用語→SPC
▶本編関連ページ→第1章5頁、第2章19頁

【ハ】

パーティシペーション・フィー〔participation fee〕
➡アレンジメント・フィー（346頁）参照

パートアウト〔part-out〕
➡セルダウン（370頁）参照

パートイン〔part-in〕
➡セルダウン（370頁）参照

パーマネント・ローン〔permanent loan〕
➡ブリッジ・ローン（387頁）参照

バイアウト〔buy-outs〕

バイアウトとは、経営陣、従業員などの個人やバイアウト・ファンドなどの投資会社が、単独もしくは株主グループを形成し、企業の新たな経営権を掌握する買収取引のことである。バイアウトの形態を、買収主体のタイプに焦点を当てて類型化をすると、経営陣のみで経営権を掌握するケース、経営陣とバイアウト・ファンドが共同で経営権を掌握するケース、バイアウト・ファンドが100％を掌握するケースなどが存在するが、一定規模以上の案件では、バイアウト・ファンドが過半数の株式を取得するケースが大半である。

バイアウト・ファンド（ファイナンシャル・バイヤーとも呼ばれる）が買収主体となるバイアウトは、事業会社（ストラテジック・バイヤーとも呼ばれる）が買収主体となる戦略的M&Aと対比されることも多いが、日本では、バイアウトとM&Aを区別する際、後者のことを「コーポレートM&A」と呼ぶ場合もある。なお、買収資金調達において、レバレッジド・ファイナンスが活用されるバイアウト取引のことは、LBO（leveraged buy-outs）とも呼ばれる。

日本の新聞報道などでは、バイアウトという用語が使用されることはまれであり、バイアウト・ファンドの案件に関する報道の際には、「買収ファンドによるM&A」「投資ファンドによる買収」などの

用語集　379

表現が使用されることが多い。　　（杉浦慶一）
▶本編関連ページ→第2章17頁

バイアウト・ファイナンス
　➡LBOファイナンス（400頁）参照

バイアウト・ファンド〔buy-out fund〕
　バイアウト・ファンドは、バイアウト案件に対してエクイティを拠出するプライベート・エクイティ・ファンドである。報道などでは、「買収ファンド」と呼ばれることもある。
　バイアウト・ファンドが株式を保有している期間中には、多様なハンズオン支援が実施される。最終的には、株式上場（IPO）、トレード・セール（M&A）、セカンダリー・バイアウト（第二次バイアウト）、リキャピタリゼーションなどの方法でエグジット（投資の回収）を達成し、リターンが確保される。目標リターンは、メザニン・ファンドが10～15％程度なのに対し、バイアウト・ファンドは20～30％を目指す。
　M&A取引・バイアウト取引やLBOファイナンスの実務においては、バイアウト・ファンドは、エクイティ・スポンサーやファイナンシャル・スポンサーと呼ばれることもある。また、金融機関やM&Aアドバイザリー・ファームなどにおいて、バイアウト・ファンドに対するRM機能を担う専門チームのことは、ファイナンシャル・スポンサー・カバレッジと呼ばれている。　　（杉浦慶一）
▶本編関連ページ→第1章2頁、第2章17頁

バイアウト・メザニン
　日本において、メザニン・ファイナンスの実績が積み上がっていく過程で、「バイアウト・メザニン」と「コーポレート・メザニン」という呼び方が誕生した。2000年代半ば頃までは、バイアウト・ファンドの出資を伴うバイアウト案件にメザニン・ファイナンスが活用されるケースが主流であったが、2000年代後半より、企業の通常の資金調達においてもメザニン・ファイナンスが活用されるケースが増加したことから、これらの分類をする用語として用いられるようになった。
　バイアウト・メザニンは、主にバイアウト・ファンドが関与するLBO案件において活用されるメザニン・ファイナンスを指し、買収対象会社の経営権を取得するための買収資金として活用される。一方、コーポレート・メザニンは、企業が設備投資などの成長資金を調達するケースや資本増強のために通常のコーポレート・ファイナンスの一環として調達されるものである。
　バイアウト・メザニンとコーポレート・メザニンという用語は、日本のLBOファイナンス市場の実務で使用されるようになってきており、またメザニン・ファンドの説明資料などにおいても記載されることがある。しかしながら、事業会社が買収主体となる戦略的M&A（コーポレートM&Aとも呼ばれる）案件、バイアウト・ファンドが関与せず経営陣のみでバイアウトが実施される純粋MBO案件、バイアウト・ファンドの投資先企業のレバレッジド・リキャピタリゼーションでSPCが使用される案件などでメザニン・ファイナンスが活用されたケースにおいては、バイアウト・メザニンとコーポレート・メザニンのどちらに分類するかが実務家の間でも異なっており、線引きが難しいものとなっている。
　不動産メザニンとの対比では、広義にはバイアウト・メザニンもコーポレート・メザニンも、企業が活用するという意味ではコーポレート・メザニン・ファイナンスに該当し、狭義の区分として、バイアウト・メザニンとコーポレート・メザニンという区分があると考えるのが自然である。　　（杉浦慶一）
▶本編関連ページ→第10章180頁、第11章200頁、第13章233頁、　第14章264頁、　第15章270頁

ハイ・イールド債〔high yield bond〕
　格付機関による信用格付がBaa3（Moody's）／BBB-（Standard & Poor's）以上を投資適格といい、それを満たさない非投資適格の社債をハイ・イールド債と呼ぶ。デフォルトの可能性が投資適格債に比べて高いために、それに見合った高い利回り（high yield）で発行・取引される。ジャンク債と同義語である。キャッシュフローに対して負債が大きい企業により発行される。発行時点で投資適格を満たしていない社債に加えて、発行後に格付が低下した場合（fallen angels）もある。
　ハイ・イールド債市場は、米国でLBOが盛んになった1980年代に発達した。今日では主に投資信託、年金、保険会社などの機関投資家が利回りを求めて投資しており、欧米のLBOにおいても有力な資金調達手段の一つになっている。
　日本では、非投資適格の社債に投資する機関投資

LBOファイナンス用語集

家が限定的なためハイ・イールド債市場は発達していない。国内のLBOでは、メザニン投資家が劣後ローンや劣後社債の形で資金提供を行っている。

(今治博文)

▶関連用語→格付
▶本編関連ページ→第10章194頁

買収ファイナンス〔acquisition finance〕
　➡LBOファイナンス(400頁)参照

買収目的会社〔special purpose company〕
　➡SPC(403頁)参照

パイプライン〔pipeline〕
　投資案件は、初期的な検討段階から投資実行までの間でいくつものプロセス(デューデリジェンス、提案価格の算定、売主との合意、投資委員会の決裁など)を通過していくことになり、その期間は数カ月を要する。パイプラインとは、検討プロセスのどの段階に何件の見込み案件が存在するのかをまとめたものである。また、案件数だけでなく、各案件で見込まれる投資金額や、必要となる人的リソースなどを併せて管理することが一般的である。

　案件のプロセスを進捗していく様子が、パイプライン(管路)のなかを進んでいくイメージからこのように呼ばれるようになった。常にパイプラインを把握しておくことで、足元の案件状況だけではなく、将来的な案件の動向を見据え、投資活動や人的リソースの管理に役立てていくことが可能となる。パイプラインの減少は将来的な投資活動の停滞につながり、一方で同程度の進捗度の案件が多数存在する場合にはリソース管理が困難になるため、常に適正な件数と進捗度で投資案件の検討が進めていけるよう、ソーシング活動を行っていく必要がある。

(野呂瀬和樹)

バスケット〔basket〕
　➡カーブアウト(352頁)参照

パティシパント〔participants〕
　シンジケート・ローンにおける投資家、参加者を指す。現在、LBOファイナンスのローンマーケットは、メガバンクや都市銀行、一部地方銀行を中心に構成されているが、近時は地方銀行、リース会社、生損保などを中心に裾野が拡大、今後より多く

の投資家の参加が期待される。

(和田真理子)

▶関連用語→シンジケート・ローン
▶本編関連ページ→第2章20頁、 第9章166頁、 第15章291頁、座談会305頁

パリパス〔pari passu〕
　➡プロラタ(388頁)参照

バリューアップ〔value up〕
　バリューアップとは、一般的にはバイアウト・ファンドが投資先企業のマジョリティを把握し投資先への積極的な経営参画を通じて企業価値向上に貢献する活動全般のことを指す。経営への関与の手法や関与の度合いはバイアウト・ファンドの投資方針によって異なる。

　投資先企業への支援内容は多岐にわたる。企業の経営基本戦略やマーケティング戦略といった経営の基本事項にはじまり、KPIや事業計画の策定、組織規定類の整備運営や適正な会計基準の導入といった経営管理体制の整備、バランスシートの改善のための財務支援、公正で社員にやる気をもたらす人事制度への改定や経営人材の採用支援を行うこともあれば、オペレーション面でも特定の領域に強い外部コンサルタントの助言を活用し、製造業であれば工場での生産オペレーション改善、小売業であれば物流網の見直しなどを行う場合もある。また、企業活動のグローバル化に伴う企業の海外進出や撤退などグローバル活動をサポートするなど、自身が有する独自のネットワークを活用した取引先開拓支援も行うバイアウト・ファンドもある。

　バイアウト・ファンドはこれらの多様なバリューアップ・プランを通じ、投資先企業が生み出す現在または将来の利益拡大を目指すとともに企業の社会的認知やブランド、信用を高める工夫を行う。短期的にはLBOストラクチャーの場合であれば企業が生み出すキャッシュフローの増大によって早期にレバレッジの償還を進めさせ、また長期的には将来のエグジット局面において市場からもより高く評価される企業となってもらうために実践するものである。

(小森一孝)

▶関連用語→KPI
▶本編関連ページ→第2章31頁、第8章152頁、座談会302頁

バリュエーション〔valuation〕
　バリュエーションとは、企業の価値評価を意味する。バイアウト・ファンドでは、買収対象企業の業界動向・競合状況・収益性・キャッシュフローなどの定性面・定量面の分析をしたうえで、バリュエーションを行い、買収価格を検討する。評価手法には、DCF法、類似会社比較法、純資産法などがあるが、バイアウト・ファンドでは買収対象企業と類似する上場会社と比較する類似会社比較法を用いて、「対象企業の価値はEBITDAの何倍となるか」という議論が行われることが多い。デット・プロバイダーとの交渉においては、バリュエーションの背景にある対象企業のキャッシュフロー創出力がLBOファイナンスの調達金額を左右する。また、買収時のバリュエーションが高すぎるとバイアウト・ファンドのリターンは圧迫され、逆に低すぎると売手との合意が困難となり投資に至らなくなるなど、バリュエーションはバイアウト・ファンドにとっての生命線である。
　なお、価値評価は主観的なものであるため、評価を行う主体が、買手か売手か、ストラテジック・バイヤーかファイナンシャル・バイヤーか、というような立場や属性によって、バリュエーションの結果は異なる。
　　　　　　　　　　　　　　　　　（鈴木昭彦）
▶本編関連ページ→第3章37頁、第11章211頁、第15章289頁、座談会310頁

バンク・ブック〔bank book〕
　➡インフォメーション・メモランダム（IM）（349頁）参照

バンク・ミーティング〔bank meeting〕
　ボロワーと金融機関が一堂に会し、ボロワーから全取引金融機関に対し同一の情報を開示して、案件への参加検討を依頼する、支援・同意を求める、または今後の対応について合意を得る会合のこと。主催者は、ボロワー、アレンジャー、またはエージェントである。案件組成段階においては、ボロワーが複数の銀行に協調融資を依頼する際に、財務の健全性や返済能力などを説明するために、また、案件組成後においては、ボロワーの業績悪化やローン関連契約上の重大な違反などの重要事項について参加金融機関の意思結集を図る必要がある際に、背景・現況・対策などを説明し支援を求めるために開かれる。
　　　　　　　　　　　　　　　　　（最勝寺美美）

▶本編関連ページ→第4章72頁、第6章103頁

ハンズオフ〔hands-off〕
　➡ハンズオン（382頁）参照

ハンズオン〔hands-on〕
　ハンズオンとは、バイアウト・ファンドのメンバーが（単に株主としての域を超えて）直接・間接を問わず投資先企業の経営に参画し業績および企業価値の向上に貢献するための活動全般のことである。それに対して投資先企業に対して通常の株主としての対応以上の関与はせずに企業価値の向上を待つことをハンズオフ（hands-off）と呼ぶこともある。
　関与のスタイルやその度合いはバイアウト・ファンドによって異なる。バイアウト・ファンドのメンバーが非常勤役員に就任して取締役会で積極的に助言・提言したり、バイアウト・ファンドのネットワークを駆使して業務提携先や顧客企業を紹介したりすることが一般的であるが、ケースによってはバイアウト・ファンドのメンバー自ら常勤取締役や経営トップに就任する。また、エグゼクティブ・サーチ会社などを通じて人材をスカウトして送り込むなど社内オペレーションにより積極的に関与することもある。
　関与するメンバーの能力次第では業績向上の可能性を上げることにもなり、投資先企業により深く入り込むことで経営の実態をより正確に掌握することが可能であるが、バイアウト・ファンドにおいては対応できる人材の確保やリソース管理が課題となることもある。
　　　　　　　　　　　　　　　　　（伊藤尚毅）
▶本編関連ページ→第1章6頁、第2章32頁

非参加型優先株式
〔non-participating preference shares〕
　➡優先配当（393頁）参照

ビッド〔bid〕
　➡入札案件（377頁）参照、ファイナンス・ビッド（384頁）参照

秘密保持契約〔confidentiality agreement〕
　➡守秘義務契約（CA）（366頁）参照

LBOファイナンス用語集

表明保証（レプワラ）
〔representations and warranties〕
　契約の当事者が相手方当事者に対し、一定の時点における自らや契約の目的物の状況などに関する一定の事実について真実かつ正確であることを表明し保証する契約条項である。
　LBOファイナンスにおいては、借入人の資産に比して貸付金額が多額であり、かつ、その回収可能性が買収手続の適正な完了および対象会社のキャッシュフローに大きく依存することから、当事者自身に関する事項に加え、対象会社の基本事項や財務状態、買収手続に関する事項など、表明保証の対象範囲が広く設定される。
　表明保証の機能には、対象事項についての情報開示を促す機能、取引の実行前提条件と組み合わせることにより当事者に取引から離脱する自由を与える機能などがあるが、LBOローン契約においては、M&A取引における表明保証などに比べて情報開示を促す機能は小さく、表明保証違反が貸付実行の前提条件の不充足や期限の利益喪失事由を生じさせることを通じてのリスク管理の機能を強く有する点に特徴がある。表明保証違反の存在は取引の実行および継続性に大きな影響を与え得るため、契約の締結にあたっては、表明保証の対象事項について慎重な確認がなされ、場合によってはカーブアウトを設ける、コベナンツにて契約締結後の対応義務を設けるなどの対応が行われることがある。　　（河相早織）
▶関連用語→カーブアウト、コベナンツ
▶本編関連ページ→第3章37頁、第5章84頁

非累積型優先株式
〔non-cumulative preference shares〕
　➡優先配当（393頁）参照

ファイナンシャル・アドバイザー（FA）
〔financial advisor〕
　M&A案件遂行のために包括的な助言を行う外部アドバイザーのこと。特定分野に限らず案件全般について、包括的に財務的な見地から助言することから、会計・税務アドバイザーとは区別される。
　バイアウト案件においては、買手、売手、対象会社に別々のFAがつくこともある。買手側FAはバイアウト・ファンドの意向を受けて、対象会社へのコンタクトやデューデリジェンス、株式価値評価を行うとともに、各種契約書や開示書類などのレビューを通じて専門的な助言を行う。売手側FAは、株主の意向を受けてインフォメーション・メモランダムを作成し、オークションなどの売却プロセスを主導するとともに、案件全体のスケジュール管理やデューデリジェンス対応、株式価値評価などを行い、できるだけ有利な条件で対象会社を売却できるよう助言を行う。対象会社が上場企業の場合には少数株主が存在し、一部の大株主の意向が必ずしも少数株主の意向と一致しないことから、対象会社独自にFAを依頼することも多い。対象会社FAは、対象会社で発生する大量の開示資料を精査し、買手候補への開示支援を行うとともに、対象会社取締役会に対して主として少数株主の立場から専門的な助言を行う。　　（辻口誠一）
▶本編関連ページ→第1章3頁、　第2章23頁、　第3章56頁、第13章247頁

ファイナンシャル・コベナンツ（財務制限条項）
〔financial covenants〕
　LBOファイナンスにおいて規定される借入人の誓約事項の一つで、借入人が達成すべき最低限の財務パフォーマンスを設定したもの。具体的な内容としては、レバレッジ・レシオ（有利子負債残高が適正な水準であるか）、DSCR（元利金弁済に十分なキャッシュフローが創出されているか）、利益維持（損益計算書において黒字が確保されているか）、純資産維持（貸借対照表において適正な純資産が確保されているか）などが条件となることが一般的である。主に決算期末・中間決算期末の年2回、または決算期末の年1回判定される。財務コベナンツの抵触は期限の利益喪失のトリガー事由となる。
　　（大野貴裕）
▶関連用語→コベナンツ、アファマティブ・コベナンツ、ネガティブ・コベナンツ
▶本編関連ページ→第3章47頁、　第4章60頁、　第6章98頁、第7章112頁

ファイナンシャル・スポンサー
〔financial sponsor〕
　➡バイアウト・ファンド（380頁）参照

ファイナンシャル・スポンサー・カバレッジ
〔financial sponsor coverage〕
　➡バイアウト・ファンド（380頁）参照

ファイナンシャル・バイヤー〔financial buyer〕
➡バイアウト（379頁）参照

ファイナンス・ビッド〔finance bid〕
ファイナンス・ビッドとは、資金調達の主体が、自らにとってより有利な条件を引き出すべく、複数の金融機関に融資およびファイナンス・アレンジの条件提示を打診し、条件提示を受けることを通して、ファイナンスの提供者（典型的にはファイナンス全体のアレンジメント業務の委託先を含む）を選定するプロセスのこと。

金融機関は、条件提示に際し、融資およびファイナンス・アレンジの基本条件とその前提条件などを記載したインディケーション・レターと呼ばれる文書を作成し、資金調達の主体に対して提示することが一般的である。

選定に際しては、金額、期間、ファイナンス・コスト、コベナンツなどの各種条件や、ファイナンス全体のアレンジの確実性などが比較される。LBOファイナンスの場合、資金調達の主体は企業買収における買手であり、典型的にはバイアウト・ファンドであることから、特に、買取価格や、バイアウト・ファンドへのリターンへの影響が大きいファイナンス総額の大きさ（＝レバレッジ水準の高さ）が重視されることが多い。

案件規模などによっては、複数の金融機関が共同アレンジャーとして選定されることもある。企業買収における売手が買手（＝スポンサー）を選定するプロセスである「スポンサー・ビッド」との対比にて「レンダー・ビッド」と呼ばれることもある。また、デットを比較するプロセスであることから、「デット・オークション」と呼ばれることもある。
（金子幸太郎）

▶関連用語→インディケーション・レター

ファシリティ・エージェント〔facility agent〕
➡エージェント（349頁）参照

ファシリティ・フィー〔facility fee〕
➡コミットメント・フィー（361頁）参照

ファンドレイジング（ファンド募集）〔fund raising〕
日本のプライベート・エクイティ・ファンドの多くは、投資事業有限責任組合として、無限責任組合員によって設立される。ファンドレイジングとは、同組合に投資する投資家を募集する行為やプロセスを意味する。ファンド募集を行うのは、証券会社などのエージェントの場合もあるが、多くは無限責任組合員であるマネジャーが自ら行う場合が多い。投資信託などとは異なり、投資家は、資金そのものを全額最初に拠出するわけではなく、通常5年間の投資期間中に、投資案件が確定する都度、マネジャーからの請求に応じて資金拠出をすることをあらかじめ約束する。

具体的には、マネジャーによる投資目論見書の作成（ローンチ）、投資家候補への配布と説明、投資家からのマネジャーの精査などを経て、一定の期限や金額に到達した時点で募集は終了する。募集終了により、組合契約が調印されるが、これをクロージング（closing）と呼ぶ。クロージングが数回にわたる場合には、最初のクロージングをファースト・クロージング（first closing）、最後のクロージングをファイナル・クロージング（final closing）という。ローンチ（launch）からクロージングまでの期間は、大よそ半年程度から2年程度と、経済情勢やファンド規模により変化する。なお、ファンド募集上限を上回るような状態になることは、オーバー・サブスクライブ（over subscribe）と呼ばれている。
（猪熊英行）

フィクスト・チャージ・カバレッジ・レシオ〔fixed charge coverage ratio〕
フィクスト・チャージ・カバレッジ・レシオ（FCCR）とは、元利金返済や設備投資、税金など、恒常的な資金使途に対して、事業から得られるキャッシュフローにどの程度の余裕が存在するかを表す指標である。一般的には以下の計算式によって算出される。

＜計算式＞
EBITDA÷（支払利息＋約定弁済元本額＋設備投資＋税金）

FCCRは、LBOのファイナンス取引においてデット・サービス・カバレッジ・レシオ（DSCR）などと並び重要な指標であり、コベナンツにも含まれる場合が多い。それはDSCRが債務返済能力を表す指標として用いられることに対して、FCCRは事業継続に必要な設備投資額も考慮に入れた指標であるか

らである。事業競争力維持のために、継続的な設備投資が必要な製造業、店舗展開を有する小売業、ホテル・レジャーなどの業種において重視される。

(岡田光)

▶関連用語→ファイナンシャル・コベナンツ（財務制限条項）

フェアネス・オピニオン〔fairness opinion〕

フェアネス・オピニオンとは、M&Aにおける株式価値評価額（合併比率や株式移転比率などを含む）、当該評価結果に至る会社の経営判断について、独立の第三者が、さまざまな観点から調査し、財務的見地からその公正性（フェアネス）に関して表明する意見である（日本公認会計士協会による定義）。現状、日本国内においてフェアネス・オピニオンは、法令や規則によって、強制や要請されるものではない。国内M&Aにおいては、セルサイド側の取締役会、とりわけTOB事例における対象会社（セルサイド）側の賛同意見表明、また、MBO事例における対象会社（セルサイド）側の賛同意見表明に際して利用されている。

(森谷健)

不作為義務〔negative covenants〕

➡ネガティブ・コベナンツ（378頁）参照

普通株式〔ordinary shares, common stocks〕

普通株式とは、株式会社において、株主に対して与えられる権利内容に特に制約のない株式のことをいう。また、株式会社が株主に対して権利内容の異なる株式を発行する場合に各株式を総称して種類株式という用語を用いるが、その場合、種類株式のなかの一つが普通株式となる（会社法に「種類株式」という定義が存在しないことから、文献によっては普通株式以外の株式を総称して「種類株式」として定義しているものもある）。種類株式には、普通株式以外に剰余金または残余財産の配当に関する地位が他の株式よりも優先する優先株式や買収関連の株主総会決議事項について拒否権を行使できる黄金株などがある。

バイアウト・ファンドは、普通株式で投資することが一般的であるが、他者（経営陣との共同投資含む）と共同で株式投資する場合などにおいて、お互いの株主としての権利内容やリスク・リターンを分ける目的で優先株式や黄金株などの種類株式を活用することもある。

(中村大介)

▶関連用語→優先株式
▶本編関連ページ→第2章17頁、第10章185頁

普通株式を対価とする取得条項（強制転換・一斉取得条項）

株式の内容として定められる、一定の事由が生じた場合に発行会社が強制的にその株式を取得できる旨の条項（会社法108条1項6号）のうち、その取得の対価が普通株式であるもの。発行会社の定款に取得事由、対価として交付する普通株式の数または算定方法などを定める必要がある（会社法108条2項6号、107条2項3号）。

発行会社の普通株式が上場されていない限り、普通株式を売却して投資回収を行うことは容易ではなく、優先株主の投資回収を困難にする恐れがあることから、非上場会社（または非上場化）を前提とするLBOファイナンスでは通常用いられない。上場会社へのファイナンスとして優先株式が用いられる場合には、普通株式を市場で売却することにより投資回収を図ることも可能となるため、発行会社が金銭による償還に代えて普通株式への転換を選択することができるようにこの取得条項を定めることがある。その場合、取得が可能となる事由、時期、数量などを制限し、転換価額（取得の対価として交付する普通株式の数の算定の基礎となる普通株式1株当たりの基準価額）の修正条項を規定することなどにより、メザニン投資家の投資回収を確保するための仕組みを設けるのが一般的である。

(谷本芳朗)

▶関連用語→優先株式
▶本編関連ページ→第14章260頁

普通株式を対価とする取得請求権（転換請求権）

株式の内容として定められる、株主が発行会社に対してその株式を取得することを請求することができる会社法上の権利（会社法108条1項5号）のうち、その取得の対価が普通株式であるもの。金銭を対価とする取得請求権と異なり会社法上の財源規制（会社法166条1項）に服さず、発行会社にキャッシュがなくとも普通株式への転換は可能であるため、投資回収の最終手段として用いられることが想定される。

優先株主は取得請求権の行使により取得した普通株式を売却することにより投資回収を図ることが考えられるが、議決権のある普通株式であっても（優先株式には議決権を付さないのが一般的である）上

場されていない限りは、売却することは必ずしも容易ではない。そのため、取得請求権を行使することにより発行会社の議決権を取得し自ら経営に関与すること（ステップ・イン）を通じて発行会社の企業価値を向上させ、投資回収を指向することが可能となるとの機能も期待して設計される場合が多い。

取得と引き換えに交付する普通株式の数またはその算定方法は発行会社の定款で定める必要がある（会社法108条2項5号、107条2項2号）が、行使の条件や行使可能期間は発行会社との間の契約で定めるのが通常である。シニア貸付人からは、シニア・ローンの完済までは取得請求権を行使しないことを求められる。

（岡竜司）

▶関連用語→優先株式
▶本編関連ページ→第14章256頁

プライシング・グリッド〔pricing grid〕

通常、ローンの調達金利には固定金利と変動金利があるが、LBOファイナンスにおいては一般的に変動金利が用いられる。変動金利はベースレート＋スプレッドにより構成され、通貨が日本円であれば、ベースレートは東京インターバンク市場レート（TIBOR）を用いることが多い（他の指標を使うこともある）。スプレッドについては、当該案件のリスクやその時々のマーケット水準も勘案しながら借入人との交渉で一定の固定料率で合意することも多いが、融資期間中に信用力の変化が見込まれる場合などにおいては、借入人（／貸付人）の観点からはその時々のリスクに見合ったコスト（／リターン）とすべく、スプレッドを企業の信用力の変化に合わせて変動させることがある。これをプライシング・グリッドと呼ぶ。

ここでいう信用力の目安として利用される指標としてレバレッジ・レシオが使用されることが多い。レバレッジ・レシオの基本は「負債／EBITDA」で計算されるが、具体的な定義（グロスベースか、現預金を負債から控除したネットベースかを含む）、計算方法は案件ごとに協議・交渉され、ローン契約に規定される。

（佐野友亮）

▶関連用語→スプレッド、TIBOR
▶本編関連ページ→第3章46頁

プライベート・エクイティ〔private equity〕

➡プライベート・エクイティ・ファンド（386頁）参照

プライベート・エクイティ・ファンド〔private equity fund〕

プライベート・エクイティ・ファンド（private equity fund）は、未上場企業の株式へ投資するファンドを指し、投資対象となる企業のステージによりさまざまなタイプがある。主要なものとしては、既に事業基盤が確立された企業へマジョリティ投資（株式の過半数を取得）を行うバイアウト・ファンド、ベンチャー企業に投資を行うベンチャー・キャピタル・ファンドが存在する。

通常、プライベート・エクイティ・ファンドの存続期間は10年となっており、最初の5年間の投資期間に、複数の企業への投資を行いポートフォリオの構築を行う。そして、対象企業へのハンズオン支援を行うことで企業価値を高めていき、最終的には株式上場（IPO）やトレード・セール（M&A）などの手法により、保有株式を売却してリターンを獲得する。

なお、資産運用の対象としてのプライベート・エクイティ・ファンドには、メザニン・ファンド、セカンダリー・ファンド、ディストレスト・ファンドなどのサブ・アセットクラスも存在する。

（杉浦慶一）

プライマリー市場〔primary market〕

➡セカンダリー取引（370頁）参照

フリー・キャッシュフロー〔free cash flow〕

会社が自由に使えるキャッシュのことで、営業キャッシュフローと投資キャッシュフローを合計して求めるのが一般的である。すなわち、営業活動で稼いだキャッシュから、現在の事業を維持するための設備投資や新規事業投資などに必要な資金を差し引く。LBOローンはノン・リコース・ローンで、株主は出資額以上のリスクを負わない仕組みであるため、買収対象会社の資産や将来キャッシュフローを返済原資するLBOファイナンスにおいては、フリー・キャッシュフローが特に重要となる。そのため、貸付を行う銀行は、財務制限条項や設備投資金額を厳しく管理したり、配当を禁止したりするなど、対象会社の資産が外部に流出しないように多様なコベナンツ（制約事項）を設定する。サービス業と比較して、事業用資産を保有し、設備投資機会が多い製造業については、コベナンツによる制約を受けやすい。

（小木尊人）

LBOファイナンス用語集

▶本編関連ページ→第3章48頁、第7章111頁、第11章214頁

ブリッジ・ローン〔bridge loan〕

シニア・ローンのファシリティのうちの一つであり、つなぎ融資と呼ばれるもの。LBOファイナンスの償還原資は買収対象会社が将来生み出すキャッシュフローであるが、ブリッジ・ローンを活用することで、実質的に買収対象会社の手許現預金や投資有価証券などをその一部とすることができる。特に、手許現預金が厚い企業の買収時には、事業価値以外に多額の資金が必要になる場合があるため、ブリッジ・ローンで株式購入資金を一時的に賄い、買収完了後、すなわち、買収SPCと買収対象会社の合併後に、買収対象会社の手許現預金を償還原資として返済されるケースがある。

また、買収プロセスの時間的制約などの理由から、買収完了までの必要資金をブリッジ・ローンのみで調達し、買収完了時にパーマネント・ローンに切り替えるというストラクチャーがとられるケースがある。特にクロスボーダー案件にて利用されることが多い。この場合、ブリッジ・ローンとパーマネント・ローンの金額は必ずしも同額とはならない。

なお、いずれのケースにおいても、ブリッジ・ローンの早期の返済を促すため、ステップ・アップ金利が適用されることがある。　　　　（田畑文淳）

▶関連用語→ステップ・アップ金利
▶本編関連ページ→第2章22頁、第3章44頁

プリペイメント・フィー〔prepayment fee〕

金銭消費貸借契約において、ボロワーが期限前弁済をする場合に支払うべきとされている手数料（期限前弁済手数料）のこと。期限前弁済手数料には、主にプリペイメント・フィーとブレーク・ファンディング・コストの2種類が存在する。前者は、後述のブレーク・ファンディング・コストに代わり、または加えて、期限前弁済に係る元本額に一定の料率を乗じた金額が適用利率による満期日までの将来の利息相当額の支払い、後者は、期限前弁済日から次の利息支払日までの期間につき、期限前弁済に係る元本額をインターバンク市場などで再運用すると仮定した場合の利率（再運用利率）が適用利率／基準金利を下回る場合に、再運用利率と適用利率／基準金利との差に期限前弁済額に係る元本額を掛け、次の利息支払日までの実日数につき日割り計算した

ものの支払いをいう。プリペイメント・フィーは、期限前弁済が行われた利息計算期間経過後も同じ利回りによる再運用先を確保することが困難な事案やレンダーにおいて見られることが多く、あらかじめ想定していたリターンが早期弁済／償還により確保できなくなる可能性が高いファンド形態で資金を拠出している場合は規定されることが多い一方で、銀行がレンダーとなっている場合に規定されることはまれである。
　　　　　　　　　　　　　　　　　　（中野亨奈）

▶関連用語→期限前弁済

フル・エクイティ

フル・エクイティとは、バイアウト案件において、エクイティ性資金のみで投資を行うこと。投資効率・採算は、デット調達を絡めた投資を行うほうが、レバレッジ効果により向上するが、以下のように案件の性質によっては、フル・エクイティとなるケースもある。

①投資案件の規模：ローンによる資金調達の組成コスト（金融機関への手数料、SPC組成費用、契約書関連費用など）が発生するため、ローン調達額が小さい場合は、投資効率が向上しない場合がある。

②投資先などの要請：バイアウトにおいてローン調達を行うと有利子負債が増加するため、対象会社や株式譲渡主体などが忌避し、フル・エクイティを投資の前提条件とされる場合がある。

③投資先の業況：投資先の状況（業績悪化や債務過剰など）によっては、新規の有利子負債調達が行えない場合がある。こうしたケースにおいては株式譲受価値が見いだせない場合も多く、結果的に増資による投資を行うこともある。

④投資後の持分比率：買収ファイナンスの多くは、投資後の持分比率が100％近くになることを想定しており、100％を大きく下回るケースにおいては、買収ファイナンスによる資金調達が行えない場合がある。なお、100％買収とならない場合、投資先企業の株式を担保とする、いわゆるシェア・ファイナンスなどを活用しローンを調達することも検討されることがある。　　　　（竹中幹雄）

ブレーク・ファンディング・コスト〔break funding cost〕

　➡プリペイメント・フィー（387頁）参照

用語集　387

プロジェクト・ファイナンス〔project finance〕

プロジェクト・ファイナンスとは、企業（スポンサー）の信用力をよりどころにするコーポレート・ローンと異なり、特定のプロジェクト（事業）に対して行うノン・リコースのキャッシュフロー・ファイナンス（ただし、プロジェクトによってはスポンサーが限定的にリスクを負担するリミテッド・リコースの場合もある）のことである。返済原資は、プロジェクトから生み出されるキャッシュフロー・収益であり、担保もプロジェクト資産に限定される。対象となるプロジェクトの具体例としては、発電所、道路、鉄道、空港、港湾などインフラ整備、石油・製鉄所などプラント建設、石油・ガスなど資源開発があり、銀行やノンバンクなど金融機関がシニア・ローンやメザニン・ローンを提供している。

なお、ノン・リコースのキャッシュフロー・ファイナンスという点で、プロジェクト・ファイナンスとLBOファイナンスは類似しているが、最大の相違点はファイナンス対象の違いである。プロジェクト・ファイナンスは特定のプロジェクトを対象とする一方、LBOファイナンスは買収企業そのものを対象とするため、それぞれの特性に応じたキャッシュフローの精査やストラクチャーの検討が必要になる。　　　　　　　　　　　　　　（中桐紀子）

▶関連用語→ノン・リコース・ローン
▶本編関連ページ→第3章54頁、第5章77頁・90頁、第10章180頁

プロ・フォーマ〔pro forma〕

プロ・フォーマとは、「仮の」「形式上の」「見積もりの」などを意味する。企業会計においては、企業の買収といった企業結合が行われた場合に、企業結合が当期首に完了したと仮定し、当期の連結損益計算書に及ぼす影響を概算した数値をプロ・フォーマ情報という。被買収企業の規模が買収企業に比して大きいため、買収企業の連結業績に与える影響が多大で、業績トレンドを買収前後で同一条件下にて把握することが困難な場合などに開示が要請され、買収企業が独自に試算した仮の連結業績がプロ・フォーマ情報として有価証券報告書に記載される。また、バイアウト・ファンドにおいては、買収後に必要となる、あるいは不要となるコストや一時的に発生する費用を調整した正常収益力をプロ・フォーマ情報として試算したうえで、業績トレンド分析、事業計画の策定などに活かすこともあり、当該調整はプロ・フォーマ調整と表現される。　（頼末晃）

▶本編関連ページ→第7章115頁

プロ・フォーマ調整〔pro forma adjustment〕
➡プロ・フォーマ（388頁）参照

プロラタ〔pro rata〕

比例配分（pro rata）の意味。シンジケーション案件においては、各参加者の参加割合（シェア）に返済額が参加割合に比例按分して分配される仕組みを意味する。また、実際のLBOファイナンスの条件交渉では、期限前返済（プリペイメント）の受領金を複数のトランシェに比例按分して返済充当することを指すこともあり、多様な文脈で使用される用語である。

一般的に、極力ローンを前倒しで返済してもらい実質与信期間を短縮したい貸付人は、当該返済金をターム・ローンB（満期一括弁済）の返済に充当したいインセンティブがある一方で、目先の約定弁済負担を軽減させたい借入人・スポンサーは、当該返済金をターム・ローンA（約定弁済付トランシェ）の返済に充当することを主張する。その中間をとって、ターム・ローンA、B双方にプロラタ充当する選択肢もあり、実際どの形で合意がなされるかは個別案件ごとに将来の事業計画の安定度や実現の蓋然性、期限一括弁済部分の割合などに応じてケース・バイ・ケースである。

なお、近しい言葉にパリパス（ラテン語で「足並みをそろえて、平等に、同じ割合で」）という言葉があるが、これは各債権者間に返済の優先劣後関係がなく、同順位で返済を受ける権利があること保証するもの。　　　　　　　　　　　　　　（齋藤聖）

▶関連用語→トランシェ
▶本編関連ページ→第8章141頁、第10章197頁

プロラタ・トランシェ〔pro rata tranche〕
➡プロラタ（388頁）参照

プロラタ・ローン〔pro rata loan〕
➡プロラタ（388頁）参照

分配可能額〔distributable amount〕

分配可能額とは、株式会社において剰余金の配当や自己株式の有償取得などを行う際の金銭交付の限度額であり、会社法第461条において債権者保護な

LBOファイナンス用語集

どの観点から定められる財源規制を指す。会社法における分配可能額は、「分配時点における剰余金の額」－「分配時点の自己株式の帳簿価額」－「事業年度末日以降に自己株式を処分した場合の処分対価」－「その他法務省令で定める額」によって計算され、ここで計算される分配可能額の範囲内でしか配当金の支払いや自己株式の買い取りは行えないこととなっている。減資や資本準備金の減少といった手続きを行うことにより、剰余金を増やし、分配可能額を確保することも可能ではあるが、バイアウト・ファンドが配当リキャップを通じて投資先企業からの投資回収を図る場合や、メザニン・レンダーが優先株式の配当や償還を通じて投資回収を行う場合には、この分配可能額の制限を受けることにつき十分留意したうえで投資回収のスキームを設計する必要がある。
(坂本謙太郎)
▶本編関連ページ→第8章145頁・154頁、第10章187頁、第11章207頁、第14章256頁

ペイイング・エージェント〔paying agent〕
➡エージェント（349頁）参照

ベイシスポイント〔basis point〕
bpと略され、1 bp=0.01%である。貸出金利のスプレッドや手数料率を表す場合に用いられる。例として、基準金利：〇〇〇bp、アップフロント・フィー：〇〇〇bpなどと使用される。　（末野祐樹）
▶関連用語→スプレッド
▶本編関連ページ→第3章46頁

ベスト・エフォート〔best effort〕
➡アンダーライティング（347頁）参照

ベンダー・ファイナンス〔vendor finance〕
買収案件において売手（ベンダー）が買手（バイヤー）に対してファイナンスを供与すること。買手にとっては買収資金のサポートを得られる一方、売手にとっては当該買収案件を成約しやすくまたはより高い買収価格を引き出すことが期待できる。LBOスキームにてベンダー・ファイナンスが供与される場合には、売手が引き続き当該被買収企業のステークホルダーとして関与することから、売手がネガティブな情報を秘匿して売り抜けるなどの事態を抑制する効果を期待して買手また買手に資金供与するデット・プロバイダーからベンダー・ファイナンスの供与を求めるケースもあれば、当該被買収企業への継続投資を目的として売手からベンダー・ファイナンスの供与を求めるケースもある。いずれのケースにおいてもシニア・デットに比べ、より深いリスクの引受やより高いリターンの水準が志向されるため、メザニン（シニア・デットとエクイティの中間水準のリスク・リターン）の形態でベンダー・ファイナンスが供与されるケースが多い。なお、一般的にリース会社がある製品の販売者の販売促進と購入者の資金サポートを目的としてリースを行うことをベンダー・ファイナンスと呼ぶ場合もある。
(尾竹恭介)
▶本編関連ページ→第2章21頁

ポートフォリオ企業〔portfolio company〕
ポートフォリオ企業とは、バイアウト・ファンドの投資先企業を指す。バイアウト・ファンドは、通常、リスク分散の観点から、投資先企業が特定の業種、地域、ステージに偏ることがないように組み合わせ（ポートフォリオ分散）、投資後は継続的にモニタリングを実施する（ポートフォリオ管理）。ファンドのポートフォリオ企業が少ない場合、一つのポートフォリオ企業の成功・不成功がファンド全体に与える影響が大きくなるため、ファンドとして安定したパフォーマンスを目指すためには、ポートフォリオ企業の組み合わせの最適化が必要とされる。

なお、「ポートフォリオ」という用語は、LBOファイナンスにおいては、金融機関のローン・ポートフォリオという意味で使用されることもある。金融機関においても、リスク管理の観点から、ローンのポートフォリオ分散、ポートフォリオ管理が重視されている。
(早瀬真紀子)

ホールド・コ・ファイナンス〔holdco finance〕
➡シェア・ファイナンス（株式担保ローン）（364頁）参照

ボトムライン〔bottom line〕
➡トップライン（376頁）参照

ボロワー（借入人）〔borrower〕
LBOスキームを用いるケースでは基本的には買収を目的に設立される買収目的会社（SPC）がボロワーとなる。借入にあたってボロワーはレンダーと

用語集　389

の間で借入金額・資金使途・返済スケジュール・金利・手数料などの借入に関わる条項、株式、保有資産などの担保や保証に関わる条項、DSCRなどの財務制限条項、各種確約条項や表明・保証条項などが含まれる金銭消費貸借契約を締結する。

　ボロワーは借入の返済に対する法的義務を負い、金銭消費貸借契約で定められた条件を遵守できない場合は融資条件の悪化または期限の利益の喪失といったペナルティを受けることとなる。融資条件の交渉にあたっては対象会社の事業計画を反映した財務モデルが起点となることから、対象会社のビジネスモデルおよび資金の流れの理解について、レンダーと十分なコミュニケーションをとることが重要となる。また、各種の報告義務および作為義務、不作為義務として許認可の維持、保険の付保、配当・役員報酬の制限、設備投資制限、キーパーソン維持などを求められることがあるので、対象会社の事業運営の制約とならないか、あるいは実務的に過大な負担が発生しないかといった点も考慮した交渉が必要となる。
〔渡邉泰彦〕

▶関連用語→レンダー（貸付人）
▶本編関連ページ→第5章92頁

〔マ〕

マーケット・フレックス〔market flex〕
➡コミットメント・レター（361頁）参照

マジョリティ投資〔majority investment〕
　「マジョリティ投資」とは、投資先企業の経営権の支配権を取得する投資である。「コントロール投資」とも呼ばれ、一般的には、議決権の過半数を取得する株式投資をいう。反対に、議決権の半数以下を取得する株式投資は「マイノリティ投資」と呼ばれる。バイアウト投資を行うファンドにおいては、有効なコーポレート・ガバナンス体制を構築するために、マジョリティ投資を原則とするところが多い。単独ではマジョリティを取得せずに、第三者と共同でマジョリティを取得するケースもあり得る。エグジット方法としてトレード・セールが選ばれる場合には、マジョリティを確保できることが売却条件面で有利に働くことが多い。そのため、第三者と共同でマジョリティ投資をするケースにおいては、あらかじめ共同投資家間でエグジット時の共同売却に関する取り決めを行うことが一般的となっている。
〔早瀬純〕

マネジメント・インタビュー
〔management interview〕
　ファイナンス検討段階で受領する各種情報（決算書類やインフォメーション・メモランダム、デューデリジェンス資料、Q&A、CFモデルなど）では把握しきれない定性的な情報を補うために行われる。通常は、金融機関が借入人（買手）に対してコミットメント・レターを提出する前に行われ、貸付人の社内審査過程において、マネジメント・インタビューを事前に実施することが認可条件として義務づけられる場合もある。定性的な情報の例として、経営者のビジネスへの取り組み姿勢、今後のビジネスの展望や経営課題の認識などが含まれるがこれに限らず、個別案件ごとに必要項目が決定される。なお、案件の規模や事情によってはレンダーが事前にマネジメント・インタビューの機会を得られないこともあり、その場合はデューデリジェンス実施業者による既存経営陣へのインタビュー記録の開示や、既存経営陣に関する質問事項をQ&Aを通じて確認することによってコミットメント・レター提示前の確認を代替することになるが、通常はそれでも同レター提示後にはインタビューを実施することが多い。バイアウト・ファンドによるマネジメント・インタビューでは、経営方針についてのディスカッションなどを通じた相互理解や信頼関係の構築も目的となる場合がある。
〔上村日名子〕

▶関連用語→デューデリジェンス
▶本編関連ページ→第3章39頁

マネジメント・バイアウト（MBO）
〔management buy-outs〕
➡MBO（402頁）参照

マンデーテッド・リード・アレンジャー（MLA）
〔mandated lead arranger〕
➡アレンジャー（347頁）参照

マンデート〔mandate〕
➡アレンジャー（347頁）参照

マンデート・レター〔mandate letter〕
➡アレンジャー（347頁）参照

みなし利息

　利息制限法では、貸付人が受領する元本以外の金銭は、礼金、割引金、手数料、調査料その他いかなる名義をもってするかを問わず、利息とみなすものとされており（同法3条）、同様の規定は、出資法および貸金業法にも定められている。このような、貸付人が貸付に関して受領する元本以外の金銭で利息と見なされるものが、「みなし利息」と呼ばれるものであり、上限金利規制との関係で留意する必要がある。

　LBOファイナンスでは、貸付に係る元本および利息のほか、アレンジメント・フィーやエージェント・フィーなどが貸付人に対して支払われることがあり、これらのフィーがみなし利息に該当するかについて議論があるが、これらのフィーは、それぞれアレンジメント業務やエージェント業務の対価として支払われるものであるとして、みなし利息には該当しないものと一般に考えられている。また、コミットメントライン貸付におけるコミットメント・フィーについても同様の議論があり得るが、特定融資枠契約に関する法律の制定により、資本金の額が3億円を超える株式会社など一定の要件を満たす借入人との間のコミットメントライン貸付に関連して貸付人に対して支払われる手数料は、利息制限法および出資法におけるみなし利息に該当しないものと整理され、一定の立法的解決が図られている。

（山本一毅）

▶関連用語→出資法、利息制限法

未払優先配当〔unpaid preferred dividend〕
　➡優先配当（393頁）参照

民事再生法〔Civil Rehabilitation Act〕
　➡倒産法（374頁）参照

無限責任組合員〔general partner〕
　➡ジェネラル・パートナー（GP）（364頁）参照

メザニン・ファイナンス〔mezzanine finance〕

　メザニン・ファイナンスとは、中二階という意味で、シニア・ローン（二階）と、エクイティ（一階）の中間的なリスク・リターン特性を持つ資金のことである。バイアウトやリキャップの際のスポンサーの必要資金を補完し、レバレッジの向上や、シニア・ローンのリスク低減、期限前弁済額の低減などのメリットがある。劣後ローン、優先株式、持株会社向け構造劣後ローンなど多様な形態が見られ、新株予約権、ローンと種類株式を組み合わせる手法など、設計の自由度が高い。ファイナンシャル・コベナンツおよび、満期や強制転換権による期限の利益の制限など負債に近い性格を持つ。一方、想定リターンの大部分が後払い（PIK）で、金利・配当・元本の支払い・弁済順位がシニア・ローンに比して低く、レバレッジが想定外に上昇した場合に毀損リスクが生じる。種類株式においては分配可能額維持も要件となる。反面、リターンの大部分が契約に基づくリターンであることから、エクイティ・リターンにかかわらず、メザニン・リターンの達成が可能となるケースもある。一般的に、シニア・ローンのレバレッジが高い（低い）資本構成ではよりエクイティ（デット）に近いリスク・リターンとなる。日本では、メザニン特化型ファンドが主要プレーヤーだが、リース会社や保険会社などの金融機関も形態は限定的ながらメザニン・プロバイダーとなっている。

（船山浩一）

▶関連用語→エクイティ・ファイナンス、デット・ファイナンス

▶本編関連ページ→第2章18頁、第10章180頁・192頁、第11章200頁・211頁、第12章219頁、第13章233頁・245頁、第14章251頁・264頁、第15章269頁、座談会314頁

メザニン・ファンド〔mezzanine fund〕

　メザニン・ファンドとは、劣後ローンや劣後社債、優先株式などメザニン・ファイナンスへの投資にフォーカスしたファンドをいう。

　プライベート・エクイティにおいて、ベンチャー・キャピタル・ファンド、バイアウト・ファンドおよび再生ファンドは一般的に未上場企業の普通株式に投資するのに対して、メザニン・ファンドはデット性のファンドと位置づけられる。

　投資対象となる企業の利益およびキャッシュフロー創出力、想定投資期間・回収シナリオ、コベナンツ設計およびリターンをもって投資判断を行うのが一般的である。

　メザニン・ファイナンスは、投資実行から回収までの間にも金利や優先配当などによるインカムゲインを獲得するような設計がなされることが多い。このため、資産運用の対象としてメザニン・ファンド

を見た場合、ファンドの損益やキャッシュフローが早期にプラスとなりやすい（＝Jカーブが浅い）という特徴がある。　　　　　　　　　（谷合昌之）
▶関連用語→Jカーブ
▶本編関連ページ→第10章196頁、第15章276頁

メザニン・プロバイダー〔mezzanine provider〕
　➡メザニン・ファイナンス（391頁）参照

**メザニン・レンダー（メザニン貸付人）
〔mezzanine lender〕**
　➡レンダー（397頁）参照

**モニタリング①〔monitoring〕
（貸付人による借入人に対するモニタリング）**
　LBOファイナンスでは、一般的なコーポレート・ファイナンスと異なり与信期間が長期にわたり、多額の負債を抱えるため、確実な返済を見込むうえで事業計画の進捗管理が欠かせないことから、貸付人が借入人の財務状態を適宜モニタリングすることは重要である。そこで借入人は融資契約の規定に従い、貸付人に対して情報提供義務を負い、一般的には月次試算表および決算期における監査済み（レビューを含む）財務諸表が貸付人に提出される。また年度ごとの事業計画、投資計画、預金残高報告書、財務コベナンツ計算書などが求められることが通常である。貸付人はこれらの資料徴求により、借入人の事業計画に乖離がないこと、財務コベナンツを遵守していることおよび作為・不作為誓約を遵守していることなどを確認する。（笹崎智寛）
▶本編関連ページ→第4章68頁、第6章97頁・107頁、第7章135頁

**モニタリング②〔monitoring〕
（バイアウト・ファンドによる投資先企業に対するモニタリング）**
　投資先企業のさまざまな重要課題に対するPDCAサイクル（plan-do-check-action）を回していくために、確認・評価（check）にとどまらず、計画立案（plan）や実行（do）、改善（action）についても、株主の立場から必要に応じてサポートを行っていくこと。
　具体的には、中期経営計画や予算、重要課題に対する対策などについて、投資先企業と協議して設定した指標やアクションプランの進捗状況を確認・評価し、必要に応じて修正を加え、実行をサポートする。実施体制としては、投資先企業ごとにモニタリング・チームを組成し、社外取締役として派遣することに加え、投資先企業に常駐者を置く場合もある。また、計画の遂行確度を高めるために、社長やCFOなどの外部人材を派遣する場合もある。モニタリング・チームが参加する会議体は、月次の取締役会や経営会議など経営陣が参加する会議体に加え、営業系や生産系などの現場レベルの会議体についても、投資先企業の事業環境に鑑みて参加対象とするケースが多い。　　　　　　　　（青海孝行）

〔ヤ〕

約定劣後倒産債権方式
　➡優先劣後関係（393頁）参照

**ヤンク・ザ・バンク条項
〔"yank the bank" clause〕**
　シンジケート・ローンにおいて、貸付人に一定の事由が生じた場合に、借入人に対して、当該貸付人の保有する貸付人の地位および貸付債権を第三者に対して譲渡することを要求する権利など、当該貸付人を排除する権利（例えば、貸付人間の平等取扱原則の例外として、当該貸付人に係る融資枠だけを解除しまたは当該貸付人に係る貸付債権だけを期限前返済する権利）を付与する条項をいい、当該事由の類型に応じて、大きく三つの類型に分かれる。
　第一の類型は、準備金規制の変更などにより貸付人における貸付債権の維持コストが上昇した場合にそのコストを借入人に負担させることができる条項や、借入人が貸付人に対して行う支払について源泉徴収義務が発生した場合に借入人がいわゆるグロスアップする義務を負う旨の条項がある場合において、当該事由が発生した貸付人に対して、発動するものであり、第二の類型は、貸付義務の履行を遅滞した貸付人に対して、発動するものである。そして、第三の類型は、契約の変更や同意（waiver）を求める場合において、一部の貸付人の賛同を得られないために、当該変更または同意の成立に必要な要件を充足しない場合に、当該貸付人に対して、発動するものである。なお、借入人が、貸付人の地位や貸付債権の譲渡を請求することができる、といっても、譲渡先となる金融機関は、貸付人となり得るための資格要件を満たしている必要があり、そのよ

うな金融機関の探索は、あくまで借入人の責任である。

このうち、第三の類型は、シンジケートの勧誘が銀行以外の年金基金、生命保険会社などの機関投資家に対しても行われるに従って欧米のマーケットで普及した。小口の貸付人が、とりわけ、全貸付人同意事項について不同意を表明することで、契約変更や同意の付与が滞る懸念に対応するものである。例えば、利率の変更や弁済期の繰り延べなどの変更は、通常、全貸付人同意事項であるが、その変更の必要性が明らかであるにもかかわらず、一部の小口の貸付人の不同意によってこれが妨げられる場合に、同条項は、借入人に、そのような事態を打開する機会を与えるものである。　　　　　（平野倫太郎）
▶関連用語→シンジケート・ローン

有限責任組合員〔limited partner〕
　➡リミテッド・パートナー（LP）（395頁）参照

融資証明書
　➡コミットメント・レター（361頁）参照

優先株式〔preference shares, preferred stocks〕
　種類株式の一種。会社法第108条1項の規定に従い、剰余金の配当や残余財産の分配に際して普通株式や他の種類株式に優先した取り扱いがされる株式を指す。株主総会（当該種類株主総会を除く）での議決権が付されない場合や、議決権が制限される場合が多い。優先株式は、自己株式取得の際に会社の業績や財務状況次第で株主の経済的リターンが変動する「株式型優先株式」と、発行会社の業績や株価にかかわらず、あらかじめ定められた方法で算出された金額を対価に取得される「社債型優先株式」に大別される。株式型優先株式は、ベンチャー・キャピタル・ファンドや企業再生スポンサーなど、元本毀損リスクを抑えつつも投資成功時の期待リターンを高めたい投資家に活用されることが多い。一方、社債型優先株式はバイアウト時の資金調達手法として広く活用されている。　　　　　　　　（松野修）
▶関連用語→残余財産分配、普通株式
▶本編関連ページ→第2章21頁、第10章185頁・192頁、
　　　　　　　　第12章220頁、第13章234頁

優先交渉権〔preferential negotiation right〕
　優先交渉権とは、売手が1社もしくは少数の買手に対し付与する、他の買手に優先して売手と交渉できるという権利のことをいう。
　M&Aでは買手が複数いることが通常であり、買手は競合に優先して交渉することを期待する。同時に、売手にとってもすべての買手と並行してデューデリジェンスや条件交渉に対応することは非効率的であるため、優先交渉権は売手・買手の双方に合理的意味を有する。独占交渉権は特定の買手に対し排他的な交渉権を付与する、優先交渉権の最も強いものであり、売手は独占交渉期間中に他の買手と接触することを禁じられる。
　優先交渉権を付与するタイミングは、初期的検討を経て買手が提示する意向内容を比較した時点が一般的である（入札案件の場合は一次入札後）。
　バイアウト・ファンドは、売手との交渉と並行して、買収のためのLBOローンについて金融機関と交渉を行うが、優先交渉権を要求する時点で、融資額や金利などの条件案のインディケーションを獲得し売手に提示する場合もある。　　　　　（都築啓）

優先配当〔preferred dividend〕
　優先株式の株主に支払われる配当。優先配当の金額は、毎期一定額を定めるケースや、優先株式の払込金額に対して日割りで一定割合の金額を定めるケースなどがある。優先配当の支払いは、普通株式への配当より優先されるが、会社法上の剰余金の配当に該当するため、普通株式への配当と同様に発行会社の分配可能額の範囲内でのみ可能である。発行会社は、株式に関する定めとして、ある事業年度に未払いとなった配当を翌期に累積させるか否か（累積型・非累積型）、優先配当実施後にさらに分配可能額がある場合に、普通株式とともに優先株式も配当を受けるか否か（参加型・非参加型）といった条件を、優先株式の発行時点で取り決めることができる。国際会計基準（IFRS）では、株主への金銭支払義務を回避できない未払優先配当は金融負債として扱われる。　　　　　　　　　　　　　（三浦裕之）
▶関連用語→優先株式
▶本編関連ページ→第10章187頁、第14章253頁

優先劣後関係〔priority, preference〕
　同一の者に対して複数の投資または融資が存在し、かかる投資または融資間でそのリターンの優先順位に差異が設けられている場合における、かかる優先順位の先後関係をいう。

LBOファイナンスとの関係では、広くLBOファイナンスの供与者とスポンサーとの優先劣後関係を含むこともあるが、メザニン・ファイナンスも供与される場合のシニア・メザニン間の優先劣後関係を指すことが多い。かかる優先劣後関係を確保するため、シニア・メザニン間では、債権者間協定書（メザニン・ファイナンスが優先株式の形式で供与される場合には、関係者間合意書と呼ばれる）が締結され、メザニン・ファイナンスの期限の利益喪失（優先株式の場合には取得請求権の行使）の禁止や一定の場合における利払い（優先株式の場合には優先配当）の停止などが規定される。

また、メザニン・ファイナンスが劣後ローンまたは劣後社債の形式で供与される場合、優先株式と異なり倒産手続や清算手続における劣後性が法律上与えられていないため、これらの手続きにおいては、メザニン投資家はシニア貸付人を含む他の債権者と同順位で債権の弁済を受けることになる。このような取り扱いを前提に、メザニン投資家がシニア・ローンの完済前に弁済を受けた場合にはシニア貸付人へ弁済受領金を引き渡す（法形式は債権買取や第三者弁済）旨を債権者間協定書に規定するにとどめる方式（「債権者間合意方式」）が広く利用されており、この場合にはメザニン投資家はシニア貸付人との関係でのみ劣後することになる（いわゆる「相対劣後」）。他方で、メザニン投資家と借入人の間で、かかる劣後ローンまたは劣後社債が劣後的破産債権に後れる旨を合意する方式（「約定劣後倒産債権方式」）や、借入人の倒産手続開始などの一定の事由が生じた場合には、シニア・ローンが完済されることを停止条件として劣後ローンまたは劣後社債が効力を生じることを合意する方式（「停止条件方式」）があり、これらの場合にはメザニン投資家はシニア貸付人を含めた一般債権者との関係でも劣後することになる（いわゆる「絶対劣後」）。　（津久井康太朗）
▶関連用語→関係者間合意書、債権者間協定書
▶本編関連ページ→第8章141頁、第10章181頁、第11章208頁、　第12章230頁、　第14章266頁

余剰キャッシュフロー・スイープ
〔excess cash flow sweep〕
➡キャッシュフロー・スイープ（356頁）参照

〔ラ〕

リード・アレンジャー〔lead arranger〕
➡アレンジャー（347頁）参照

リキャップ〔recap〕
➡リキャピタリゼーション（394頁）参照

リキャピタリゼーション〔recapitalization〕
リキャピタリゼーションとは、投資先企業が既存有利子負債をいったん返済し、新たに銀行やメザニン・ファンドなどから調達した資金を原資として、バイアウト・ファンドに配当するか、またはバイアウト・ファンドが保有する株式を自社株取得することにより、バイアウト・ファンドが投資資金の一部または全部を回収することをいう。リキャップ（re-cap）やレバレッジド・リキャピタリゼーションとも呼ばれる。

バイアウト・ファンドにとっては、他社へのエグジットを行う前に、一定のリターンを確保できる有効な手段の一つであり、日本においても導入されている手法である。通常は、投資先企業が新たに資金調達を行い分配可能額の範囲内で配当もしくは自社株取得を行うか、バイアウト・ファンドが特別目的会社（SPC）を新たに設立し、当該SPCが資金調達を行ったうえで投資先企業と当該SPCが合併を行うことにより、バイアウト・ファンドが投資回収を行うこともあり得る。　　　　　（片倉康就）
▶関連用語→分配可能額、SPC
▶本編関連ページ→第8章137頁・152頁、　第13章247頁、第15章281頁、座談会300頁

リコース・ローン〔recourse loan〕
➡ノン・リコース・ローン（379頁）参照

リスケジューリング（リスケ）〔reschedule〕
リスケジューリングとは、借入人が現行の借入条件での返済が困難となった場合に実施する、返済条件の変更のことである。略称として「リスケ」と呼ばれることも多い。返済条件の変更は、主に①返済額の減額（元本返済の猶予、支払利息の猶予）、②返済期限の延長およびこの組み合わせにより実施される。返済額減額のリスケジューリングを行う場合には、債権者間平等の観点から、貸付人ごとの融資残高割合を基準として返済額を按分することが原則

である。新たな返済条件は、借入人のキャッシュフローによって返済可能となるように設定され、期間を6カ月～1年程度で区切り、経営再建の状況に応じて返済条件の見直しを行うことが一般的である。

(松坂亮佑)

利息制限法〔Interest Rate Restriction Act〕

金銭消費貸借における利率の上限を定めた法律。貸付金の元本額が100万円以上の場合、利率の上限は年15％であり、かかる上限を超えた利息に関する合意は、その超過部分について無効となる（1条3号、「上限金利規制」）。

国内のLBOファイナンス案件におけるシニア・ローンでは、日本円TIBORに連動した変動金利が採用されることが多いが、かかる金利も上限金利規制の範囲内である必要がある。また、メザニン・ファイナンスでは、約定繰延利息（「PIK」とも呼ばれる）や現金利息（原則各利払日に現金で支払われる利息のことをいう）などを複合的に組み合わせた利息が採用されることが多く、また、約定繰延利息については通常複利計算で利息を発生させる旨の特約（重利特約）がなされるため、上限金利規制がどのように適用されるのかという論点がある。この点については、1年単位で上限金利規制を適用し、各年度で発生する各種利息の総額が上限利率の範囲内に収まっている限り利息制限法の違反はないという見解に相応の合理性があると考えられている。また、LBOファイナンスでは、貸付人に対して各種フィーが支払われる旨が合意されることが通常だが、各種フィーが利息制限法上の利息として取り扱われるかについては「みなし利息」の項を参照されたい。

(角佳彦)

▶関連用語→みなし利息、PIK
▶本編関連ページ→第10章191頁

リファイナンス〔refinance〕

既存借入金の借り換えのことで、略して「リファイ」ともいう。一般的にLBOファイナンスは、コーポレート・ローンと比べて貸出金利が高く設定されており、財務コベナンツの条件も厳しい。また、買取対象会社（借入人）の設備投資やM&Aなどの資金使途も制限されていることも多い。

LBOファイナンスの満期日到来前に、より条件が有利なコーポレート・ローンなどへの切り替えにより、金利負担が軽減されるだけでなく、買取対象会社の将来的な成長・企業価値向上に向けた資金活用の柔軟性を確保できる。なお、スポンサーのエグジットに伴い、リファイナンスが実施されるケースもある。

(大宮伸巧)

▶関連用語→ファイナンシャル・コベナンツ（財務制限条項）
▶本編関連ページ→第1章6頁、第2章23頁、第3章44頁、第4章68頁、第6章103頁、第7章134頁、第8章139頁、第9章176頁、第10章185頁、第11章204頁・207頁

リボルバー〔revolver〕

➡コミットメントライン（融資枠）（361頁）参照

リボルビング・クレジット・ファシリティ〔revolving credit facilities〕

➡コミットメントライン（融資枠）（361頁）参照

リミテッド・パートナー（LP）〔limited partner〕

バイアウト・ファンドやメザニン・ファンドなどのプライベート・エクイティ・ファンドに投資家（組合員）として出資しファンドに生じる損益の分配を受ける者を意味する。ファンドの業務執行権限は、ファンドの運営責任者であるジェネラル・パートナーに一任し自らは業務執行権限を有することはない。また、ファンドが対外的に負担する債務や責任も出資約束金額または出資の価額の範囲に限定されることが特徴である。一般的には「LP」と略称され、日本では投資事業有限責任組合法に基づく用語である「有限責任組合員」と呼ばれる。

バイアウト・ファンドの場合、LPの代表的な属性は、海外では公的・私的年金や大学の運用基金、個人富裕層が、日本では銀行・保険会社が多かったが、近年は国内の年金も積極的に参加するようになった。また、銀行とりわけ最近は地方銀行によるプライベート・エクイティ・ファンドへのLP投資も増加している。ファンドの運用収益を追求する純投資目的に加え、地域金融機関の立場から地場企業の事業承継などのニーズに対応するソリューションとしてバイアウト・ファンドを活用する、もしくはバイアウト・ファンドが手がけるLBO（leveraged buy-outs）案件のシニア・ローンへの参加機会を発掘する期待もあるといわれる。

(鈴木洋子)

▶関連用語→ジェネラル・パートナー（GP）、投資事業有限責任組合

▶本編関連ページ→第1章3頁、第2章31頁

累積型優先株式〔cumulative preference shares〕
➡優先配当（393頁）参照

劣後社債〔subordinated bond〕
　企業が資金調達のために発行する債券を社債という。単に社債という場合は普通社債と同義であることが一般的で、普通社債に比べ弁済順位が低い社債が劣後社債である。劣後社債は、破産や会社更生法手続開始など劣後特約で定められた劣後事由が発生した場合、普通社債などの一般債務の支払完了後に弁済され、残余財産の弁済順位が高い普通社債と弁済順位が低い普通株式の中間的性格を有することから、劣後ローンや優先株式などとともにメザニン・ファイナンスに用いられる。劣後社債は弁済順位が低い分、利回りは普通社債に比べ高く設定される。

　なお、社債には多様な種類があり、普通社債、劣後社債以外には、社債と新株予約権が分離できない形式で発行される新株予約権付社債や、新株予約権が行使される際に払い込みに代えて社債の全額が償還される転換社債型新株予約権付社債などがある。
(石川誠)

▶関連用語→ハイ・イールド債

▶本編関連ページ→第10章185頁・192頁

劣後ローン〔subordinated loan〕
　劣後ローンは、リスク・リターンのいずれもシニア・ローンとエクイティの間に位置するバイアウト・メザニンの主要なプロダクツの一つである。シニア・ローン同様に証書貸付の形態をとる債権であり、借入人倒産などの場面におけるその劣後性は、シニア・ローンのみに劣後する相対劣後、あるいは、シニア・ローン債権以外の債権を含む上位債権すべてに劣後する絶対劣後のいずれかとなる。

　上記に加え、シニア・ローンの最終返済期日から0.5〜1年後に設定されることが多い期限一括の返済期日、シニア・レンダーに次ぐ第二順位の担保権設定など、各条件がシニア・ローンに劣後する一方、Cash金利（現金金利）およびPIK金利（payment in kind：繰延金利）により構成されるリターンは、シニア・ローンに対して大きく設定される。
(大川克寿)

▶関連用語→PIK

▶本編関連ページ→第2章21頁、第10章181頁・192頁、第11章207頁・214頁、第12章220頁、第13章234頁・246頁、第14章266頁

レバレッジ〔leverage〕
　レバレッジの原義は「梃子（てこ）の原理」のこと。バイアウト投資において、レバレッジとは、企業株式の取得を行う際に他人資本を活用することで自己出資を抑え、投資効率を高めることを指す。この場合の他人資本については銀行借入や社債が含まれ、この際に提供される銀行ローンをLBOローンと称する。レバレッジを効かせるためには、他人資本と自己資本だけでなく、その中間形態であるメザニンを活用することもある。また、レバレッジを活用したバイアウトは、LBO（leveraged buy-outs）と呼ばれる。
(侍留啓介)

▶本編関連ページ→第1章4頁、第2章25頁

レバレッジド・ファイナンス〔leveraged finance〕
➡LBOファイナンス（400頁）参照

レバレッジド・リキャピタリゼーション〔leveraged recapitalization〕
➡リキャピタリゼーション（394頁）参照

レバレッジド・ローン〔leveraged loan〕
➡LBOファイナンス（400頁）参照

レバレッジ・レシオ〔leverage ratio〕
　レバレッジ・レシオとは、D/Eレシオ（debt equity ratio）とも呼ばれ、企業の財務健全性を見る指標の一つである。具体的には、他人資本（有利子負債）の残高を自己資本の残高で除して算出された指標であり、低いほど財務健全性は高く（リスクが低く）、高くなるにつれて財務健全性は低く（リスクが高く）なる。

　また、レバレッジ・レシオは、有利子負債残高に対する企業の返済能力を見る指標として、有利子負債残高をEBITDA（償却前営業利益）で除して算出する場合もある。この算出を行う場合には、有利子負債総額を用いる場合（Debt/EBITDA倍率）と、有利子負債総額から現金同等物を控除した純有利子負債残高を用いる場合（Net Debt/EBITDA倍率）がある。なお、有利子負債のうちシニア・ローンのみを対象として算出したものをシニア・レバ

LBOファイナンス用語集

レッジ・レシオという。　　　　（皆川亮一郎）
▶本編関連ページ→第3章49頁、第4章60頁、第6章98頁、第7章113頁、第8章140頁、第10章183頁

レポーティング（借入人から貸付人へのレポーティング）〔reporting〕

　貸付人が借入人の損益・財務状況や資金繰り、経営に影響を及ぼす事象発生の有無を把握するため、借入人に課す定期または随時報告のこと。複数の貸付人が存在する場合、借入人はエージェントにレポーティング資料を提出し、エージェントが参加行に配布する。

　主要な定期報告は、決算期および中間決算期における監査済み財務諸表、四半期報告書、納税申告書、月次の試算表・資金繰り表・その他業績評価指標（KPI）、ファイナンシャル・コベナンツ計算書およびコベナンツ充足についての証明書（四半期または半期ごと）、プロジェクションの達成状況を示す資料、事業計画書などがあげられる。随時報告は、株主、役員または組織・資本構成の変更、期限の利益喪失事由の発生、追徴課税または未払賃金などの支払請求などがあげられる。　　　（大村龍太朗）
▶関連用語→エージェント
▶本編関連ページ→第6章97頁・107頁

レンダー（貸付人）〔lender〕

　レンダーとは、LBOローンにおける貸付人を指し、通常LBOローンではシンジケート・ローンの形態をとることが多いため、複数のレンダーが存在する。他の借入より優先的に弁済される、相対的にリスクの低いローンのことをシニア・ローンと呼び、この貸付を行うレンダーのことをシニア貸付人（シニア・レンダー）、高いリターンが見込まれる一方でシニア・ローンより返済順位が下位にあるため投資リスクも高いファイナンス（通常、優先株または劣後ローンの形態をとる）のことをメザニン・ファイナンスと呼び、このうち貸付を行うレンダーのことをメザニン貸付人（メザニン・レンダー）と呼ぶ。メザニン貸付人が存在する場合、各債権者としての優先劣後関係、権利行使時の意思決定方法や担保実行の際の権利・義務などを定めるため、シニア貸付人とメザニン貸付人間において債権者間契約を締結する。LBOファイナンスのレンダーは、買収対象会社が将来的に安定した収益を上げ返済計画

を履行できるかを判断するために、当該企業が属する市場の成長性や対象会社自身の競争力について検証を行うことが必要となる。　　　　（中野志織）
▶関連用語→ボロワー（借入人）
▶本編関連ページ→第3章36頁、第6章96頁、第7章110頁

レンダー・ビッド
➡ファイナンス・ビッド（384頁）参照

ロールアップ〔roll-up〕

　水平的に同業を買収し、事業間のシナジーやスケールメリットを獲得しながら企業価値を高めていく投資戦略をロールアップ戦略（またはビルドアップ戦略）という。

　事業規模の拡大により原価削減や販売管理費の効率化が期待できるのみならず、ベストプラクティスの共有やクロスセリング機会の増加などさまざまな収益改善の効果が想定され、さらに業界内での地位の向上によりマルチプル改善の効果も期待される。シェアが分散し多くのプレーヤーが存在する業界に特に有効な手法とされ、まず中核となる企業をバイアウトし、それをプラットフォームとして相対的に規模の小さい同業他社を買収していくことが多い。

　バイアウト・ファンドには、資金のみならず、M&Aのノウハウやネットワークを提供することで追加投資の実行や投資後の統合プロセスを主導し、投資先のロールアップ戦略を成功に導く役割が期待される。

　なお、追加買収のために設定される融資枠については、アクイジション・ファシリティと呼ばれている。　　　　　　　　　　　　　　（喜多慎一郎）
▶関連用語→アクイジション・ファシリティ
▶本編関連ページ→座談会304頁

ローン・トレーディング〔loan trading〕
➡セカンダリー取引（370頁）参照

ローン・ポートフォリオ〔loan portfolio〕
➡ポートフォリオ企業（389頁）参照

〔ワ〕

ワンストップ・アレンジ〔one stop arrange〕
　ワンストップ・アレンジとは、狭義では、金融機

用　語　集　**397**

関が顧客基盤や業務ノウハウを活かして、案件開拓を含めたM&Aアドバイザリー業務とLBOファイナンスをワンストップで提供することをいう。金融機関によるファイナンスがパッケージとなることも多く、M&Aの売手や買手にとってはM&A取引の確実性が高まるメリットがある。また、金融機関にとっても、最終的な買手に対してアドバイザリー業務やLBOファイナンスを提供できるメリットがある。一方で、一般的にワンストップ・アレンジであるがゆえに売手および買手にとって選択肢の幅が狭まるリスクはある。特に銀証連携の壁が低い海外においては、ワンストップ・アレンジに含まれる個々のサービスの質や報酬レベルが適切であるかどうかには留意が必要である。　　　　　　　　（宮﨑孝裕）

〔アルファベット・数字〕

APLMA
〔**Asia Pacific Loan Market Association**〕
➡日本ローン債権市場協会（JSLA）（377頁）参照

CA〔confidentiality agreement〕
➡守秘義務契約（CA）（366頁）参照

CAPEX（設備投資）〔capital expenditure〕

　CAPEX（設備投資）とは、capital expenditureを略して造られた用語で、不動産などの固定資産の価値を維持・向上するための支出を意味する。通常の修繕費は費用扱いされるが、CAPEXは資産に計上され減価償却の対象になる。CAPEXは、企業の生産性の向上や収益基盤の強化に欠かせないものであり、技術革新のペースが速い通信、巨大な施設を抱える電力などのインフラ業界、工場や機械などの設備を必要とする製造業、多くの店舗を持つ小売業などにおいて多額のCAPEXが支出される。

　LBOにおいては、買収対象企業の資産や将来キャッシュフローを返済原資とするため、過剰にCAPEXを支出すると、LBOローン返済のためのキャッシュフローが不足する可能性や、事業運営に支障が出る可能性も生じ得る。そのため、あらかじめCAPEX支出額に上限を設けることや、一定金額以上のCAPEXを支出する際には貸出人の承諾を要するなどの財務制限条項が設けられることがある。

　　　　　　　　　　　　　　　　　　（石神俊彦）
▶関連用語→ファイナンシャル・コベナンツ（財務制限条項）
▶本編関連ページ→第3章42頁・50頁、第7章111頁、第11章214頁

CFADS〔cash flow available for debt service〕

　CFADSは、デット・サービス（元本返済・利払い）に充当可能なキャッシュフローを意味する。具体的には、EBITDAから①税金支出（corporation tax）、②運転資本増減（changes in working capital）、および③設備投資支出（CAPEX）を控除して算出される。

　一般的に、ある事業の収益性を示す指標としてはEBITDAが多く用いられるが、回収可能額を重視するレンダーの観点からは、事業維持のための必要支出（上記①②③）を控除した分配可能額であるCFADSがより重視される。

　なお、CFADSは、いわゆるFCFを（株主に対して優先分配権のある）レンダーの観点から捉えたものであって、両者は実質的に同一の概念と理解できる。ただし、弁済に関する優先順位の異なる複数のレンダーが存在する場合、劣後ローンのレンダーにとってのCFADSは、シニア・ローンのレンダーにとってのCFADS（＝FCF）からシニア・ローンに対する元本返済額と利払い額を控除した残額となる点に留意を要する。
　　　　　　　　　　　　　　　　　　（中原慎一郎）
▶関連用語→EBITDA

CLO〔collateralized loan obligations〕

　CLOは、多数のバンク・ローンを裏付けとしてSPV（special purpose vehicle）が発行する証券化商品であり、主として低格付のレバレッジド・ローン（LBOローンなど）が組み入れられる。支払順位に応じた複数階層のデット・トランシェとエクイティ・トランシェから構成され、投資家はリスク・リターンの選好に合致するトランシェに投資する。

　各デット・トランシェは支払順位が上位であるほど高格付であり、一方でエクイティ・トランシェの投資家はデット・トランシェの存在によりレバレッジ効果を享受できる。アセット・マネジャーが所定の規準に従いポートフォリオの選択、入れ替えを行うことでポートフォリオの質を維持し、またエクイティ・トランシェのリターン向上を目指す。LBOが活発な欧米において、CLOはメザニンを含むLBOローンの主要な資金供給主体の一つであり、機関投資家がローン市場に間接的に投資するチャネ

LBOファイナンス用語集

ルとなっている。上位のデット・トランシェは銀行、保険会社、資産運用会社などが購入し、下位のデット・トランシェやエクイティ・トランシェはヘッジ・ファンド、CLOのマネジャーなどが購入する傾向にある。　　　　　　　　　（星野寛人）
▶関連用語→トランシェ
▶本編関連ページ→第7章132頁、第9章165頁、第10章194頁

DA〔definitive agreement〕
➡株式譲渡契約書（SPA）（354頁）参照

Debt/EBITDA倍率〔debt/EBITDA ratio〕
➡レバレッジ・レシオ（396頁）参照

D/Eレシオ〔debt equity ratio〕
➡レバレッジ・レシオ（396頁）参照

DSCR〔debt service coverage ratio〕
➡デット・サービス・カバレッジ・レシオ（DSCR）（373頁）参照

EBITDA
〔earnings before interest, taxes, depreciation and amortization〕

EBITDAとは、利払前・税前・償却前利益を意味する。計算式としては、営業利益＋償却費や、税引前当期純利益＋支払利息＋償却費などが用いられ、償却費には、有形固定資産の減価償却費に加え、のれんなど無形固定資産の償却費も含まれる。支払利息は金利情勢や資本構成、償却額は会計方針に影響を受けることから、これらの影響を排除した収益力を測る指標であり、特にバイアウトではのれんが計上されることが多いため、一般的に収益指標としてはEBITDAが用いられる。

企業価値評価手法の一つとしてEV/EBITDA倍率が多用されるが、金融機関からの資金調達においては、借入可能額（デット・キャパシティ）の目線として、EBITDAに対して何倍程度の調達が可能であるか、協議することが一般的である。

また、LBOローン契約上でも、EBITDAは財務制限条項や条件適用の算定に用いられる。例えば、収益水準をミニマムEBITDA、負債水準をネット・レバレッジ・レシオ（ネット有利子負債÷EBITDA）で規定し、貸出金利スプレッドをネット・レバレッジ・レシオのグリッドで設定することがある。なお、計算式には、買収関連費用など特殊要因を控除した、調整後EBITDAを用いる事例も多い。　　　　　　　　　　　　（岩城淳）
▶関連用語→のれん償却（営業権償却）
▶本編関連ページ→第1章8頁、第2章26頁、第3章50頁、第6章98頁、第7章111頁、第10章183頁

EV〔enterprise value〕
➡EV/EBITDA倍率（399頁）参照

EV/EBITDA倍率〔EV/EBITDA multiple〕

EV（enterprise value：企業価値）をEBITDA（earnings before interest, tax, depreciation and amortization：利払前税引前償却前利益）で除した指標。EVをEBITDAによって測るために使用されている。計算式の例は以下のとおり。

EV＝株式時価総額（株式価値）＋純有利子負債（有利子負債－現預金）
EBITDA＝営業利益＋減価償却費＋のれん償却額

EVは、本来的には将来キャッシュフローの現在価値（DCF法）で求められるべきだが、必要データの関係で困難な場合が多い。そこで、EBITDAを簡易キャッシュフローと見なし、EVがキャッシュフローの何倍になるか意味するEV/EBITDA倍率を乗じることで、EVを算出することが一般的に行われている。

具体的には、プライベート・エクイティの世界では、対象企業の類似上場企業の倍率を算出し、対象企業のEBITDAに乗じることでEVを算出し、買収価格の見積もりや妥当性検証を行う際に使用される。また、エグジット時点の対象企業のEBITDA予測値に類似上場企業の倍率を乗じることでエグジット時の売却価格を推定する際にも使用される。なお、類似上場企業として選定する企業の範囲や、指標計算のためのマーケットデータ・財務データの対象時期によって結果が大きく変動するため、留意が必要である。　　　　　　　　　（三木聖司）
▶本編関連ページ→第2章27頁、第4章75頁、第11章211頁

FA〔financial advisor〕
→ファイナンシャル・アドバイザー（FA）（383頁）参照

FCCR〔fixed charge coverage ratio〕
→フィクスト・チャージ・カバレッジ・レシオ（384頁）参照

GP〔general partner〕
→ジェネラル・パートナー（GP）（364頁）参照

ICR〔interest coverage ratio〕
→インタレスト・カバレッジ・レシオ（ICR）（348頁）参照

IM〔information memorandum〕
→インフォメーション・メモランダム（IM）（349頁）参照

IPO〔initial public offering〕
→株式上場（IPO）（353頁）参照

IRR〔internal rate of return〕
→内部収益率（IRR）（377頁）参照

Jカーブ〔J-curve〕
　バイアウト・ファンドやベンチャー・キャピタル・ファンドでは、当初、ファンド組成の弁護士費用などが発生するほか、投資先発掘・分析、投資実行の経費、および管理報酬（マネジメント・フィー）が発生する。投資実行後は、価値創造活動や経営改善施策の導入を行い、数年後に企業価値向上を見極めてから、投資資金の回収を行う。Jカーブとは、上記プロセスにおけるファンドのキャッシュフローや損益が、投資直後は先行コストで右肩下がりに推移した後、元本回収後は右肩上がりに転じるため、その形状が、アルファベットの「J」に類似することを比喩した言葉である。

　なお、広義のプライベート・エクイティには、優先株式、転換社債、劣後社債などに投資するメザニン・ファンド、再生案件のローンや債券の買い取りなどに投資するディストレスト・ファンドなど、利息収入のため、あるいは資金回収期間が相対的に短いことにより、Jカーブが浅いファンドも存在する。
　　　　　　　　　　　　　　　（桑木翔太）

▶関連用語→メザニン・ファンド

KPI〔key performance indicator〕
　KPIとは、重要業績評価指標と呼ばれ、組織の目標達成のためのプロセスを評価・計測するための指標を指す。KPIに対し、KGI（key goal indicator）は最終目標が達成されているかを計測する指標であり、おのおの、「プロセス」および「結果」を測る指標という点で違いがある。

　バイアウト・ファンドが投資先企業のバリューアップを進めるうえで、バイアウト・ファンドのメンバーもハンズオンで経営に参画するものの、手法や程度の差はあれ、会社全体のオペレーションの把握には限界があるので、投資先企業の経営陣との相互信頼、目指すべき方向性の一致は極めて重要である。この点において、KPIという共通の指標が活用されることで当事者間の意思統一が図りやすくなるとともに、月次、週次といった期間ごとにパフォーマンスが評価されることで、機動的なモニタリング体制の構築が可能となる。パフォーマンス評価がよくない場合は、早期に原因を解明し迅速に改善策を検討できることから、KPI導入はバイアウト・ファンドにとっては有効な手掛かりといえる。

　また、LBOローン契約における銀行などとのファイナンスに係る財務コベナンツにはDebt/EBITDAやDSCRが用いられることが多いのも、KPIの設定はコベナンツ指標の達成を促し、銀行との約定違反を未然に防止する機能もある。
　　　　　　　　　　　　　　　（大岸崇是）

▶関連用語→バリューアップ、ハンズオン
▶本編関連ページ→第3章50頁、第4章60頁、第6章96頁、第13章235頁

LBO〔leveraged buy-outs〕
→バイアウト（379頁）参照

LBOファイナンス
　LBOファイナンスとは、バイアウト案件において、買収対象企業の資産や将来キャッシュフローを担保としてローンを調達する資金調達方法であり、バイアウト後に対象会社が生み出したキャッシュでローンを返済していくという性質を有するものである。

　買収資金調達に関する用語としては、バイアウト・ファイナンス、レバレッジド・ファイナンス、

買収ファイナンス、アクイジション・ファイナンス、M&Aファイナンスなどの用語も使用される。バイアウト・ファイナンスは、バイアウト案件における買収資金調達のことを指し、LBOファイナンスと同じ意味で使用される。

買収ファイナンス、アクイジション・ファイナンス、M&Aファイナンスは、ほぼ同じ意味で用いられているが、バイアウト案件に加え、事業会社が買収主体となる戦略的M&A案件において活用されるケースも含まれており、また通常のコーポレート・ファイナンスでの資金調達のケースも含まれており、LBOファイナンスよりも広い概念である。海外では、アクイジション・ファイナンスという用語が使用されることが多い。日本で使用される買収ファイナンスという用語は、海外のアクイジション・ファイナンス（acquisition finance）を和訳したものであり、企業買収に関する買収資金調達を包括的に捉えた最も広い概念である。

レバレッジド・ファイナンス（leveraged finance）という用語も日本および海外で使用されているが、これは買収主体がバイアウト・ファンドか事業会社かを問わず、負債比率が高いファイナンス全体を示す用語である。

なお、日本では、M&Aファイナンスという用語も使用されているが、LBOファイナンスに力を入れていた大手金融機関が、戦略的M&A（日本では、コーポレートM&Aとも呼ばれる）案件に対しても買収資金の融資を積極的に行うようになったという背景があり、大手金融機関の部署やチームの名称としても一部用いられている。このような背景から分かるとおり、日本の現在の大手金融機関のM&Aファイナンスの取り組みは、LBOファイナンスに限定したものではなく、コーポレート・ファイナンスで買収資金を調達する取引も含むものである。 　　　　　　　　　　　　　（杉浦慶一）

▶本編関連ページ→第1章5頁、第3章35頁・53頁

LBOローン
　➡LBOファイナンス（400頁）参照

LIBOR〔London Interbank Offered Rate〕
　➡TIBOR（403頁）参照

LMA〔Loan Market Association〕
　➡日本ローン債権市場協会（JSLA）（377頁）参照

LOI〔letter of intent〕
　➡基本合意書（LOI）（356頁）参照

LP〔limited partner〕
　➡リミテッド・パートナー（LP）（395頁）参照

LSTA
〔Loan Syndications and Trading Association〕
　➡日本ローン債権市場協会（JSLA）（377頁）参照

M&A〔mergers & acquisitions〕
　➡バイアウト（379頁）参照

M&Aファイナンス
　➡LBOファイナンス（400頁）参照

MAC〔material adverse change〕

MAC（MAE（material adverse effect）ともいう）とは、日本語では「重大な悪影響」と表現するのが一般的であるが、何に対する重大な悪影響を意味するかで、対象会社に関するMAC（company MAC）と市場の状況に関するMAC（market MAC）に分けられる。

対象会社に関するMACについては、LBOファイナンス契約においては、例えば「対象会社の資産、事業、経営または財務状態への重大な悪影響」などと定義され、①MACの不存在が貸付の実行の前提条件とされる、②MACの不存在が表明保証の対象となる、③表明保証の内容や義務違反をMACがあるものに限定する、④MACの発生を通知事由とするという形で用いられる。なお、対象会社に関するMACは、M&A契約においても幅広く用いられているが、MACがM&A契約とLBOファイナンス契約の双方で前提条件となっていて、例外事由などその内容に齟齬があるときは、LBOファイナンスは実行されないが、M&A取引の実行の前提条件は成就してしまうという事態が生じ得るため、注意が必要である。

他方、市場の状況に関するMACは、貸付人・シンジケーションに重大な悪影響を与える金融市場の変化が生じていないことを求めるもので、コミットメント・レターにファイナンス引受条件として規定されたり、貸付不能事由としてローン契約に規定されることが多い。　　　　　　　　　　　　　（笠原康弘）

▶本編関連ページ→第5章82頁

MBO〔management buy-outs〕

　MBOは、本来的には、対象企業の経営陣が自発的に取引を主導し、外部のスポンサーに頼らず、自己資金を拠出して企業や事業を買収して経営権を掌握する企業買収取引を指す。しかし、買収金額が大きくなると、経営陣個人の自己資金のみでは買収資金が不足するため、銀行融資や外部スポンサーによるエクイティ出資が必要となる。この際にエクイティを拠出するプライベート・エクイティ・ファンドがバイアウト・ファンドである。また、メザニン・ファンドが優先株式や劣後ローンなどの形で資金を拠出することもある。

　日本において、経営陣が100％の議決権を掌握するケースは「純粋MBO」と呼ばれることもある。バイアウト・ファンドが関与せず、経営陣が普通株式で100％の議決権を掌握し、残りはメザニン・ファンドや銀行ローンを活用して成立する案件も存在する。このような取引は、日本のメザニン・ファンドの有力な投融資対象となる。

　なお、金融機関グループなどのプライベート・エクイティ・ファームの経営陣が設立母体より株式を取得して独立する場合にもMBOという用語が使用される場合がある。
　　　　　　　　　　　　　　　　　　（杉浦慶一）
▶関連用語→純粋MBO
▶本編関連ページ→第12章217頁

MLA〔mandated lead arranger〕
　➡アレンジャー（347頁）参照

MOU〔memorandum of understanding〕
　➡基本合意書（LOI）（356頁）参照

NDA〔non-disclosure agreement〕
　➡守秘義務契約（CA）（366頁）参照

Net Debt/EBITDA倍率〔net debt/EBITDA ratio〕
　➡レバレッジ・レシオ（396頁）参照

NewCo（ニューコ）〔new company〕
　➡SPC（403頁）参照

PDCAサイクル〔plan-do-check-act cycle〕

　PDCAサイクルは、米国では無名の統計学者であったウィリアム・エドワーズ・デミング（William Edwards Deming）によって提唱され、日本国内の製造業に広く受け入れられた。plan（計画）、do（実行）、check（評価）、act（改善）の4段階を繰り返し（「サイクルを回す」と称される）、業務を継続的に改善することをいう。なお、米国では、PDSAサイクル（pan-do-study-act cycle）ともいう。

　一般的にバイアウト・ファンドによる投資先の企業では、予算や予算をブレークダウンしたKPIの設定（plan）、予算に基づいた各種施策の実行（do）、実績数値の確認および予実の乖離理由の把握（check）、改善施策の実行（act）といった流れでPDCAサイクルを回すこととなる。オーナー系企業では意図するしないにかかわらずオーナーの勘によってPDCAサイクルが回されている例があるが、バイアウト・ファンドのガバナンスでは、これを組織的かつ合理的にPDCAサイクルとして意識的に回すことにより、現状把握や原因究明と対応を迅速に実行することができるため、多くの事例で活用されている。
　　　　　　　　　　　　　　　　　　（中戸亮介）
▶関連用語→KPI、100日プラン

PIK〔payment in kind〕

　PIKとは、利息または配当の支払いを繰り延べ、リファイナンス時や契約終了時に一括して支払う方法を指し、日本語では「繰延利息」「繰延配当」と訳される。PIK部分をメザニン・ファイナンスの計算元本に加算していく方法と加算させない方法とに大別される。

　資金調達者であるエクイティ・スポンサーにとっては、投資中のキャッシュ・アウトを抑える効果がある一方、メザニン・ファイナンスに優先する資金の提供者にとっては、貸出先の現金支払い余力の向上をもたらすメリットがある。

　一般的なメザニン・ファイナンスにおいては、優先資金提供者が当該メリットを享受すべくPIKのリターン水準を現金利息・配当のリターン水準よりも高く設定することが多い。また、コベナンツに抵触し、メザニン・ファイナンスの現金利息・配当の支払いがストップした場合、当該現金部分が強制的にPIKに移行することとなる。この場合、本来の現金見合いリターンにペナルティの意味合いとしての加算がなされ、早期コベナンツ治癒を促す設計も見られる。
　　　　　　　　　　　　　　　　　　（中村究）
▶関連用語→メザニン・ファイナンス、劣後ローン

▶本編関連ページ→第10章182頁、 第11章202頁、 第13章245頁

PIPEs〔private investment in public equities〕

PIPEsとは、バイアウト・ファンドなどの投資会社が、上場企業の私募増資を引き受けする形で資本参加する投資手法のことである。上場維持させたまま、一定期間役員派遣の有無を問わず経営へ一定の関与・支援を実施し、売上向上、コスト削減などによるPL改善、資産売却などによるBS改善、IR施策によるマルチプル改善などで企業価値を高め、個人投資家、機関投資家、対象会社の戦略的パートナーなどへ株式を売却しキャピタルゲインを得る。株価下落時でも損失を回避するために、普通株式だけではなく、優先株式や転換社債型新株予約権付社債などの元本償還権利を付与した商品が活用されることも多い。対象会社としては、調達した資金を借入返済、運転資金、設備投資、M&A、リストラ費用などに充当し、純資産の増強によりD/E比率など財務体質の改善にも寄与する。また、社内にはいない社外の専門家としてバイアウト・ファンドのリソース・ノウハウを活用できる。　　　　　　　（古川徳厚）

▶本編関連ページ→第15章273頁

SPA〔share purchase agreement〕

➡株式譲渡契約書（SPA）（354頁）参照

SPC〔special purpose company〕

SPCとは、バイアウト・ファンドが主にLBOファイナンスを活用して企業に投資をする際の取引主体として設立する法人を指す。特別目的会社や買収目的会社とも呼ばれる。海外では、シェル・カンパニーとも呼ばれ、対象会社と合併する場合に対象会社の事業を引き継ぐ新たな法人格という文脈でNewCo（ニューコと発音）と呼ばれることもある。

日本におけるバイアウト投資において利用されるSPCは、通常株式会社の形態がとられる。バイアウト・ファンドがSPCを利用して企業を買収する場合、バイアウト・ファンドが自らの出資によりSPCを設立し、当該SPCがバイアウト・ファンドからの出資と金融機関からの借入を組み合わせて買収資金を調達し、売主との間で対象企業の株式や事業を売買する。

このようなストラクチャーを用いる主な目的は、上記の借入を、対象企業の資産やキャッシュフローのみを返済原資としバイアウト・ファンド自身に遡及されないノン・リコース・ローンとして構成することである。LBOファイナンスの直接的な借入人はSPCとなるが、SPCが単に対象企業の株式を保有しているだけでは貸付人は本来の返済原資である対象企業の資産やキャッシュフローに対して直接的な請求権を有しないため、ローン契約において取引実行後一定期間内にSPCと対象企業を合併させたり、対象企業が当該借入の連帯保証人となることが求められるケースが多い。　　　　　　　（前田泰典）

▶関連用語→ノン・リコース・ローン
▶本編関連ページ→第1章4頁、 第2章21頁、 第4章60頁、第7章111頁、第8章140頁、第11章204頁

TIBOR〔Tokyo InterBank Offered Rate〕

TIBORとは日本の東京市場の銀行間取引金利を指す。正式には「全銀協TIBOR」と呼ばれ、読み方は「タイボー」。全銀協TIBOR運営機関が公表しており、透明性が高いことから、LBOファイナンスにおけるベースレートに採用されることが多い。LBOファイナンスにおける金利は、ベースレートにスプレッドを加算して算出される。

なお、海外では、ベースレートとして、イギリスのロンドン市場での資金取引の銀行間平均貸出金利であるLIBOR（London Interbank Offered Rate）が採用されていることが多い。しかし、英金融規制当局である金融行為監督機構（FCA）は、近年LIBORを巡っては多くの金融機関による不正操作が明らかになったことから、より信頼性の高いベースレートへの移行を進めており、LIBORは2021年に廃止する方針であるとしている。　（原海乃）

▶関連用語→スプレッド、短期プライムレート
▶本編関連ページ→第3章45頁、第10章187頁

TOB〔take-over bid〕

株式の公開買付けのこと。金融商品取引法では「不特定かつ多数の者に対し、公告により株券等の買付け等の申込み又は売付け等の申込みの勧誘を行い、取引所金融商品市場外で株券等の買付け等を行うこと」と定義されている（27条の2第6項）。バイアウト・ファンドによるTOBには、①MBOの形式をとる場合、利益相反取引やインサイダー取引に該当しないよう、TOBのプロセスにより一層の厳格さが求められる、②レバレッジの観点から、必要

資金の一部をバイアウト・ファンドからの出資ではなく、LBOローンやメザニンで調達することも少なくない、③TOB後の経営の自由度を確保するため、株式の100％取得、非上場化をゴールとし、TOBとその後のスクイーズ・アウトとがセットで行われることが多い、といった特徴がある。なお、TOBとは英国での呼称であり、米国ではテンダー・オファー（tender offer）という。　　　　　　（髙木聡）
▶関連用語→公開買付届出書
▶本編関連ページ→第4章74頁、第12章226頁

100日プラン〔100-day plan〕
　経営陣や株主交代、新年度開始などを起点に、100日目を終点として、日常業務に加えて集中的に行われる活動、またはその計画のこと。多様な活動目的に対応した複数の分科会で構成される場合が多い。分科会リーダーは、主要人材に加え、次世代の有望人材が任命される。活動目的としては、ミッションやビジョンの定着化、経営戦略の落とし込み、新規事業のスタートアップ、社内制度更改、コスト削減などがあげられる。100日という期間は、関係者の理解を得るための目安にすぎず、本質的には、活動期限と期待成果を分かりやすく設定することが重要。バイアウト・ファンドの案件では、株式譲渡実行日や直後の期首が起点となる。組織との間で新経営陣や新株主が積み重ねる対話は、新しい相互理解や信頼関係を獲得する最初の機会となる。したがって、経営の基礎である相互理解や相互信頼関係の獲得機会ということに、100日プランの大きな価値がある。また、活動のなかでのKPIやPDCAサイクルの導入は、以後のPDCAサイクルの定着化を促す。なお、新経営陣や新株主への期待を失望に変えないために、活動の優先順位づけと、組織へのメッセージ構築に必要な経営としての意思決定は事前に行っておくことが必須である。　（正村祐介）
▶関連用語→KPI、PDCAサイクル

編者紹介

株式会社日本バイアウト研究所（代表者：代表取締役 杉浦慶一）

日本におけるM&Aおよびバイアウトの領域を専門とする研究機関。学術的な視点も兼ね備えた完全独立系のシンクタンクとして、中立的な立場から日本のバイアウト市場の調査・分析を行い、バイアウトに関する出版物の刊行・販売、セミナー・カンファレンスの企画・開催、同分野に関する調査・コンサルティングの受託を行っている。具体的には、日本のバイアウト市場の統計データを定期的に公表し、専門誌『日本バイアウト市場年鑑』の刊行、Japan Buy-out Deal Conferenceなどのカンファレンスの開催、官公庁からの委託調査の受託、各種の講演・セミナーなどを手がけている。

URL http://www.jbo-research.com/

日本のLBOファイナンス

2017年12月27日　第1刷発行
2024年8月8日　第6刷発行

　　　　　　　　　編　者　日本バイアウト研究所
　　　　　　　　　発行者　加　藤　一　浩
　　　　　　　　　印刷所　株式会社太平印刷社

〒160-8519　東京都新宿区南元町19
発　行　所　一般社団法人 金融財政事情研究会
　　編集部　TEL 03（3355）1770　FAX 03（3357）7416
　　販売受付　TEL 03（3358）2891　FAX 03（3358）0037
　　　　　　URL https://www.kinzai.jp/

※2023年4月1日より発行所は株式会社きんざいから一般社団法人 金融財政事情研究会に移管されました。なお連絡先は上記と変わりません。

・本書の内容の一部あるいは全部を無断で複写・複製・転訳載すること、および磁気または光記録媒体、コンピュータネットワーク上等へ入力することは、法律で認められた場合を除き、著作者および出版社の権利の侵害となります。
・落丁・乱丁本はお取替えいたします。定価はカバーに表示してあります。

ISBN978-4-322-13237-3